# 逻辑思维训练500题

（白金版）（第2版）

于雷　编著

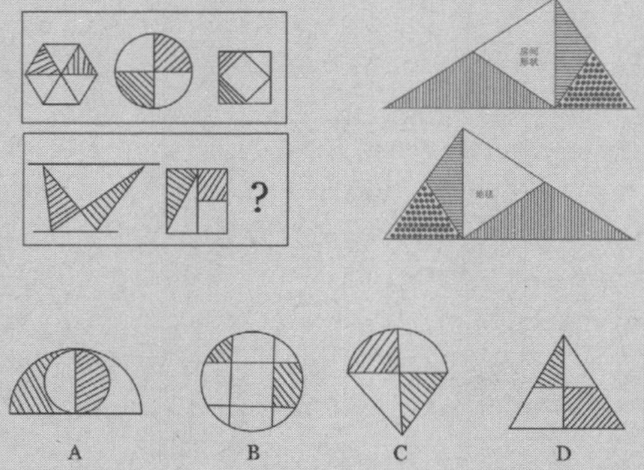




清華大学出版社
北　京

## 内 容 简 介

一般认为，逻辑思维能力强是智商高的表现。养成用逻辑思维思考问题的习惯，会使我们工作、学习甚至为人处世的能力得到突破和提高。

本书汇集了16种世界上最经典的逻辑趣题和逻辑思维名题，不仅详细叙述了这些经典趣题的原形、内容和解法，还进行了纵向、横向和斜向的深度扩展，把这些经典问题变换条件，进行变形推广，或加深难度，或挖掘问题的实质，旨在帮助读者拓宽视野，增长见识。

本书的适读人群包括：广大青少年，尤其是对数理化缺乏兴趣的学生；想要改变思维方式，提高逻辑思维能力的年轻人；准备参加世界500强企业面试，或者报考公务员、MBA的应试者；渴望提高创新思维，给大脑充电的上班族和白领。



**图书在版编目(CIP)数据**

逻辑思维训练500题：白金版/于雷编著. —2版. —北京：清华大学出版社，2024.3
ISBN 978-7-302-65556-5

Ⅰ. ①逻…　Ⅱ. ①于…　Ⅲ. ①逻辑思维—思维训练　Ⅳ. ①B80

中国国家版本馆CIP数据核字(2024)第038289号

**责任编辑：**张　瑜
**装帧设计：**杨玉兰
**责任校对：**么丽娟
**责任印制：**宋　林
**出版发行：**清华大学出版社
　　**网　　址：**https://www.tup.com.cn, https://www.wqxuetang.com
　　**地　　址：**北京清华大学学研大厦A座　　**邮　　编：**100084
　　**社 总 机：**010-83470000　　**邮　　购：**010-62786544
　　**投稿与读者服务：**010-62776969, c-service@tup.tsinghua.edu.cn
　　**质量反馈：**010-62772015, zhiliang@tup.tsinghua.edu.cn
**印 装 者：**北京鑫海金澳胶印有限公司
**经　　销：**全国新华书店
**开　　本：**170mm×240mm　　**印　张：**23.75　　**字　数：**447千字
**版　　次：**2018年9月第1版　2024年3月第2版　　**印　次：**2024年3月第1次印刷
**定　　价：**88.00元

---

产品编号：102076-01

# 前 言

《逻辑思维训练500题》一书自2008年面市至今已十多年时间，前后经历了几次较大的版本变化。

第1版于2008年出版，那时我刚大学毕业没多久，《逻辑思维训练500题》(中国言实出版社出版)作为我出版的第一本书，完全出于个人兴趣编写。虽然累计销量超过13万册，但因为编写时间较短，加上经验不足，导致这本书略显粗糙：有些题目过于简单，有些甚至一眼就可以看出答案；有些选项设计得过于直白，很容易就可以将其排除；有些题目解题思路叙述得比较简单，在解答中省略了中间的过渡步骤，使有些读者看了答案后还是不明所以……

所以，经过了近5年的努力，我于2013年在清华大学出版社又出版了《逻辑思维训练500题(白金版)》。这一次我精心选取了500道题目，都是一些有深度、讲方法，足以锻炼人思维的题目。而且我还对每道题目进行了认真的求解和验证，最大限度地减少了错误。对于一些复杂的题目，解题过程也尽量叙述得详细一些，不再省略中间的过渡步骤，以便读者更容易理解。

5年时间又过去了，带着各位读者的喜爱和信任，2018年升级版面市。前两个版本我们主要讲解了10种常用的逻辑思维方法，这个版本我们将从构成逻辑思维能力的计算力、沟通力、创造力、思维力、逻辑力、记忆力、观察力等7个角度，全面训练我们的逻辑思维能力。

时光荏苒，时间又过了5年，如今我们迎来了另一个版本——《逻辑思维训练500题(白金版)(第2版)》。在这一版中，我们精选了世界上最经典的16种逻辑思维训练的经典名题，包括真话假话问题、猜数字问题、海盗分金问题、坏球称重问题、燃绳计时问题、过河过桥问题、帽子颜色问题、水壶取水问题、图形分割问题、连线问题、一笔画问题、数图形问题，以及悖论与诡辩、火柴游戏、纸牌游戏、棋盘游戏等。详细叙述了这些经典趣题的内容、解法，以及进行逻辑思维训练的益处。

除此之外，我们还对16个经典逻辑趣题进行了深度扩展。在纵向扩展中，我们通常会把一个问题进行推广变形，变换条件，加大难度；在横向扩展中，我们一般会挖掘问题的实质，呈现这个问题的原理，并配以类似的练习；在斜向扩展中，虽然这些练习题目的本质与经典问题无关，只是形式上有相似之处，但它们可以让我们拓宽视野，增长见识。

本书中的每一道思维名题都极具代表性和独创性，看似简单却非常锻炼我们的逻辑思维能力。我们在做游戏或做题的过程中，需要大胆地设想、准确地判断和详尽地推理，发挥我们的想象力和创造性，突破固有的思维定式，多角度、多层次地审视问题，找出其内在的规律和特征，如此才能提高我们的逻辑思维能力。

优秀的人之所以优秀，并不是他们有多聪明，而是他们掌握了科学的思维方法。爱因斯坦说过，“人们解决世界的问题，靠的是大脑思维和智慧。思维能力在人的成功过程中起着举足轻重的作用，没有思维活动的参与，人类的任何发明创造是不可能完成的”。

本书的题目更加重视逻辑思维方法的培养与训练，题目的难度相对来说会比较大，分析链条比较长，读起来可能略显枯燥。但不要忘了，能力增长的过程不可能是轻松的。通过这些复杂的，甚至有些让人头痛的文字和数字内容，将使你进入一个充满智慧的花园。

还在等什么？快来让你的大脑动起来吧！

编　者

# 目　录

# 第一章

## 真话假话问题

真话假话问题，又叫说谎问题，假设将人分为两类，一类永远说真话，另一类永远说假话，根据两种人说的话来判断他们各是哪类人。当然，有的时候为了增加问题的难度，会加入时而说假话时而说真话的人。

下面是一个比较经典的说谎问题。

一个岔路口分别通向天堂和地狱。路口站着两个人，已知一个来自天堂，另一个来自地狱，但是不知道谁来自天堂，谁来自地狱。只知道来自天堂的人永远说真话，来自地狱的人永远说假话。现在你要去天堂，但不知道应该走哪条路，需要问这两个人。假设只许问一句，你应该怎么问？

答案是这样的。你可以随便问一个人：“如果我问另一个人这样的问题：‘去天堂应该走哪条路？’他会指给我哪条路？”然后根据他的答案走相反的那条路就可以到达了。或者指着其中的一条路问其中的一个：“你认为另外一个人会说这是通往天堂的路吗？”由于他们的回答必须糅合自己的和另外一个人的观点，所以，他们的答案是一样的，并且都是错误的。如果你指的正好是去天堂的路，那么他们都会回答“不是”；如果是去地狱的路，那么他们都会回答“是”。

当然，还有其他类似问法。

为了更好地理解这个问题，我们首先要知道什么是说谎。

大学快毕业的时候，我在外面四处投简历求职。有家公司的销售部门给我了一个面试的机会。面试的时候他们向我提了很多问题，其中有一个是：“你反感偶尔撒一点谎吗？”

我当时明明是反感的，尤其反感那些为了销售业绩而把产品说得天花乱坠的推销员。可是转念一想，如果我照实回答“反感”的话，这份工作肯定就失去了。所以我撒了个谎，说了声：“不。”

面试结束后，在回学校的路上，我回想面试的表现，忽然这么问了自己一句：我对当时回答面试官的那句谎话反感吗？我的回答是“不反感”。咦？既然我对那句谎话并不反感，说明我不是对一切谎话都反感的人，因此这么看来，面试时我回答的“不”并不是谎话，而是真话了！

从逻辑上讲，我当时说的是真话，因为如果我的回答是假话就会引起矛盾。但在当时，我确实觉得自己的回答是在撒谎。

从那次面试经历我们可以引申出一个问题：一个人可能不知道自己在撒谎吗？我说是不可能的。我认为，撒谎并不是指一个人说的话不符合事实，而是指说话的人相信自己说的话是假的。即使你说的话符合事实，但只要你自己相信那是假的，我也会说你是在撒谎。

心理学有这样一个例子可以很好地说明撒谎的含义。一个精神病院的医生有心要放一个精神分裂症患者出院，决定替他做一次测谎器检查。医生问精神病人：“你是超人吗？”病人回答：“不是。”结果测谎仪“嘟嘟嘟”响了起来表示病人在撒谎。

# 纵向扩展训练营

## 1. 比拼财产

有四个富翁在比拼财产：

甲：四个人中，乙最富。

乙：四个人中，丙最富。

丙：我不是最富的。

丁：丙比我富，甲比丙富。

已知：其中只有一个人在说假话。

请问：四个人中谁最富？他们的财产从多到少的顺序怎么排？

## 2. 精灵的语言

有 A、B、C 三个精灵，其中一个只说真话，另外一个只说假话，还有一个时而说真话时而说假话。你可以向这三个精灵问三个是非题，而你的任务是从他们的答案中找出谁说真话，谁说假话，谁是随机答话。你每次可以选择任何一个精灵问话，可以根据上一题的答案问问题。这个题困难的地方是这些精灵会以“Da”或“Ja”回答，但你并不知道它们的意思，只知道其中一个代表“对”，另外一个代表“错”。那么，你应该问哪三个问题呢？

## 3. 说谎国与老实国

传说古代有一个说谎国和一个老实国。老实国的人只说真话，而说谎国的人只说假话。

有一天，两个说谎国的人混在老实国人中间，想偷偷进入老实国。

他俩和一个老实国的人进城的时候，哨兵审问他们三个人："你们是哪个国家的人？"

甲回答说："我是老实国人。"

乙的声音很轻，哨兵没有听清楚，于是指着乙问丙："他说他是哪个国家的人，你又是哪个国家的人？"

丙回答说："他说他是老实国人，我也是老实国人。"

哨兵知道三个人中间只有一个是老实国的人，可不知道是谁。面对这样的回答，哨兵应该如何进行分析呢？

## 4. 是人还是妖怪

在一个奇怪的岛上，住着两种居民：人和妖怪。妖怪会变化，总是以人的状态生活。有一年，这里发生了一场大瘟疫，有一半的人和一半的妖怪都因生了病变得精神错乱。因此这里的居民就被分成了四类：神志清醒的人、精神错乱的人、神志清醒的妖怪、精神错乱的妖怪。单从外表上无法将他们区分开。他们的不同在于：凡是神志清醒的人总是说真话，但是，一旦精神错乱了，他就只会说假话了。

妖怪和人恰好相反，凡是神志清醒的妖怪一般都说假话，但是，一旦精神错乱了，他反倒说起真话来了。

这四类居民，讲话都很干脆，他们对任何问题的回答，都只用两个词——"是"或"不是"。

有一天，有位“逻辑博士”来到这个岛上。他遇见了一个居民 P，“逻辑博士”很想知道 P 属于四类居民中的哪一类。于是，他就向 P 提出一个问题。他根据 P 的回答，立即就推定了 P 是人还是妖怪。后来，他又提出了一个问题，又推定出了 P 是神志清醒的，还是精神错乱的。

那么，你知道“逻辑博士”先后提的是哪两个问题吗？

## 5. 回答的话

在一个奇怪的岛上有两个部落，一个部落称诚实部落，另一个部落称说谎部落。诚实部落的人只说真话，而说谎部落的人只说假话。一个路人要找一个诚实部落的人问路，他遇到两个人，就问其中一个人：“你们两个人中有诚实部落的人吗？”被问者回答了他的话，路人根据这句话，很快就判断出哪一个人是诚实部落的人。你知道，被问者回答的是什么吗？

## 6. 四兄弟

天使只说真话，魔鬼只说假话。一个天使和魔鬼结婚以后生下了四个儿子，其中老大和老三继承了魔鬼的特性——只说假话，老二和老四继承了天使的特性——只说真话。

下面是他们关于年龄的对话。

甲：“乙比丙年龄小。”

乙：“我比甲年龄小。”

丙：“乙不是三哥。”

丁：“我是长兄。”

那么，你能判断他们的年龄顺序吗？

## 7. 爱撒谎的孩子

一个孩子很爱撒谎，一周有 6 天在撒谎，只有一天说真话。下面是他连续 3 天里说的话。

第一天：我星期一、星期二撒谎。

第二天：今天是星期四、星期六或者是星期日。

第三天：我星期三、星期五撒谎。

请问：一周中他哪天说真话呢？

## 8. 今天星期几

在非洲某地有两个奇怪的部落，一个部落的人在星期一、星期三、星期五说谎，另一个部落的人在星期二、星期四、星期六说谎，其他日子他们都说实话。一天，一位探险家来到这里，见到两个人，向他们请教今天是星期几。两个人都没有明确告诉他，只是都说：“前天是我说谎的日子。”如果这两个人分别来自两个部落，那么今天应该是星期几？

## 9. 有几个天使

一个旅行者遇到了 3 个美女，他不知道哪个是天使，哪个是魔鬼。他只知道天使只说真话，魔鬼只说假话。

甲说：“在乙和丙之间，至少有一个是天使。”

乙说：“在丙和甲之间，至少有一个是魔鬼。”

丙说：“我只说真话。”

那么，你能判断出有几个天使吗？

## 10. 问路

一个打柴的人在山里迷了路无法下山。他走了很久，才在一个三岔路口旁遇到了三个人，他们每人站在一个路口上。打柴的人赶紧向他们问路，希望可以尽快下山。

第一个路口的人回答：“这条路通向山下。”

第二个路口的人回答：“这条路不通向山下。”

第三个路口的人回答：“他们两个说的话，一句是真的，一句是假的。”

如果第三个路口的人说的是真话，那么，这个打柴的人要选择哪一条路才能下山呢？

## 11. 向双胞胎问话

有一户人家有一对双胞胎，哥哥是个好孩子，只讲真话；而弟弟是个坏孩子，只说假话。两个小孩的父亲有个同事，知道这两个孩子的特点。有一次这个同事打电话到他家，想知道他们的父母到底在不在家。你能让父亲的同事问一个问题就知道双胞胎父母是在家还是出门了吗？即使电话里听不出来接电话的是哥哥还是弟弟。

## 12. 谁是盗窃犯

法院开庭审理一起盗窃案件，某地的 A、B、C 三人被押上法庭。负责审理这个案件的法官想：肯提供真实情况的不可能是盗窃犯；与此相反，真正的盗窃犯为了掩饰罪行，一定会编造口供。因此，他得出了这样的结论：说真话的肯定不是盗窃犯，说假话的肯定是盗窃犯。最后审判的结果也证明了法官的这个想法是正确的。

审问开始了。

法官先问 A：“你是怎样进行盗窃的？从实招来！”A 回答了法官的问题：“叽里咕噜，叽里咕噜……”A 讲的是某地的方言，法官根本听不懂他讲什么。

法官又问 B 和 C：“刚才 A 是怎样回答我的问题的？叽里咕噜，叽里咕噜，是什么意思？”

B 说：“禀告法官，A 的意思是说，他不是盗窃犯。”

C 说：“禀告法官，A 刚才已经招供了，他承认自己就是盗窃犯。”

B 和 C 说的话法官是能听懂的。听了 B 和 C 的话之后，这位法官马上断定：B 无罪，C 是盗窃犯。

请问：这位聪明的法官是如何根据 B 和 C 的回答，作出这样的判断？A 究竟是不是盗窃犯？

# 横向扩展训练营

## 13. 男孩吃苹果

四个男孩手中都拿着苹果，且苹果的数量各不相同，分别是 4 个、5 个、6 个、7 个。然后，四个男孩都吃掉了 1 个或 2 个苹果，结果剩下的苹果数量还是各不相同。

四个男孩吃过苹果以后，说了如下的话。其中，吃了 2 个苹果的男孩说了谎话，吃了 1 个苹果的男孩说了真话。

男孩甲：“我吃过绿色的苹果。”

男孩乙：“男孩甲现在手里有 4 个苹果。”

男孩丙：“我和男孩丁共吃了 3 个苹果。”

男孩丁：“男孩乙吃了 2 个苹果。”“男孩丙现在拿着的苹果数量不是 3 个。”

请问：最初每个男孩有几个苹果，吃了几个，剩下了几个呢？

## 14. 四名证人

一位很有名气的教授被害了，凶手却在逃。经过几天的侦查，警察抓到了A、B两名犯罪嫌疑人，另外找到四名证人。

第一位证人张先生说：“A是清白的。”

第二位证人李先生说：“B为人光明磊落，不可能是他害的教授。”

第三位证人赵师傅说：“前面两位证人的证词中，至少有一个人说的是真的。”

最后一位证人王太太说：“我可以肯定赵师傅的证词是假的。至于他有什么意图，我就不知道了。”

最后警察经过调查，证实王太太说了真话。

请问：凶手究竟是谁？

## 15. 谁是盗窃犯

有一家银行被盗了。

警方经过一番努力侦查，将大麻子、小矮子和二流子三个犯罪嫌疑人带回问讯，他们的供词如下。

大麻子：“小矮子没有盗窃。”

小矮子：“大麻子说的是真的!”

二流子：“大麻子在说谎!”

结果是，三个人中确实有人说谎，不过真正的犯人说的倒是真话。

请问：哪一个人是盗窃犯？

## 16. 四个人的口供

某珠宝店发生盗窃案，抓到了甲、乙、丙、丁四个犯罪嫌疑人。下面是四个人的口供。

甲说：“是乙做的。”

乙说：“是甲做的。”

丙说：“反正不是我。”

丁说：“肯定是我们四个人中的某人做的。”

事实证明，这四个人的口供中有且只有一句是真话，那么谁是作案者呢？

## 17. 男女朋友

物理系有三个男生A、B、C，他们是好朋友，巧合的是，他们三位的女朋友甲、乙、丙也是好朋友。一天，六个人结伴出去玩，遇到一个好事者，想知道他们谁和谁是一对，于是好事者就上前打听。

他先问 A，A 说他的女朋友是甲；

他又去问甲，甲说她的男朋友是 C；

然后他去问 C，C 说他的女朋友是丙。

这可把这个人弄晕了，原来三个人都没有说真话。

那么，你能推出谁和谁是一对吗？

## 18. 谁偷吃了蛋糕

妈妈买了一块蛋糕，准备晚饭的时候大家一起吃，可晚饭还没做好，妈妈就发现蛋糕被偷吃了。屋子里只有她的四个儿子，他们的发言如下。

大儿子说：“我看见蛋糕是老二偷吃的！”

二儿子说：“不是我！是老三偷吃的。”

三儿子说：“老二在撒谎，他在陷害我。”

小儿子说：“蛋糕是谁偷吃的我不知道，反正不是我。”

经过调查证实，四个人中只有一个人说的是真话，其余说的都是假话。

请问：谁偷吃了蛋糕？

## 19. 五个儿子

一个老财主，一辈子积攒了不少钱财。他有五个儿子，儿子成家立业之后，财主将自己的财产分给了五个儿子，自己仅留了少量生活费用。若干年后，突遇灾荒之年，可怜的父亲要面临断炊了，所以不得不求助于五个儿子。

但是，经过了这么多年，有的儿子赚了不少钱，也有的儿子将家财败光了。他不知道现在哪个儿子有钱，但他知道，他们兄弟之间都知道底细。

下面是他们五兄弟说的话。其中有钱的儿子说的都是假话，没钱的儿子说的都是真话。

老大说：“老三说过，我的四个兄弟中，只有一个有钱。”

老二说：“老五说过，我的四个兄弟中，有两个有钱。”

老三说：“老四说过，我们兄弟五个都没钱。”

老四说：“老大和老二都有钱。”

老五说：“老三有钱，另外老大承认过他有钱。”

那么，你能帮助这位老父亲判断出这五个儿子中谁最有钱吗？

## 20. 盒子里的东西

在桌子上放着 A、B、C、D 四个盒子。每个盒子上都有一张纸条，分别写着一句话。

A 盒子上写着：所有的盒子里都有水果；

B 盒子上写着：本盒子里有香蕉；

C 盒子上写着：本盒子里没有梨；

D 盒子上写着：有些盒子里没有水果。

如果这里只有一句话是真的，那么，你能断定哪个盒子里有水果吗？

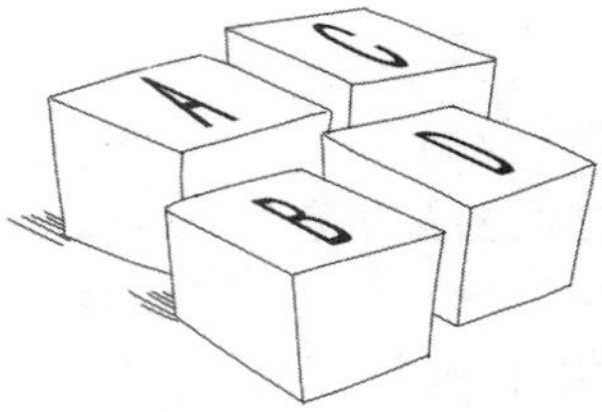


## 21. 谁通过了六级

一个班的英语六级通过情况如下：

(1) 班长通过了；

(2) 该班所有人都通过了；

(3) 有些人通过了；

(4) 有些人没有通过。

经过详细调查，发现上述陈述只有两个是真的，可推断出以下哪个选项是正确的(　　)。

A. 该班有人通过了，但也有人没有通过

B. 班长通过了

C. 所有人都通过了

D. 所有人都没有通过

## 22. 谁及格了

一户人家有五个儿子，他们的成绩都不是很好，爸爸总是为他们的考试成绩而发愁。一次期末考试之后，爸爸又询问孩子们的成绩。他不知道哪个儿子考试没及格，但他知道，这些孩子之间知道底细，且考试没及格的人肯定会说假话，只有考试及格的才说真话。

老大说：“老三说过，我的四个兄弟中，只有一个考试没及格。”

老二说：“老五说过，我的四个兄弟中，有两个考试没及格。”

老三说：“老四说过，我们兄弟五个考试都及格。”

老四说：“老大和老二考试都没及格。”

老五说：“老三考试没及格，另外老大承认过他考试没及格。”

那么，你知道这五个儿子中谁考试没及格吗？

## 23. 谁寄的钱

某公司有人爱做善事，经常捐款捐物，每次只留公司的名字而不留自己的名字。一次该公司收到感谢信，要求找出此人。公司在查找过程中，听到以下六句话：

(1) 这钱或者是赵风寄的，或者是孙海寄的；

(2) 这钱如果不是王强寄的，就是张林寄的；

(3) 这钱是李强寄的；

(4) 这钱不是张林寄的；

(5) 这钱肯定不是李强寄的；

(6) 这钱不是赵风寄的，也不是孙海寄的。

事后证明，这六句话中只有两句是假的，请根据以上条件，找出匿名捐款人。

# 斜向扩展训练营

## 24. 兔妈妈分食物

兔妈妈从超市里给三个孩子(亲亲、宝宝、贝贝)买来了它们喜欢的食物，有胡萝卜、面包、薯片、芹菜。每个兔宝宝喜欢吃的食物各不相同。请根据三位兔宝宝的发言，推断它们喜欢吃的食物分别是什么。每个兔宝宝的话都有一半是真话，一半是假话。

亲亲：“宝宝最爱吃的不是芹菜。贝贝最爱吃的不是面包。”

宝宝：“亲亲最爱吃的不是面包。贝贝最爱吃的不是薯片。”

贝贝：“亲亲最爱吃的不是胡萝卜。宝宝最爱吃的不是薯片。”

## 25. 真真假假

A、B、C 三个人的名字分别为真真、假假、真假(不对应)，真真只说真话，假假只说假话，而真假有时说真话有时说假话。

一天一个人遇到了他们，于是问 A：“请问，B 叫什么名字？”A 回答说：“他叫真真。”

这个人又问 B：“你叫真真吗？”B 回答说：“不，我叫假假。”

这个人又问 C：“B 到底叫什么？”C 回答说：“他叫真假。”

请问：你知道 A、B、C 中谁是真真，谁是假假，谁是真假吗？

## 26. 谁在说谎

甲、乙、丙三人，甲说乙在说谎，乙说丙在说谎，丙说甲和乙都在说谎。

请问：到底谁在说谎？

## 27. 两兄弟

小姨带着她的双胞胎儿子来看望小红，两个小孩除了一个人穿红衣服、一个人穿蓝衣服外，其他都一模一样。小红看了很高兴，左瞅瞅右瞅瞅，就问他们谁是哥哥，谁是弟弟。穿红衣服的小孩说："我是哥哥。"另一个穿蓝衣服的小孩说："我是弟弟。"小姨在旁边咯咯地笑着说："小红，他们中至少有一个人在撒谎。"那么，你能帮小红判断出谁是哥哥、谁是弟弟吗？

## 28. 谁是哥哥

有兄弟两人，哥哥上午说实话，下午说谎话；而弟弟正好相反，上午说谎话，一到下午就说实话。

有一个人问兄弟二人："你们谁是哥哥？"

较胖的说："我是哥哥。"

较瘦的也说："我是哥哥。"

那个人又问："现在几点了？"

较胖的说："快到中午了。"

较瘦的说："已经过中午了。"

请问：现在是上午还是下午？谁是哥哥？谁是弟弟？

## 29. 该释放了谁

有一个侦探逮捕了5个嫌疑犯(A、B、C、D、E)，然而这5个人供出的作案地点各不相同。进一步对他们进行审讯之后，他们分别提出了如下申明。

A：5个人当中有1个人说谎。

B：5个人当中有2个人说谎。

C：5个人当中有3个人说谎。

D：5个人当中有4个人说谎。

E：5个人全说谎。

请问：如果只能释放说真话的人，那么该释放哪几个人呢？

## 30. 寻找八路军

抗日战争时期，华北平原上某县，日本鬼子把全县2000人赶到一个广场上，让这些人交代八路军的下落，被逼之下，每个人都说了八路军的藏身之处，但2000人的说辞各不相同。进一步拷打后，日本鬼子得到了以下信息：

第1个人：2000人中有1个人在说谎；

第2个人：2000人中有2个人在说谎；

第3个人：2000人中有3个人在说谎；

…………

第1999个人：2000人中有1999个人在说谎；

第 2000 个人：2000 人都在说谎。

请问：你知道谁是汉奸，对日本鬼子说了真话吗？

## 31. 三人聚会

三人聚会，他们各说了一句话：

张三：李四说谎；

李四：王五说谎；

王五：张三和李四都在说谎。

请问：谁说谎，谁没有说谎？

## 32. 相互牵制的僵局

三位犯罪嫌疑人对同一个案件进行辩解，其中有人说谎，有人说实话。警察最后一次向他们求证如下。

问甲："乙在说谎吗？"甲回答说："不，乙没有说谎。"

问乙："丙在说谎吗？"乙回答说："是的，丙在说谎。"

问丙："甲在说谎吗？"那么，丙会回答什么呢？

## 33. 不同部落间的通婚

完美岛上有两个部落，一个叫诚实部落(只讲真话)，另一个叫说谎部落(只讲假话)。一个诚实部落的人同一个说谎部落的人结了婚，这段婚姻非常美满，夫妻双方在多年的生活中受到了对方的影响。诚实部落的人已习惯于每讲三句真话就要讲一句假话，而说谎部落的人也习惯于每讲三句假话就要讲一句真话。他们生下了一个儿子，这个孩子当然具有两个部落的性格(真话假话交替着讲)。

另外，这对夫妻同他们的儿子每人都有个部落号，号码各不相同。他们的名字分别叫阿尔法、贝塔、伽马。

3 个人各说了 4 句话，但不知道是谁说的(诚实部落的人讲的是 1 句假话，3 句真话；说谎部落的人讲的是 1 句真话，3 句假话；孩子讲的是真话、假话各两句，并且真话、假话交替。)。

他们讲的话如下。

A：

(1) 阿尔法的号码是 3 个人中最大的；

(2) 我过去是诚实部落的；

(3) B 是我的妻子；

(4) 我的部落号比 B 的大 22。

B：

(1) A 是我的儿子；

(2) 我的名字是阿尔法;

(3) C 的部落号是 54 或 78 或 81;

(4) C 过去是说谎部落的。

C:

(1) 贝塔的部落号比伽马的大 10;

(2) A 是我的父亲;

(3) A 的部落号是 66 或 68 或 103;

(4) B 过去是诚实部落的。

请推断出 A、B、C 三个人中谁是父亲，谁是母亲，谁是儿子，以及他们各自的名字和他们的部落号。

# 第二章

## 猜数字问题

猜数字问题是一些电子设备(文曲星)风靡一时的经典益智游戏。

猜数字游戏介绍如下。

(1) 游戏开始，电脑会随机产生一个数字不重复的四位数。

(2) 你将自己猜的四个数字填在答案框内提交。

(3) 电脑会将你提交的数与它产生的数进行比较，结果用“*A*B”的形式表示。A 代表位置正确，数字也正确；B 代表数字正确，但位置不正确。比如，“1A2B”表示你猜的数字中有 1 个数字的位置正确且数值也正确，另外，你还猜对了 2 个数字，但位置不对。

(4) 如果你通过 10 次尝试把所有数字的数值和位置全部猜对，即结果为“4A0B”，则游戏成功。

下面列举一个实例。

例如，电脑随机产生的数字是 9154。当然，我们不会知道。

我们能够做的就是一次次尝试。第一次，我们没有任何提示，为了方便，按照数字顺序猜数即可，比如，我们选择 1234，系统会提示我们 1A1B，即 1234 中有两个数字是选中数字，且有一个位置也对了。

第二次，我们重新选择四个数字 5678，系统返回的结果是 0A1B。也就是说，5678 中有一个数字是选中数字，但位置不对。同时我们还可以得出一个结论，数字 9 和 0 里有且只有一个选中数字。

第三次，我们选择 0987，系统返回的结果为 0A1B。因为我们知道，0 和 9 中有一个是选中数字，同时利用 8 和 7 交换位置来推断位置的正确性。这时可以排除 7 和 8 是选中数字，而且 5 和 6 中有且只有一个选中数字。

第四次，我们选择数字 7560，系统返回结果为 0A1B。因为此时不确定因素太多，所以我们把已经确定不是选中数字的 7 加进来是为了减小确定数字的难度。同时，记得变换 5 和 6 的位置。此时，我们可以确定数字 0 不是选中数字，而 9 是选中数字，同时也排除了一些数字不可能的位置。

第五次，我们选择数字 5634，系统返回结果为 1A1B。我们前面知道，5 和 6 中有一个选中数字，但位置不对，这就说明 3 和 4 中有一个选中数字，且位置是对的。

第六次，我们选择数字 9634，系统返回结果为 2A0B。前面我们知道 9 是选中数字，换了它之后，正确数字没有增加，说明替换掉的 5 是选中数字，而且 9 的位置也是正确的。

第七次，我们选择数字 9254，系统返回结果为 3A0B。首位是 9 毫无疑问，然后加入上一步确认的数字 5，因为前面已经确认 5 不在第 1 位和第 2 位，所以本次放在第 3 位来确认位置，4 的位置不变。如果放在第 2 位的数字 2 是选中数字，那返回结果必定会至少出现一个 B。因而得出 2 不是选中数字，1 才是。

第八次，确定了四个数字分别是 9154，从而得到正确答案。

当然，猜数字游戏的方法不是唯一的，如果你思维灵活，可能会用更少的次数就可以猜出正确答案。我们在测试不同数字的时候会返回不同的结果，而下一步用什么策略也是由不同的结果决定的，没有一定之规。但是在猜数字的过程中，一些重要的技巧却是常用的，比如，将数字分组，先确认每组中选中数字的个数；在换位置的时候范围不要太大，否则变数太大；用明知不是选中数字或者明知是选中数字的数字来减少选择，从而快速地确定正确的数字和位置；经常变换数字的位置和顺序来判断位置的正确性；等等。

## 纵向扩展训练营

### 34. 猜数字(1)

甲、乙、丙是某教授的 3 个学生，三个人都很聪明。教授发给他们每人一个数字(自然数，没有 0)，并告诉他们这 3 个数字的和是 14。

甲马上说道："我知道乙和丙的数字是不相等的！"

乙接着说道："我早就知道我们 3 个的数字都不相等了！"

丙听到这里马上说："哈哈，我知道我们每个人的数字都是几了！"

请问：这 3 个数字分别是多少？

### 35. 猜数字(2)

老师首先从 1 到 80 之间(大于 1 小于 80)选了两个自然数，然后将二者之积告诉同学 P(Product)，二者之和告诉同学 S(Sum)，最后他问两位同学能否推出这两个自然数分别是多少。

S 说："我知道 P 肯定不知道这两个数。"

P 说："那么我知道了。"

S 说："那么我也知道了！"

其他同学说："我们也知道了！"

……

通过这些对话，你能猜到老师选出的两个自然数是什么吗？

### 36. 猜数字(3)

老师在一张纸上写了四个数字，对甲、乙、丙、丁四位同学说："你们四位是班上最聪明，最会推理、演算的学生。今天，我出一道题考考你们。我手中的纸条上写了四个数字，这四个数字是 1、2、3、4、5、6、7、8 中的任意四个。你们先猜猜各是哪四个数字。”

甲说：2、3、4、5。

乙说：1、3、4、8。

丙说：1、2、7、8。

丁说：1、4、6、7。

听完四人猜的结果后，老师说：“甲和丙同学各猜对了 2 个数字，乙和丁同学各只猜对了 1 个数字。”那么，你能推导出纸条上写了哪几个数字吗？

## 37. 猜帽子上的数字

100 个人每人戴一顶帽子，每顶帽子上有一个数字(数字为 0～99 的整数)，这些数字有可能重复。每个人只能看到其他 99 个人帽子上的数字，看不到自己帽子上的数字。这时要求所有人同时说出一个数字，是否存在一个策略使得至少有一个人说出的是自己帽子上的数字？如果存在，请构造出具体的推算方法；如果不存在，请给出严格的证明。

## 38. 各是什么数字

A、B、C 三个人的帽子上各有一个大于 0 的整数，3 个人都只能看到别人帽子上的数字，看不到自己帽子上的数字。但有一点是 3 个人都知道的，那就是 3 个人逻辑思维能力都很强，可以作出正确的判断，并且 3 个人总是说实话。

现在，告诉三个人已知条件为：其中一个数字为另外两个数字之和。然后开始对三个人提问。

先问 A：你知道帽子上的数字是多少吗？

A 回答：不知道。

然后问 B：你知道帽子上的数字是多少吗？

B 回答：不知道。

接着问 C，C 也回答不知道。

最后再问 A，A 回答：我帽子上的数字是 20。

请问：B、C 帽子上分别是什么数字？(有多种情况)

## 39. 纸条上的数字

老师出了一道测试题想考考皮皮和琪琪。她写了两张纸条，对折起来后，让皮皮、琪琪每人各拿一张，并说："你们手中的纸条上写的数字都是自然数，这两个数字相乘的积是 8 或 16。现在，你们能通过手中纸条上的数字，推算出对方手中纸条上的数字吗？"

皮皮看了自己手中纸条上的数字后，说："我推算不出琪琪的数字。"

琪琪看了自己手中纸条上的数字后，说："我也推算不出皮皮的数字。"

听了琪琪的话后，皮皮推算了一会儿，说："我还是推算不出琪琪的数字。"

琪琪听了皮皮的话后，重新推算了一会儿，说："我也推算不出来。"

听了琪琪的话后，皮皮很快地说："我知道琪琪手中纸条上的数字了。"并报出数字，果然正确。

请问：你知道琪琪手中纸条上的数字是多少吗？

## 40. 纸片游戏

Q 先生、S 先生和 P 先生在一起做游戏。Q 先生用两张小纸片，各写一个数字。这两个数都是正整数，差为 1。他把一张纸片贴在 S 先生的额头上，另一张纸片贴在 P 先生的额头上。因此，两个人都只能看见对方额头上的数字。

Q 先生不断地问："你们谁能猜到自己头上的数字？"

S 先生说："我猜不到。"

P 先生说："我也猜不到。"

S 先生又说："我还是猜不到。"

P 先生又说："我也猜不到。"

S 先生仍然猜不到；P 先生也猜不到。

S 先生和 P 先生都已经三次猜不到了。

可是，到了第四次，S 先生喊道："我知道了！"

P 先生也喊道："我也知道了！"

请问：S 先生和 P 先生头上各是什么数字？

## 41. 苏州街

陈一婧住在苏州街，这条大街上房子的编号是从 13 号到 1300 号。龚宇华想知道陈一婧所住房子的号码。龚宇华问道：“它小于 500 吗？”陈一婧作了答复，但她讲了谎话。龚宇华问道：“它是个平方数吗？”陈一婧作了答复，也没有说实话。龚宇华问道：“它是个立方数吗？”陈一婧回答了并讲了真话。龚宇华说道：“如果我知道第二位数字是否为 1，我就能说出你那所房子的号码。”陈一婧告诉了他第二位数字是否为 1，龚宇华也讲了他所认为的号码。但是，龚宇华说错了。

请问：陈一婧住的房子是几号？

## 42. 贴纸条猜数字

一个教逻辑学的教授有三个学生，他们都非常聪明。一天教授给他们出了一道题，教授在每个人脑门上贴了一张纸条并告诉他们，每个人的纸条上都写了一个正整数，且某两个数的和等于第三个数。(每个人可以看见另外两个人脑门上的数字，但看不见自己的数字。)

教授问第一个学生：你能猜出自己的数字吗？其回答：不能；问第二个学生，其回答：不能；问第三个学生，其回答：还是不能。第二轮再问第一个学生，其回答：不能；问第二个学生，其回答：不能；问第三个学生，他说：我猜出来了，是 144！教授很满意地笑了。

请问：你能猜出另外两个人头上贴的数字是什么吗？请说出理由。

## 43. 猜猜年龄

小张和小王在路上遇见了小王的三个熟人 A、B、C。

小张问小王：“他们三个人今年多大？”

小王想了想说：“那我就考考你吧，他们三个人的年龄之和为我们两人的年龄之和，他们三个人的年龄相乘等于 2450。”

小张算了算说：“我还是不知道。”

小王听后笑了笑说：“那我再给你一个条件，他们三人的年龄都比我们的朋友小李要小。”

小张听后说：“那我知道了。”

请问：小李的年龄是多少？

# 横向扩展训练营

## 44. 神奇的公式

魔术师有一个神奇的公式，只要你按照他的公式计算出答案，他就知道你的出生日期和年龄。这个公式是这样的：(4 位的出生日期)×100+20×10+165+(2 位的年龄)=?

请问：你知道这是为什么吗？

## 45. 猜扑克牌

P 先生、Q 先生都具有足够的推理能力。这天，他们正在进行推理考试。“逻辑教授”在桌子上放了如下 16 张扑克牌。

红桃：A、Q、4

黑桃：J、8、3、2、7、4

梅花：K、Q、5、4、6

方块：A、5

教授从这 16 张牌中挑出一张牌，并把这张牌的点数告诉 P 先生，把这张牌的花色告诉 Q 先生。然后，教授问 P 先生和 Q 先生：“你们能从已知的点数或花色中推知这是一张什么牌吗？”

P 先生：“我不知道这张牌。”

Q 先生：“我知道你不知道这张牌。”

P 先生：“现在我知道这张牌了。”

Q 先生：“我也知道了。”

请问：这张牌是什么？

## 46. 猜字母

甲先生对乙先生说自己会读心术，乙先生不相信，于是两人开始实验。

甲先生说：那我们来猜字母吧。你从 26 个英文字母中随便选中 1 个字母，记在心里。

乙先生：嗯，选好了。

甲先生：现在我要问你几个问题，你如实回答就可以了。

乙先生：好的，请问吧。

甲先生：你选中的那个字母在 carthorse 这个字符串中有吗？

乙先生：有的。

甲先生：在 senatorial 这个字符串中有吗？

乙先生：没有。

甲先生：在 indeterminables 这个字符串中有吗？

乙先生：有的。

甲先生：在 realisaton 这个字符串中有吗？

乙先生：有的。

甲先生：在 orchestra 这个字符串中有吗？

乙先生：没有。

甲先生：在 disestablishmentarianism 这个字符串中有吗？

乙先生：有的。

甲先生：我知道，你的回答有些是谎话，不过没关系，但你得告诉我，你上面的 6 个回答中，有几个说的是真话？

乙先生：3 个。

甲先生：好的，我已经知道你选中的字母是什么了！

说完甲说出一个字母，结果正是乙选中的那个！

请问：乙先生选中的字母是什么？甲先生又是如何猜出来的呢？

## 47. 老师的生日

小明和小强都是张老师的学生，两人都不知道张老师的生日是 M 月 N 日。已知张老师的生日是下列 10 组日期中的一天，他把 M 值告诉了小明，把 N 值告诉了小强，张老师问："你们知道我的生日是哪一天吗？"

小明说："如果我不知道的话，小强肯定也不知道。"

小强说："本来我也不知道，但是现在我知道了。"

小明说："哦，那我也知道了。"

请根据以上对话推断出张老师的生日是哪一天。

3 月 4 日，3 月 5 日，3 月 8 日

6 月 4 日，6 月 7 日

9 月 1 日，9 月 5 日

12 月 1 日，12 月 2 日，12 月 8 日

## 48. 找零件

张师傅带了两个徒弟——小王和小李。一天，张师傅想看看他们两人谁更聪明，于是，他将两个徒弟带到仓库，仓库里有以下 11 种规格的零件：

8∶10，8∶20；

10∶25，10∶30，10∶35；

12∶30；

14∶40；

16：30，16：40，16：45；

18：40。

这里需要说明的是，“：”前的数字表示零件的长度，“：”后的数字表示零件的直径，单位都是mm。

他把徒弟小王、小李叫到跟前，告诉他们说：“我将把我所需要零件的长度和直径分别告诉你们，看你们谁能最先挑出我需要的那个零件。”于是，他悄悄地把需要零件的长度告诉了徒弟小王，把需要零件的直径告诉了徒弟小李。

徒弟小王和徒弟小李都沉默了一阵。

徒弟小王说：“我不知道是哪个零件。”

徒弟小李也说：“我也不知道是哪个零件。”

随即徒弟小王说：“现在我知道了。”

徒弟小李也说：“那我也知道了。”

然后，他们同时走向一个零件。张师傅看后，高兴地笑了，因为那个零件正是他需要的那一个。

请问：你知道张师傅需要的零件是哪个吗？

## 49. 猜颜色

有五个外表一样的药瓶，里边分别装有红色、黄色、蓝色、绿色、黑色五种颜色的药丸，现在由甲、乙、丙、丁、戊五个人来猜药丸的颜色。

甲说：“第二瓶装的是蓝色药丸，第三瓶装的是黑色药丸。”

乙说：“第二瓶装的是绿色药丸，第四瓶装的是红色药丸。”

丙说：“第一瓶装的是红色药丸，第五瓶装的是黄色药丸。”

丁说：“第三瓶装的是绿色药丸，第四瓶装的是黄色药丸。”

戊说：“第二瓶装的是黑色药丸，第五瓶装的是蓝色药丸。”

事实上，五个人都只猜对了一瓶中药丸的颜色，并且每个人猜对的颜色各不相同。

请问：每瓶分别装了什么颜色的药丸？

## 50. 手心的名字

春游的时候，老师带着四名学生A、B、C、D一起做猜名字的游戏。游戏很简单，内容如下：

首先，老师在自己的手心上用圆珠笔写了四个人中一个人的名字。

然后她握紧手，在此过程中，不让四名学生中的任何一个人看到。

最后，老师对四名学生说：“我在手心上写了你们四个人中一个人的名字，猜猜我写了谁的名字？”

A 回答说：“是 C 的名字。”

B 回答说：“不是我的名字。”

C 回答说：“不是我的名字。”

D 回答说：“是 A 的名字。”

四名学生猜完之后，老师说：“你们四人中只有一个人猜对了，其他三个人都猜错了。”

四名学生听了以后，都很快猜出老师手心中写的是谁的名字了。

请问：你知道老师手心中写的是谁的名字吗？

## 51. 猜出你“偷”走的数字

首先，把 2012 年 12 月 21 日的年月日列在一起组成一个 8 位数 20121221；其次，把你自己的生日也按照这个格式组成一个 8 位数，如假设你是 1970 年 7 月 7 日出生，这个数字就是 19700707；最后，用 20121221 减去你的生日得到一个新数，20121221−19700707=420514，不妨把这个新数字称为玛雅数字。

接下来，我们把玛雅数字倒着写一遍，420514 反过来就是 415024。之后把正着写的玛雅数字和倒着写的玛雅数字相减，大的减小的，得到 420514−415024=5490。

此时，你可以从这个结果中的数字里挑选一个你喜欢的数字(0 除外)，并把它“偷”走。比如 4，然后把剩下的数字相加之和告诉我(5+9+0=14)。

整个过程中我都不知道你的生日是哪天，也不知道你的玛雅数字是什么。但只是因为 2012 年 12 月 21 日是不寻常的一天，20121221 是个不寻常的数字，所以当你报出剩下的数字之和时，我就会知道你把哪个数字“偷”走了！

不论观众有多少位，只要按照以上的步骤来演示，只要诚心，都可以依靠 2012 的魔力，在玛雅人的暗示下，逐一判断出你“偷”走的数字是多少。你相信吗？你知道这是如何做到的吗？

## 52. 母子的年龄

一天，华华和妈妈一起在街上走，遇见了妈妈的同事。妈妈的同事问华华今年几岁，华华说，妈妈比我大 26 岁，4 年后妈妈的年龄是我的 3 倍。你能猜出华华和她妈妈今年各多少岁吗？

## 53. 有几个孩子

一天，一位数学教授去同事家做客。他们坐在窗前聊天，从庭院中传来一大群孩子的嬉笑声。

数学教授就问：您有几个孩子？

主人：那些孩子不全是我的，那是四家人家的孩子。我的孩子最多，弟弟的孩子其次，妹妹的孩子再次，叔叔的孩子最少。他们吵闹成一团，因为他们不能按每队九人凑成两队。可是也巧，如果把我们这四家孩子的数目相乘，其积数正好是我们房子的门牌号，这个号码你是知道的。

数学教授：让我来试试，看能不能把每一家孩子的数目算出来。不过要解这个问题，已知数据还不够。请告诉我，你叔叔的孩子是一个呢，还是不止一个？

主人回答了这个问题。数学教授听后，很快就准确地计算出了每家孩子的数目。那么，你在不知道主人家门牌号码和他叔叔家是否只有一个孩子的情况下，能否算出这道题呢？

## 54. 三个班级

小明的学校举行了一场运动会。在其中的一个比赛项目中，包括小明一共有12个学生参加。他们来自A、B、C三个不同的班级，每4个学生同属一个班级。有意思的是，这12个学生的年龄各不相同，但都不超过13岁。换句话说，在1～13这13个数字中，除了某个数字外，其余的数字都恰好是某个学生的年龄。而且，小明的年龄最大。如果把每个班级学生的年龄加起来，可以得到以下的结果：

班级A：年龄总数为41，包括一个12岁的学生；

班级B：年龄总数为22，包括一个5岁的学生；

班级C：年龄总数为21，包括一个4岁的学生。

而且，只有班级A中有2个学生只相差1岁的情况。

请回答下面两个问题：小明属于哪个班级？每个班级中的学生各是多少岁？

# 斜向扩展训练营

## 55. 默想的数字

一天，爸爸对小明说："你在心里默想一个数字，然后把这个数字减去3，再把结果乘以2，最后再加上你默想的这个数字。你把结果告诉我，我就能知道你想的数字是多少。"你知道其中的秘密是什么吗？

## 56. 神奇数表

如图2-1所示的五张表，你在心里想一个数字，且这个数字不能超过31。请你指出你想的这个数字，都在哪个表中，那么我就会知道你想的数字是多少。

请问：这个表是怎么制出来的呢？

| | | | |
|---|---|---|---|
| 1 | 9 | 17 | 25 |
| 3 | 11 | 19 | 27 |
| 5 | 13 | 21 | 29 |
| 7 | 15 | 23 | 31 |

A

| | | | |
|---|---|---|---|
| 2 | 10 | 18 | 26 |
| 3 | 11 | 19 | 27 |
| 6 | 14 | 22 | 30 |
| 2 | 15 | 23 | 31 |

B

| | | | |
|---|---|---|---|
| 4 | 12 | 20 | 28 |
| 5 | 13 | 21 | 29 |
| 6 | 14 | 22 | 30 |
| 7 | 15 | 23 | 31 |

C

| | | | |
|---|---|---|---|
| 8 | 12 | 24 | 28 |
| 9 | 13 | 25 | 29 |
| 10 | 14 | 26 | 30 |
| 11 | 15 | 27 | 31 |

D

| | | | |
|---|---|---|---|
| 16 | 20 | 24 | 28 |
| 17 | 21 | 25 | 29 |
| 18 | 22 | 26 | 30 |
| 19 | 23 | 27 | 31 |

E

图 2-1 神奇数表

## 57. 猜单双

周末的晚上，爸爸陪小明玩猜单双的游戏。爸爸先交给小明 5 根火柴，让他藏在背后，分成两只手拿着。然后爸爸要求小明把左手的火柴数乘以 2，右手的火柴数乘以 3，再把两个积相加。小明算出结果为 14。随即爸爸马上猜出小明左手拿的火柴数是单数，右手拿的火柴数是双数。

请问：你知道爸爸是怎么猜出来的吗？

## 58. 五个人的年龄

甲、乙两位数学老师同路回家，路上遇到甲老师的 3 位邻居，甲老师对乙老师说："这三位邻居年龄的乘积是 2450，他们的年龄之和是你的 2 倍，请你猜猜他们的年龄。"乙老师思考了一阵儿说："不对，还差一个条件。"甲老师也思考了一阵儿说："对，的确还差一个条件，这个条件就是他们的年龄都比我小。"

请问：这 5 个人的年龄分别是多少？

## 59. 猜数字(1)

放学后，小明回到家中和爸爸玩起了猜数字游戏。这个游戏很好玩，爸爸从 1～1024 中任意选择一个整数，记在心中。然后如实回答小明提出的 10 个问题，小明就总能猜出爸爸选择的数字是什么。那么，你知道这 10 个问题是如何设计的吗？

## 60. 猜数字(2)

有一个整数数字，它在 1 到 36 之间；是个奇数，可以被 3 整除；个位数与十位数相加的和为 4～8；个位数与十位数相乘的积也为 4～8。

请问：你知道这个数字是几吗？

## 61. 猜数字(3)

有一个数字，去掉所读的第一个数字是 16，去掉所读的最后一个数字是 90。例如，85 读作八十五。

请问：这个数字是多少？

## 62. 奇妙的数列

图 2-2 中的这个数列很奇妙，需要注意的是，最后一个圆圈里，确实是“7”而不是“8”。你能找出这个数列的规律吗？并填上问号处空缺的数字。

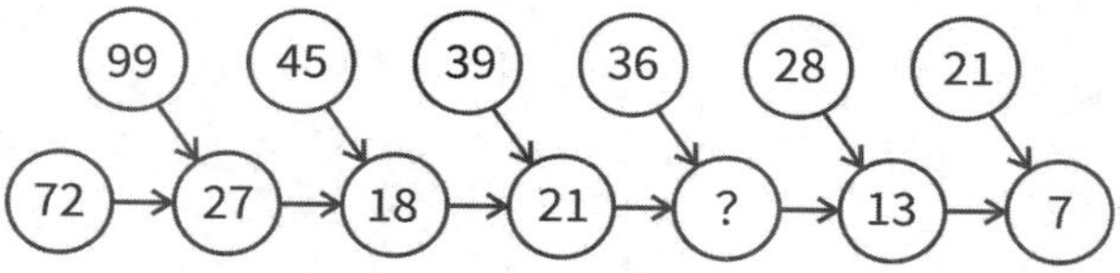


图 2-2 奇妙的数列

## 63. 猜生日

在 1993 年的某一天，小张过完了他的生日，并且此时他的年龄正好是他出生年份的 4 个数之和。那么，你能推算出小张是哪一年出生的吗？

## 64. 有趣的组合

幼儿园有 10 个小朋友，老师让他们每人从 0～9 这 10 个数字中拿一个数字。拿完之后，小朋友分成了两拨：一边有 4 个，一边有 6 个。老师看了之后，兴奋地说：“太巧了。4 个小朋友可以组成一个 4 位数，正好是某个两位数的 3 次方；而另外 6 个小朋友组成的 6 位数，是这个数的 4 次方。”那么，你能猜出这个两位数是多少吗？

## 65. 聪明程度

1987 年的某一天，伦敦的《金融时报》刊登了一个很奇怪的竞赛广告。这个广告要求参与者寄回一个 0 到 100 之间的整数，获胜条件是你选择的这个数，最接近全体参与者寄回的所有数的平均值的 2/3。获胜者将获得两张伦敦到纽约的飞机头等舱的往返机票。

请问：如果你是这个竞赛的参与者，你会选择哪个数呢？

# 第三章

## 海盗分金问题

海盗分金问题，既是一个经典的经济学模型，也是一个非常经典的逻辑题目，主要体现的是博弈思想。博弈，说得通俗一些就是策略，是指在一件事情中的一个“自始至终、通盘筹划”的可行性方案。

海盗分金的经典原形如下所示。

五个海盗抢到了100块金子，每一块都一样大小且价值连城。他们决定这么分：抽签决定自己的号码(1、2、3、4、5)，然后由1号提出分配方案让大家表决，当且仅当50%或者超过50%的人同意时，按照他的方案进行分配，否则他将被扔进大海喂鲨鱼。如果1号死了，就由2号提出分配方案，然后由剩下的4人进行表决，当且仅当50%或者超过50%的人同意时，按照他的方案进行分配，否则他也将被扔进大海喂鲨鱼。以此类推。每个海盗都是很聪明的人，都能很理智地判断，从而作出选择。那么，第一个海盗提出怎样的分配方案才能使自己的收益最大化？

分析所有这类策略游戏的奥妙就在于应当从结尾出发倒推回去。游戏结束时，你容易知道何种决策有利而何种决策不利。明确了这一点后，你就可以把它用到倒数第2次决策上，以此类推。如果从游戏的开头进行分析，那是走不了多远的。其原因在于，所有的战略决策都是要确定：“如果我这样做，那么下一个人会怎样做？”

因此，在你后面的海盗所作的决定对你来说是重要的，而在你之前的海盗所作的决定并不重要，因为你对这些决定已经无能为力了。

记住了这一点，就可以知道我们的出发点应当是游戏进行到只剩两名海盗——4号和5号的时候。这时4号的最佳分配方案是一目了然的：100块金子全归他一人所有，5号海盗什么也得不到。4号自己肯定会为这个方案投赞成票，这样就占了总数的50%，因此方案获得通过。

现在加上3号海盗。5号海盗知道，如果3号的方案被否决，那么最后将只剩2个海盗，自己肯定一无所获；此外，3号也明白5号了解这一形势。因此，只要3号的分配方案给5号一点儿利益使他不至于空手而归，那么不论3号提出什么样的分配方案，5号都将投赞成票。因此3号需要分出尽可能少的一点儿金子来收买5号海盗，这样就有了下面的分配方案：3号海盗分得99块金子，4号海盗一无所获，5号海盗得1块金子。

2号海盗的策略也差不多。他需要有50%的支持票，因此同3号一样也需再找一人做同党。他可以给同党的最低利益是1块金子，他可以用这块金子来收买4号海盗。因为如果自己被否决而3号得以通过，则4号将一无所获。因此，2号的分配方案应是：99块金子归自己，3号一块也得不到，4号得1块金子，5号一块也得不到。

1号海盗的策略稍有不同。他需要收买另外两名海盗，因此至少得用2块金子来拉拢，才能使自己的方案得到通过。他的分配方案应该是：98块金子归自己，1块金子给3号，1块金子给5号。

“海盗分金”其实是一个高度简化和抽象的模型，每个分配者想让自己的方案获得通过的关键是事先考虑清楚挑战者的分配方案是什么，并用最小的代价获取最大收益，拉拢挑战者分配方案中最不得利的人们。

在现实生活中，我们每一个人都无法避免处在错综复杂的利害关系和多种矛盾的冲突中，人们为了获得某种有利结果，往往会制定一系列的制胜策略：即分析对方可能采取的计划，有针对性地制订出自己的克敌计划，这就是所谓的“知己知彼，百战不殆”，哪一方的策略更胜一筹，哪一方就会取得最终的胜利。

博弈的目的在于巧妙的策略，而不是解法。研究博弈理论，是经济学家的事。我们学习博弈，不是为了享受博弈分析的过程，而是为了赢得更好的结局。把博弈中的精髓拿来为我所用，争取获得每一次竞争和选择的胜利。

## 纵向扩展训练营

### 66. 海盗分金(加强版)

10 名海盗抢得了窖藏的 100 块金子，并打算瓜分这些战利品。这是一些讲民主的海盗(当然是他们自己特有的民主)，他们的习惯是按下面的方式进行分配。最厉害的一名海盗提出分配方案，然后所有的海盗(包括提出方案者本人)就此方案进行表决。如果 50%或更多的海盗赞同此方案，此方案就获得通过并据此分配战利品，否则提出方案的海盗将被扔进海里，然后由下一位提名最厉害的海盗重复上述过程。

所有的海盗都乐于看到他们的同伙被扔进海里，不过，如果让他们选择，他们还是宁可得一笔现金。他们当然也不愿意自己被扔进海里。所有的海盗都是理性的，而且知道其他的海盗也是理性的。此外，没有两名海盗是同等厉害的——这些海盗按照完全由上到下的等级排好了座次，并且每个人都清楚自己和其他所有人的等级。这些金块不能再分，也不允许几名海盗共有金块，因为每个海盗都不相信他的同伙会遵守关于共享金块的安排。这是一伙每人都只为自己打算的海盗。

请问：最凶的一名海盗应当提出什么样的分配方案才能使他获得最多的金子呢？

## 67. 海盗分金(超级版)

海盗分金的问题扩大到有500名海盗，即500名海盗抢得了窖藏的100块金子，并打算瓜分这些战利品。这是一些讲民主的海盗(当然是他们自己特有的民主)，他们的习惯是按下面的方式进行分配。最厉害的一名海盗提出分配方案，然后所有的海盗(包括提出方案者本人)就此方案进行表决。如果50%或更多的海盗赞同此方案，此方案就获得通过并据此分配战利品，否则提出方案的海盗将被扔进海里，然后由下一位提名最厉害的海盗重复上述过程。

所有的海盗都乐于看到他们的同伙被扔进海里，不过，如果让他们选择，他们还是宁可得一笔现金。他们当然也不愿意自己被扔进海里。所有的海盗都是有理性的，而且知道其他的海盗也是理性的。此外，没有两名海盗是同等厉害的——这些海盗按照完全由上到下的等级排好了座次，并且每个人都清楚自己和其他所有人的等级。这些金块不能再分，也不允许几名海盗共有金块，因为每个海盗都不相信他的同伙会遵守关于共享金块的安排。这是一伙每人都只为自己打算的海盗。

请问：最凶的一名海盗应当提出什么样的分配方案才能使他获得最多的金子呢？

## 68. 理性的困境

两人分一笔总量固定的钱，比如100元。方法是：一人提出方案，另外一人表决。如果表决的人同意，那么就按提出的方案来分；如果不同意，两人将一无所获。比如A提方案，B表决。如果A提的方案是70∶30，即A得70元，B得30元。如果B接受，则A得70元，B得30元；如果B不同意，则两人将一无所获。

请问：如果叫A来分这笔钱，A会怎么分？

## 69. 是否交换

一个综艺节目举行抽奖游戏。节目组工作人员准备了两个信封，里面有数额不等的钱，交给A、B两人。两人事先不知道信封里面钱的数额，只知道每个信封里的钱数为5元、10元、20元、40元、80元、160元中的一个，并且其中一个信封里的钱是另一个信封里的2倍。也就是说，若A拿到的信封中是20元，则B信封中或为10元，或为40元。

A、B拿到信封后，各自能看自己信封中钱的数额，但看不到对方信封中钱的数额。如果现在给他们一个与对方交换的机会，请问：他们如何判断是否交换？

## 70. 是否改变选择

某娱乐节目邀请你去参加一个抽奖活动，有三个信封，让你挑选其中一个，并且告诉你其中一个信封里装着10000元，而另两个信封里装的都是100元。当你选中一个之后，此时不能打开看里面的金额，主持人把另两个信封中的一个打开，不是 10000 元。现在，主持人给你一个重新选择的机会，你要不要和他换一下信封呢？难题交给你了，那么你是换还是不换呢？

现在我给你一个
重新选择的机会，
你要不要和我换
一下信封呢？

## 71. 纽科姆悖论

一天，一个从外层空间来的超级生物欧米加在地球着陆。

欧米加创造出一个设备来研究人类的大脑。它可以十分准确地预言每个人在二者选择一个时会选择哪一个。

欧米加用两个大箱子检验了很多人。箱子 A 是透明的，总是装着 1000 美元；箱子 B 不透明，它要么装着 100 万美元，要么空着。

欧米加告诉每个受试者："你有两种选择，一种选择是你拿走两个箱子，可以获得其中的东西。可是，当我预计你这样做时，我就让箱子 B 空着。你就只能得到 1000 美元。另一种选择是只拿箱子 B。如果我预计你这样做时，我就将 100 万美元放进箱子 B 中。你能得到全部款项。"

说完，欧米加就离开了，留下了两个箱子供人选择。

一个男人决定只拿箱子 B。他的理由是——

我已看见欧米加尝试了几百次，而且每次他都预计对了。凡是拿两个箱子的人，只能得到 1000 美元。所以我只拿箱子 B，就会变成百万富翁。

一个女孩决定要拿两个箱子，她的理由是——

欧米加已经做完了他的预言，并已离开。箱子不会再变了。如果 B 是空的，那它还是空的；如果它是有钱的，那它还是有钱的。所以我要拿两个箱子，就可以得到里面所有的钱。

你认为谁的决定更好？两种看法不可能都对，那么又是哪一种错了，它为何错了？

## 72. 如何选择

一个农夫有两个儿子，农夫死后，两个儿子想要分农夫的遗产。小儿子将农夫的遗产平均分成两份，大儿子说：“这样吧，咱们两个都是说话算数并很有理性的人。我把遗产分成两份，你来选，如果你做出不合理的选择，那我就在你选择那份的基础上再奖励你 100 万元。怎么样？”小儿子听了之后，觉得很好，就答应了。农夫留下来的遗产共有 10 万元，大儿子把这些遗产分成 A：0 元；B：10 万元。

请问：小儿子应该如何选择？

## 73. 聪明的弟子

苏格拉底的三个弟子曾向他请教这样一个问题：怎样才能找到理想的伴侣？

苏格拉底并没有正面回答他们，而是让他们三人走进麦田，从一头出发到另一头，中途只许前进不许后退。这期间他们可以摘取一株麦穗，但仅有一次机会。最后比一下谁摘的麦穗最大。田地里的麦穗有大有小，有挺拔光鲜的，也有低矮瘪空的，所以三人必须想好该如何做出自己的选择。

第一个弟子先行。他想：只有一次机会的话，那么一旦看到又大又漂亮的麦穗我就应该立刻摘取它，这样绝对不会留下遗憾。这样想着，没走几步，这个弟子就发现一株既饱满又漂亮的麦穗，于是兴奋地将其摘到手，心中的得意也无以言表。然而当他继续前进时，发现前面有许多比他手中的麦穗更大更漂亮的，但他已经没有机会了，心情转瞬跌到了谷底，只能无奈又遗憾地走完了剩下的路程。

轮到第二个弟子时，因为有第一个弟子的前车之鉴，于是他想：麦田里的麦穗这么多，一开始看见的肯定不是最好的，后面一定有更好的，所以我不能急着摘取，机会只有一次，要谨慎谨慎再谨慎，带着这样的想法他也开始了行程。刚开始时，他同样也发现了又大又美丽的麦穗，但他忍住了没摘，他相信后面会有更好的，于是继续前行。一路上他陆续发现了不少好的麦穗，他依然没有下手，每一次他都想后面会有更好的，不能急，要谨慎。就这样直到走到田地尽头他的手中还是空空如也，他已经错过了所有的好麦穗，然而已经无法回头了，只好随手摘了一株普通的麦穗。

第三个弟子最为聪明，他看到前两个人的惨淡结局，暗暗决定要吸取他们的教训。那么，你知道他是如何做的吗？

## 74. 少数派游戏

少数派游戏共有 22 个人参加。这 22 个人集中在一个大厅里。游戏规则是每个人手里都有一副牌，游戏组织者会给大家一小时自由讨论时间，然后每个人亮出一张牌。主持人统计红色牌和黑色牌的数量，并规定数量较少的那一方取胜，多数派将全部被淘汰。获胜的选手在一小时后进行新一轮的游戏，依然是少数派胜出。若某次亮牌后双方人数相等，则该轮游戏无效，继续下一轮。游戏一直进行下去，直到最后只剩下一人或两人为止(只剩两人时显然已无法分辨胜负)。所有被淘汰的人都必须缴纳罚金，这些罚金将被作为奖金分给获胜者。

少数派游戏有很多科学的地方，其中最有趣的地方就是，简单的结盟策略将变得彻底无效。如果游戏是多数人获胜，那你只要能成功说服其中 11 个人和你一起组队(并承诺最后将平分奖金)，你们 12 个人便可以保证获胜。但在这里，票数少的那一方才算获胜，这个办法显然就不行了。因此，欺诈和诡辩将成为这个游戏的最终手段。请问：如果你是这 22 个人中的一个，你会怎么做呢？

## 75. 所罗门断案

《圣经》中有这样一个所罗门国王判案的故事。

有两位母亲都说自己是孩子的真正母亲，她们争执不下，只好请求所罗门国王来判决。所罗门国王拿出一把剑，声称要将孩子一分为二，给两位母亲一人一半。这时，孩子真正的母亲不忍心看着自己的孩子被杀掉，因此提出宁愿将孩子判给对方；而不是孩子母亲的人则觉得反正自己得不到，所以同意杀婴。所罗门国王通过观察她们的表现，就知道了愿意让出孩子的母亲才是孩子真正的母亲，于是宣布把孩子判给这位真正的母亲。

这个故事不仅向我们展示了母爱的伟大，也向我们昭示了所罗门国王的智慧。然而，所罗门国王的方法真的这么容易就能成功吗？

## 76. 抓豆子

5 个囚犯，分别按 1～5 号的顺序在装有 100 颗绿豆的麻袋中抓绿豆，规定每人至少抓一颗，而抓得最多和最少的人将被处死，而且，他们之间不能交流，抓豆子的时候可以摸出剩下的豆子数。问他们中谁的存活概率最大？

**提示：**

(1) 他们都是很聪明的人；

(2) 他们的原则是先求保命，再去多害人；

(3) 100 颗不必都分完；

(4) 若有重复的情况，不管是不是最大、最小，都一并处死。

# 横向扩展训练营

## 77. 抢报 35 游戏

晶晶和春春在玩一个叫“抢报 35”的游戏。这个游戏的规则很简单：两个人轮流报数，第一个人从 1 开始，按顺序报数，他可以只报 1，也可以报 1、2，还可以报 1、2、3、4。第二个人接着第一个人报的数再报下去，但最多也只能报四个数，而且不能一个数都不报。例如，第一个人报的是 1，第二个人可以报 2，也可以报 2、3；若第一个人报了 1、2，则第二个人可以报 3，也可以报 3、4、5、6。接下来，仍由第一个人接着报，如此轮流下去，谁先报到 35 谁获胜。

晶晶很大度，每次都让春春先报，但每次都是她获胜。春春觉得其中肯定有猫儿腻，于是坚持要晶晶先报，结果还是以晶晶获胜居多。

## 78. 蜈蚣博弈的悖论

蜈蚣博弈是由罗森塞尔(Rosenthal)提出的。它是这样一个博弈：两个参与者 A、B 轮流进行策略选择，可供选择的策略有“合作”和“背叛”(“不合作”)两种。假定 A 先选，然后是 B，接着是 A，如此交替进行。A、B 之间的博弈次数为有限次，比如 10 次。假定这个博弈各自的支付如图 3-1 所示。

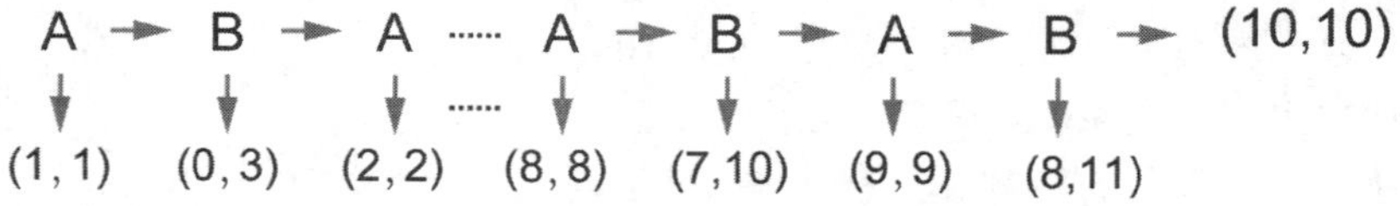


图 3-1 蜈蚣博弈

博弈从左到右进行，横向箭头代表合作策略，向下的箭头代表不合作策略。每个人下面对应的括号代表相应的人采取不合作策略，当博弈结束后，其各自的收益，括号内左边的数字代表 A 的收益，右边的数字代表 B 的收益。

请问：A、B 会如何进行策略选择？

## 79. 酒吧问题

酒吧问题(bar problem)，是美国人阿瑟提出的。阿瑟是斯坦福大学经济学系教授，同时还是美国著名的圣塔菲研究所(Santa Fe Institute，SFI)的研究人员。他不满意经济学中认为的经济主体或行动者的行动是建立在演绎推理的基础之上的，而认为其行动是基于归纳的基础之上的。酒吧问题就是他为了证明这个问题而提出的。

酒吧问题是说：有一群人，比如总共有 100 人，每个周末均要决定是去酒吧活动还是待在家里。酒吧的容量是有限的，空间是有限的或者座位是有限的，如果人去多了，酒吧的人会感到不舒服，此时，他们留在家里反而比去酒吧更舒服。我们假定酒吧容量是 60 人，或者说酒吧座位是 60 个，如果某人预测去酒吧的人数超过 60 人，他的决定是不去，反之则去。请问：这 100 人如何作出去还是不去的决策呢？

## 80. 倒推法博弈

在某个城市假定只有一家房地产开发商 A，我们知道任何没有竞争的垄断都会获得极高的利润，假定 A 此时每年的垄断利润是 10 亿元。

现在另外一个企业 B 准备从事房地产开发。A 面对着 B 要进入其垄断的行业，心想：一旦 B 进入，我的利润将受损很多，B 最好不要进入。所以 A 向 B 表示，如果你进入，我将阻挠。假定当 B 进入时 A 阻挠，那么 A 的利润降低到 2 亿元，B 的利润是-1 亿元。而如果 A 不阻挠，A 的利润是 4 亿元，B 的利润也是 4 亿元。

这是房地产开发商之间的博弈问题。A 的最好结局是“B 不进入”，而 B 的最好结局是“进入”而 A“不阻挠”。但是，这两个最好的结局不能同时得到。那么，结果是什么呢？

A 向 B 发出威胁：如果你进入，我将阻挠。而对 B 来说，如果进入，A 真的阻挠，它将损失-1 亿元(假定-1 亿元是它的机会成本)，当然此时 A 也有损失。

请问：对于 B 来说，A 的威胁可信吗？

## 81. 将军的困境

两个将军各自带领自己的部队埋伏在相距一定距离的两个山上等候敌人。将军 A 得到可靠情报，敌人刚刚到达，立足未稳，没有防备，如果两股部队一起进攻，就能够获得胜利；而如果只有一方进攻，进攻方将失败。但是将军 A 遇到了一个难题：如何与将军 B 协同进攻？那时没有电话等通信工具，只能通过情报员来传递消息。将军 A 派一个情报员去了将军 B 那里，告诉将军 B 敌人没有防备，两军于黎明一起进攻。然而可能发生的情况是，情报员失踪或者被敌人抓获。即将军A虽然派遣情报员向将军B传达“黎明一起进攻”的信息，但他不能确定将军B是否能收到他的信息。还好情报员顺利回来了，可是将军A又陷入了迷茫：将军B怎么知道情报员肯定回来了？将军B如果不能肯定情报员回来的话，他必定不会贸然进攻的。于是将军A又将该情报员派遣到将军B处。然而，他又不能保证这次情报员肯定到了将军B那里……

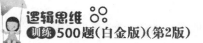

请问：如果你是这两位将军中的一个，你有什么更好的办法？

## 82. 有病的狗

有50户人家，每家有一条狗。有一天警察通知，50条狗当中有病狗，行为和正常狗不一样。每人只能通过观察别人家的狗进行对比来判断自己家的狗是否生病，而不能只看自己家的狗。如果判断出自己家的狗病了，就必须当天一枪打死自己家的狗。这样，第一天没有枪声，第二天没有枪声，第三天开始一阵枪响。

请问：一共死了几条狗？

## 83. 村口的一排树

在一个偏僻的山里，有一个村庄。村里有100家住户。每家住户都有一个还没有结婚的孩子。

这个村已经形成了一个奇特的风俗。孩子的父母如果发现自己的孩子恋爱，就要在当天去村口种一棵树为孩子许愿。当然，父母必须有确切的证据来证明自己的孩子真的恋爱了。由于害羞，孩子不会主动告诉父母自己恋爱了。其他村民发现某家孩子恋爱了也不会告诉那个孩子的父母，但会在村子里相互传递这一信息，因此，一个孩子恋爱后，除了其父母不知道外，其他村民都知道。

而事实上是，村子里的这 100 家住户的孩子都恋爱了，但由于村民不会把知道的事实告诉恋爱孩子的父母，因此没有人家去村口种树。

村子里有一个辈分很高的老太太，她德高望重，且诚实可敬。村里每个人都向她汇报村里的情况，因此她对村里的情况了如指掌，她知道每个孩子都恋爱了，当然，其他村民不知道她所知道的。

一天，这位老人说了一句很平常的话："你们的孩子当中至少有一个孩子已经恋爱了。"于是，村里发生了这样一件事情：前 99 天，村里风平浪静，但到了第 100 天，所有孩子的父母都去村口种树了。

请问：为什么会这样呢？

## 84. 损坏的瓷器

有两个出去旅行的女孩，一个叫"中原一点红"，另一个叫"沙漠樱桃"，她们互不认识，各自在景德镇同一个瓷器店购买了一个一模一样的瓷器。她们在上海浦东国际机场下飞机后，发现托运的瓷器可能由于运输途中的意外遭到损坏，她们随即向航空公司提出索赔。但由于该瓷器没有发票等证明价格的凭证，于是航空公司内部评估人员估算其价值应该在 1000 元以内。因为航空公司并无法确切地知道该瓷器的价格，于是便分别告诉这两位姑娘，让她们把该瓷器当时购买的价格分别写下来，然后告诉航空公司。

航空公司认为，如果这两个姑娘都是诚实可信的老实人，那么她们写下来的价格应该是一样，如果不一样，则必然有人说谎。而说谎的人肯定是为了能获得更多的赔偿，所以可以认为申报价格较低的那个姑娘应该更加可信，并会采用较低的那个价格作为赔偿金额，此外，会给予那个给出更低价格的诚实姑娘价值 200 元的奖励。

请问：如果这两个姑娘都非常聪明，她们最终会写多少钱呢？

## 85. 分遗产

有一对姐弟，他们的父母过世后留下了 6 件物品：冰箱、笔记本电脑、洗衣机、打火机、自行车、洗碗机。

他们约定，由姐姐先挑选物品，但只能拿一件，然后弟弟再拿，同样也只能拿一件；如此循环。

实际上，姐弟俩对于这 6 件物品的偏好程度有以下不同的排序。

姐姐：①冰箱；②笔记本电脑；③自行车；④洗碗机；⑤洗衣机；⑥打火机。

弟弟：①笔记本电脑；②打火机；③洗碗机；④自行车；⑤冰箱；⑥洗衣机。

若姐弟俩诚实地选择，结果会是什么？(所谓诚实地选择，即指每个人选择时都是从剩下的物品中选择自己认为价值最高的物品。)

如果姐姐做出策略性选择，那结果会是什么？(所谓策略性选择，就是选择那些对方认为价值最高的物品，而同时对手又不会拿走自己认为价值最高的物品。)

## 86. 抢糖果

爸爸出差给孩子带回一包糖果，共 100 颗，爸爸让两个孩子从这包糖果中轮流拿糖，谁能拿到最后一颗糖果谁为胜利者，爸爸会奖励其一个神秘的礼物。当然，拿糖果是有一定条件的：每个人每次拿的糖果至少要有 1 个，但最多不能超过 5 个。请问：如果你是弟弟，你先拿，你该拿几个？以后怎么拿就能保证你能拿到最后一颗糖果呢？

## 87. 花瓣游戏

有一个有意思的小游戏，两个人拿着一朵有 13 片花瓣的花，轮流摘去花瓣。一个人一次只可以摘一片花瓣或者相邻的两片花瓣，谁摘到最后的那片花瓣谁就是赢家。一个聪明的小姑娘发现，只要使用一种技巧，就可以在这个游戏中一直获胜。那么，这个获胜的人是先摘的人还是后摘的人？又需要用什么方法呢？

# 斜向扩展训练营

## 88. 该怎么下注

轮盘赌是一种很简单的游戏，圆盘上标着譬如“奇数”“偶数”“3 的倍数”“5 的倍数”等，只要你猜对了数字，就可以得到相应倍数的钱。

在一次赌局中，已经到了最后决定胜负的关键时刻。占第一位的是“赌圣”周星星先生，他非常幸运地赢了 700 个金币。占第二位的是“赌神”丽莎小姐，她赢了 500 个金币。其余的人都已经输了很多，所以这最后一局就只剩下周星星先生和丽莎小姐一决胜负了。

周星星先生还在犹豫着，考虑怎样才能赢得这次赌局。如果将手上筹码的一部分押在“奇数”或者“偶数”上，赢的话，他的赌金就会变成现在的两倍。而这时，丽莎小姐已经把所有的筹码都押在了“3 的倍数”上，赢的话，赌金就会变成现在的三倍，如果够幸运，她就可以赢到 1500 个金币，那样就可能反败为胜了。

请问，如果你是周星星先生，你应该怎么下注才能确保赢呢？

## 89. 不会输的游戏

有一种赌博游戏叫作“15 点”。规则很简单，桌面上画着三行三列九个方格，上面标有 1～9 九个数字。庄家和参赌者轮流把硬币放在 1～9 这九个数字上，谁先放都一样。谁首先把加起来为 15 的 3 个不同数字盖住，那么桌上的钱就全数归谁。

我们先看一下游戏的过程：一位参赌者先放，他把硬币放在 7 上，因为 7 被盖住了，其他人就不可再放了。其他一些数字也是如此。庄家把硬币放在 8 上。参赌者把硬币放在 2 上，这样他以为下一轮再用一枚硬币放在 6 上就可以赢了。但庄家看出了他的想法，把自己的硬币放在了 6 上，堵住了参赌者的路。现在，他只要在下一轮把硬币放在 1 上就可获胜了。参赌者看到这一威胁，便把硬币放在 1 上。庄家笑嘻嘻地把硬币放到 4 上。参赌者看到他下次放到 5 上便可赢了，就不得不再次堵住他的路，把一枚硬币放在 5 上。但是庄家却把硬币放在 3 上，因为 8+4+3=15，所以他赢了。可怜的参赌者输掉了这 4 枚硬币。

原来，只要知道了这个游戏的秘密，庄家是绝对不会输的。那么，你知道是如何做到的吗？

## 90. 骰子赌局

有一种赌博方式很简单：赌桌上画着分别标有 1、2、3、4、5、6 的 6 个方格，参赌者可以把钱押在任意一个方格作为赌注，钱多钱少随意。然后庄家掷出 3 个骰子，如果有 1 个骰子的点数是所押的方格的数字，参赌者就可以拿回赌注并从庄家那里得到与赌注相同数量的钱；如果有两个骰子的点数与参赌者所押的方格的数字相同，那么参赌者就可以拿回赌注并得到相当于两倍赌注的钱；如果有 3 个骰子的点数与参赌者所押的方格的数字相同，参赌者就可以拿回赌注并得到相当于 3 倍赌注的钱；当然，如果每个骰子都不是参赌者所押的数字，赌注就要被庄家拿走。

举例来说，假设你在 6 号方格押了 1 元钱。如果有 1 个骰子掷出来是 6，你就可以拿回你的 1 元钱并另外得到 1 元钱；如果两个骰子是 6，你就可以拿回你的 1 元钱并另外得到 2 元钱；如果三个骰子都是 6，你就可以拿回你的 1 元钱并另外得到 3 元钱。

参赌者可能会想：我所押的数字被一个骰子掷出来的概率为 1/6，因为有 3 个骰子，所以概率为 3/6，也就是 1/2，所以这个赌局是公平的。

聪明的你想一想，这个赌局真的公平吗？如果不公平，那么是对庄家有利还是对参赌者有利呢？又有利多少？

## 91. 与魔鬼的比赛

有个人不小心走到了魔鬼的属地。魔鬼要把他的灵魂留下，让他永世不得超生，这个人争辩道：“我是不小心走到这里的。”魔鬼便说：“那我们做个游戏吧，你要是赢了我，我就放你走。这里有一个圆盘，我可以随时变大或者变小，还有无数的圆形棋子，我也可以随时把它们一起变大或者变小。我们轮流拿棋子放到圆盘上，每人放一次，棋子不能重叠，如果轮到谁放棋子时圆盘上剩余的空间已经不允许再放一个棋子了，他就输了。”这个人问道：“你要变棋子的大小时，是不是在圆盘上的和没在圆盘上的一起变大或变小？”魔鬼说：“是的，并且棋子一定不会大过圆盘。”这个人选择第一个先下，魔鬼同意了。后来不管魔鬼怎么变化，这个人还是会赢。即使魔鬼要赖再来一盘，只要这个人先下，他都会赢。那么，你知道为什么吗？

## 92. 猜纸片

有一个人喜欢玩猜纸片，规则是这样的，他拿出三张完全相同的纸片，在每张纸片的正、反两面分别画上√、√；×、×；√、×。然后他把这三张纸片交给一个参与者，参与者偷偷选出一张放在桌上，如图 3-2 所示。他只要看一眼朝上那面，就可以猜出朝下的是什么标记。如果猜对了，对方就要给他 100 元；如果猜错了，他就要给对方 100 元。

纸片上√和×各占总数的一半，也没有其他任何记号，应该对双方都是公平的。请问：你觉得他有优势吗？

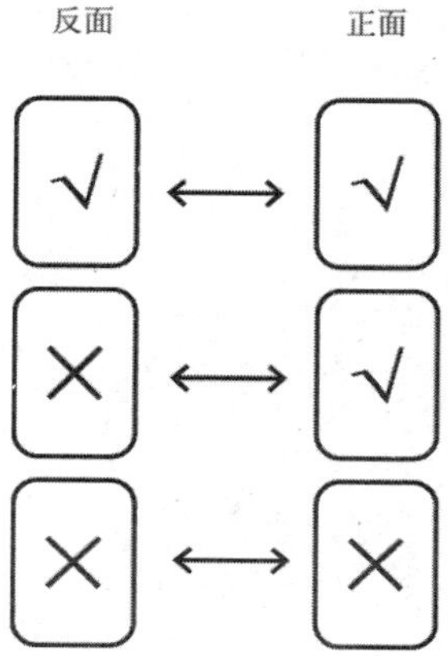

图 3-2　猜纸片

## 93. 怎样取胜

战场上两军厮杀，到最后只剩下了四个人。其中一人是甲方的将军，他力大无穷，武艺超群。另外三个人都是敌方的副将，三人武艺也都不俗。单打独斗，甲方的将军肯定会获胜，但是以一人之力对战三人，必死无疑。这时，甲方的将军突然想到了一个好主意，最终他轻松杀死了三名敌军副将，取得了胜利。请问：你知道他是怎么做到的吗？

## 94. 罪犯分汤

有一个监狱，每个房间关着 8 个犯人。傍晚时候，狱卒会在每个房间门口放一桶汤，这就是犯人的晚餐。8 个犯人自己分这些汤，最开始，他们每天轮流派一个人分汤。慢慢地，大家发现那个分汤的人总会有些偏心，给自己或者关系比较好的朋友多分一些。所以他们决定改变这种方式，另外派一个人监督。刚开始的时候，效果还挺好，但过一段时间后，发现监督的人出现受贿问题，分汤的人给监督者多分一些汤，监督者就不会再管汤分得是否公平。于是他们又决定轮流监督，但是问题依然存在。后来他们决定成立一个三人的监督小组，虽然汤分得公平了，可是每天为分汤的问题忙得不可开交，等到吃饭的时候汤早就凉了。

因为分汤的问题，这个房间的犯人打了好几次架，最后，有一个狱卒提出了一个很简单的方法，让他们的汤分得平均起来。其实有的时候，简单才是最有效的。请问：你能想到这种方法吗？

## 95. 检验毒酒

一个国王有1000瓶红酒，他打算在60大寿时打开来喝。不幸的是，其中一瓶红酒被人下了毒，凡是喝到毒酒的人大约20小时后开始有异样并马上死亡(只沾到一滴也会死)。国王的大寿就在明天(假设离宴会开始只有24小时)，就算有1‰的可能国王也不想冒险，他必须要在宴会开始之前把有毒的酒找出来。所以，国王就吩咐侍卫用监牢里的死刑犯来检验酒。请问：最少需要多少个死刑犯才能检验出毒酒呢？

## 96. 杯子测试

一种杯子，若在第N层被摔破，则在任何比N高的楼层均会破碎；若在第M层不破，则在任何比M低的楼层均不会破碎。现在给你两个这样的杯子，让你在100层高的楼中测试，要求用最少的测试次数找出恰巧会使杯子破碎的楼层。那么，你要如何做？

## 97. 逃脱的案犯

黑猫警长有一个强劲的对手——“飞毛腿”，这只老鼠奔跑的速度十分惊人，比黑猫警长还要快，几次都被它逃脱了。一次偶然的机会，警长发现“飞毛腿”在湖里划船游玩，这可是一个很好的机会。这个圆形小湖半径为R，“飞毛腿”划船的速度只有黑猫警长在岸上速度的1/4。警长沿着岸边奔跑，想抓住要划船上岸的“飞毛腿”。请问：这次“飞毛腿”还能不能侥幸逃脱呢？

# 第四章

## 坏球称重问题

坏球称重问题，是非常经典且又有趣的逻辑问题之一。

这个经典问题的原形如下所示。

一个钢球厂生产钢球，其中一批货物中出现了一点差错，8个球中有一个略微重一些。找出这个重球的唯一方法是将两个球放在天平上对比。请问：最少要称多少次才能找出较重的球？

答案是两次。

首先，把8个球分成3、3、2三组，把一组的3个球和另一组的3个球分别放在天平的两端。如果天平平衡，那么把剩下的两个球放在天平上，天平向哪边倾斜，哪个球就是略重的；如果天平偏向一方，就把重的那一方的3个球中的两个放在天平上，这时如果天平倾斜，天平向哪边倾斜哪边就是重的球，不倾斜，剩下的那个球就是要找的较重的球。

称重问题还有很多扩展形式，比如，增加球的数量，或者不告诉坏球比正常球是轻还是重，等等。我们发现，如果球的数量增加至9～13个，且不确定坏球的轻重，那么我们只称两次是不可能找到坏球的。球的数量越多，需要相应操作的次数就越多，复杂程度就越大。

当然，如果有超过两个球，我们知道坏球是独一无二的那一个，就总能找出来；但是如果只有两个球，一个好球一个坏球，都是独一无二的，那我们是无论如何也不可能知道哪个是好的，哪个是坏的。

前文我们讨论的是如何把一个坏球从一堆球中用最少的次数找出来的方法，下面我们换一个角度：如果我们不需要找出那个坏球，只想知道坏球是比标准球轻还是重，怎样用最少的称法来解决这个问题呢？

比如，有N(N≥3)个外表相同的球，其中有一个是坏球，它的重量和标准球有轻微的(但是可以测量出来的)差别。现在有一架没有砝码且很灵敏的天平，问最少需要称几次才可以知道坏球比标准球重还是轻？

当N=3时，我们将球编为1～3号。先把1号、2号球放在天平两端，如果平衡的话，那么3号是坏球，接下来只要用标准的1号球或2号球来和它比较就知道它是轻还是重了；如果不平衡，如1号球比2号球重，那么3号球就是标准的，比较1号球和3号球：如果它们一样重，那么2号球就是坏球，而且它比较轻，相反如果1号球比3号球重，那么坏球1号球就比较重。

当N≥4时会怎么样呢？结果很出人意料——无论多少个球，都只需要称2次即可。

方法也很简单，对于一个大于等于4的自然数，我们总是可以表示成$4k+i$的形式，其中$k$和$i$都是正整数，且$k\geq 1$，$0\leq i\leq 3$。这样我们就可以把N个球分成5堆：前4堆球的个数相同，都是$k$，第五堆有$i$个球。

第一次称球，将第1、第2堆放在天平左端，第3、第4堆放在天平右端，如果平衡的话，说明这4堆中的球都是好球，而坏球在第5堆里。这时随便从前4堆

里拿出 $i$ 个球和第 5 堆的 $i$ 个球比较一下即可。

如果第 1、第 2 堆和第 3、第 4 堆不平衡，比如，第 1、第 2 堆这一端比较重，我们将第 1、第 2 堆分别放在天平两端进行第二次称量。如果这次天平平衡，那么坏球就在第 3、第 4 堆内。因为第一次称量时，第 3、第 4 堆是比较轻的，所以坏球比较轻；如果天平不平衡，说明坏球在第 1、第 2 堆内。因为第一次称量时，第 1、第 2 堆是比较重的，所以坏球比较重。

## 纵向扩展训练营

### 98. 巧辨坏球

有 12 个球和 1 个天平，现知道只有 1 个球和其他的球重量不同，但并不知道这个球比其他的球是轻还是重，请问：怎样称才能称 3 次就找到这个球。

### 99. 称量水果

在果园工作的送货员 A，给一家罐头加工厂送了 10 箱桃子。每个桃子重 500 克，每箱装 20 个。正当他送完货要回果园的时候，接到了从果园打来的电话，说由于分类错误，这 10 箱桃子中有 1 箱装的是每个 400 克的桃子，要送货员把这箱桃子带回果园更换。但是，怎样从 10 箱桃子中找出到底哪一箱的分量不足呢？手边又没有秤。

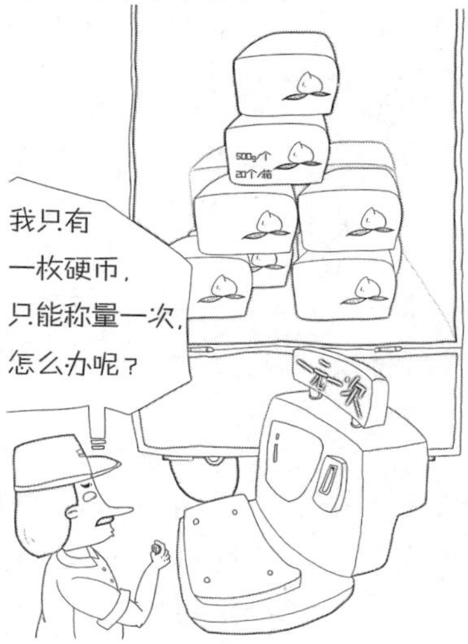


正在这时，送货员忽然发现不远的路旁有一台自动称量体重的机器，投进去 1 元硬币就可以称一次重量。他的口袋里刚好有一枚 1 元硬币，当然也就只能称一次。那么，他应该怎样充分利用这仅有的一次机会，来找出那一箱不符合规格的桃子呢？

### 100. 特别的称重

宇华在实验室做实验，他要用 3 克的碳酸钠作为溶质，但是他的手边只有一袋 56 克且没有拆封的碳酸钠，还有一架只有一个 10 克砝码的天平。这时，实验室也找不到其他的称量工具。请问：在现有的条件下，宇华该怎样称出 3 克的碳酸钠呢？

### 101. 药剂师称重

现有 300 克的某种药粉，要把它们分成 100 克和 200 克两份，如果天平只有 30 克和 35 克的砝码各一个，请问：你能不能运用这两个砝码在称两次的情况下把药粉分开？

## 102. 不准的天平

有一架天平两臂不一样长，虽然一直都处于平衡状态，但是长时间没人用。现在实验员小刘想用两个300克的砝码称出600克的实验物品，请问：你能给他想个办法吗？

## 103. 分面粉

有7克、2克的砝码各一个，天平一架，如何只用这些物品3次将140克的面粉分成50克、90克各一份？

## 104. 称盐

现有9000克盐以及50克和200克的砝码各一个。请问：怎样用天平称出2000克盐，且只许称3次。

## 105. 分辨胶囊

有三种药，都装在一种外形一样的胶囊里，分别重1克、2克、3克。现在有很多同样的药瓶，单凭药瓶和胶囊的外形是无法区分的，只能通过测量胶囊的重量来加以区分。如果每瓶中的胶囊足够多且为同一种胶囊，我们能只称一次就知道每个瓶子中分别装的是哪类药吗？

如果有4种药或5种药呢？

如果共有$n$种药($n$为正整数)，药的质量各不相同但各种药的质量已知，请问：你能用最经济简单的方法只称一次就知道每瓶里的药是什么吗？

注：当然是有代价的，称过的药我们就不用了。

## 106. 砝码称重

有一架没有横标尺的天平，只能用砝码称量。这里有10克、20克、40克和80克的砝码各一个。请问：

(1) 任意在这四个砝码中选择两个组合，可以称出多少种不同的重量？

(2) 由于丢失一个砝码，用这架天平没有办法称出70克和120克的物品，那么丢失的砝码是哪一个呢？

## 107. 砝码数量

有一架天平，想要用它称出1～121克所有重量为整数克的物品，至少要多少个砝码？每个砝码又都重多少克？

# 横向扩展训练营

## 108. 牙膏

有一家牙膏厂，产品质量优良，包装精美，深受顾客的青睐。营业额连续 10 年递增，每年的增长率为 10%～20%。可到了第 11 年，业绩突然停滞，之后两年也是如此。

公司经理召开高级会议，商讨对策。会议中，公司总裁许诺说："谁能想出解决问题的办法，让公司的业绩增长，重奖 10 万元。"

有位年轻的经理站起来，递给总裁一张纸条，总裁看完后，马上签了一张 10 万元的支票给了这位经理。

那么，你知道这位年轻的经理想出的办法是什么吗？

## 109. 偷换概念

有 3 个人去旅馆，住了 3 间房，每一间房为 10 元，于是他们一共付给老板 30 元。第二天，老板觉得 3 间房只需要 25 元就可以了，于是叫伙计将 5 元退回 3 位客人，谁知伙计贪心，只退回每人 1 元，自己偷偷拿了 2 元，这样一来便是这 3 位客人每人各花了 9 元，于是 3 个人一共花了 27 元，再加上伙计独吞了 2 元，总共是 29 元。可是当初他们 3 个人一共付了 30 元，那么还有 1 元去哪里了呢？

## 110. 零钱

小明打算去书店买书，他出门的时候带了 10 元钱。这 10 元钱是他特意准备的零钱，由 4 枚硬币(分币)和 8 张纸币(元、角币)构成。而且只要书的价格不超过 10 元，不管需要几元几角几分他都可以直接付款且不需要找零。那么，你知道小明的 10 元钱的构成吗？

## 111. 圈出的款额

两位女士和两位男士走进一家自助餐厅，每人从机器上取下一张如下所示的标价单。

50，95

45，90

40，85

35，80

30，75

25，70
20，65
15，60
10，55

(1) 4个人要的是同样的食品，因此他们的标价单被圈出了同样的金额(以美分为单位)。

(2) 每人都只带了4枚硬币。

(3) 两位女士所带的硬币价值相等，但彼此没有一枚硬币面值相同；两位男士所带的硬币价值相等，但彼此也没有一枚硬币面值相同。

(4) 每个人都能按照各自标价单上圈出的金额付款，不用找零。

请问：在每张标价单中圈出的是哪一个数目？

**注：**“硬币”可以是1美分、5美分、10美分、25美分、50美分或1美元(合100美分)。

**提示：**设法找出所有这样的两组硬币(硬币组对)：每组四枚，价值相等，但彼此没有一枚硬币面值相同。然后从这些组对中判定能付清账目且不用找零的金额。

## 112. 找零钱

美国货币中的硬币有1美分、5美分、10美分、25美分、50美分和1美元这几种面值。一家饭店刚开始营业，三兄弟来到店里吃饭。当这三兄弟付账的时候，出现了以下情况：

(1) 连同店家在内，这4个人每人都至少有1枚硬币，但都不是面值为1美分或1美元的硬币；

(2) 这4人中没有一人有足够的零钱可以兑换任何1枚硬币；

(3) 老大要付的账单金额最大，老二要付的账单金额其次，老三要付的账单金额最小；

(4) 三兄弟无论怎样用手中所持的硬币付账，店主都无法找清零钱；

(5) 但是如果三兄弟相互等值调换一下手中的硬币，则每个人都可以付清自己的账单且无须找零；

(6) 在这三兄弟进行了两次等值调换以后，他们发现手中的硬币与每人自己原先所持的硬币没有一枚面值相同。

随着事情的进一步发展，又出现如下情况：

(7) 在付清账单以后，三兄弟其中一人又买了一些水果。本来他手中剩下的硬币足够付款，可是店主无法用自己现在的硬币找零钱；

(8) 于是，他只好另外拿出 1 美元的纸币付了水果钱，这时店主不得不把他全部的硬币都找给了他。现在，请你计算一下，这三兄弟中谁用 1 美元的纸币付了水果钱？

## 113. 需要买多少

27 名同学去郊游，途中休息的时候口渴难耐，几名同学去小店买饮料。饮料店搞促销，凭 3 个空瓶可以再换一瓶。请问：他们最少要买多少瓶饮料才能保证一人喝一瓶呢？

## 114. 老师的儿子

一个老师有 3 个儿子，3 个儿子的年龄加起来等于 13，3 个儿子的年龄乘起来等于老师的年龄，刚好有一个学生知道老师的年龄，但他仍不能确定老师 3 个儿子的年龄，这时老师说只有 1 个儿子在托儿所，然后这个学生就知道了老师 3 个儿子的年龄。

请问：这 3 个儿子的年龄分别是多少？为什么？

## 115. 射击比赛

奥运会射击比赛中，甲、乙、丙三名运动员各打了四发子弹，全部中靶，其命中情况如下：

(1) 每人的四发子弹所命中的环数各不相同；

(2) 每人的四发子弹所命中的总环数均为 17 环；

(3) 乙有两发命中的环数分别与甲其中两发一样，乙另两发命中的环数与丙其中两发一样；

(4) 甲与丙只有一发环数相同；

(5) 每人每发子弹的最好成绩不超过 7 环。

请问：甲与丙命中的相同环数是几环？

## 116. 数学家打牌

一天，几位数学家坐在一起打牌。一会儿，旁边有人问他们还剩几张牌。其中一位数学家保罗答道：“我的牌最多，约翰的其次，琼斯的再次，艾伦的牌最少。我们四人剩下的牌总共不超过 17 张。如果把我们这四家牌的数目相乘，得到这个数。”说完，这位数学家在一张纸上写下一个数字给他看。

那人看了这个数字后说道：“让我来试试，把每人牌的数目算出来。不过要解这个问题，已知数据还不够。请问艾伦，你的牌是一张呢，还是不止一张？”

艾伦回答了这个问题。那人听后，很快就准确地计算出了每人牌的数目。那么你呢，能否算出每位数学家手里还剩几张牌呢？

## 117. 赌注太小

王丫丫和李蛋蛋在玩一个小小的赌博游戏。王丫丫开始分牌，并且定下如下规则：第一局输的人，输掉他所有钱的 1/5；第二局输的人，输掉他此时拥有的 1/4；而第三局输的人，则须支付他当时拥有的 1/3。

他们开始玩，并且互相准确付了钱。第三局李蛋蛋输了，付完钱后他站起来说：“我觉得这种游戏投入的精力过多，回报太少。直到现在我们之间的钱数，总共才相差 7 元。”这自然是很小的赌博，因为他们合起来一共也只有 75 元的赌本。

请问：在游戏开始的时候王丫丫的钱有多少呢？

## 118. 买衣服

六名同学一起去商店买衣服，其中两名男同学，四名女同学。他们各自购买了若干件衣服。购买情况如下：

(1) 每件衣服的价格都以分为最小单位；

(2) 甲购买了 1 件，乙购买了 2 件，丙购买了 3 件，丁购买了 4 件，戊购买了 5 件，而己购买了 6 件；

(3) 两个男生购买的衣服，每件的单价都相同；

(4) 其他四名女同学购买的衣服，每件的单价都是男生所购衣服单价的 2 倍；

(5) 六人总共花了 1000 元。

请问：六人中哪两个人是男生？

# 斜向扩展训练营

## 119. 热气球过载

英国有家报纸曾经举办过一次高额奖金的有奖征答活动。题目是这样的。

在一个充气不足的热气球上，载着三位关系人类兴亡的科学家，热气球过载，即将坠毁，必须丢出一个人以减轻重量。该把谁扔出去呢？

三位中，一位是环境专家，他的研究可使无数生命避免因环境污染而毁灭；一位是原子专家，他的研究成果能够防止全球性的核战争，使地球免遭毁灭；最后一位是粮食专家，能够让数以亿计的人免受饥饿。

奖金丰厚，应答的信件堆成了山，且答案各不相同。

最终的获胜者却是一个小孩，那么，你知道他的答案是什么吗？

## 120. 包工队的酬劳

有一个建筑公司拿下了某个小区的开发权，为了节省成本，该公司把其中的9栋楼承包给三个包工队，让每个包工队承包3栋楼的建筑实施，并按标准图纸装修为统一风格。三个包工队各有所长：甲包工队擅长装修，比其他两个包工队的装修速度快3倍；乙包工队擅长盖楼，比甲包工队快2倍，比丙包工队快4倍；丙包工队擅长管线的布置，其布线速度比甲包工队快3倍，比乙包工队快5倍。工作结束后，建筑公司付给三个包工队一共3亿元的报酬。请问：他们应该怎样分这笔钱才最合理？

## 121. 称重的姿势

一个人用四种姿势称自己的体重，哪种姿势最准确？是蹲在体重计上、双脚站立、单脚站立还是直挺挺地平躺着？

## 122. 保持平衡

如图 4-1 所示，要想让图中天平保持平衡，右侧问号处应该放入数字为几的物品？

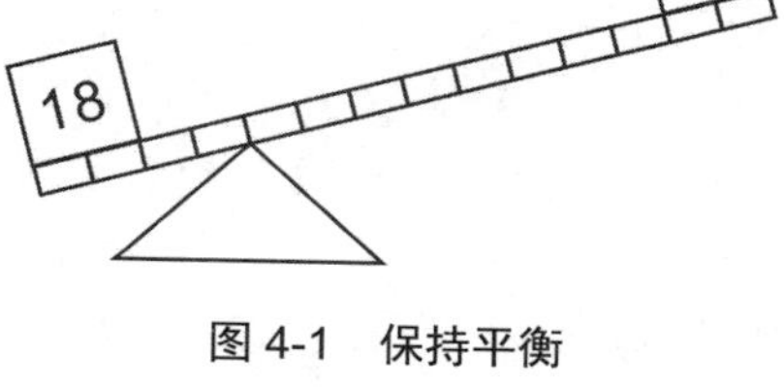


图 4-1　保持平衡

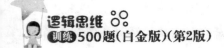

## 123. 平衡还是不平衡

毕达哥拉斯是古希腊著名的数学家，门下弟子众多。在一次讲课中，他拿出四架天平，分别在两边放上一些几何物体，同种形状的物体大小、重量都相等。毕达哥拉斯便问众弟子："你们谁能告诉我，如图 4-2 所示，根据前三架天平的状态来看，第四架天平是不是平衡？"众弟子面面相觑，无人回答。请问：你能解答这个问题吗？

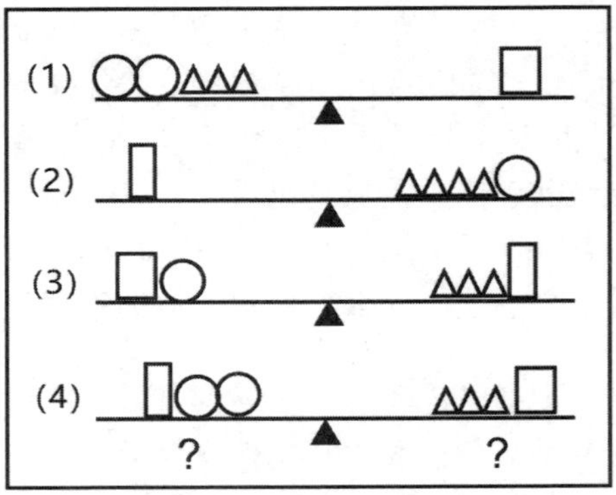


图 4-2　平衡还是不平衡

## 124. 保持平衡

仔细观察图 4-3 所示的滑轮，每个相同形状物体重量都是相同的，前三个滑轮系统都是平衡状态，请问：第四个滑轮系统要用多重的物体才能使其保持平衡？

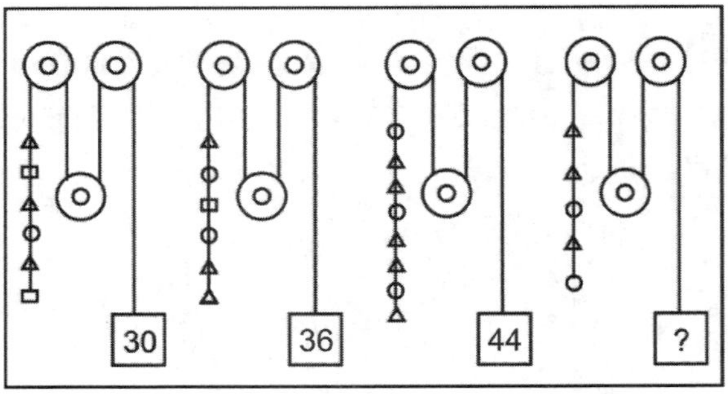


图 4-3　保持平衡

## 125. 绝望的救助

一根绳子穿过无摩擦力的滑轮，在一端有一个大圆盘，上面坐着小红，绳子的另一端是小明，此时天平正好平衡。小红的位置比小明高 1 米，这时两人都静止在绳子上，突然小明发现小红在流血，自己有有效的救治药物，但是必须两个人都在一个水平状态他才能把药交给小红。那么，小明怎么样运动才能把药给小红？(假定绳索与滑轮本身没有重量，也没有摩擦力)他是该向上还是向下？

## 126. 火灾救生器

美国有一种火灾救生器，其实就是在滑轮两边用绳索吊着两个大篮子。把一个篮子放下去的时候，另一个篮子就会升上来，如果在其中一个篮子里放一件东西作为平衡物，则另一个较重的物体就可以放在另外的篮子里往下送。假如一只篮子空着，另一只篮子里放的东西不超过 30 斤，则下降时可保障安全。假如两只篮子里都放着重物，则它们的重量之差不得超过 30 斤。

一天夜里，吉姆的家里突然发生火灾。除了 90 斤重的吉姆和 210 斤重的妻子之外，他还有一个 30 斤重的孩子和一只 60 斤重的宠物狗。

现在知道每只篮子都大得足以装进 3 个人和一只狗，但别的东西却不能放在篮子里。而且狗和孩子如果没有吉姆或他的妻子的帮助，自己不会爬进或爬出篮子。

请问：你能想出好办法尽快使这 3 个人和一只狗安全地从火中逃生吗？

## 127. 是否平衡

请问：图 4-4 所示的这个系统是否会平衡？

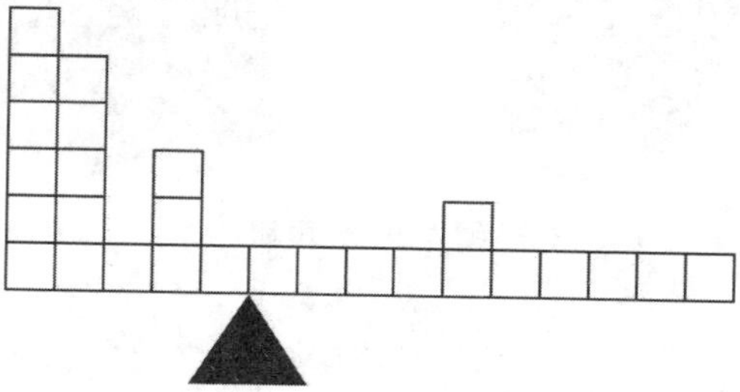

图 4-4　是否平衡

## 128. 卖给谁

下班时间到了，米贩老王有急事准备关门。这时来了两位客人，一位要买 20 斤米，一位要买 8 斤米。而米贩还有一袋 25 斤的大米，不够卖给两个人，而且店里只有一个可以量 1 斤米的斗。如果米贩想用最短的时间完成交易，请问：他该把米卖给谁？

## 129. 灯泡的容积

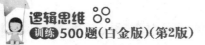

发明家爱迪生曾经有个名叫阿普顿的助手，他毕业于普林斯顿大学数学系，之后又在德国深造了一年，自以为天资聪明，头脑灵活，甚至觉得比爱迪生还强很多，处处卖弄自己的学问。

有一次，爱迪生把一个梨形的玻璃灯泡交给了阿普顿，请他算算容积是多少。阿普顿拿着那个玻璃灯泡，轻蔑地一笑，心想："想用这个难住我，也太小看我了！"

他拿出尺子上上下下量了又量，还依照灯泡的式样画了一张草图，列出一道道算式，而且数字、符号写了一大堆。他算得非常认真，脸上都渗出了颗颗汗珠。

过了一个多小时，爱迪生问他算好了没有。他边擦汗边说："办法有了，已经算了一半多了。"

爱迪生走过来一看，阿普顿面前放着许多草稿纸，上面写满了密密麻麻的等式。爱迪生微笑着说："何必这么复杂呢？还是换个别的方法吧。"

阿普顿仍然固执地说："不用换，我这个方法就是最好、最简便的。"

又过了一个多小时，阿普顿还在低着头列算式。爱迪生有些不耐烦了，马上用一个非常简单的办法就做到了。请问：你知道他是怎么做的吗？

## 130. 比面积

如图 4-5 所示，有两块形状不规则的木板。现在请你用最简单的办法来比较一下哪块木板的面积大。你知道怎么做吗？

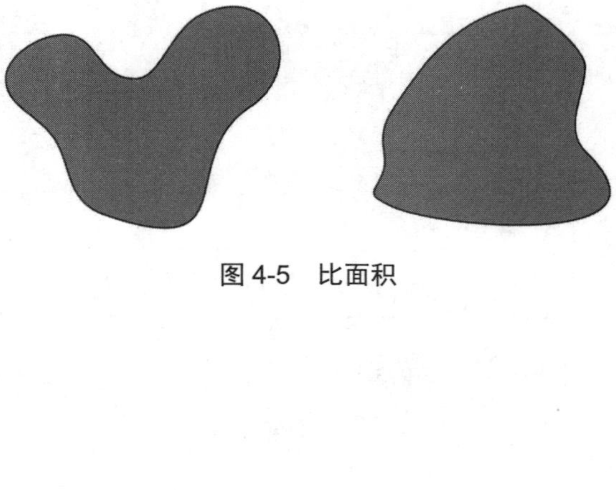

图 4-5 比面积

# 第五章

## 燃绳计时问题

燃绳计时问题，简称计时问题，是通过燃烧若干根有固定燃烧时间的不均匀绳子来计算时间的问题。这种问题主要考查我们面对常规方法无法解决的问题时，该怎样变换思路，透过现象找出问题的实质，从而运用创新的方法解决问题。

计时问题的经典形式如下所示。

一根粗细不均匀的绳子，把它的一端点燃，烧完正好需要 1 小时。现在你在不看表的情况下，仅借助这根绳子和火柴测量出半小时的时间。

你可能认为这很容易，只要将绳子对折，在绳子最中间的位置做个标记，然后测量出这根绳子燃烧到标记处所用的时间就行了。但抱歉的是，这根绳子并不是均匀的，有些地方比较粗，有些地方却很细，因此这根绳子在不同地方的燃烧时间是不同的。细的地方也许烧了一半才用 10 分钟，而粗的地方烧了一半可能需要 50 分钟。

那么，我们该怎么做？

其实很简单，我们只需要利用创新的方法来解决这个问题，即从绳子的两头同时点火。这样绳子燃烧完所用的时间一定是 30 分钟。

计时问题的扩展形式也有很多，如确定 15 分钟、45 分钟、1 小时 15 分钟等。其实若我们仔细观察题目，就会发现，这个问题的实质竟然是我们很早就学过的距离、速度、时间问题。

假设绳子的两个端点分别为 A 点和 B 点，从 A 点走到 B 点所需的时间是 1 小时。现在有两个人，同时从 A 点和 B 点开始向中间走，经过时间 $t$ 后在它们之间的某个点 O 处相遇。

我们发现它竟然和我们非常熟悉的两辆不同速度的车相向行驶的关于 $s$、$v$、$t$ 的问题非常相似！

看清楚了这个问题的实质，再遇到类似的问题，我们只要把它变换成两辆车相向行驶的问题即可很快找出答案了。

## 纵向扩展训练营

### 131. 确定时间

烧一根不均匀的香，从头烧到尾总共需要 1 小时。现在有若干根材质相同的香，问如何用烧香的方法来计时 1 小时 15 分钟？

### 132. 如何确定 7 分钟

有若干条长短、粗细相同的绳子，如果从一端点火，每根绳子正好 8 分钟燃尽。现在用这些绳子计量时间，例如，在一根绳子两端同时点火，绳子燃尽用 4 分钟；在一根绳子的一端点火，绳子燃尽的同时点燃第二根绳子的一端，可计时 16 分钟。

规则如下。

① 计量一个时间，最多使用三根绳子。

② 只能在绳子端部点火。

③ 可同时在几个端部点火。

④ 点的火中途不灭。

⑤ 不许剪断绳子，或将绳子折起。

请问：根据上述规则可否分别计量 7 分钟？

## 133. 沙漏计时间(1)

如果你有一个 4 分钟的沙漏计时器和一个 3 分钟的沙漏计时器，那么你能确定出 1 分钟、2 分钟、5 分钟、6 分钟的时间吗？

## 134. 沙漏计时间(2)

现在有一个 10 分钟的沙漏，还有一个 7 分钟的沙漏，如何用这两个沙漏计时 18 分钟？请问：你知道怎么做吗？

## 135. 三个十分钟

女盗炫月是一个奇怪的盗贼，她专门帮侦探打开一些难开的保险柜。一天，她应侦探之邀来到侦探事务所，一进屋，就看见屋子中间摆着三个一样的新型保险柜。

“啊，炫月，你来得正好。都说你是开保险柜的能人，那么请你在 10 分钟之内不许用电钻和煤气灯，打开这些保险柜。”侦探说道。

“3 个用 10 分钟吗？”

“不，每个用 10 分钟。”

“要是这样的话，没什么问题。”女盗炫月很自信地说，“不过，这保险柜里装的什么？”

“里面是空的。实际上，这是一个保险柜生产厂家准备在今春上市的新产品，并计划推出这样的广告宣传词‘连女盗炫月也无计可施’。为慎重起见，保险柜生产厂家特地委托我请你给试验一下，并且提出无论成功与否，都要用摄像机录下来送还厂方。”

侦探安装好摄像机的三脚架。“还没有我打不开的保险柜呢，如果 10 分钟内打开了怎么办？”女盗炫月说道。

“可以得到厂家一笔可观的酬金。还是快开吧，我用这个沙漏给你计时。”

侦探把一个用 10 分钟的沙漏倒放在保险柜上面。女盗炫月也跟着开始动作。她将听诊器贴在保险柜的密码盘上，慢慢拨动着号码，以便通过微弱的手感找出保险柜密码。

1分钟、2分钟、3分钟……沙漏里的沙子在静静地往下流。

“炫月小姐，已经9分钟了，还没打开吗？只剩最后一分钟了。”

“别急嘛，新型保险柜，指尖对它还不熟悉。”

女盗炫月瞥了一眼沙漏，全神贯注在指尖上，最终找出了密码。因为是6位数的复杂组合，所以颇费些工夫。

“好啦，开了。”女盗炫月打开保险柜时，沙漏里的沙子还差一点儿就全流到下面去了。

“可真不赖，正好在10分钟之内。那么再开第二个吧。不过，号码与方才的可不同啊。”侦探说着把沙漏又倒了过来。

第2个保险柜顺利了很多。打开时沙漏上边玻璃瓶中的沙子还有好多呢。

“真是个能工巧匠啊，趁着兴头儿，接着开第三个吧。”

“如果是一样的保险柜。再开几个也是一样。”

“但3个保险柜都要在规定时间内打开，否则就拿不到酬金。实话告诉你吧，酬金就在第三个保险柜里面。怎么样，准备好了吗？”

“开始吧。”侦探将沙漏再次倒过来，女盗炫月就接着开第三个保险柜。

然而，这次沙漏里的沙子都流到了下面，但保险柜还是打不开。

“炫月小姐，怎么搞的？10分钟已经过了呀。”

“怪了，怎么会打不开呢，可……”女盗炫月瞥了一眼沙漏。

女盗炫月有些焦急，额头沁出了汗珠，但她依然聚精会神地开锁。大概过了一分钟，她终于把保险柜打开了。柜中放着一个装有酬金的信封。

“这就怪了，与前两次都是一样的开法，这次怎么会慢了呢？”她歪着头，感到纳闷儿。忽然，她注意到了什么，“我差一点儿被你蒙骗了，我就是在规定时间内打开的保险柜，酬金该归我了!”

“哈哈哈，还是被你看出来了，真不愧是怪盗哇，还真骗不了你。”侦探乖乖地将酬金交给了女盗炫月。

请问：侦探是怎么做的手脚呢？

## 136. 钟表慢几分

把每小时慢10分钟的表在12点时校对了时间。那么当这个表再次指向12点时，标准时间是多少？

## 137. 新手表

婧婧买了一块新手表。她与家中挂钟的时间作了一个对照，发现新手表每天比挂钟慢3分钟。她又将挂钟与电视上的标准时间作了一个对照，刚好挂钟每天比电视快3分钟。于是，她认为新手表的时间是标准的。下面几个对婧婧推断的评价中，哪一个是正确的。

A. 由于新手表比挂钟慢 3 分钟，而挂钟又比标准时间快 3 分钟，所以，婧婧的推断是正确的，她手表上的时间是标准的。

B. 新手表当然是标准的，因此，婧婧的推断也是正确的。

C. 婧婧不应该拿她的手表与挂钟对照，而应该直接与电视上的标准时间对照。所以，婧婧的推断是错误的。

D. 婧婧的新手表比挂钟慢 3 分钟，是不标准的 3 分钟；而挂钟比标准时间快 3 分钟，是标准的 3 分钟。这两种“三分钟”不是一样的，因此，婧婧的推断是错误的。

E. 无法判断婧婧的推断正确与否。

## 138. 走得慢的闹钟

有个闹钟每小时总是慢 5 分钟，在 4 点的时候，用它和标准时间对准，那么，当闹钟第一次指向 12 点时标准时间应是几点？

## 139. 调时钟

城市的正中央有一个大钟，每到整点便会敲响报时，例如，1 点会敲一下，12 点会敲 12 下，而相邻两次的钟声间隔时间为 5 秒钟。这天晚上 12 点，住在大钟旁边的小丽，想要根据大钟的声音调自己家的时钟，她数着大钟的响声，当敲到第 12 下的时候，她把自己的表准时按到 12 点零 1 分。请问：她的钟表时间是正确的吗？

## 140. 奇怪的大钟

从我住处的窗口往外看，可以看到镇上的大钟。每天，我都要将自己的闹钟按照大钟上显示的时间校对一遍。通常情况下，两个钟的时间是一样的，但有一天早上，发生了一件奇怪的事情：我的闹钟显示为差 5 分钟到 9 点；1 分钟后显示为差 4 分钟到 9 点；但再过 2 分钟时，仍显示为差 4 分钟到 9 点；又过了 1 分钟，闹钟居然显示为差 5 分钟到 9 点。

一直到了 9 点钟，我才突然醒悟过来到底是哪里出了错。那么，你知道是什么原因吗？

## 141. 公交路线

某市有两个火车站，分别是东站和西站。两个火车站之间有一条公交线路，每天以相同的时间间隔分别向另一车站发出车次。一天，小明从东站坐车前往西站，他发现路上每隔 3 分钟就能看到一辆从西站发往东站的公交车。假设每一辆公交车的速度都相同，请问：你知道这条公交路线每隔多长时间会发出一辆车吗？

## 142. 聚餐

周末，小明爷爷家聚餐，一共有 10 个人，他们想炸东西吃，但每个人想要的老嫩程度不同，奶奶问了一遍之后，每个人的需求如下：小明爷爷想要吃炸 7 分钟的小黄鱼；小明爸爸想要吃炸 3 分钟的春卷；小明妈妈想要吃炸 9 分钟的花生米；小明姑姑想要吃炸 16 分钟的土豆丝；小明叔叔想要吃炸 8 分钟的油条；小明大伯想要吃炸 3 分钟的豆腐；小明姑父想要吃炸 2 分钟的小黄鱼；小明婶婶想要吃炸 5 分钟的土豆丝；小明伯母想要吃炸 6 分钟的春卷；而小明奶奶想要吃炸 10 分钟的土豆丝。

请问：如果这家人只有一个炸锅，那么做这顿饭至少需要多长时间？

# 横向扩展训练营

## 143. 处理国家大事的时间

有一个国王要出门一个星期的时间，他交代王子："每天必须要有时间处理国家大事，并且每次处理国家大事的时间不能少于 3 小时。"王子很好玩，不喜欢处理国政，但又不能违背父亲的意愿，只好答应了。等国王回来，大臣回话说："王子一个星期只拿出 12 小时处理国家大事。"然而王子却称自己完全遵守了国王的旨意，大臣对此也完全同意。请问：这是怎么回事呢？

## 144. 接领导

一位领导到北京开会，会议的主办方派司机去火车站接。本来司机算好了时间，可以与那列火车同时到达火车站。但不巧的是，领导改变了行程时间，坐了前一趟火车到了北京，但司机还是按照预计时间出发的。领导一个人在车站等着也无事可做，就打了一辆出租车往会场赶，并通知了司机。出租车开了半小时，就和司机在路上相遇了。于是领导上了司机的车，一刻也不耽误地赶到了会场，结果比预计时间早了 20 分钟。

请问：领导坐的车比预计的车早到了多长时间？

## 145. 两支蜡烛

房间里的电灯突然熄灭了——停电了。军军的作业还没有写完，于是军军点燃了书桌里备用的两支新蜡烛继续写作业，直到电又来了。

第二天，军军想知道昨晚停电了多长时间。但当时军军没有注意停电和来电的具体时间，而且军军也不知道蜡烛的原始长度。军军只记得那两支蜡烛是一样长的，但粗细不同，其中粗的一支燃尽需要 5 小时，细的一支燃尽需要 4 小时。两支蜡烛是一起点燃的，且剩下的残烛都很小了，其中一支残烛的长度是另一支残烛的 4 倍。

那么，请你根据上述资料，算出昨天停电的时间。

## 146. 正确时间

在早晨列队检查时，警长问身边的秘书现在几点了。精通数学的秘书回答道："从午夜到现在这段时间的 1/4，加上从现在到午夜这段时间的一半，就是现在的确切时间。"请问：你能算出这段对话发生的时间吗？

从午夜到现在这段时间的1/4，加上从现在到午夜这段时间的一半，就是现在的确切时间。

## 147. 几点到达

副市长乘坐飞机去广州参加一个学术会议。他怕耽误了开会时间，就问飞机上的乘务员："飞机什么时候到达广州？"

"明天早晨。"乘务员答道。

"早晨几点呢？"

乘务员看副市长一副学者派头，有意试试他："我们准时到达广州时，时钟显示的时间将很特别——时针和分针都将指在分针的刻度线上，两针的距离是 13 分或者 26 分。现在你能算出我们几点到达吗？"

副市长想了一会儿，又问道："我们到达时是在 4 点前还是 4 点后呢？"

乘务员笑了一下："我如果告诉你答案，你当然就知道几点到了。"

副市长会心一笑："你不说我也知道了，这下我就可以放心了。"

请问：这架飞机到底几点几分到达广州？

## 148. 惨案发生在什么时间

一天夜里，邻居听到一声惨烈的尖叫。早上醒来发现原来昨晚的尖叫是被害者发出的最后一声。负责调查的警察向邻居们了解案件发生的确切时间。一位邻居说是夜里 12：08 分，另一位老太太说是夜里 11：40 分，对面杂货店的老板说他清楚地记得是夜里 12：15 分，还有一位绅士说是夜里 11：53 分。但这四个人的表都不准确，这些人的手表，一个慢 25 分钟，一个快 10 分钟，还有一个快 3 分钟，最后一个慢 12 分钟。那么，你能帮警察确定作案时间吗？

## 149. 避暑山庄

甲、乙、丙和丁四个人分别在上个月不同时间入住避暑山庄，又在不同时间分别退了房。现在只知道以下信息。

(1) 滞留时间(比如从 7 日入住，8 日离开，滞留时间为 2 天)最短的是甲，最长的是丁。乙和丙滞留的时间相同。

(2) 丁不是 8 日离开的。

(3) 丁入住的那天，丙已经住在那里了。

入住时间：1 日、2 日、3 日、4 日。

离开时间：5 日、6 日、7 日、8 日。

请问：根据以上条件，你能知道他们四人各自的入住时间和离开时间吗？

## 150. 相识纪念日

汤姆和玛丽是一对情侣，他们是在一家健身俱乐部首次相遇并相互认识的。一天，玛丽问汤姆他们相识的纪念日是哪一天，可汤姆并没有记住确切的日期，他只知道以下信息。

(1) 汤姆是在一月份的第一个星期一那天开始去健身俱乐部的。此后，汤姆每隔四天(第五天)去一次。

(2) 玛丽是在一月份的第一个星期二那天开始去健身俱乐部的。此后，玛丽每隔三天(第四天)去一次。

(3) 在一月份的 31 天中，只有一天汤姆和玛丽都去了健身俱乐部，也正是那一天他们首次相遇。

那么，你能帮助汤姆算出他们的相识纪念日是一月份的哪一天吗？

## 151. 出差补助

一个公司给员工发出差补助比较奇特，是按照员工出差到达目的地的日期计算补助的。比如，员工 8 号出差到外地，那么他这次出差能够领到的出差补助就为 8

元。8 月的时候，一名员工出差。他 4 号星期六到达北京，然后又相继出差了 4 次，在接下来的四个星期中，每个星期出差一次。到达目的地的具体时间他不记得了，只知道一次是星期三，一次是星期四，两次是星期五。请问：你能根据这些资料，算出这名员工这个月可能领到多少出差补助吗？

## 152. 有问题的钟

从前有一位老钟表匠，为火车站修理一只大钟。由于老钟表匠年老眼花，他不小心把长针、短针装反了。修完的时候是上午 6 点，他把短针指在“6”上，长针指在“12”上，钟表匠就回家了。人们看这钟一会儿 7 点，过了不一会儿就 8 点了，都很奇怪，立刻去找老钟表匠。等老钟表匠赶到，已经是下午 7 点多。他掏出怀表一对，钟准确无误，便怀疑是大家有意捉弄他，一生气就回去了。这钟还是 8 点、9 点地跑，人们又去找老钟表匠。这时老钟表匠已经休息了，于是第二天早晨 8 点多赶过去用怀表一对，时间仍旧准确无误。

请你想一想，老钟表匠第一次对表的时候是 7 点几分？第二次对表又是 8 点几分？

## 153. 如何拍照

大家都知道，拍集体照最难的就是大家的眼睛问题：几十个人，甚至上百个人，“咔哒”一声照下来，要保证所有人眼睛都是睁开的，还是有些难度的。闭着眼睛的，看到照片自然不高兴：90%以上的时间我都睁着眼，你为什么偏给我照一张相是闭眼的，这不是丑化我的形象吗？

一般的摄影师喊:“1……2……3！”但坚持了半天以后，恰巧在喊“3”的时候坚持不住了，上眼皮找下眼皮，又是闭目状。

可有一位摄影师很有经验，他用一种特别的方法，照片洗出来以后，居然一个闭眼的人都没有。那么，你知道他是怎么做的吗？

# 斜向扩展训练营

## 154. 约会

9 月份小红和小明约好：“在下一个两个相连月份都是 31 天的第二个月 31 日我们再相见。”于是小明在第二年的 8 月 31 日来到了约定的地点，但发现小红没有来。小红却说自己是按约定的时间去的。请问：到底是怎么回事？

## 155. 数字时钟

大家都知道，数字时钟是由三个数字来表示时、分、秒的。一般用 hh：mm：ss 来表示。那么，请问从中午 12 点到凌晨 23 点 59 分 59 秒这段时间内，时、分、秒三个数字相同的情况会出现几次？分别是什么时候？

## 156. 奇怪的时间

在我们生活的地球上有这样一个地方，在这里，无论我们把钟表调成几点几分，都是正确的时间。请问：这个地方在哪里？

## 157. 有意思的钟

爷爷有两只钟，一只钟两年只准一次，而另一只钟每天准两次，爷爷问小明想要哪只？如果你是小明，你会选哪只呢？当然，钟是用来看时间的。

## 158. 没有工作

小王辛苦工作了一年，到了年底，找老板要年底奖金。老板说：“你基本上都在忙自己的事，根本没有为我工作几天，怎么能要奖金呢？”小王不服气，就问老板自己每天都忙什么了。老板给他列了个表：

(1) 睡觉(每天 8 小时)，小计 122 天；

(2) 双休日 2×52=104 天；

(3) 吃饭(每天 3 小时)，小计 45 天；

(4) 娱乐(每天 2 小时)，小计 30 天；

(5) 公司年假，15 天；

(6) 每天中午休息 2 小时，小计 31 天；

(7) 你今年请了 5 天事假；10 天病假。

总计：122+104+45+30+15+31+5+10=362 天。

因此，小王一年中只有 3 天时间在上班，根本

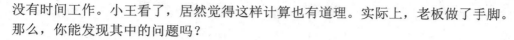

没有时间工作。小王看了，居然觉得这样计算也有道理。实际上，老板做了手脚。那么，你能发现其中的问题吗？

## 159. 时间

干旱地区非常缺水，人们都用水桶接雨水用。没风的时候，雨点竖直落下，30分钟可以接满一桶水。一次下雨，刮起了大风，雨水下落时偏斜 30°，如果这次雨的大小不变，需要多长时间可以接满一桶水呢？

## 160. 统筹安排

小于想在客人来之前做一道煎鱼。

做红烧鱼需要以下步骤：洗鱼要 5 分钟；切生姜片要 2 分钟；拌生姜、酱油、酒等调料要 2 分钟；把锅烧热要 1 分钟；把油烧热要 1 分钟；煎鱼要 10 分钟。这些加起来就要 21 分钟，可是客人 20 分钟后就要来了。

请问：小于该怎么办呢？

## 161. 煎鸡蛋的时间

明明家有一个煎鸡蛋的小锅，每次可以同时煎两个鸡蛋，每个鸡蛋必须要把正、反两面都煎熟。我们已经知道把鸡蛋的一面煎熟需要 2 分钟。有一天，明明和爸爸的对话如下：

爸爸：“煎熟一个鸡蛋最短需要几分钟？”

明明：“正、反面都需要煎熟，所以需要四分钟。”

爸爸：“煎熟两个鸡蛋呢？”

明明：“我们的锅可以同时煎两个，所以还是最少需要四分钟。”

爸爸：“那三个呢？”

明明：“八分钟啊，前四分钟煎好前两个，再用四分钟煎第三个。”

但是爸爸说不对，可以用更少的时间煎好三个鸡蛋。那么，你能想明白煎三个鸡蛋最少需要几分钟吗？

## 162. 什么时候去欢乐谷

晚上 10 点，家住北京的明明看着外面的瓢泼大雨，对爸爸说：“如果明天天晴了，你带我去欢乐谷玩吧。”爸爸说：“明、后两天我都要加班。这样吧，如果再过 72 小时，天上出太阳了，我就带你去好不好？”

请问：他们会去欢乐谷玩吗？

## 163. 出租司机

有个出租车司机经常到火车站去接刚来这个城市的客人。该城市与 A、B 两个城市都开通了城际列车，这个火车站也是主要接送城际旅客。A、B 两个城市的列车都是每 1 小时到达一趟。唯一不同的是，A 城市的列车首班车是 6：30 到达，B 城市的列车首班车是 6：40 到达。一个月下来，这个司机发现他接的 A 城市的客人明显比 B 城市的多得多。那么，你知道这是为什么吗？

## 164. 作案时间

两户人家住在边远的山区，一天晚上，一户人家发生了凶杀案。天亮后，警察到另一户人家去调查，谁知这户人家只住了个年迈的老太太，除了耳朵还算正常外，视力、腿脚都不太好了。当警察问她昨晚听到什么的时候，她说：“我当时刚迷迷糊糊地睡着，也不知道什么时候，隔壁家发生了很大的动静。只记得，先是听见钟表敲了一下，过了一阵又敲了一下，再过了一阵又听到钟敲了一下，就在这时候听到了隔壁的动静。”已知老太太家里的钟表整点的时候会报时，时间到几点钟就敲几下，并且每到半点时也敲一下。那么，你能推断出昨夜发生异响的时刻吗？

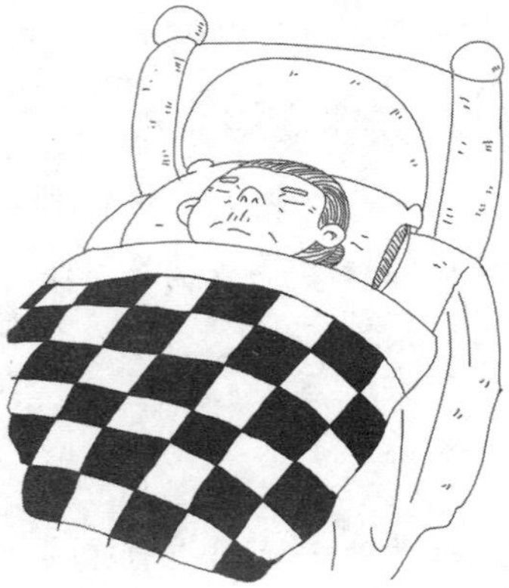

## 165. 十人旅游

有 10 个人要从城市 A 出发去往城市 B，他们只有一辆摩托车(最多可以两个人一起骑)。已知 A、B 两地相距 1000 公里，骑车速度为 100 公里/小时，步行速度为 5 公里/小时。请问：让 10 个人都到达城市 B，最少要花多长时间？

# 第六章

## 过河过桥问题

过河问题，也叫过桥问题，是一个非常古老且流传甚广的经典逻辑问题。

过河经典问题原形如下所示。

一个人带着一匹狼、一只羊和一捆草过河，可是河上没有桥，只有一艘小船。由于船太小，一次只能带过去一样。但是当人不在场的时候，狼会咬羊，羊会吃草。那么，如何做才能使羊不被狼吃，草不被羊吃，且全部渡过小河呢？

答案是这样的：首先人带着羊过河，然后放下羊空手返回，再带着狼过河，接着把羊带回去，带草过河，最后返回接羊。这样就可以全部安全过河了。

过河问题还有许多其他形式，而且所带的物品也各不相同，但相同的是每次携带的数量有限，而且在人不在的时候，留在同一岸边的物品间相容。如何在满足条件的基础上顺利过河就成了我们处理这类问题的关键。

一般来说，这些携带的物品当中，都会有个中间过渡的物品，只要把这个过渡物品经常随身携带，就可以最大限度地减少不相容的情况发生。

这类问题对锻炼我们的协调能力，以及生活中的时间和工作安排等方面都有比较大的启发和指导作用，因此不要轻视。

## 纵向扩展训练营

### 166. 走独木桥

一个人带着一只狗、一只猫和一筐鱼过独木桥，由于狗和猫不敢过，他得抱着它们过去。为了自身的安全，一次只能带一样东西过桥。但是当人不在的时候，狗会咬猫、猫会吃鱼。请问：这个人要怎样做才能把三样东西都带过河？

### 167. 过河

两个女儿、两个儿子、一个爸爸、一个妈妈、一个警察和一个罪犯要过一条河，河上只有一条小船，且小船每次只能乘坐两个人，其中只有爸爸、妈妈和警察会划船。

而且当妈妈不在的时候，爸爸会打女儿；爸爸不在的时候，妈妈会打儿子；而罪犯只要警察不在谁都会打。

请问：他们要怎样才能安全过河？

## 168. 狼牛齐过河

现在有三只狼和三头牛要过河，但只有一艘船！一次只能两个动物搭船过河！而且在河的任何一岸，只要狼的个数超过牛的个数，牛就会被狼吃掉；而狼的个数等于或者少于牛的个数，则没事。请问：如何才能让所有动物都安全过河？

## 169. 动物过河

大老虎、小老虎、大狮子、小狮子、大狗熊、小狗熊要过一条河，其中任何一种小动物少了自己同类大动物的保护，都会被别的大动物吃掉。6 个动物之中，只有大老虎、小老虎、大狮子、大狗熊会划船，可现在只有一条船，且一次只能乘坐 2 个动物，那么，怎么样才能保证 6 个动物顺利到达彼岸且不被吃掉？

## 170. 过河

有三对夫妇，要过一条河。河中只有一条小船，小船每次最多只能载 2 个人。6 个人中只有妻子甲、丈夫乙、妻子丙 3 人会划船，而且任何一位妻子都不想和除了自己丈夫以外的男人单独在一起。

请问：6 个人该如何安排过河？

## 171. 触礁

一天，一艘轮船触礁了，大约 25 分钟后就会沉没。轮船备有一只可以载 5 人的皮划艇，从沉船到最近的小岛要 4 分钟时间。请问：最多可以有几人被救？

## 172. 过河

两个人都想过一条河，可是河上没有桥，只有一条只能载一人的小船。可是最后两个人还是成功地到达了河对岸。请问：这是为什么？

## 173. 急中生智

有个农民挑着一对竹筐去赶集买东西。当他来到一座独木桥上，对面来了个孩子，他想退回去让孩子先过桥，但是回身一看，后面也来了个孩子。进退两难之际，农民急中生智，想了个巧办法，使大家都顺利地通过了独木桥，而且三人谁也没有后退一步。

请问：农民用的是什么方法？

## 174. 摆渡

有 12 个人要过河，河边只有一条能够载 3 个人的小船。请问：这 12 个人都过河，需要渡几次？

## 175. 巧过关卡

第二次世界大战爆发后，德军对犹太人的迫害达到疯狂。乔安娜那时 6 岁，一家人想要逃出柏林，她爸爸托人拿到了一张通行证。一家 4 口来到位于柏林城外一座独木桥上的关卡，上面贴了告示，规定：一张通行证最多可以带两人出入，但不记名也可重复使用。爸爸算了一下：爸爸单独走过独木桥需要 2 分钟，妈妈需要 4 分钟，乔安娜需要 8 分钟，奶奶需要 10 分钟。每次两个人出关卡，还需要有人把通行证拿回来。但是时间还剩 24 分钟，城里的追兵就要追上来了。请问：他们能逃脱吗？

## 横向扩展训练营

### 176. 错车

有两列火车，都是一个车头带着 40 节车厢。它们从相对的两个方向同时进入一个车站。这个车站很小，只有一条车道，还有一条不长的岔道，可以停一个车头和 20 节车厢。现在为了让两列火车都可以按原方向向前行驶，需要利用这个岔道错车。那么，你知道该怎么做才能把两列火车错开吗？(火车各节车厢之间可以打开，但必须有车头牵引才能移动。)

### 177. 环岛旅行

大富豪陈伯买了一座小岛，他在岛上建了一座码头，还买了两艘一样的游艇，想乘坐它们环岛旅行。可是这种游艇比较费油，它能携带的燃料只够小艇航行 120 公里，而陈伯的小岛周长是 200 公里。陈伯想用两艘小艇相互加燃料的方法环岛旅行，请问：他该怎么做呢？(条件：最后游艇必须返回码头。)

### 178. 连通装置

如图 6-1 所示，是一个相互用导管连通的装置，这个装置共有五个水槽，其中四个装有四种不同的液体，分别是酒、油、水、奶，还有一个水槽是空的。水槽之间有一些导管相连，可以打开和关闭。现在需要把四种液体换一下位置，使 A、B、C、D 槽中分别是奶、水、油、酒。请问：该如何做？

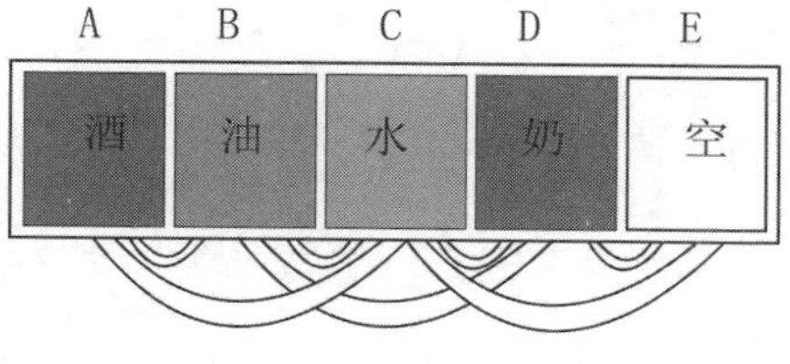


图 6-1 连通装置

### 179. 小明搬家

小明家有 6 个房间，分别放着办公桌、床、酒柜、书架和钢琴，如图 6-2 所示。小明想把钢琴和书架换个位置，但是房间太小，任何一个房间都无法放两个家具。

只有利用那个空房间才能把这些家具移动位置。请问：小明需要几次才能把钢琴和书架的位置调换呢？

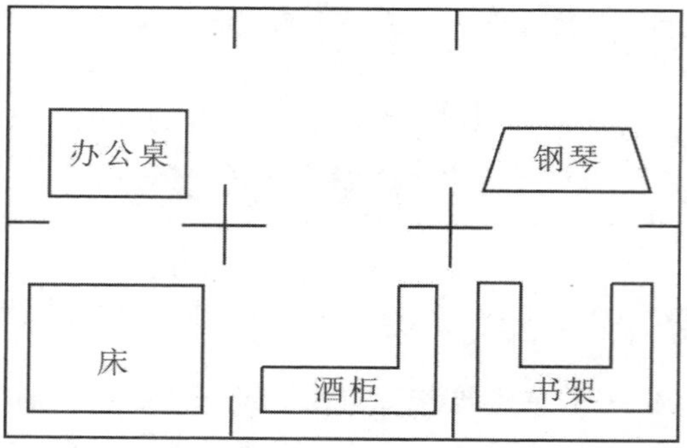


图 6-2　小明搬家

## 180. 一艘小船

渔民一家有三口人：爸爸、妈妈和儿子。三人都有可能出海，但家里只有一艘船。平时为了防止船丢失，他们会用一根铁链将船锁在岸边的一个柱子上。他们每人有一把 U 形锁，且每把锁都只有一把钥匙。请问：三个人该如何锁船才能确保三个人都可以单独打开和锁上这艘船呢？

## 181. 取黑白球

甲盒放有 P 个白球和 Q 个黑球，乙盒中放有足够的黑球。现每次从甲盒中任取两个球放在外面。当被取出的两球同色时，需再从乙盒中取一个黑球放回甲盒；当取出的两球异色时，将取出的白球再放回甲盒。最后，甲盒中只剩两个球。请问：剩下一黑一白的概率有多大？

## 182. 聪明的豆豆

豆豆要从 A 地运货物到 B 地，但路上有数不清的关卡都要向他征税。不过由于是在同一个国家，征税的标准是一定的：每过一个关卡就要缴纳货物的一半作为税款，但关卡会再退回 1 公斤该货物。即使这么苛刻的税收，路上随时还有军队增设关卡。为了保证货物足量运到目的地，很多商人都会拉着足够多的货物上路。不过豆豆想了个办法，这样他从 A 地到 B 地，在经过 15 个关卡后，却一斤货物也没有失去，那么，你知道这是为什么吗？

## 183. 关卡征税

有一个商人从巴黎运苹果到柏林去卖，刚刚离开巴黎的时候，他用一辆马车拉着这些苹果。不一会儿到了一个关卡，征税官对他说：“现在德、法两国正在打仗，税收比较高，需要征纳所有苹果的 2/3 作为税收。”商人无奈，只好按规定缴纳了苹果的 2/3。交完苹果之后，纳税官又从商人剩下的苹果中拿了一斤放到自己的腰包。

商人很生气，但是又无可奈何，只能接着往前走。没走多远，又到了一个关卡，同样这个关卡的人又从他的车上拿走了 2/3 的苹果，外加一斤。之后，商人又经过了 3 个关卡，缴纳了同样的税收和每个征税官一斤的苹果。终于到了柏林，商人把自己的遭遇告诉他媳妇，并把最后一斤苹果给了她。

请问：你能帮商人的媳妇算算商人从巴黎出发时，车上有多少斤苹果吗？

## 184. 逃避关税

美国海关存在已有数百年的历史，蓄谋逃避海关管理条例，简直比登天还难。但有个进口商却明知山有虎，偏向虎山行。

在当时，进口法国女式皮手套要缴纳高额进口税，因此，这种手套在美国的售价格外昂贵。那个进口商跑到法国，买了一万副最昂贵的皮手套。随后，他仔细地把每副手套都一分为二，将其中一万只左手套发运到美国。

进口商一直不去提取这批货物。他让货物留在海关，直到过了提货期限。凡遇到这种情况，海关就会将此货物作为无主货物拍卖处理。于是，这一万只舶来的左手套全都被拿出来拍卖了。

由于一整批左手套毫无价值，这桩生意的投标人只有一个，就是那位进口商的代理人。他只出了一笔微不足道的钱就把它们全部买了下来。

这时，海关当局意识到了其中有蹊跷。他们晓谕下属：务必严加注意，一定还会有一批右手套舶到，一定要将其扣押。

请问：进口商该用什么办法得到剩余的 1 万只手套呢？

## 185. 哪种方式更快

有个母亲想要进城看望正在读书的儿子，她知道每天有一辆公共汽车会经过自己的村子进城。她发现自己有下面几种选择：早上起来迎着公共汽车来的方向走，遇到公共汽车坐上去；在村口一直等公共汽车到来；往城里的方向走，公共汽车追上她的时候她就坐上。请问：三种方法中的哪一种可以更快进城呢？

## 斜向扩展训练营

### 186. 搭桥

小明家门前有一条小河，呈直角形(见图 6-3)，河宽 3m，小明想要去河的对面，但是家里只有两块正好也是 3m 长的木板，手中又没有其他工具可以将这两块木板接起来。请问：小明怎么才能过这条河呢？

图 6-3　搭桥

### 187. 过河

一条河上没有桥，也没有渡船。一个大人带着一块 4.9 米的木板想从河的 A 岸到达 B 岸，一个孩子带着一块 5.1 米的木板想从河的 B 岸到达 A 岸。而河的宽度是 5 米。大人的木板不够长，孩子的力气小又无法把整块木板伸过河搭到对岸。请问：用什么办法才能让两个人都平安过河呢？

### 188. 小孩过河

在北方的一个小镇上，有个 5 岁的小男孩，儿童节这天他想过一条 2 米宽的河到对岸的同学家玩，可是河上没有桥，小孩也跳不过去。也就是说，凭他自己是不可能过去的。可是仅仅过了几个月，他就能轻轻松松地过河了。请问：这是怎么回事？

## 189. 不会游泳

有一个人想渡河，他看到河边有很多船夫等着，就问道“你们中哪位会游泳？”

船老大围上来，纷纷抢着回答道：“我会游泳，客官坐我的船吧！”“我水性最好，坐我的船最安全了！”

只有一位船老大没有过来，只站在一旁看着。要过河的那人就走过去问：“你会游泳吗？”

那个船老大不好意思地答道：“对不起客官，我不会游泳。”

谁知要过河的那人却高兴地说道：“那正好，我就坐你的船！”

其他船老大非常不满，就问：“他不会游泳，万一船翻了，不就没人能救你了吗？”

那么，你知道渡河的人是怎么说的吗？

## 190. 桥的承受能力

一名杂技演员去表演节目，路上要经过一座小桥。小桥只能承受 100 千克的重量。而杂技演员的体重为 80 千克，他还带着 3 个各重 10 千克的铁球。显然总重量比桥的承受能力要重，该怎么办呢？杂技演员灵机一动，想出了一个好办法。他把 3 个球轮流抛向空中，这样每时每刻总有一个球在空中，那么他就可以顺利过桥了。请问：如果这样做的话，桥能支撑得住吗？

## 191. 牧童的计谋

有一个农夫想要自己盖一座房子，就到远处拉石料，他赶了一架牛车。他知道自己的重量是 150 斤，这头牛大概有 800 斤，车子有 100 斤，路上要经过一座桥梁，桥头立着一块石碑，上面醒目地写着这座桥的最大载重量是 1300 斤，去的时候他并没有在意，虽然车子经过时，桥有点颤颤巍巍的。回程时，他拉了 500 斤的石料，走到桥头，却犯了难，如果这样过去，桥就一定会被压塌。该怎么办呢？就在他一筹莫展的时候，过路的一个牧童给他出了个主意。按照牧童的想法，牛车竟然很快就过了这座桥，石料也安全地运到了家。

请问：牧童是如何让牛车和石料顺利地通过桥梁的呢？

## 192. 天堂？地狱？

天堂和地狱在某个秘密的角落里是相连的，这个通道是上帝与撒旦约定交换特殊灵魂的地方。大家都知道，通过这个通道从地狱到天堂和从天堂到地狱的时间都是一样的：16 分钟——大家把它称为“黄金 16 分钟”。如果有哪个灵魂从地狱升到了天堂，那他就可以享受天堂的快乐了；而如果某个灵魂不小心从天堂掉向地狱，那他就要到地狱受苦了。为了避免这种事情发生，上帝在这个通道口设置了看守，由于这个工作很无聊，上帝允许这个看守每 9 分钟看一眼通道，如果发现有灵魂出没，就责令他回去。在这个严苛的制度下，没有灵魂能来回出入。但传说有一个灵魂从地狱溜到了天堂，你能想象出他是怎么做到的吗？

## 193. 如何通过(1)

一艘船顺水而下，在通过一个桥洞时，发现货物比桥洞高出约 1 厘米，需要卸掉一些货物才能通过。无奈货物是整装的，无法卸下。请问：有什么办法能够不卸货物，也使船通过呢？

## 194. 如何通过(2)

有辆卡车，装着很高的货物，当要通过一处铁路桥时，发现货物高出桥洞 1 厘米，卡车无法通过。可卸货重装又很费事，你给想想办法，要怎样才能顺利通过铁路桥？

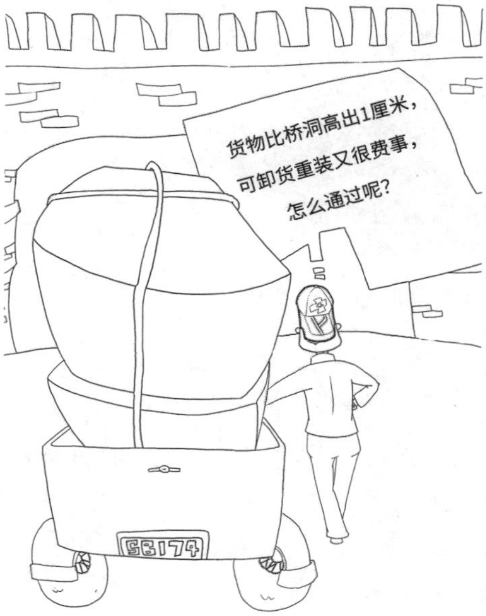

货物比桥洞高出1厘米，
可卸货重装又很费事，
怎么通过呢？
SB174

# 第七章

## 帽子颜色问题

帽子颜色问题，是比较经典且又非常有趣的逻辑问题。

这个经典问题的原形如下所示。

有3顶红帽子和2顶白帽子。现在将其中3顶给排成一列纵队的3个人，每人戴上1顶，每个人都只能看到自己前面的人的帽子，而看不到自己和自己后面的人的帽子。同时，3个人也不知道剩下的2顶帽子的颜色(但他们都知道他们3个人的帽子是从3顶红帽子、2顶白帽子中取出的)。

先问站在最后边的人："你知道你戴的帽子是什么颜色吗？"最后边的人回答："不知道。"接着又让中间的人说出自己戴的帽子的颜色。中间的人虽然听到了后边人的回答，但仍然说不出自己戴的是什么颜色的帽子。

听了他们两人的回答后，最前面的人没等提问，便答出了自己帽子的颜色。

你知道为什么吗？那么，他的帽子又是什么颜色的呢？

答案是这样的：首先我们假设从前到后的三个人分别为甲、乙、丙，丙看了甲、乙戴的帽子说不知道，说明甲、乙戴的并不都是白帽子。因为只有2顶白帽子，如果甲、乙戴的都是白帽子，丙一定知道自己戴的是红帽子。同理，乙又说不知道，说明甲戴的不是白帽子。因为乙也能从丙的回答中判断出自己和甲戴的不都是白帽子。如果甲戴的是白帽子的话，那么他肯定知道自己戴的是红帽子了。如此一来，甲肯定戴的是红帽子了。因此，甲就知道了，自己戴的是红帽子。

类似猜帽子颜色的问题还有很多，都是由此变形扩展而来的。此类问题能很好地锻炼我们的逻辑思维能力，尤其是对信息的汇集与整理，这对我们的思维非常重要。此类问题的解题关键在于要明白别人是如何想这个问题的，他回答"不知道"能推导出哪些结论……当然，这类题目的前提是参加游戏的每个人都是足够聪明的。

这个问题我们可以推广成如下形式。

"有若干种颜色的帽子，每种若干顶。假设有若干个人从前到后站成一排，给他们每个人头上戴一顶帽子。但是每个人都看不见自己帽子的颜色，每个人都看得见在他前面所有人头上帽子的颜色，却看不见在他自己和他后面的人头上帽子的颜色。现在从最后那个人开始，问他是不是知道自己戴的帽子的颜色，如果他回答说不知道，就继续问他前面那个人。一直往前问，那么一定有一个人知道自己所戴的帽子的颜色。"

当然，要想题目有解，还要满足以下特定的条件。

(1) 帽子的总数一定要大于人数，否则帽子不够戴。当然，数字也要设置得合理，帽子比人数多得太多，或者队伍里只有一个人，那他不可能说出帽子的颜色。

(2) 有多少种颜色的帽子？每种多少顶？有多少人？这些信息是队列中所有人都事先知道的，而且所有人都知道所有人都知道此事。也就是说，这些信息在这些人当中是众所周知的。

(3) 剩下的没有戴在大家头上的帽子都被藏起来了，队伍里的人谁都不知道剩下些什么颜色的帽子。

(4) 他们的视力都很好，能看到前方任意远的地方，而且也不存在被谁挡住的问题。所有人也都不是色盲，可以清楚地分辨颜色。

(5) 不能作弊，后面的人不能和前面的人说悄悄话或者发暗号。

(6) 他们每个人都足够聪明，逻辑推理能力都是极好的。只要理论上根据逻辑可以推导得出来结论，他们就一定能够推导出来。相反，如果他们推不出自己头上帽子的颜色，只能诚实地回答“不知道”而绝不会乱说，或者试图去猜。

举一个通俗的例子：假设现在有 $n$ 顶黑帽子，$n$-1 顶白帽子，$n$ 个人($n$>0)。

排好队伍戴好帽子之后，问排在队伍最后面的人，他头上帽子是什么颜色的？在什么情况下他会回答“知道”，很显然，当他前面的所有人($n$-1)人都戴着白帽子的时候。因为($n$-1)顶白帽子用完了，自己只能是黑帽子了。只要前面有至少一个人戴着黑帽子，他就无法知道自己头上帽子的颜色。

现在假设最后一个人回答“不知道”，那么我们开始问倒数第二个人。根据最后一人的回答，倒数第二个人同样可以推理得出上面的结论，即包括自己在内的前面所有人至少有一个人戴着黑帽子。如果他看到前面的人戴的都是白帽子，那么很显然，自己戴的必定是黑帽子。如果他看到前面仍然至少有一个人戴着黑帽子，那么他的回答必定还是“不知道”。

这个推理过程可以一直持续下去。当某个人(除了最前面的一个)看到前面所有人都戴着白帽子时，他的回答就应该是“知道”了。如果到了第二个人依然回答“不知道”，那么说明第二个人看到的还是一顶黑帽子，此时最前面的人就可以知道自己戴的帽子的颜色了。

除了最后一个人，其余每个人的推理都是建立在他后面那些人的推理上的。当我们断定某种颜色的帽子一定在队列中出现，而所有我身后的人都回答“不知道”，即我身后的所有人都看见了这种颜色的帽子，但我见不到这种颜色的帽子时，那么一定是我戴着这种颜色的帽子。这就是帽子颜色问题的关键！

## 纵向扩展训练营

### 195. 帽子的颜色

有 3 顶红帽子和 2 顶白帽子放在一起。将其中的 3 顶帽子分别戴在 A、B、C 三人头上。这三人每人都只能看见其他两人头上的帽子，但看不见自己头上戴的帽子，并且也不知道剩余的 2 顶帽子的颜色。问 A：“你戴的是什么颜色的帽子？”A 回答说：“不知道。”接着，又以同样的问题问 B。B 想了想，也回答说：“不知道。”最后问 C。C 回答说：“我知道我戴的帽子是什么颜色了。”当然，C 是在听了A、B两人的回答之后才作出回答的。请问：C戴的是什么颜色的帽子？

## 196. 选择接班人

有个商人想找一个接班人替他经商，他要求这个接班人必须十分聪明。最后选出了A、B两个候选人，商人为了测试他们两个人中哪一个更聪明，就把他们带进一间伸手不见五指的房子里。商人打开电灯说："这张桌子上有5顶帽子，2顶是红色的，3顶是黑色的。现在，我把灯关掉，并把帽子摆的位置搞乱，然后，我们三个人每人摸一顶帽子戴在头上。当我把灯打开时，请你们尽快地说出自己头上戴的帽子是什么颜色。谁先说出来，我就选谁做接班人。"

说完之后，商人就把电灯关掉了，然后，3个人都摸了一顶帽子戴在头上；同时，商人把余下的2顶帽子藏了起来。待一切做完之后，商人把电灯重新打开。这时候，那两个人看到商人头上戴的是一顶红色的帽子。

过了一会儿，A喊道："我戴的是黑帽子。"请问：A是如何推理的？

## 197. 猜帽子

有3顶白帽子和2顶红帽子，一个智者让3个学生分别戴1顶，其中1个人可以看到其他两个人的帽子的颜色，但是看不到自己的帽子的颜色，智者让大家说出自己戴的是什么颜色的帽子，过了一会儿没人说，又过了一会儿还是没人说，这时，大家都知道自己戴了什么颜色的帽子。请问：这是为什么？

## 198. 帽子猜颜色

现在有6顶帽子，其中3顶黄色，2顶蓝色，1顶红色。甲、乙、丙、丁4个人站成一队。甲在第一个，乙在第二个，丙在第三个，丁在第四个。然后给4个人分别戴上帽子。每个人只能看到他前面人的帽子的颜色，而看不到自己和后面人帽子的颜色。

此时，排在最后一位的丁先发话，称不知道自己帽子是什么颜色；然后丙发话，说不知道自己帽子的颜色；乙发话，也不知道自己帽子的颜色；最后甲想了想说，我知道自己帽子的颜色了。

请问：甲戴的帽子是什么颜色？

## 199. 谁被释放了

三个犯人被关在牢房。因为牢房玻璃很厚，所以三个人只能互相看见，但听不到对方说话的声音。有一天，国王想了一个办法，给他们每个人头上都戴了一顶帽子，只让他们知道帽子的颜色不是白的就是黑的，不让他们知道自己所戴帽子是什么颜色。在这种情况下，国王宣布下面两条规定。

(1) 谁能看到其他两个犯人戴的都是白帽子，就可以释放他。

(2) 谁知道自己戴的是黑帽子，就释放他。

其实，他们戴的都是黑帽子，但他们看不见自己帽子的颜色罢了。于是他们3个人互相盯着不说话。过了不久，较机灵的A用推理的方法，认定自己戴的是黑帽子。那么，他是怎么推断的？

## 200. 红色的还是白色的

有一群人围坐在一起，为了便于分析，假定只有4人(这与人数多少无关，可作同样分析)。每个人头戴一顶帽子，帽子有红色和白色两种，每个人看不到自己帽子的颜色，但能看到别人帽子的颜色。因此，此时每个人都不能判定出自己头上的帽子的颜色。

为了方便分析，我们假定这4个人均戴的是红色的帽子。这时候，一个局外人来到他们的中间，对他们说："你们其中至少一位戴的是红色帽子。"他说了这句话后，他问："你们知道你们头上的帽子的颜色吗？"4个人都说"不知道"；这个局外人第二次问："你们知道你们头上的帽子的颜色吗？"4个人又都说"不知道”。局外人第三次问：“你们知道你们头上的帽子的颜色吗？”4 个人又都说“不知道”。局外人又问第四次：“你们知道你们头上的帽子的颜色吗？”这时 4 个人均说：“知道了!”

请问：你知道这是为什么吗？

## 201. 白色和黑色的纸片

甲、乙、丙、丁、戊 5 个人在玩一个游戏，他们的额头分别贴了一张纸片，纸片分黑色和白色两种。每个人都知道自己头上纸片的颜色，但是看不到，但是可以看到别人头上纸片的颜色。头上是白色纸片的人开始说真话，头上是黑色纸片的人开始说假话，他们是这么表述的。

甲说：“我看到了 3 片白色的纸片和 1 片黑色的纸片。”

乙说：“我看到了 4 片黑色的纸片。”

丙说：“我看到了 3 片黑色的纸片和 1 片白色的纸片。”

戊说：“我看到了 4 片白色的纸片。”

请问：你能推断出丁头上贴的是什么颜色的纸片吗？

## 202. 大赛的冠军

某电视台举办“逻辑能力大赛”，到了决赛阶段，有 3 名参赛者的分数并列第一。可是冠军只能有一个，主持人决定加赛一题来选出最终的冠军。

主持人对 3 位选手说：“你们 3 位闭上眼睛，然后，我在你们每个人头上戴 1 顶帽子。帽子的颜色可能是红色也可能是蓝色。在我叫你们睁开眼睛以前，都不许把眼睛睁开。”于是主持人在他们的头上各戴了 1 顶红帽子，然后说：“现在请你们把眼睛都睁开吧，假如你看到你们 3 人中有人戴的是红帽子就举手。”3 个人睁开眼睛后几乎同时举起了手。主持人接着说：“现在谁第一个推断出自己所戴帽子的颜色，谁就是冠军！”过了一分钟左右，其中一位参赛者喊道：“我知道我戴的帽子的颜色，它是红色的！”

主持人说：“恭喜你，答对了！你就是这次大赛的冠军！”

请问：你知道他是怎样推断出自己所戴帽子的颜色吗？

## 203. 聪明的俘虏

一个集中营里关了 11 个俘虏。有一天，集中营的负责人说：“现在集中营里人满为患，我们想释放一名俘虏。我会把你们捆在广场的柱子上，在你们头上系上一条丝巾，如果你们谁能知道自己头上系的是什么颜色的丝巾，我就释放了他。如果你们谁也不知道自己头上的丝巾是什么颜色的，我就让你们都在广场上饿死。”11 名俘虏被蒙上眼睛带到广场上，当扯掉他们眼上的黑布时，他们发现：有一个人被捆在正中央，还被蒙着眼，其他 10 个人围成一个圈，由于中间那个人的阻挡，每个人只能看到另外 9 个人，而这 9 个人有的人系的是红丝巾，有的人系的是蓝丝巾。集中营的负责人说：“我可以告诉你们，一共有 6 个人系红丝巾，5 个人系蓝丝巾。”这些人还是大眼瞪小眼，没有人敢说自己头上的是什么颜色的丝巾。负责人又说：“如果你们还说不出来的话，我就把你们都饿死。”这时，中间那个一直被蒙着眼的人说：“我猜到了。”

请问：中央那个被蒙着眼的俘虏戴的是什么颜色的丝巾？他是怎么猜到的？

# 横向扩展训练营

## 204. 电梯

第二次世界大战期间，德国占领了法国巴黎，一家旅馆内，四名客人乘坐同一部电梯。其中有一名身穿军服的纳粹军官，一位法国的爱国青年，一个漂亮的姑娘，还有一位老妇人。突然，电梯发生故障停了下来，随之灯也熄灭了。电梯里黑漆漆的什么都看不见。这时，只听到一声吻声，紧接着是一巴掌打在人脸上的声音。过了一会儿电梯恢复了运行，灯也亮了。只见那名纳粹军官的脸上出现了一块明显的巴掌印。

老妇人心想：“真是活该，欺负女孩子就应该有这种报应。”

姑娘心想：“这个人真奇怪，她没有吻我，想必吻的是那个老太太或者那个小伙子。”

而纳粹军官心里却在想：“怎么了？我什么都没做，可能是那个小伙子亲了姑娘，而姑娘却错手打了我。”

只有那名法国青年对电梯里发生的一切了如指掌。那么，你知道到底发生什么了吗？

## 205. 裁员还是减薪

在金融危机中，我们经常听到的就是“减薪”和“裁员”，那么企业陷入艰难的困境时，到底是应该裁员还是减薪呢？两者会对企业产生怎样的影响呢？

如果你拥有一个公司，这个公司正面临着资金链断裂的情形，就快没有足够的钱给雇员发放薪水了。这时候你有两个选择：一是每人减薪 15%；二是开除 15% 的雇员。

请问：你会选择怎么做呢？

## 206. 排队买麻花

去年秋天，我去了一趟重庆，那是我第一次到重庆。去之前，朋友告诉我，在重庆一定要去磁器口转转。我在饭店安顿好之后，马上就去了磁器口。刚到那里就看到有一条长龙似的队伍，我顿时感到很兴奋，不知道是什么东西这么吸引人。不过，我远远地就闻到了麻花的香味。走近一看，果不其然，这么多人原来都是在买麻花。其中，陈麻花店前的队伍最长，因此我也就顺势排到队伍里去了。百无聊赖中，就把这个场景拍了下来。

终于轮到我的时候，正好熟麻花卖完了，于是我只能再等下一锅。不过为了吃，我也只能忍受了。然而，当我把麻花作为礼品送给家里人的时候，听到他们的赞扬，还是蛮高兴的。

这次经历给我的最大感触是，下次买麻花再也不排队了，随便找一家就好，因为各家的口味都差不多。更让我伤心的是，在当地长大的一个朋友看了我的照片之后告诉我，我买的并不是正宗的陈麻花，而隔壁那个没有人排队的陈麻花才是正宗的，当地人都在那家买。

请问：那家冒牌的陈麻花为什么会招揽那么多顾客呢？

## 207. 意想不到的老虎

有一个死囚将于第二天被处死，但国王给了他一个活下来的机会。国王说，明天将会有五扇门让你依次打开，其中一扇门内关着一只老虎，如果你能在老虎被放出来前猜到老虎被关在哪扇门内，就可以免你一死。"但是，"国王强调，" 你要记住，老虎在哪扇门内，绝对是你意想不到的。"

死囚为了能够活下来，苦思了很久。他想：如果明天我打开前四扇门后，老虎还没有出来，那么老虎一定在第五扇门里。但国王说这是一只意想不到的老虎，因此老虎一定不在第五扇门里。这样就只剩下前四扇门。再往前推，如果我打开前三扇门，老虎还没有出来，那它一定在第四扇门里。同样因为这是一只意想不到的老虎，所以老虎也不在第四扇门里。这样只可能在前三扇门中。如此再往前推，老虎也不可能在第三扇、第二扇，甚至是第一扇门中。

也就是说，门里根本就没有什么老虎！看来国王是想饶自己一命。想通了这一点，死囚安心地去睡。

第二天，当死囚满怀信心地去一一打开那几扇他自以为的空门时，老虎突然从其中一扇门里(比如第三扇门)跑了出来——国王没有骗他，这确实是一只意想不到的老虎。那为什么会这样呢？难道死囚的推理错了吗？如果错了，又是错在哪一步呢？

## 208. 盗窃案

一名中国富翁在美国度假期间邀请了 10 名机智的好友到他的中国豪宅去度假，同时也是想让他们帮自己看几天家。这 10 个人分为 3 类，分别是小偷、平民、警察。小偷只能识别平民，平民只能识别警察，而警察识别不了其他人的身份。他们相互不能揭露身份或自曝身份，但是只有当警察抓住小偷时才能自曝身份。每个小偷一天偷一次。小偷和平民都可以写匿名检举信。如果小偷对同类施行盗窃，被盗的小偷发现物品被偷不会喊叫，如果被偷的是平民，当他发现物品被偷一定会喊叫，如果被盗的是警察，警察会当场击毙该小偷。他们分别住在二楼共用一条走廊的 10 个单人房里。房门号是房主的姓，每个房门外右边的墙上各有一个带锁的邮箱。他们每个人都有一把自己邮箱的钥匙。每天早晨 6：00，报童在 10 个邮箱里各放一份报纸。

房间如图 7-1 所示。

| 孔 | 张 | 赵 | 董 | 王 |
|---|---|---|---|---|
| | | | | |
| 李 | 林 | 徐 | 许 | 陈 |

图 7-1　房间

第一天，早上 9：00 刚起床的 10 个人，各自在房里看完报纸后，中午 11：00 在一楼客厅里相互介绍了自己的名字后便做自己的事去了。这一天没有平民的叫喊和警察的枪声。

第二天，与第一天一样。一位警察仍然早上 9：00 起床并拿出自己邮箱里的报纸回自己的房间了。他一直看着报纸。突然，听见 4 个人的喊叫声。然后，10 个人都集合在走廊上，并相互认识了被盗的 4 个人。之后，这位警察回到自己的房间，思考案情：自己住在陈号房，而张号房、王号房、李号房和徐号房被盗。

第三天，心里烦躁的警察 6：00 就起床去拿报纸。打开邮箱，却发现邮箱里除了一份当天的报纸外还有 5 封匿名检举信。警察赶紧回到房间把信摊开在桌子上，发现这 5 封信是由 5 个人分别写的。第一封信的内容是：董、许、林、孔。第二封信的内容是：林、董、赵、许。第三封信的内容是：孔、许、赵、董。第四封信的内容是：赵、董、孔、林。第五封信的内容是：许、孔、林、赵。警察思考着，突然，他抓起这5封信冲了出去，抓住了正在睡觉的几个小偷。可他们并不承认，当警察拿出证据时，他们就分别说出了自己藏在离豪宅不远的赃物。

如果你是这位警察，你是如何破解这个谜案的？

## 209. 抽卡片

有24张卡片，上面分别写着1～24这24个数。

有甲、乙二人，按以下规则选取卡片：轮流选取一张卡片，然后在数字前加一个正、负号。卡片全部抽完后将这24个数相加会得到其和，设为S。

甲先开始，他选取卡片和添加符号的目的是使S的绝对值尽量小；乙的目的则和他相反，是使S的绝对值尽量大。

假如二人足够聪明，那么最后得到的S其绝对值是多少呢？

## 210. 扑克游戏推理

甲、乙两人打扑克，最后两人手中各剩8张牌。甲吹牛说，他手里有一副顺子：5张连续的牌，没有一张断开。乙心里很明白他在吹牛。乙必然是根据自己手里的牌推测出甲在撒谎。请问：乙手里是什么牌呢？

## 211. 三人决斗

三个小伙子同时爱上了一个姑娘，为了确定他们谁能娶这个姑娘，他们决定用手枪进行一次决斗。阿历克斯的命中率为30%；克里斯比他好些，命中率为50%；最出色的枪手是鲍博，他从不失误，命中率为100%。基于这个显而易见的事实，为公平起见，他们决定按这样的顺序：阿历克斯先开枪，克里斯再开枪，鲍博最后开枪。然后这样循环，直到他们只剩下一个人。那么，这3个人中谁活下来的机会最大呢？他们又都应该采取什么样的策略？

# 斜向扩展训练营

## 212. 男孩和女孩

幼儿园里，老师组织小朋友们一起游泳。男孩戴的是天蓝色游泳帽，女孩戴的是粉红色游泳帽。

有趣的是：在每一个男孩看来，天蓝色游泳帽与粉红色游泳帽一样多；而在每一个女孩看来，天蓝色游泳帽是粉红色游泳帽的 2 倍。

那么，男孩与女孩各有多少个？

## 213. 玻璃球游戏

几个男孩在一起玩玻璃球。每个人要先从盒子里拿 12 个玻璃球。盒子中绿色的玻璃球比蓝色的少，而蓝色的玻璃球又比红色的少。因此，每个人红玻璃球要拿得最多，绿的要拿得最少，并且每种颜色的玻璃球都要拿。小明先拿了 12 个玻璃球，其他的男孩也都照着做。盒子中只有三种颜色的玻璃球，且数量也刚好够。

几个男孩最后把球看了一下，发现拿法全都不一样，而且只有小强有 4 个蓝球。

小明对小刚说：“我的红球比你的多。”

小刚突然说：“咦，我发现我们 3 个人的绿球一样多啊！”

“嗯，是啊！”小华附和说，“咦，我怎么掉了一个球！”说着把脚边的一个绿球捡了起来。

几个男孩手里总共有 26 个红色的玻璃球。请问：这里有多少个男孩？3 种颜色的玻璃球各有多少个？

## 214. 养金鱼

陈先生非常喜欢养金鱼，他有五个儿子，一年的春节，五个儿子都回家了，并分别送给陈先生一缸金鱼。巧的是每缸中都有 8 条金鱼，而且颜色分别为黄色、粉色、白色、红色。这四种颜色的金鱼的总数一样多。但是这五缸金鱼看起来却各有特色，每一缸金鱼中不同颜色的金鱼数量各不相同，而且每种颜色的金鱼至少有一条。

五个儿子送的金鱼的情况如下所示：

(1) 大儿子送的金鱼中，黄色的金鱼比其他三种颜色的金鱼加起来还要多；

(2) 二儿子送的金鱼中，粉色的金鱼比其他任何一种颜色的金鱼都少；

(3) 三儿子送的金鱼中，黄色金鱼和白色金鱼之和与粉色金鱼和红色金鱼之和相等；

(4) 四儿子送的金鱼中，白色金鱼是红色金鱼的两倍；

(5) 小儿子送的金鱼中，红色金鱼和粉色金鱼一样多。

请问：每个儿子送的金鱼中，四种颜色的金鱼各有几条？

## 215. 六种颜色

一个正方体的六个面，每个面的颜色各不相同，并且只能是红色、黄色、绿色、蓝色、黑色、白色这六种颜色。如果满足：

(1) 红色的对面是黑色

(2) 蓝色和白色相邻

(3) 黄色和蓝色相邻

那么，下面结论错误的是(　　)

A. 红色与蓝色相邻

B. 蓝色的对面是绿色

C. 黄色与白色相邻

D. 黑色与绿色相邻

## 216. 汽车的颜色

听说娜娜买了一辆新的跑车，她的三个好朋友在一起猜新车的颜色。

甲说：“一定不会是红色的。”

乙说：“不是银色的就是黑色的。”

丙说：“那一定是黑色的。”

以上三句话，至少有一句话是对的，有一句话是错的。

那么根据以上提示，你能猜出娜娜买的车是什么颜色吗？

## 217. 彩旗的排列

路边插着一排彩旗，白色旗子和紫色旗子分别位于两端。红色旗子在黑色旗子的旁边，并且与蓝色旗子之间隔了两面旗子；黄色旗子在蓝色旗子旁边，并且与紫色旗子的距离比与白色旗子之间的距离更近；银色旗子在红色旗子旁边；绿色旗子与蓝色旗子之间隔着 4 面旗子；黑色旗子在绿色旗子旁边。请问：

(1) 银色旗子和红色旗子中，哪面旗子离紫色旗子较近？

(2) 哪种颜色的旗子与白色旗子之间隔着两面旗子？

(3) 哪种颜色的旗子在紫色旗子旁边？

(4) 哪种颜色的旗子位于银色旗子和蓝色旗子之间？

## 218. 抽屉原理

一桶彩球有三种颜色：黄色、绿色和红色，现在让你闭上眼睛抓取。

请问：至少抓取多少个就可以确定你手上肯定有至少两个同一颜色的彩球？

## 219. 涂色问题

在下面的 1×6 矩形长条中涂上红色、黄色、蓝色三种颜色，每种颜色限涂两格，且相邻两格不同色，那么不同的涂色方法共有多少种？

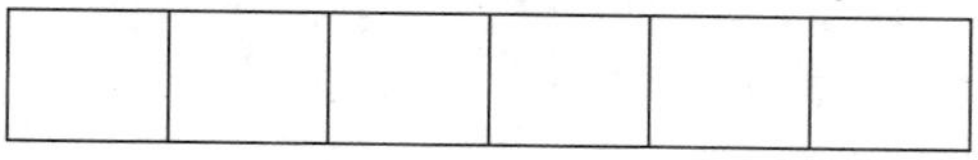

# 第八章

## 水壶取水问题

水壶取水问题，是一个经典而有趣的逻辑思维题。

水壶取水问题的经典原形如下。

假设有一个池塘，里面有无穷的水。现在有 2 个没有刻度的空水壶，容积分别为 5 升和 6 升。

请问，如何用这两个空水壶从池塘里准确地取 3 升水。

事实上，要解决这个问题，只需把两个水壶中的一个从池塘里取满水，倒到另一个水壶里，重复这一过程，当第二个壶满了的时候，把其中的水倒回池塘，反复几次，就能得到答案了。具体方法如下所示。

5 升壶取满水，倒入 6 升壶中；5 升壶再取满水，把 6 升壶灌满，这时 5 升壶中还有 4 升水，6 升壶满；把 6 升壶中的水倒光；5 升壶中的 4 升水倒入 6 升壶中；5 升壶取满水，把 6 升壶倒满；此时，5 升壶里剩下的水正好为 3 升。

水壶取水问题还有一些更复杂的扩展变形形式，比如，取水的壶不止两个，有三个壶，分别是 6 升、10 升和 45 升，现在要取 31 升水。

这样一来，就不能用上面的循环倒水法了。那么，我们该如何在倒水之前就知道靠这些壶是否一定能倒出若干升水来呢？简单地说，这类题就是用给定的三个数字，如何进行加减运算得出要取的数字来。

就这个例子来说，我们知道，10+10+10+10+6−45+10+10+10=31。那么，根据这个式子我们就可以写出取水的过程了。

首先用 10 升的壶取满水，倒入 45 升的壶中，连续取 4 次，这样 45 升壶中有水 40 升；用 6 升的壶取满水，把 45 升的壶倒满，此时 6 升壶中余 1 升水；把 45 升壶里的水倒空；用 10 升的壶取满水，倒入 45 升的壶中，连续取 3 次，这样 45 升壶中有水 30 升；把 6 升壶里的 1 升水倒入 45 升的壶中，即可得到想要的 31 升水。

当然，我们可以发现，要想用这三个数得到 31 的方法绝对不止这一种，也就是说，我们取水的步骤也并非唯一的。大家可以用其他的方法试试看。

## 纵向扩展训练营

### 220. 巧取三升水

假设有一个池塘，里面有无穷的水。现有 2 个空水壶，容积分别为 5 升和 6 升。如何只用这 2 个水壶从池塘里取得 3 升的水？

## 221. 如何称四升油

一个人想去店里买 4 升油，可是碰巧店里的秤坏了。店里只有一个 3 升的桶和一个 5 升的桶，而且两只桶的形状都不均匀。请问：只用这些工具，你能准确地称出 4 升油吗？

## 222. 商人卖酒

有一个商人用一个大桶装了 12 升酒到市场上去卖，两个酒鬼分别拿了 5 升和 9 升的小桶，其中一个要买 1 升，另一个要买 5 升。这时，又来了一个人，什么也没拿，说剩下的 6 升酒连同桶他都要了。奇怪的是，他们之间的交易没有用任何其他的称量工具，只是用这三个桶倒来倒去就完成了。那么，你知道他们是怎么做的吗？

## 223. 如何卖酱油

卖酱油的人有满满的两桶酱油，每桶 10kg，准备出售。这时，来了两个人想买酱油，一个人带了一个 4kg 的容器，另一个人带了一个 5kg 的容器。两个人都想买 2kg 酱油，卖酱油的人没有其他的测量工具，但是这个聪明的卖酱油的人用两名顾客的容器倒来倒去，还是把酱油卖给了他们，请问：他是怎么做到的？

## 224. 卖酒

超市里有两桶满的白酒，各是 50 斤。一天，来了两个顾客，分别带来了一个可以装 5 斤酒和一个可以装 4 斤酒的瓶子。他们每人只要买 2 斤酒。请问：如果只用这四个容器，你可以给他们两个的瓶子里各倒入 2 斤的酒吗？

## 225. 平分二十四斤油

张大婶、李二婶和王三婶三人一起去买油。一大桶油有 24 斤，三人打算平分。

可是李二婶只带了一个能装11斤油的桶，王三婶带了一个能装13斤油的桶，又没有秤，三人没办法平分。这时张大婶又找到了一个能装5斤油的空油瓶，就用这几个容器，张大婶倒来倒去，终于把油分好了。请问：你知道张大婶是怎么分的吗？

## 226. 分饮料

小陈有两个小外甥。一天，他带了一瓶4升的果汁去看他们，并想把果汁平分给两个孩子。但是他只找到了两个空瓶子，一个容量是1.5升，另一个容量是2.5升。那么，有什么办法可以用这三个瓶子把果汁平均分配给他们呢？

## 227. 酒鬼分酒

四个酒鬼合伙买了两桶8斤装的酒，他们打算平分喝掉这些酒。但是他们手上没有量具，只有一个可以装3斤酒的空酒瓶。请问：如何用这3个没有刻度的容器，让四人平分这些美酒呢？

## 228. 分享美酒

老张和老李都爱喝酒，一次他们一起去买酒，看到一桶 8 斤装的白酒在打折，于是他们决定一起买下然后平分。不过他们手上只有一个 5 斤装和一个 3 斤装的空酒瓶。两个人倒来倒去，总是分不均匀。这时来了一个小孩，用一种方法，很快就把这些酒平分了。那么，你知道这个小孩是怎么分的吗？

## 229. 老板娘分酒

一人去酒店买酒，他明明知道店里只有两个舀酒的勺子，分别能舀 7 两酒和 11 两酒，却硬要老板娘卖给他 2 两酒。老板娘很聪明，就用这两个勺子在酒缸里舀酒，倒来倒去地，居然量出了 2 两酒，请问：你知道老板娘是怎么做到的吗？

## 230. 分米

有一个商人挑着担子去集市上卖米。他要把 10 斤米平均分在两个箩筐中以保持平衡，但商人手中没有秤，只有一个能装 10 斤米的袋子、一个能装 7 斤米的桶和一个能装 3 斤米的脸盆。请问：他应该怎样平分这 10 斤米呢？

# 横向扩展训练营

## 231. 卖糖果

小新的爸爸开了个糖果店，周日的时候，爸爸让小新帮忙看店，自己有事出门去了。之前有个人说要订购一批糖果，只记得是不超过 1500 颗糖，但是具体数字一直没有确定下来，说是周日来拿。不巧的是，小新不会包装糖果，爸爸就把 1500 颗糖包装成了 11 包，这样顾客无论要买多少颗，都可以不用打开包装直接给他了。请问：你知道小新爸爸是怎么包的吗？

## 232.分苹果

总公司分给某营业点一箱苹果，共 48 个，并给出了分配方法：把苹果分成 4 份，并且使第一份加 3，第二份减 3，第三份乘以 3，第四份除以 3 与苹果的总数一致。请问：如果你是该营业点的负责人，应该怎么分呢？

## 233. 分羊

有一个牧民，死的时候留下来一群羊，同时他还立了一份奇怪的遗嘱："把羊的 2/3 分给儿子，剩下的羊的 2/3 分给妻子，再剩下的羊的 2/3 分给女儿，就没有了。"3 个人数了数羊，一共有 26 只，却不知道该怎么按牧民的遗嘱来分，那么，你能帮助他们吗？

## 234. 分枣

幼儿园里，园长给新来的老师一包枣，让她把这些枣分给小朋友们，并告诉她分法如下：第一个小朋友得到一颗枣和余数的 1/9；第二个小朋友得到 2 颗枣和余数的 1/9；第三个小朋友得到 3 颗枣和余数的 1/9；剩下的小朋友得到的枣数以此类推。园长告诉她只要按这个方法分，所有小朋友都会得到枣，并且是公平、合理的。老师将信将疑地按园长的分法做了，结果确实如此。请问：一共有几个小朋友，几颗枣呢？

## 235. 海盗分椰子

一艘海盗船被天上掉下来的一块石头给砸中了，5 个倒霉的家伙只好逃难到一个孤岛，他们发现岛上空荡荡的，只有一棵椰子树和一只猴子。

大家把椰子全部采摘下来放在一起，由于天已经很晚了，所以大家就决定先去睡觉。

晚上某个家伙起床悄悄地将椰子分成 5 份，结果发现多一个椰子，就顺手给了那只猴子，然后悄悄地藏了一份，把剩下的椰子混在一起放回原处后悄悄地回去睡觉了。

过了一会儿，另一个家伙也起床悄悄地将剩下的椰子分成 5 份，结果发现多一个椰子，顺手就又给了那只幸运的猴子，然后悄悄地藏了一份，把剩下的椰子混在一起放回原处后悄悄地回去睡觉了。

又过了一会儿……

又过了一会儿……

总之5个家伙都起来过，且都做了一样的事情。

早上大家起床后，开始各自心怀鬼胎地分椰子，这个猴子还真不是一般的幸运，因为这次把椰子分成5份后居然还是多一个椰子，只好又给它了。

那么，这堆椰子最少有多少个？

## 236. 午餐分钱

约克和汤姆结对旅游，他们一起吃午餐。约克带了3块饼，汤姆带了5块饼。这时，一个路人路过，路人饿了。约克和汤姆邀请他一起吃饭。约克、汤姆和路人将8块饼全部吃完且每人所吃的饼一样的。吃完饼后，路人为感谢他们的午餐，给了他们8个金币。

约克和汤姆为这8个金币的分配展开了争执。汤姆说："我带了5块饼，理应我得5个金币，你得3个金币。"约克不同意："既然我们在一起吃这8块饼，理应平分这8个金币。"约克坚持认为每人各得4个金币。为此，约克找到了公正的法官。

法官说："孩子，汤姆给你3个金币，因为你们是朋友，你应该接受它；如果你要公正的话，那么我告诉你，公正的分法是，你应当得到1个金币，而你的朋友汤姆应当得到7个金币。"

听了法官的话约克不理解。请问：大家知道这是为什么吗？

## 237. 公平分配

三人共同出钱，到镇上去买生活用品，回来后，除了酒之外的其他物品都可以均匀地分成三份。由于当时粗心大意，他们回来后才发现买的21瓶酒被商家动了手脚：最上面的 7 瓶是满的，中间一层的 7 瓶酒都只有一半，而最下面一层的 7 瓶是空瓶子。此时去找商家理论又是不太现实的，请问：三个人如何公平地分这些酒呢？(提示：两个半瓶可以合为一个满瓶)

## 238. 巧分银子

10 个兄弟分 100 两银子，从小到大，每两人相差的数量都一样。又知第八个兄弟分到 6 两银子，请问：每两个人相差的银子是多少？

## 239. 大牧场主的遗嘱

有个牧场主要把自己的产业分给他的儿子，于是召集他们宣读遗嘱。

他对大儿子说："儿子，你认为你能够养多少头牛，你就拿走多少；你的妻子可以取走剩下的牛的 1/9。"

他又对二儿子说："你可以比大哥多一头牛，因为他有了先挑的机会；至于你的妻子，可以获得剩下的牛的 1/9。"

然后对其余的儿子说了类似的话，每人拿到比他大一点的哥哥的牛数多一头，而他们的妻子则获得剩下的牛的 1/9。

在最小的儿子拿完牛之后，牛一头也没有了。

于是牧场主又说：马的价值是牛的 2 倍，剩下 7 匹马的分配要使每个家庭最后得到同样价值的牲口。

请问：大牧场主共有多少头牛？他又有几个儿子？

## 240. 古罗马人遗嘱问题

有一个古罗马人在他临死前，给怀孕的妻子写了一份遗嘱：生下来的如果是儿子，就把遗产的 2/3 给儿子，孩子的母亲拿 1/3；生下来的如果是女儿，就把遗产的 1/3 给女儿，孩子的母亲拿 2/3。结果这位妻子生了一男一女，请问：该怎样分配才能接近遗嘱的要求呢？

# 斜向扩展训练营

## 241. 盲人分衣服

有两个盲人，各自买了两件一样的黑衣服和两件一样的白衣服，可是他们把这些衣服放混了，过了不久，他们没有经过任何人的帮助就自己把这些衣服又分开了。请问：你知道他们是怎么做到的吗？

## 242. 盲人分袜

有两位盲人，他们各自买了两双黑袜和两双白袜，八双袜子的布质、大小完全相同，每双袜子也都有一张商标纸连着。然而，两位盲人不小心将八双袜子混在一起。那么，他们每人怎样才能取回各自的两双黑袜和两双白袜呢？

## 243. 巧分大米和小麦

王阿姨去市场买了 10 斤大米，同时又替张奶奶买了 10 斤小麦。但是由于只带了一个布袋，所以她将小麦放在了布袋里扎紧，又将大米装在了上边。她想回家以后把大米倒出来，然后用布袋把张奶奶的小麦送过去。可是就在王阿姨回家的路上，遇到了拿着布袋的张奶奶。

请问：在没有任何其他容器的情况下，王阿姨怎样才能把各自的粮食装到自己的布袋里？

## 244. 平分油

有两个不规则但大小、形状、重量都完全一样的塑料油壶，一个油壶中装有大半壶油，另一个油壶是空的。请问：在没有称量工具的情况下，如何用最简单的办法把这些油平分？

## 245. 各拿了多少钱

四个小朋友出去买零食。

小明：“我有 1 元钱。”

小红：“我们四个人的钱相加是 6.75 元。”

小新：“我们四个人的钱相乘也是 6.75 元。”

小志：“小明钱最少，我的钱最多，小新比小红的钱多。”

那么，你能知道他们每个人有多少钱吗？

## 246. 司令的命令

司令带兵出征，给粮草官留下命令：如果刘军长来借粮，因为他是自己人，可把粮草的 2/3 给他，自己留 1/3；如果张军长来借粮，因为他是盟友，给他 1/3 粮草，自己留 2/3。结果刘军长和张军长同时来借粮，请问：粮草官怎么分配才不违背司令的命令呢？

## 247. 分蛋糕

小霞过生日，家里来了 19 个同学。爸爸买了 9 个小蛋糕来招待这 20 个小朋友。怎么分呢？不分给谁也不好，最起码应该每个人都有份。那就只有把这些蛋糕切开了，可是切成碎块儿又太难吃了，爸爸希望每个蛋糕最多分成 5 块儿。

那么，你有什么解决办法吗？

## 248. 分田地

解放战争时期，有个村子在打土豪、分田地。最后就剩下两个农户了，他们两人要分三块地。三块地正巧又都是正方形，边长分别为：30 米、40 米、50 米。村民打算把这三块地平均分给两个农户，那么该怎么分？

## 249. 解救女儿

又到了一年收租子的时候，由于水灾，长工老牛家今年麦子歉收，拿不出麦子交租，便到地主家求情。地主说："如果我就这么放了你，别人都不给我交租，那我岂不是做赔本买卖了？要不你把你的女儿卖给我抵今年的租子吧。"老牛很爱自己的女儿，誓死不肯把女儿抵给地主，就说："如果这样，还不如杀了我。"地主说："那我给你出道题，若你能答出来，就允许你推迟一年时间交租子。我这里有两个水缸，每个水缸能装 7 桶水，左边这个已经装满了，右边的那个只装了 4 桶水。

用这个空水桶，只准你用一次，在不搬动水缸的情况下，让右边水缸里的水比左边水缸里的水多。你要是做不到，就让你女儿来我家做工，也别说我没有给你机会。”别的长工听到这个题目都觉得老牛这下完蛋了，因为谁都知道，如果只允许用水桶舀一次，那么两个水缸里的水将是 7-1=6 和 4+1=5。右边水缸的水怎么可能比左边水缸的水多呢。

老牛一筹莫展的时候，老牛媳妇想出了一条妙计。最后地主不得不放了老牛的女儿。那么，你知道老牛媳妇是怎么做到的吗？

## 250. 倒硫酸

大家都知道硫酸有强烈的腐蚀性，所以倒的时候需要格外小心。一次，小明需要 5 升硫酸。但是实验室里只有一个装有 8 升硫酸的瓶子。这个瓶子上有 5 升和 10 升两个刻度，请问：他该如何准确倒出 5 升硫酸呢？

# 第九章

## 图形分割问题

图形分割问题，是我们常见的一些别具一格的几何作图问题。通过图形的分割与拼合，来满足题目的不同要求。这类问题趣味性强，想象空间广阔，而且一般都很巧妙，不需要很复杂的计算。但是需要我们具有丰富的几何知识，有较强的分析问题、探索问题的能力。经常练习，对提高我们的思维能力是大有裨益的。

下面列举一个分割问题的经典题目。

请把图 9-1 中的图形(任意三角形)分成面积相等的 4 等份。

答案如图 9-2 所示：连接三边的中点即可。

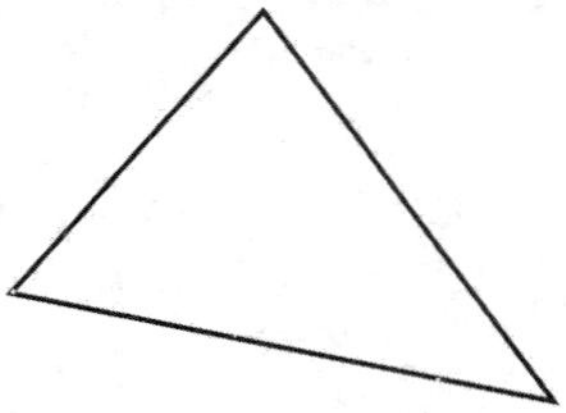

图 9-1　任意三角形

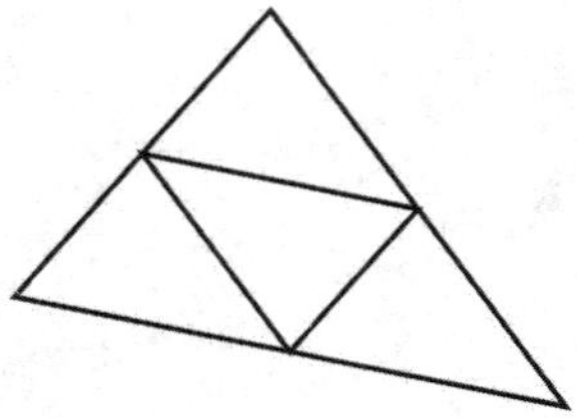

图 9-2　分成四等份

这种分割问题，往往我们在看到的时候一头雾水，但当看到答案时又恍然大悟。其实，过程比结果更重要，我们一定要学会思考和解决问题的方法。

对于平分图形的问题，一般有以下技巧。

如果是实物，可以利用重心原理。把物体吊起来，平衡时画出重心所在的一条垂直线，即可把物体质量平分。

如果是纸上的图形，一般有以下几种常用的方法。

(1) 利用平行的等底同高的性质进行等积变换。

(2) 利用全等图形进行等积变换。

(3) 利用对称性进行图形变形。

(4) 如果图形不规则，那么先要将其分割成规则图形再进行变形。

经常做这些练习，就是为了培养数学思维，数学思维包括数学观念、数学意识、数学头脑、数学素养。准确地说，是指推理意识、抽象意识、整体意识和化归意识。而培养良好的逻辑思维和严谨的推理是学好几何的关键。

对一个问题认识得越深刻，解法就越简洁。所以我们在遇到类似问题的时候，尽可能地设计出最简单、最巧妙的优质分割方案。这样一来，图形的创造和图形的美就会在对几何分割问题的不断探究和认识的不断深化中产生。

# 纵向扩展训练营

## 251. 平分图形

如图 9-3 所示，你能否将这个不规则图形分成两个相同的部分？你又能否将这个图形分成 4 个相同的部分？提示：有两种四等分的方法，其中一种不沿着方格线。

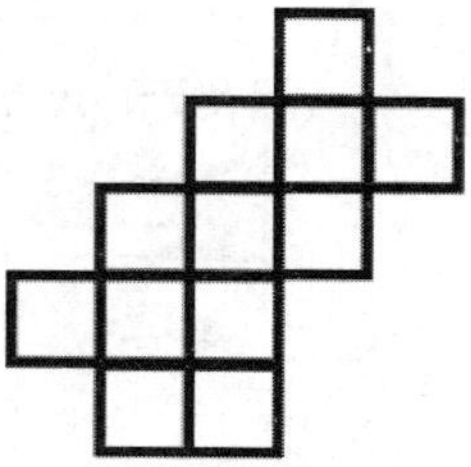

图 9-3　平分图形

## 252. 二等分

如图 9-4 所示，你能将下面图形分成大小、外形完全相同的两个图形吗？

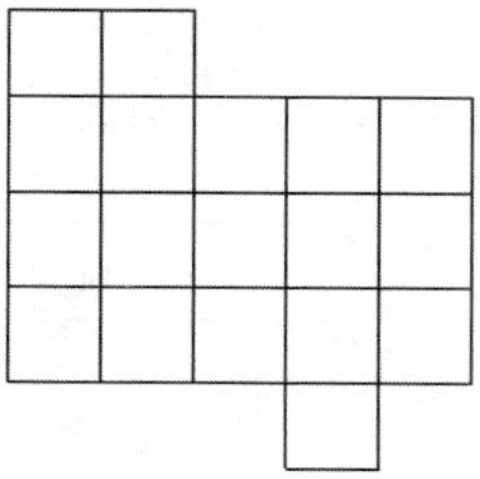

图 9-4　二等分

## 253. 连接图

有些图形由两个部分组成，且这两个部分仅有一个点相连，这样的图形叫作连接图。如图 9-5 所示，你能否将这个多边形分割成两个相同的连接图？

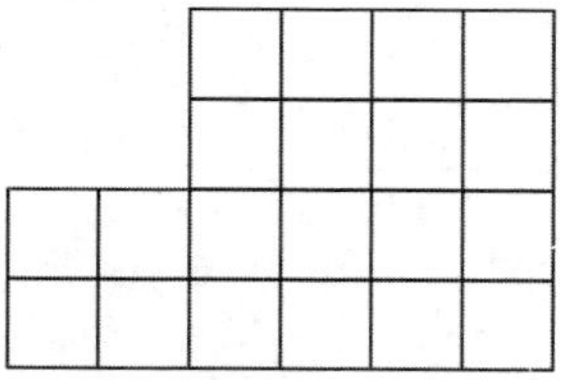

图 9-5　连接图

## 254. 三等分

如图 9-6 所示，你能将以下三个图形分成大小、外形完全相同的三个图形吗？

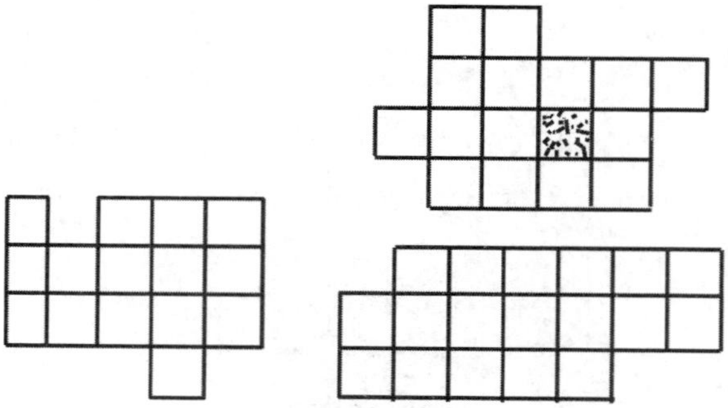

图 9-6 三等分

## 255. 平分图形

如图 9-7 所示，你能否将该不规则图形分成两个相同的部分？

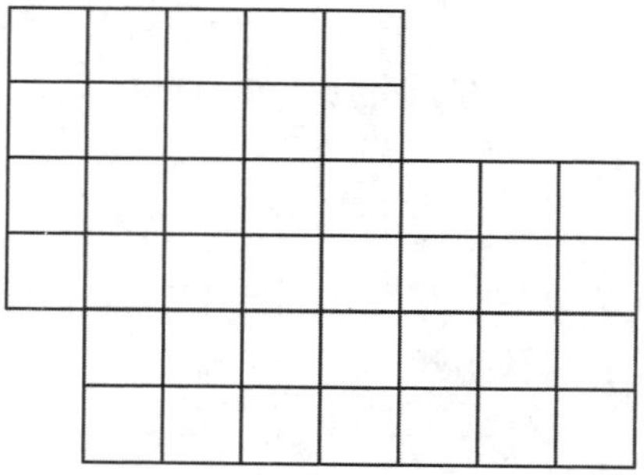

图 9-7 平分图形

## 256. 分图形

下面是一道经典的几何分割问题。

请将这个图形分成四等份，并且每等份都必须是现在图形的缩小版。

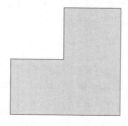

图 9-8 分图形

## 257. 四等分图形

如图 9-9 所示，雷雷必须将这个梯形分成四个相同的部分。那么，你能告诉他该怎样分吗？

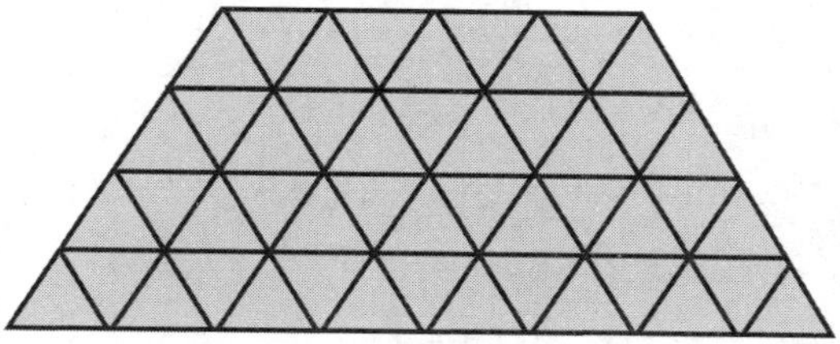

图 9-9　四等分图形

## 258. 四个梯形

如图 9-10 所示，这是一个梯形，请把它分成四个完全一样的且与它的形状相同、面积比它小的梯形。请问：你知道怎么分吗？

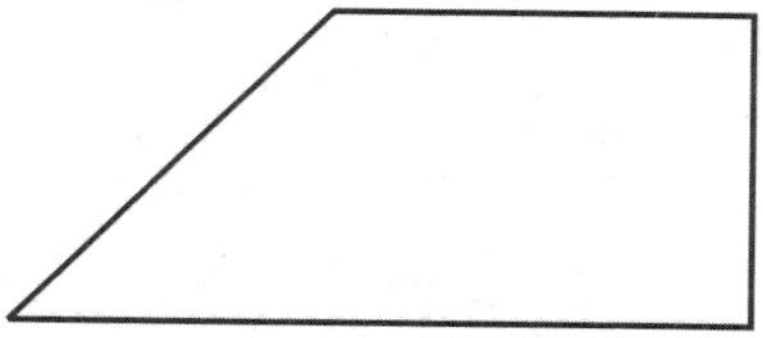

图 9-10　四个梯形

## 259. 分成两份

如图 9-11 所示，把下面的图形平均分成两份，要求大小和形状都一样，而且分割线只能沿着给出的线标记，请问：共有几种不同的分法？(对称、镜像、旋转算同一种)

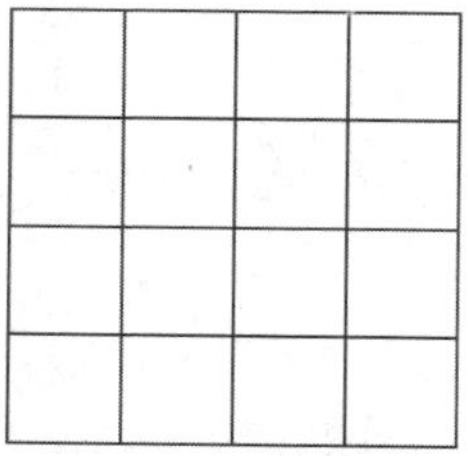

图 9-11　分成两份

## 260. 四等分

如图 9-12 所示，这是一个长方形。现在要求把这个长方形四等分，那么，你有多少种不同的分法？

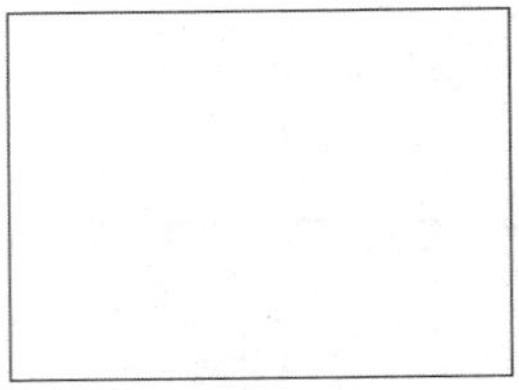

图 9-12　四等分

## 横向扩展训练营

### 261. 如何切割拼出正方形

如图 9-13 所示，左边是 7×10 的长方形(中间的六格是空格)，如何将剩余的 64 个格切割成两个部分，并使这两个部分能拼出 8×8 的正方形？

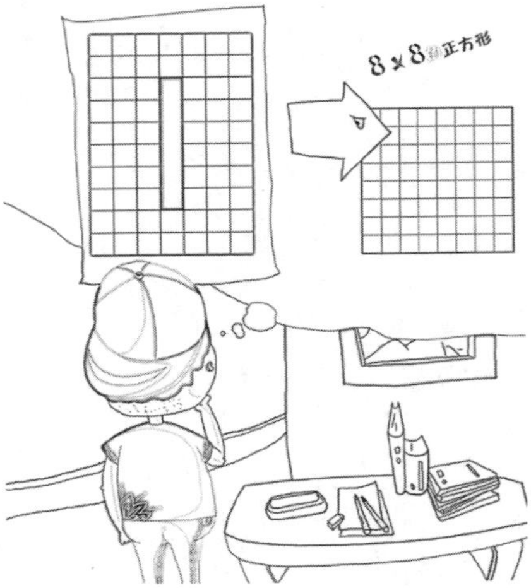


图 9-13　切割拼出正方形

### 262. 丢失的正方形

如图 9-14 所示，把一张方格纸贴在纸板上，然后沿图中左边图形所示的直线切成 5 小块。当你照右图的样子把这些小块拼成正方形的时候，中间居然出现了一个洞！

我们数一下即可知道，左图的正方形是由 49 个小正方形组成的，而右图中却只有 48 个小正方形。请问：哪一个小正方形不见了？它到哪里去了？

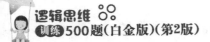

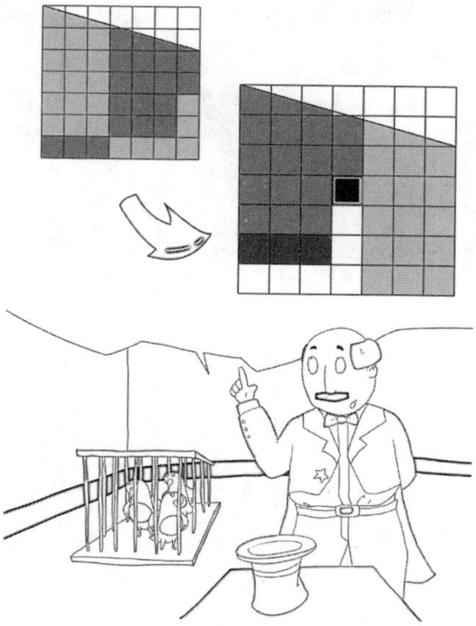

图 9-14　丢失的正方形

## 263. 怎么多了一块

如图 9-15(1)所示的一块图形，为 8×8 的方格。现在按照图中黑线分成四部分，然后按图 9-15(2)所示的方式拼成一个长方形。

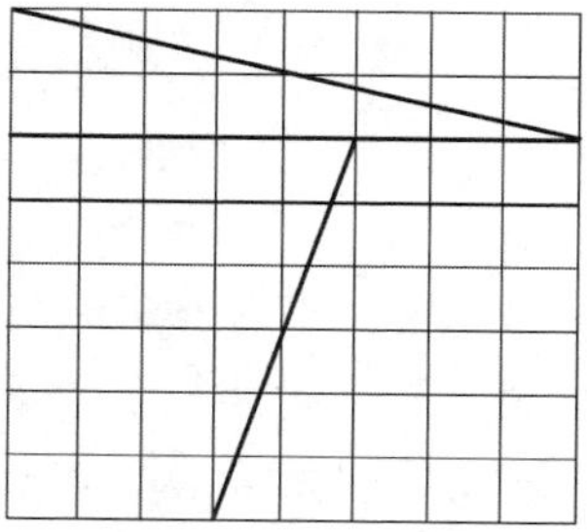

(1)

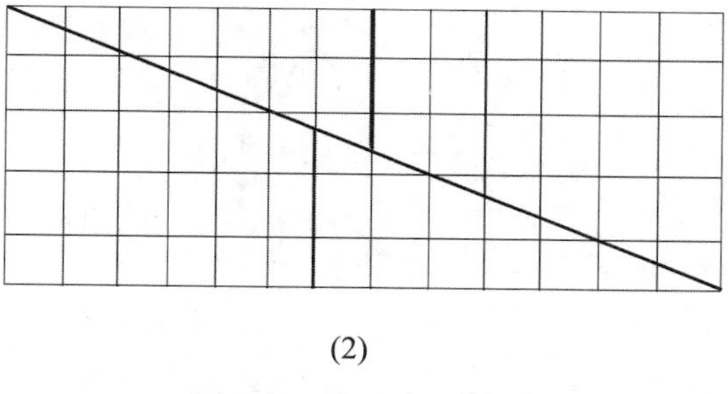

(2)

图 9-15　怎么多了一块

但是现在问题出现了，原来的 8×8=64 个方格，现在居然变成了 5×13=65 个方格，请问：为什么会多了一块呢？

## 264. 长方形变正方形

如图 9-16 所示，这个长方形的长为 16 厘米，宽为 9 厘米，那么，你能把它剪成大小相等、形状相同的两部分，然后拼成一个正方形吗？

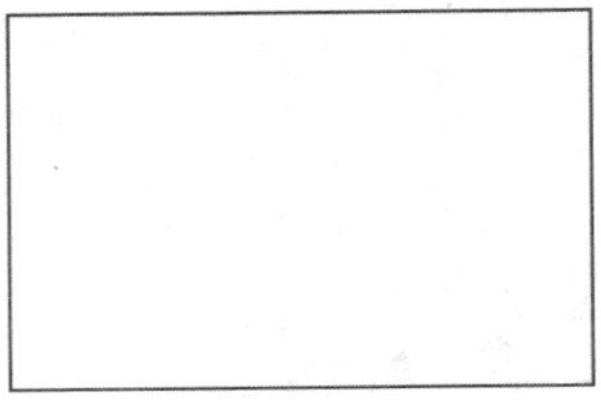

图 9-16　长方形变正方形

## 265. 切割双孔桥

如图 9-17 所示，把图中的双孔桥切割两刀，然后拼成一个正方形，请问：你知道怎么切割吗？

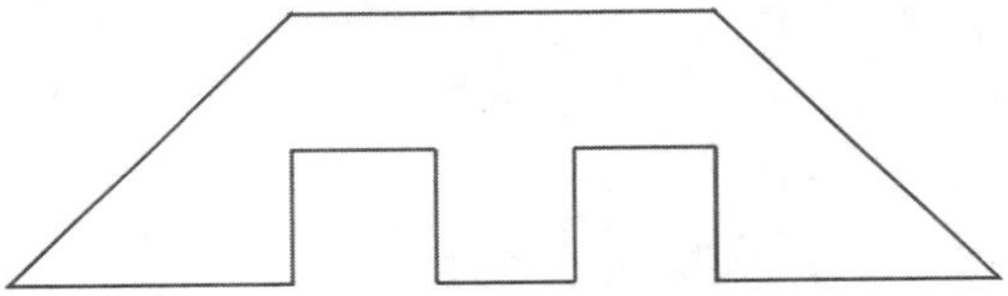

图 9-17　切割双孔桥

## 266. 拼桌面

如图 9-18 所示，有一块木板，上面是一个等腰三角形，下面是一个正方形。请问：你能在不浪费木料的情况下，把木板拼成一个正方形的桌面吗？

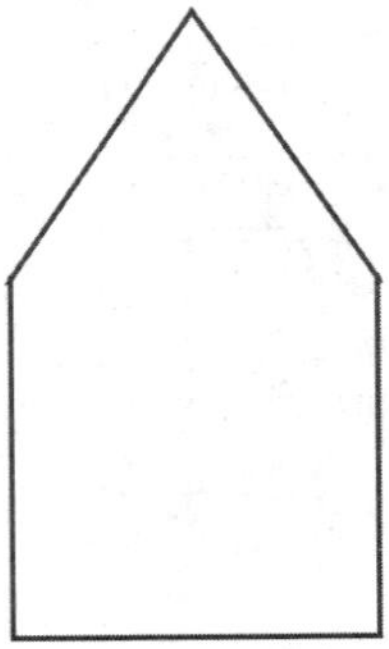

图 9-18　拼桌面

## 267. 裁剪地毯

小明家有一个房间需要铺地毯，这个房间是一个三边各不相等的三角形。但是妈妈裁剪地毯的时候，不小心把地毯剪错了。此时如果把这块地毯翻过来正好可以铺在这块地上(见图 9-19)，但是众所周知，地毯是有正面和反面的。没办法了，只好把地毯剪开，重新组合成这块地的形状。请问：要怎么裁剪这块地毯，才能使地毯正面朝上，并且裁剪的块数最少呢？

图 9-19　裁剪地毯

## 268. 表盘分割

如图 9-20 所示，一个表的表盘，上面有 1～12 这 12 个数字，现在要求你将这个表盘分割成 6 部分，并使得每一部分上的数字的和都相同，请问：你知道怎么分吗？

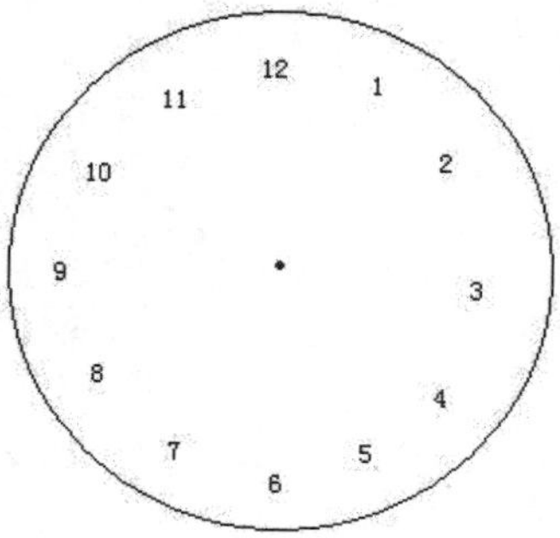


图 9-20　表盘分割

## 269. 切蛋糕

如图 9-21 所示，有一个长方体蛋糕，切掉了长方体的一块(大小和位置随意)，请问：你怎样才能直直地一刀下去，将剩下的蛋糕切成大小相等的两块？

图 9-21 切蛋糕

## 270. 分月亮

如图 9-22 所示，请用两条直线把这个月亮图形分成 6 个部分。请问：你知道该怎么分吗？

## 271. 幸运的切割

如图 9-23 所示，你能只用两刀就将这个马蹄形切成 6 块吗？

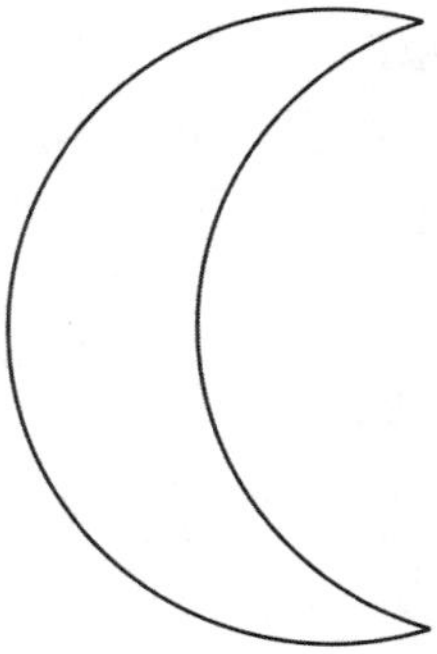

图 9-22 分月亮

图 9-23 幸运的切割

# 斜向扩展训练营

## 272. 兄弟分地

一位老父亲死了，给两个儿子留下了一块如图 9-24 所示的土地。你能否将这块土地分成大小相等、形状也相同的两部分？

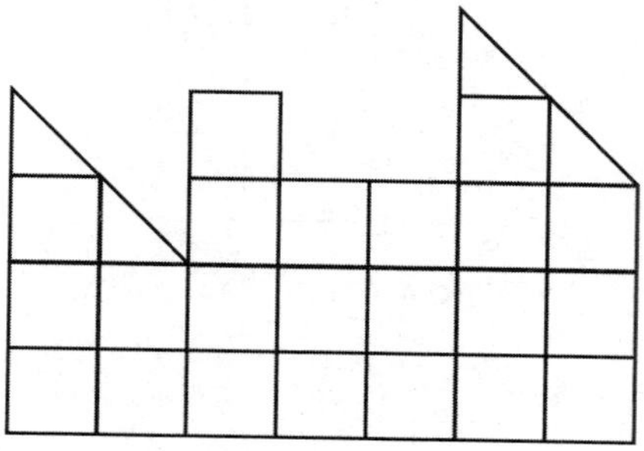

图 9-24　兄弟分地

## 273. 分地

一个财主，家里有一块如图 9-25 所示的土地。他有三个儿子，儿子长大后，财主决定把地分成 3 份给三个儿子。虽然三个儿子关系不和，但要求每个人的地不仅面积一定要一样大，形状也得相同。请问：该怎么分呢？

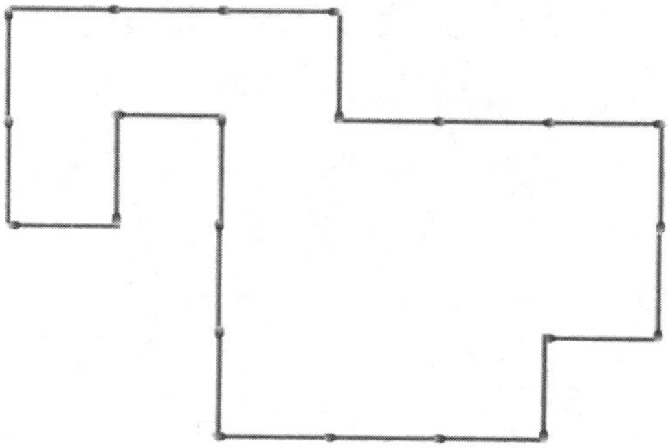

图 9-25　分地

## 274. 分土地

一个村子有 8 户人家，位置如图 9-26 所示。现在要给每户人家平均分配这些土地，要求每家土地的形状和大小(包括房子所在的地点)都完全一样，请问：你知道该怎么分吗？

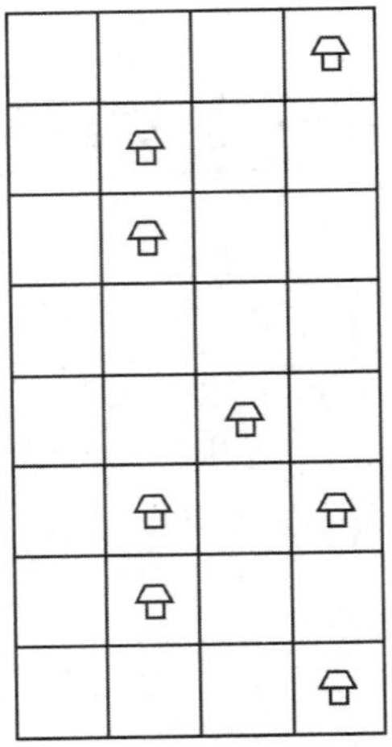

图 9-26　分土地

## 275. 四兄弟分家

一块正方形的土地上住了兄弟四人，刚好这块土地上有四棵大树。位置如图 9-27 所示，请问：怎样才能把土地平均分给兄弟四人，且每家还都有一棵树呢？

图 9-27　四兄弟分家

## 276. 分遗产

一位老员外有四个儿子，但是他们关系不好。老员外死后，四个儿子便闹分家。所有值钱的东西都分完后，还剩下一个如图 9-28 所示的正方形菜园让他们伤透了脑筋。

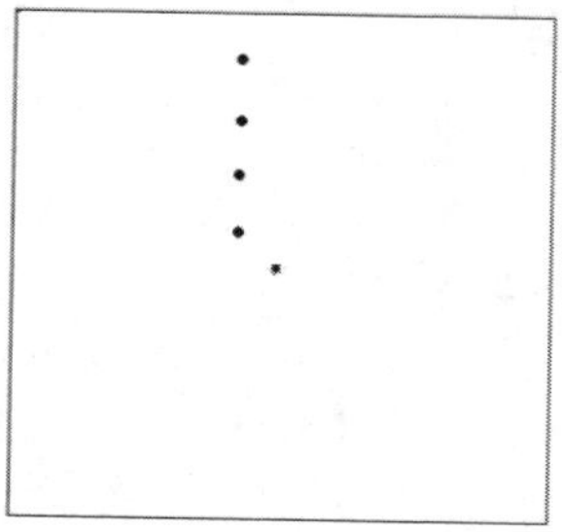

图 9-28 分遗产

中间一点为菜园的中心，在菜园的一侧有四棵果树，四个儿子都想公平地分这个菜园。也就是说，需要大小、形状都完全一样，而且每个人都能分到一棵果树。请问：该如何分？

## 277. 财主分田

如图 9-29 所示，四幅图中的每幅图中都有 5 种不同的小图形，每种小图形各有 4 个。现在将这四幅图都分割成形状相同的 4 个部分，并且这 5 种小图形每部分各含一个。请问：你知道该怎么分吗？

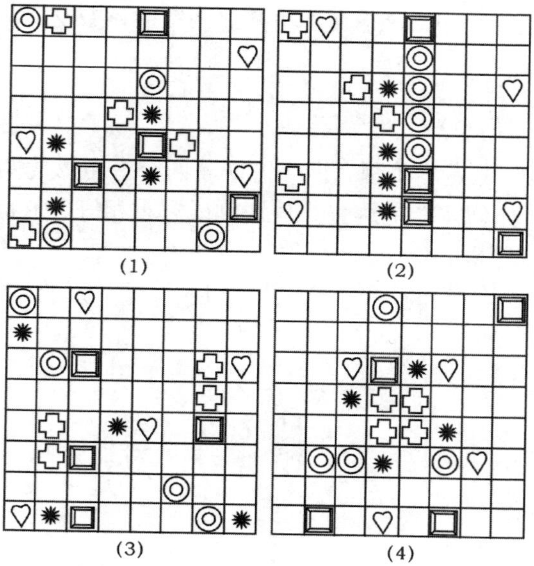


图 9-29 财主分田

## 278. 修路

如图 9-30 所示，一个院子里住了三户人家，每户人家正对着的大门是自己家的门。

图 9-30 修路

原来大家都是好邻居，但是后来因为一些小事有了矛盾，所以三家决定各修一条小路通向自己家的大门，但是又不与其他两家的路有交叉。那么，你有办法做到吗？

## 279. 四等分

如图 9-31 所示，这是一个画有四个圆圈、四个三角形的圆形纸片，纸片的中间有个方孔。请问：如何才能把这张纸片切割成大小相等、形状都相同的四份，而且每一份上都有一个圆圈、一个三角形？

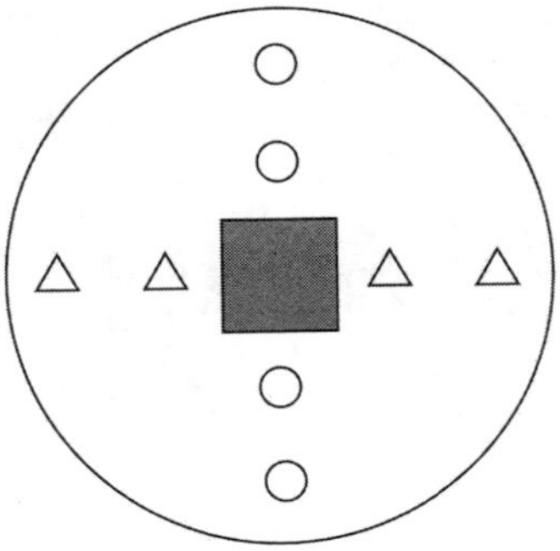

图 9-31 四等分

## 280. 平分五个圆

如图 9-32 所示，图中有五个大小相等的圆，通过其中一个圆的圆心 A 画一条直线，把这五个圆分成面积相等的两部分，请问：你知道怎么画吗？

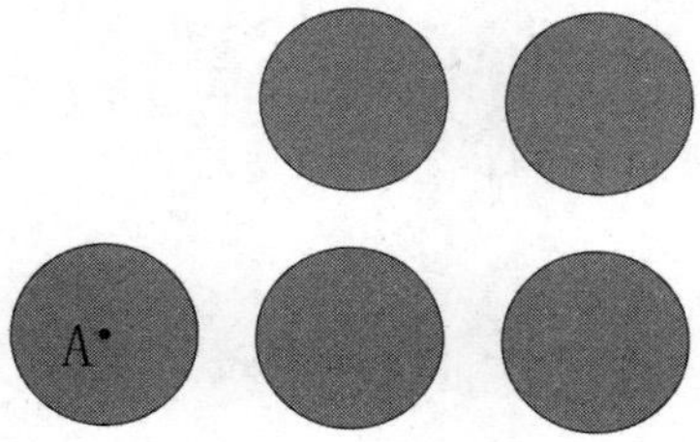


图 9-32 平分五个圆

# 第十章

## 连线问题

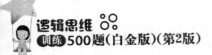

连线问题，是在给出的一些点上，按照特定的要求，画出若干条直线，使其满足题目的要求。它也是一种非常经典的逻辑思维训练题。

最著名的连线问题当然要数九点连线了，题目如下。

如图 10-1 所示，在平面上，有三行三列 9 个点排列如下。

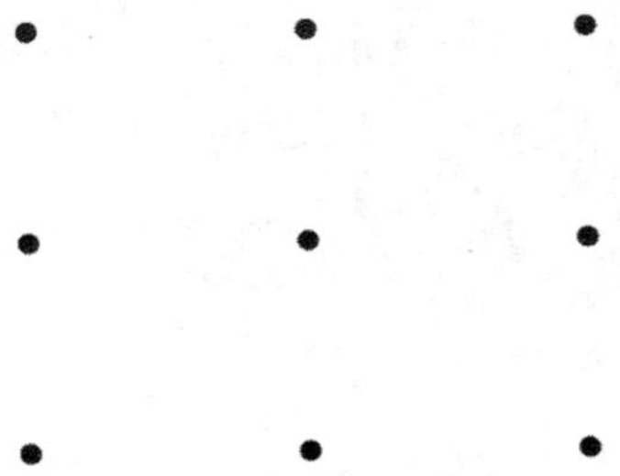

图 10-1 点分布

请问，如何用四条连续不断的直线把这 9 个点连起来？

答案如图 10-2 所示：

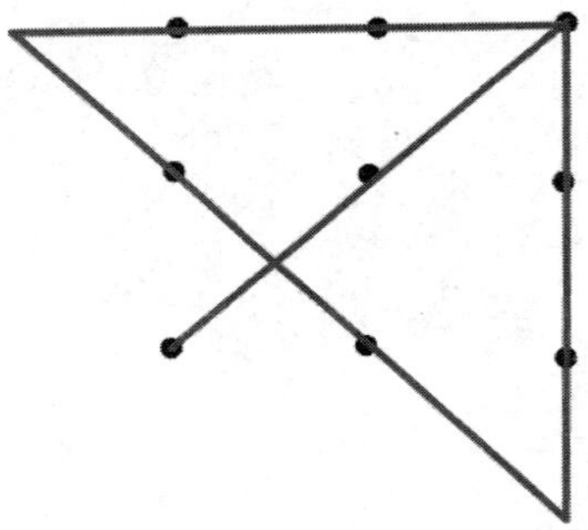

图 10-2 连线

在 9 点连线问题中，我们的直觉一般是直线不能延伸到由 9 个点构成的大方格之外。但是没有人说这是一条规则，唯一约束我们的，就是脑海中的限制。所以，我们要打破这个限制，寻求最佳的解决方法。

这个经典的逻辑问题蕴含了一个深刻的寓意，那就是创造性思维——通常意味着要在格子外思考。

如果你将自己的思维局限在 9 个点之内，那么，这个问题就将无解。

创新也是如此，创造力不仅仅是灵机一动的结果，也不仅仅是各种奇思妙想，它还意味着把我们的思维从阻止它发散出去的束缚中解脱出来。我们不能局限于 9 点所构成的格子，也绝不能让已有的知识成为创新的阻碍。

# 纵向扩展训练营

## 281. 四点一线

如图 10-3 所示，有 10 颗棋子，移动其中的 3 颗，让这 10 颗棋子连成 5 条直线，并且每条直线都要经过 4 颗棋子。

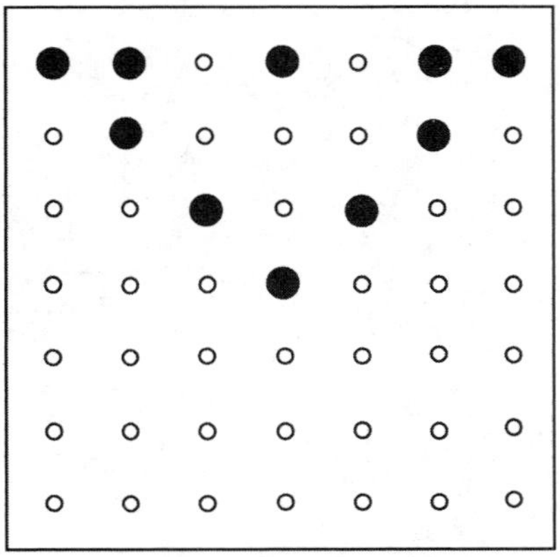

图 10-3　四点一线

## 282. 十二点连线

如图 10-4 所示，你能用一些线段连接这 12 个点形成一个闭合图形而不让笔离开纸面吗？至少需要几条线段？

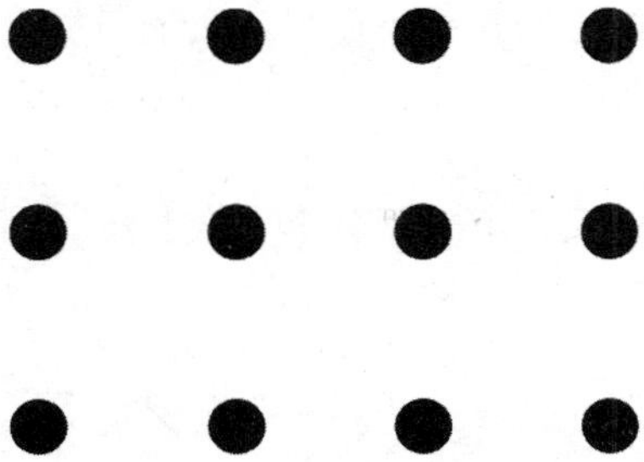

图 10-4　十二点连线

## 283. 十六点连线

如图 10-5 所示，请用 6 条相连的直线把图中的 16 个点连接起来。

图 10-5　十六点连线

## 284. 连线问题

在 9 个点上画 10 条直线，要求每条直线上至少有 3 个点。那么，这 9 个点应该怎么排列？

## 285. 连顶点

如图 10-6 所示，用直线连接一个正三角形的三个顶点，要求每个点都要经过，而且必须形成一个闭合曲线，只有一种连法。而连接正方形的四个顶点，则一共有三种连法；连接正五边形的五个顶点，一共有四种连法……

请问：如果连接正六边形的六个顶点，一共有多少种连法呢？

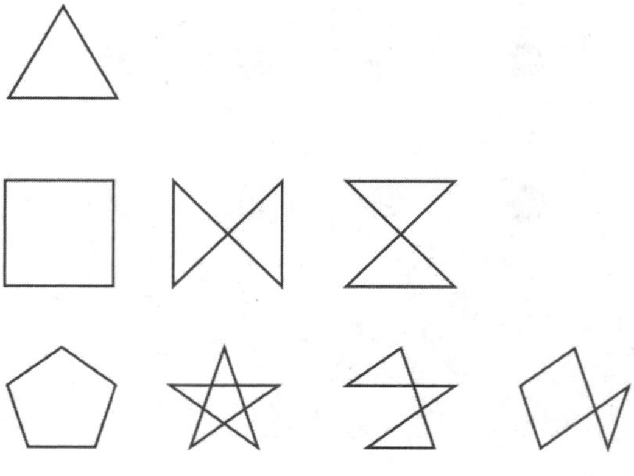

图 10-6　连顶点

## 286. 连点画方

如图 10-7 所示，图中有 25 个排列整齐的圆点，连接某些点可以画出正方形。请问：一共可以画出多少种大小不等的正方形呢？

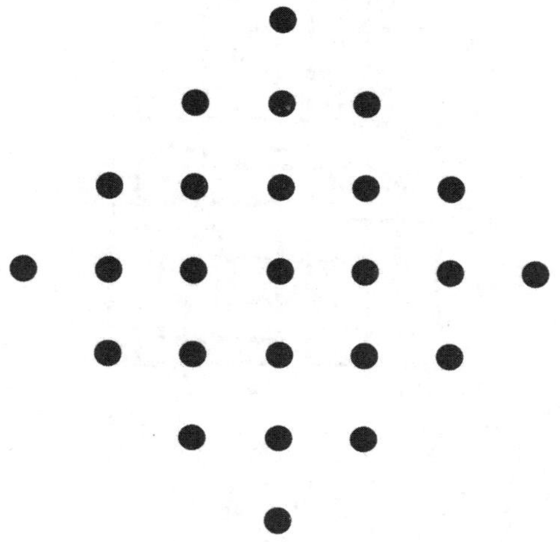

图 10-7 连点画方

## 287. 栽树(1)

把 27 棵树栽成 9 行，每行有 6 棵，且要使其中的 3 棵树单独栽在三个远离其他树木的地方。请问：你知道该怎么栽吗？

## 288. 栽树(2)

把 27 棵树栽成 9 行，每行有 6 棵，而且要保证这些树构成三个小树林，请问：你知道该怎么栽吗？

## 289. 栽树(3)

把 12 棵树栽成 7 行，要求每行 4 棵，请问：你知道该怎么栽吗？

# 横向扩展训练营

## 290. 电路

如图 10-8 所示，下面是一个电路的一部分，请确定哪两根线路是相通的？

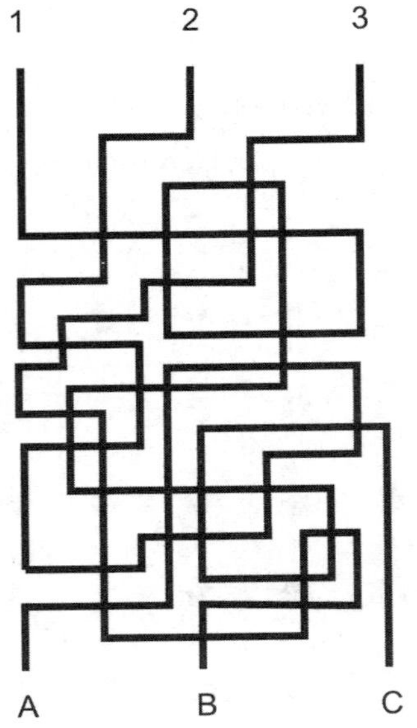


图 10-8 电路

## 291. 迷宫

如图 10-9 所示，请问：你能帮助迷宫中心的小明找到出口吗？

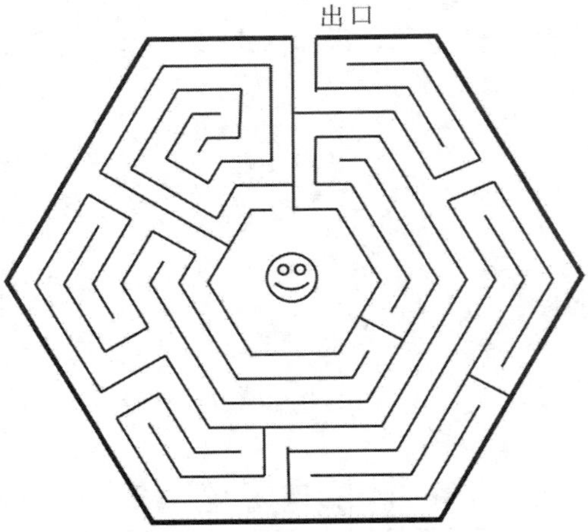


图 10-9 迷宫

## 292. 笔不离纸

如图 10-10 所示，桌上有一张 A4 的白纸，请你在笔不离纸的情况下，把图 10-10 中的图形画出来，要求不能重复已有的线条。那么，你知道该怎么画吗？

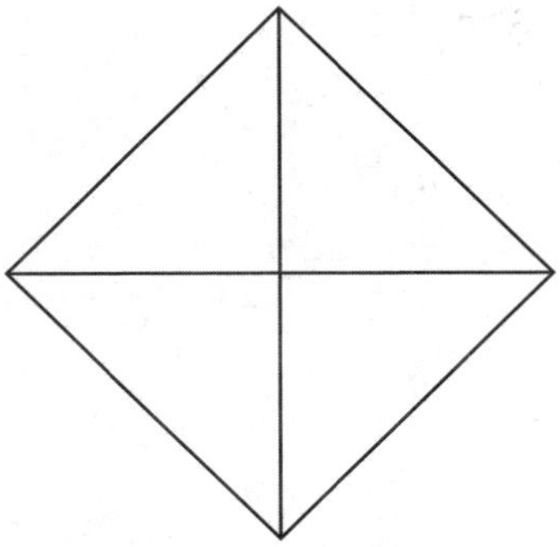

图 10-10 笔不离纸

## 293. 印刷电路(1)

印刷电路是二维图。图中的交点能实现电子操作，而电线将电信号从一处传送到另一处。如果电线相交，就会发生短路，装置也将失灵。

如图 10-11 所示，你能连接这块电路板上标有相同数字的 5 对电路，而不让任何电线相交吗？而且连接的电线必须都在区域内。

图 10-11 印刷电路(1)

## 294. 印刷电路(2)

如图 10-12 所示，你能否画 5 条线连接 5 对有编号的电路？而且所有的连线必须沿着方格的黑线，任何两条连线都不能相交。

图 10-12　印刷电路(2)

## 295. 印刷电路(3)

如图 10-13 所示，你能否画 8 条线分别连接 8 对电路？而且所有的连线必须沿着方格的黑线，任何两条连线都不能相交。

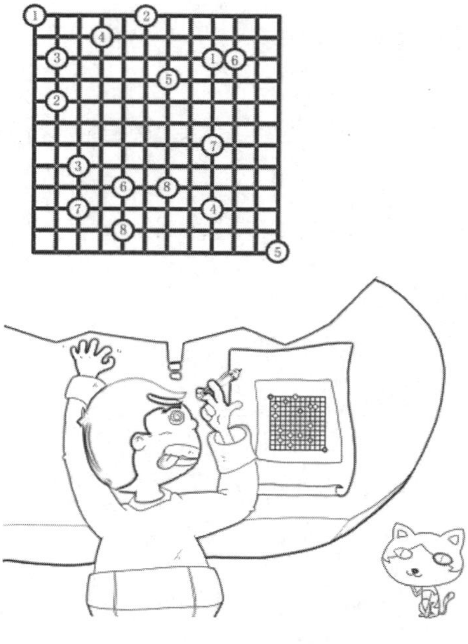

图 10-13　印刷电路(3)

## 296. 修路(1)

如图 10-14 所示，五角星代表村庄的位置，现在需要在这些村庄之间修路，要求路线最短。请问：你知道该怎么修吗？

## 297. 修路(2)

如图 10-15 所示，图中的五角星代表村庄的位置，现在需要在这些村庄之间修路，要求路线最短。请问：你知道该怎么修吗？

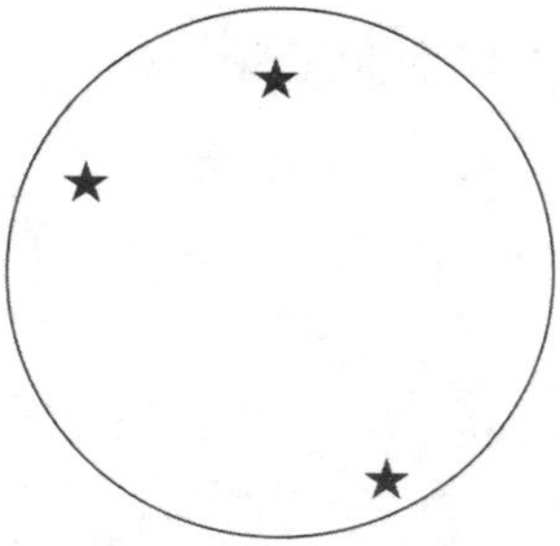

图 10-14 修路(1)

## 298. 修路(3)

如图 10-16 所示，图中的五角星代表村庄的位置，现在需要在这些村庄之间修路，要求路线最短。请问：你知道该怎么修吗？

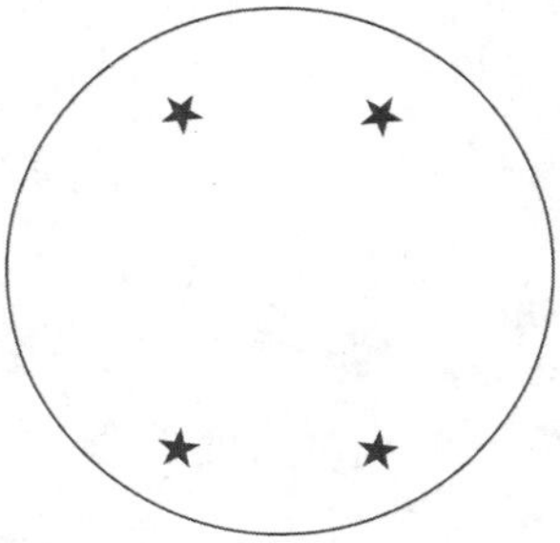

图 10-15 修路(2)

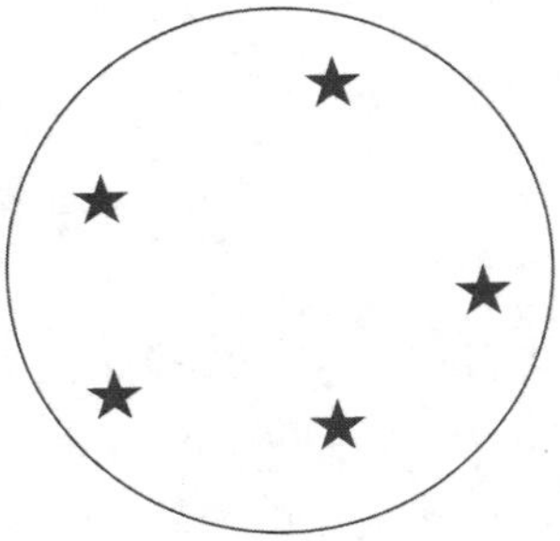

图 10-16 修路(3)

# 斜向扩展训练营

## 299. 连正方形

如图 10-17 所示，用一个正方形把给出的四个圆圈连起来，并让这些圆圈都在正方形的四条边上。请问：你知道该怎么连吗？

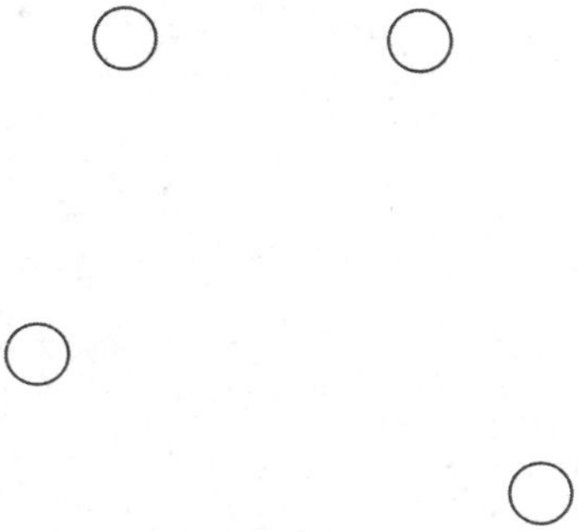

图 10-17 连正方形

## 300. 最短距离

如图 10-18 所示，在一个圆锥形物体上的 A 点处正爬着一只蚂蚁，它想从圆锥上绕一圈再回到 A 点。请问：图中给出的路线是它的最短距离吗？

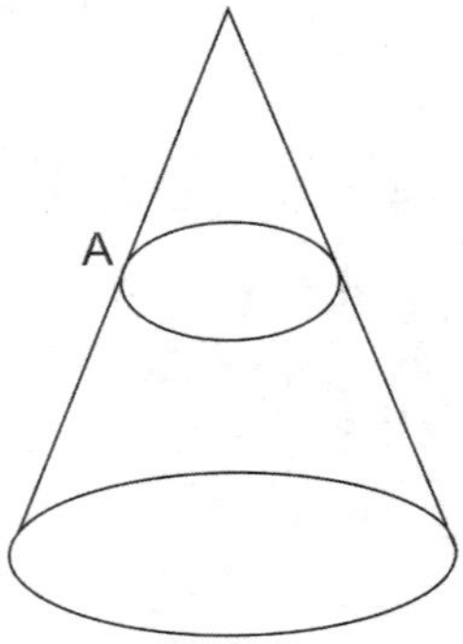


图 10-18　最短距离

## 301. 最短路线

有一个正方体的屋子，一角处有一只蜘蛛，它想爬到对角处那个角上去。请问：你能帮它设计一条最短的路线吗？

## 302. 画三角

如图 10-19 所示的“W”中，加入三条直线，使形成的三角形数量最多，请问：你知道怎么加吗？

## 303. 五个三角形

如图 10-20 所示，添加三条直线，使它变成五个小三角形(三角形内部不能有多余的线)。请问：你知道怎么做吗？

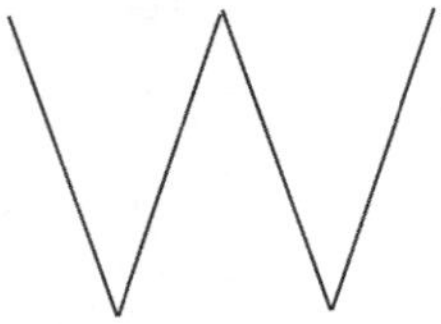

图 10-19　画三角

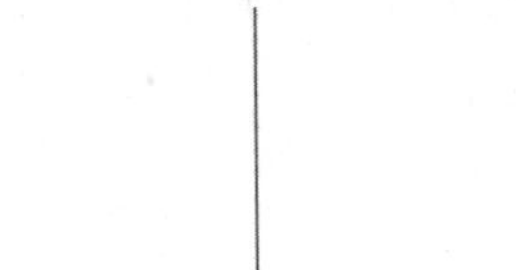

图 10-20　五个三角形

## 304. 5 个变 10 个

如图 10-21 所示，图中的五角星包含 5 个三角形(只由 3 条边围成，内部没有多余的线)。请在图中添加两条线，让三角形变成 10 个。当然，新的三角形内部也不能有多余的线。

图 10-21 5 个变 10 个

## 305. 重叠的面积

如图 10-22 所示，这个直角三角形的直角顶点正好与正方形的中心重合。请问：当三角形绕着正方形的中心旋转的时候，什么时候重叠的面积最大？

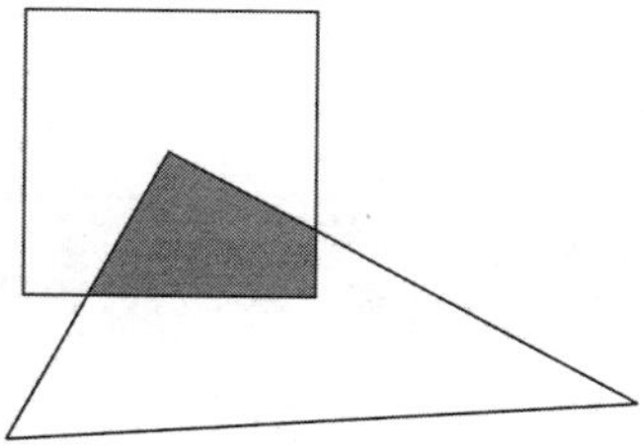

图 10-22 重叠的面积

## 306. 齿轮

如图 10-23 所示，假设下面的四个齿轮中，A 和 D 都有 60 个齿，B 有 10 个齿，C 有 30 个齿。请问：A 与 D 谁转得更快一些？

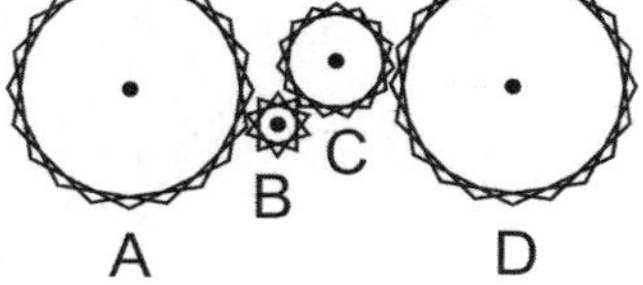


图 10-23 齿轮

## 307. 传送带

如图 10-24 所示，这是一组通过传送带相连的齿轮。请问：如果左上角的齿轮顺时针旋转，其他几个齿轮，分别怎么旋转呢？

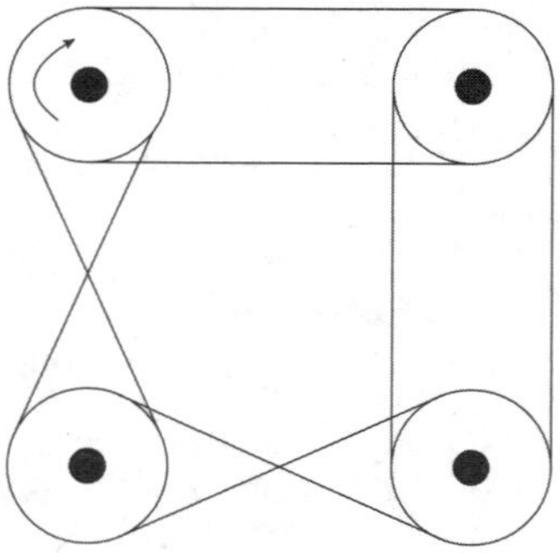

图 10-24　传送带

## 308. 运动轨迹

如图 10-25 所示，在一个平面上有一个圆环，圆环的正上方有一个黑点。请问：如果这个圆环在平面上滚动，这个黑点的运动轨迹会是什么样子的？

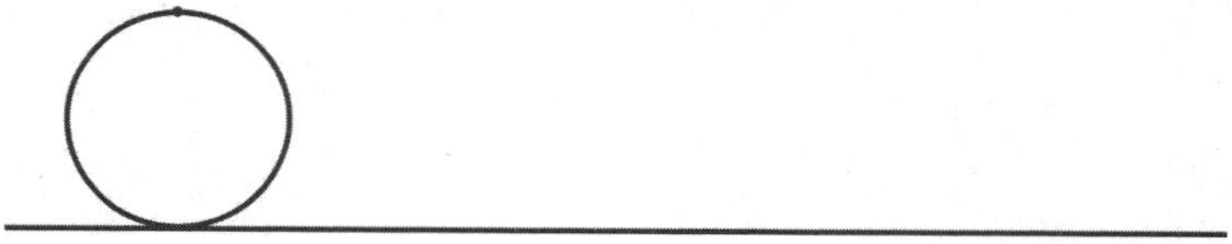

图 10-25　运动轨迹

# 第十一章

## 一笔画问题

一笔画问题既是一个简单的数学游戏，也是一个几何问题。简单地说，如果一个图形可以用笔在纸上连续不断且不重复地一笔画成，这个图形就叫一笔画。

我们常见的一笔画问题，就是确定平面上由若干条直线或曲线构成的一个图形能不能一笔画成，使得每条线段都不重复。例如汉字“日”字和“中”字都可以一笔画成，而汉字“田”字和“目”字则不能。当然，如果运用一些特殊的方法，比如采用对折纸张的方法，也是可以画出“田”字和“目”字的一笔画的。这就要看题目的具体要求了。

下面列举一个一笔画的例子。

在古希腊的很多建筑上都有一种特殊的符号，如图 11-1 所示，它是由一个圆和若干个三角形组成的。

请问：这个图形可以一笔画出，且任何线条都不重复吗？如果能，该怎么画？

这就是一个一笔画问题，它可以一笔画出，方法如图 11-2 所示。

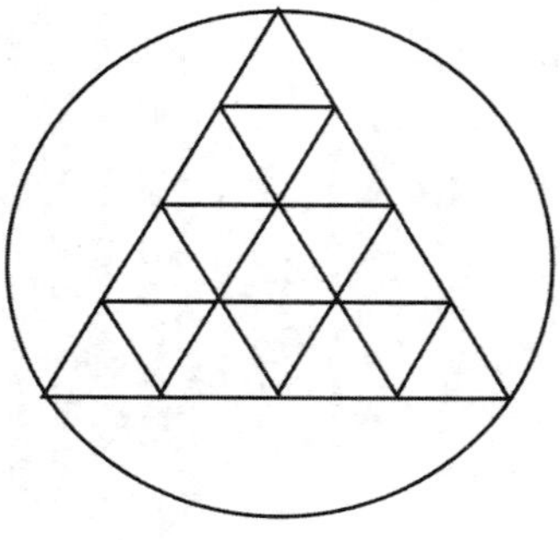

图 11-1　一笔画(1)

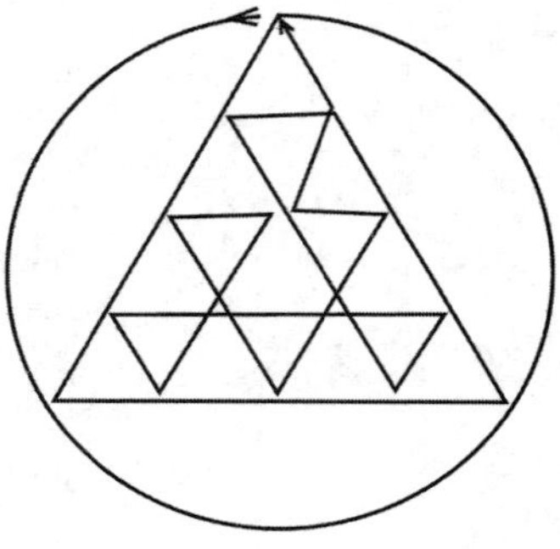

图 11-2　一笔画(2)

18 世纪，瑞士的著名数学家欧拉就找到了一笔画的规律。欧拉认为，能一笔画的图形首先必须是连通图，也就是说，一个图形各部分总是有边相连的。

但是，并不是所有的连通图都是可以一笔画出的。能否一笔画出是由图中奇偶节点的数目来决定的。

数学家欧拉总结的一笔画的规律如下所示。

(1) 凡是由偶点组成的连通图，一定可以一笔画成。画时可以把任一偶点作为起点，最后一定能以这个点为终点画完此图。

(2) 凡是只有两个奇点的连通图(其余都为偶点)，一定可以一笔画成。画时必须把一个奇点作为起点，另一个奇点作为终点。

(3) 其他情况的图都不能一笔画出。(有偶数个奇点除以 2 便可算出此图需几笔画成)

## 纵向扩展训练营

### 309. 七桥问题

在哥尼斯堡的一个公园里，有七座桥将普雷格尔河中两个岛及岛与河岸连接起来(见图 11-3)。图中 A、D 是两座小岛，B、C 是河的两岸。

请问：是否可以从这四块陆地中任意一块陆地出发，恰好通过每座桥一次，再回到起点？

图 11-3　七桥问题

### 310. 欧拉的问题

如图 11-4 所示，要求你一笔画出由黑线勾勒出的完整图样。

那么，你能画出全部 11 幅图吗？如果不能，哪一幅图画不出？

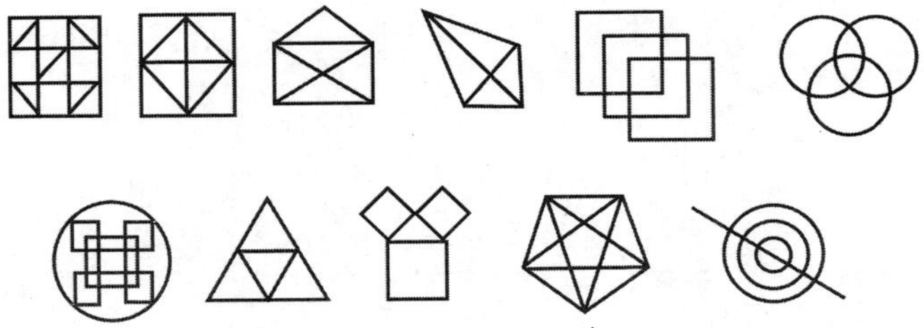

图 11-4　欧拉问题

### 311. 一笔画正方形

如图 11-5 所示，你能一笔画过这五个正方形吗？不能重复画过的线，也不能穿过画好的线。

图 11-5　一笔画正方形

## 312. 一笔画(1)

如图 11-6 所示，请用一笔把这个图形画出来。请问：你知道该怎么画吗？

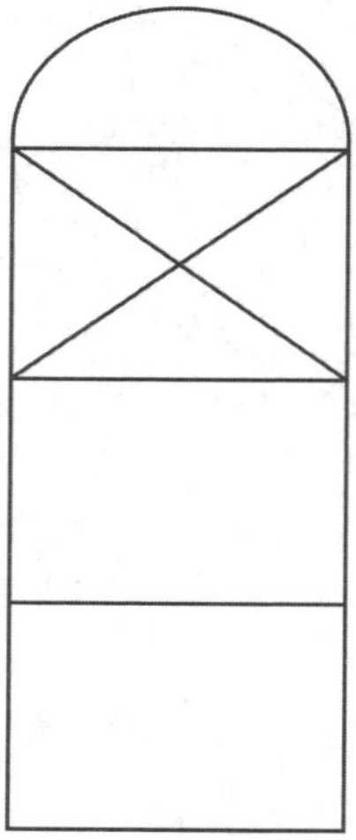

图 11-6　一笔画(1)

## 313. 一笔画(2)

如图 11-7 所示，请用一笔把这个图形画出来。请问：你知道该怎么画吗？

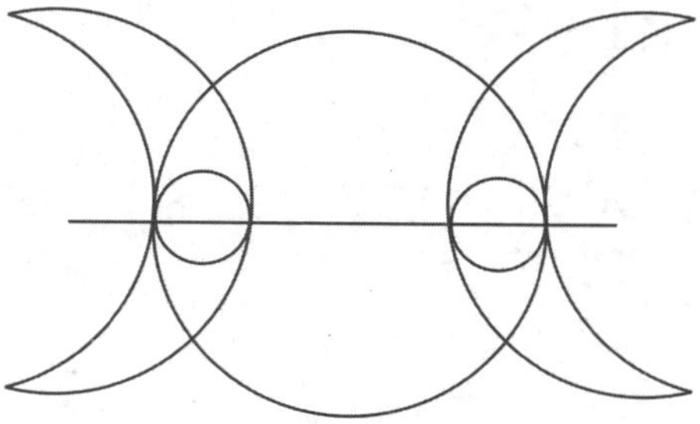

图 11-7　一笔画(2)

## 314. 一笔画(3)

如图 11-8 所示，请用一笔把这个图形画出来。请问：你知道该怎么画吗？

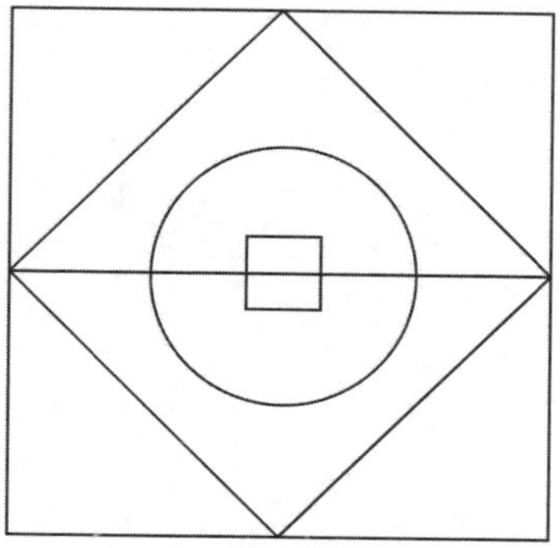

图 11-8 一笔画(3)

## 315. 一笔画(4)

如图 11-9 所示，你能用一笔不间断地把这个图画出来吗？

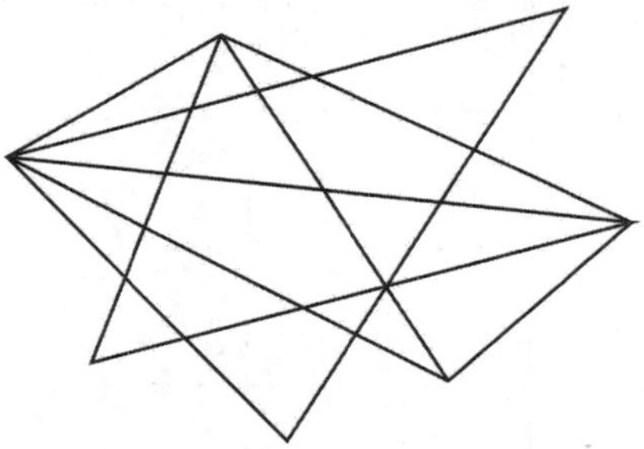

图 11-9 一笔画(4)

## 316. 一笔画(5)

如图 11-10 所示，图中哪个图形不需要穿越或者重复其他线条就可以一笔画出来？

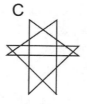

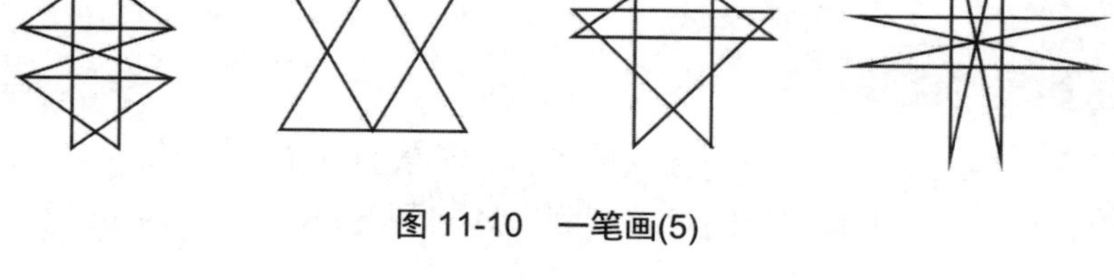


图 11-10 一笔画(5)

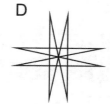

## 317. 一笔画(6)

如图 11-11 所示，你能一笔画出这个图形吗？要求不能有任何交叉和重复的线条。

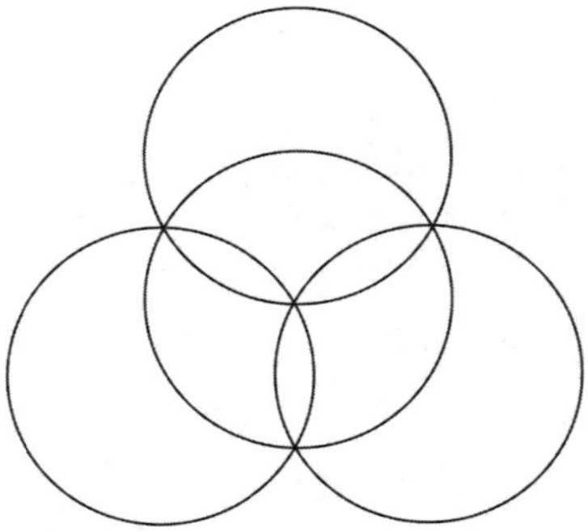

图 11-11　一笔画(6)

## 318. 一笔画(7)

如图 11-12 所示，用一笔画出来，而且保证线条之间没有重叠和相交。请问：你知道怎么画吗？

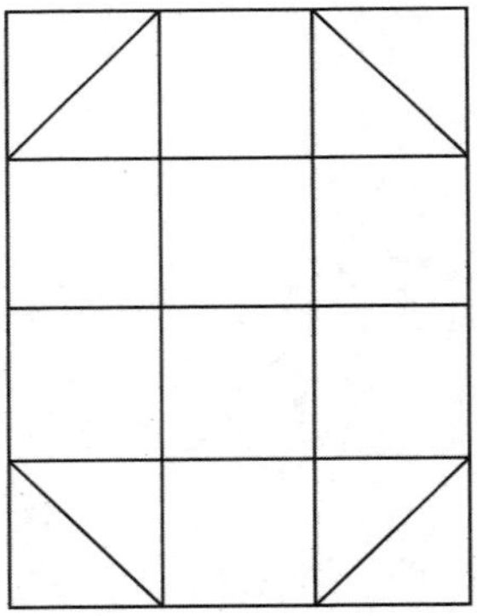

图 11-12　一笔画(7)

# 横向扩展训练营

## 319. 送货员的路线

小明是一个送货员，每天他都从图 11-13 所示的五角星的中心处出发，给各个圆圈处的客户送货，所有客户的货都送到后返回到五角星处。请你帮他设计一条送货路线，可以使他送完所有的货物而不走冤枉路。

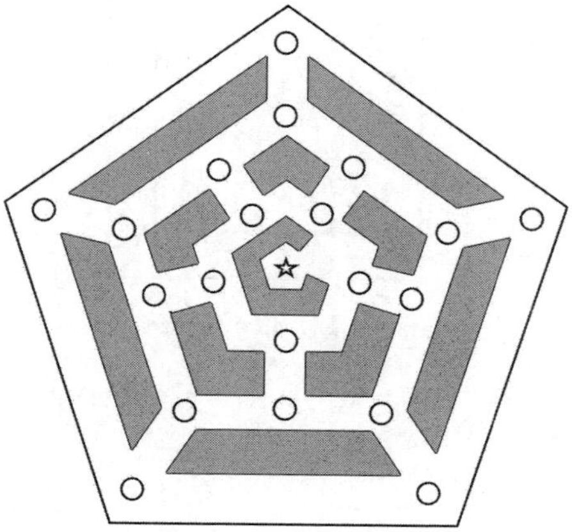

图 11-13　送货员的路线

## 320. 巡逻问题(1)

如图 11-14 所示，一个小镇上有三横四竖 7 条街道，一名警察需要每天巡逻这些街道，而且一条也不能落下。请你帮他设计一条最佳的路线，使他走的冤枉路最少。

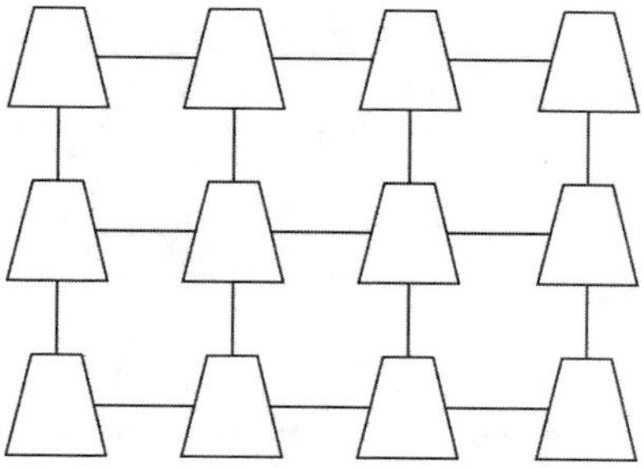

图 11-14　巡逻问题(1)

## 321. 巡逻问题(2)

一个城堡结构如图 11-15 所示：里面的正方形代表城堡内城城墙，外面的正方形代表城堡外城城墙。里、外墙之间是一个狭长的走廊。城堡的君主找了一位大臣，让其设计一个巡逻方案，要求走廊里时刻有人走动巡逻，并使巡逻时间不间断。于是大臣设计了方案，如图 11-15 所示，首先 1 号骑士巡逻到 2 号骑士所在地，1 号留下让 2 号向前巡逻。2 号走到 3 号位置停下，3 号继续向前……大臣相信这个方案完全符合君主的要求。

请问：事实果真如此吗？

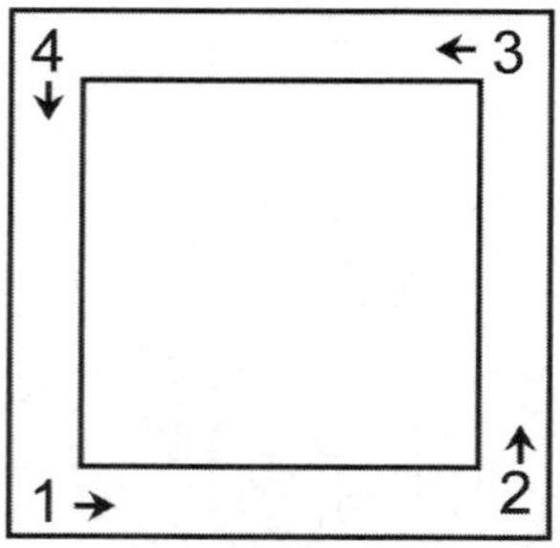


图 11-15　巡逻问题(2)

## 322. 巡逻问题(3)

图 11-16 所示为一个展览馆的平面图，上面标明有 8×8=64 个房间，A、B、C、D、E 是 5 个保安的位置。每天下午 6 点整，钟楼的钟声会敲响，A 就得穿过房间从 a 出口出去，同样地，B 从 b 出口出去，C 从 c 出口出去，D 从 d 出口出去，然后 E 需要从目前的位置走到 F 标记的房间。

虽然上面的规定说不出有什么道理，但是自作聪明的巡逻队长还要求 5 个巡逻队员走的路线绝对不准相交，也就是任何一个房间都不允许有一条以上路线穿过，也不可以遗漏任何一个房间；巡逻队员从一个房间到另一个房间都必须经过图 11-16 中所标识的门。

你能帮巡逻队员们找出他们各自的路线吗？

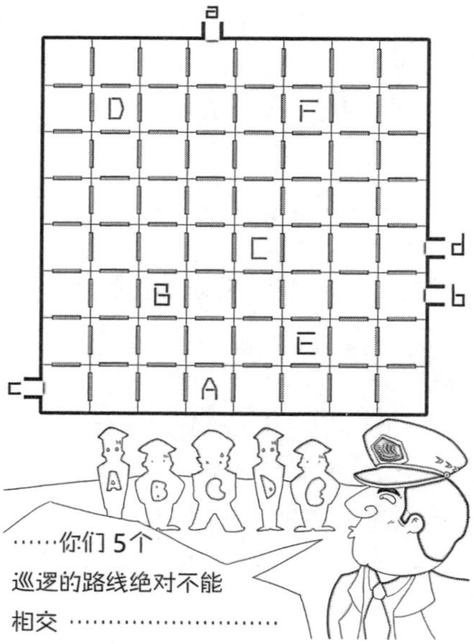


图 11-16　巡逻问题(3)

## 323. 巡视房间

如图 11-17 所示，有一个警卫，要在图中的 15 个房间巡视，每两个相邻的房间之间都有门相连。他从入口处进来，需要走遍所有的房间。并且每个房间只可以进出一次，最后走到最里边的管理室，那么，你知道他该怎么走吗？

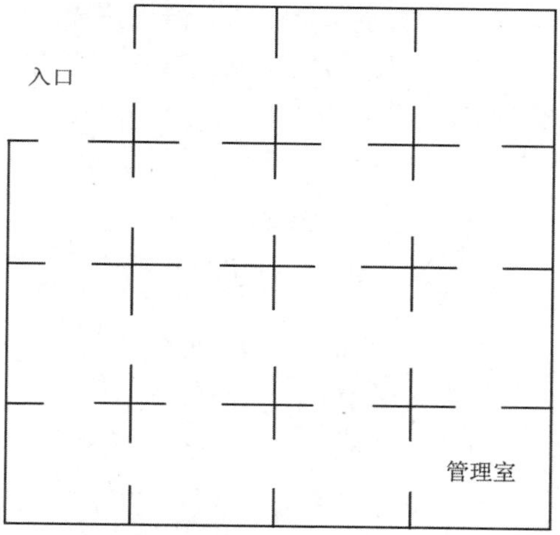


图 11-17　巡视房间

## 324. 如何通过

如图 11-18 所示，这是一幅从办公室上方看到的平面图。请问：你能只转向 2 次就通过所有的房间吗？

图 11-18　如何通过

## 325. 寻宝比赛

如图 11-19 所示，某电视台组织了一次寻宝比赛，寻找藏在 Z 城的宝物。所有参赛者先在 A 城集合，然后分头去除 A 城和 Z 城以外的其他 9 个城镇寻找线索，每一个城镇都有一条线索，只有把这些线索找全集中在一起，才会知道宝物藏在 Z 城的什么位置。而且有个要求，就是每个城镇只能去一次。只有巧妙地安排自己的路线，才能顺利地从 A 城到达 Z 城。图 11-19 是 11 个城镇的分布图，城镇与城镇之间只有唯一的一条道路相连。

请问：该怎么走呢？

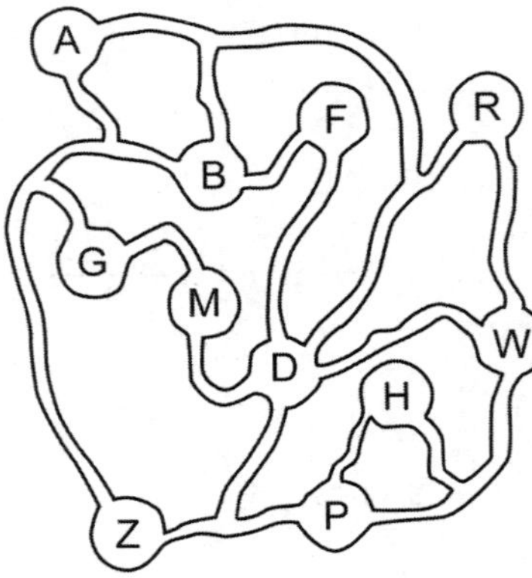


图 11-19　寻宝比赛

## 326. 消防设备

如图 11-20 所示，图中有 9 座仓库，为了防火需要在其中的两座仓库里分别放置一套防火设备，这样凡是与该仓库直接相连的仓库也可以就近使用。请问：这两套防火设备需要放在哪里？

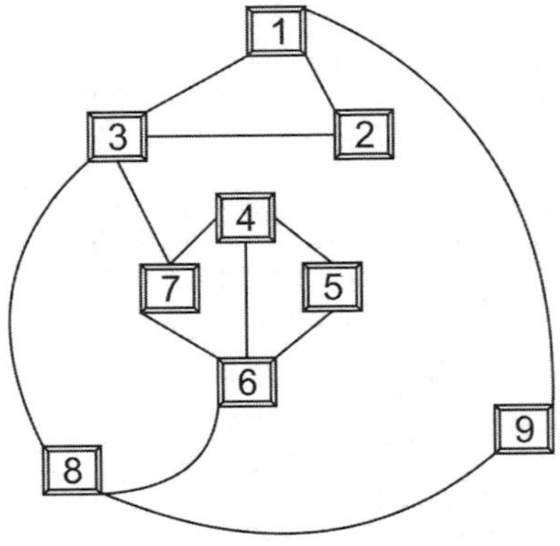


图 11-20　消防设备

## 327. 猫捉鱼

这是一个游戏，鱼是不会动的，但猫要拿到所有的鱼也不是那么简单。如图 11-21 所示，猫从 1 号鱼的位置出发，沿黑线跑到另一条鱼的位置，最终把鱼全部拿到，一条也不留，而且同一个地方不能去两次。那么，它该怎么走？

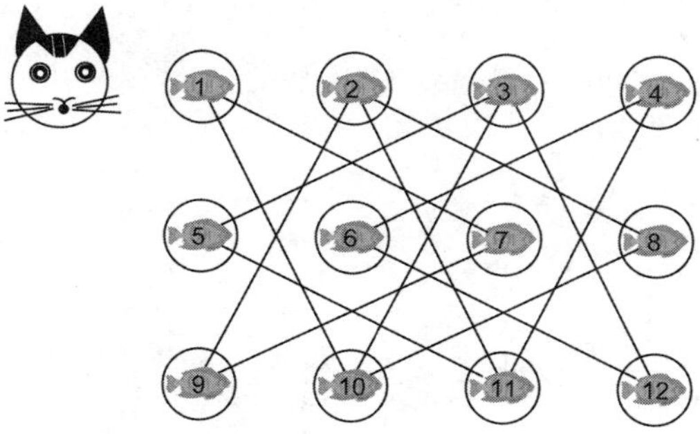


图 11-21　猫捉鱼

## 328. 寻找骨头

如图 11-22 所示，每个房间里都有一块骨头。小狗一次吃完所有的骨头后，从 A 门出来。请问：小狗从 1～8 中的哪扇门进去，才不会走重复路线(每个房间只允许进出各一次，并且不许从相同的一扇门进出)？

**提示：**从唯一的出口 A 门倒着向前寻找路线，这样成功概率会大一点儿。

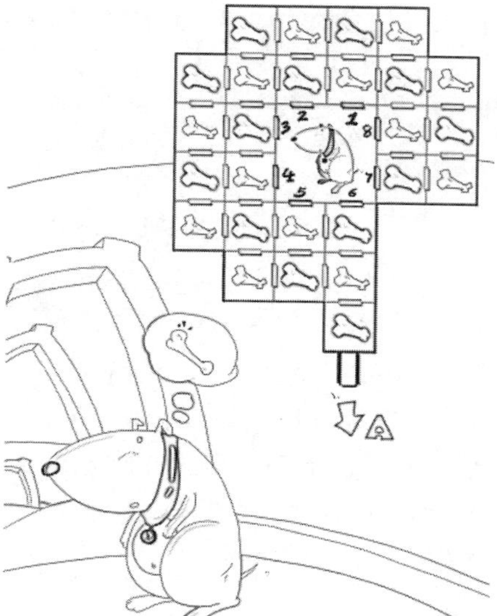


图 11-22　寻找骨头

# 斜向扩展训练营

## 329. 偶数路径

如图 11-23 所示，从标有“起点”的圆到标有“终点”的圆只有一条路允许走，这条路要求走过偶数个路段。那么，你能找出可行的最短路线吗？

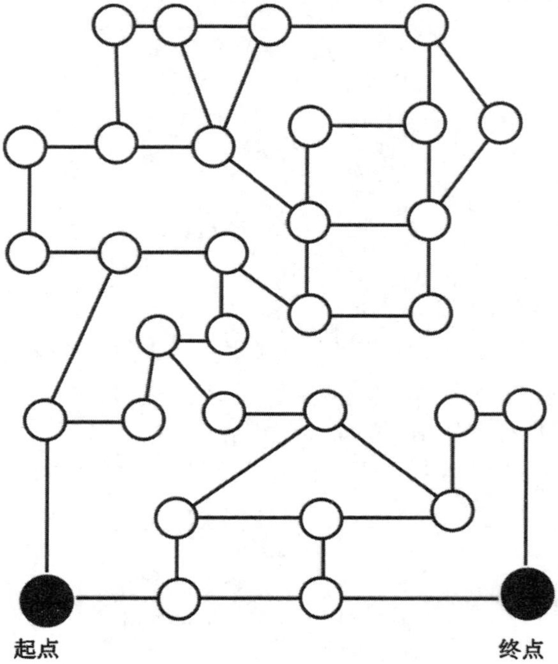


图 11-23 偶数路径

## 330. 寻宝

如图 11-24 所示，这是一幅寻宝地图。寻宝者在每一个方格只能停留一次，但通过的次数不限；到每一个方格后，下一步如何走必须遵守其箭头的方位和跨度指示(如↓4 表示向下走 4 步，↗4 表示沿对角线向右上走 4 步)；有王冠的方格为终点。请问：四个角哪里是寻宝的起点呢？在寻宝过程中，有些方格始终没有停留，这些方格会呈现一个两位数，是什么数呢？

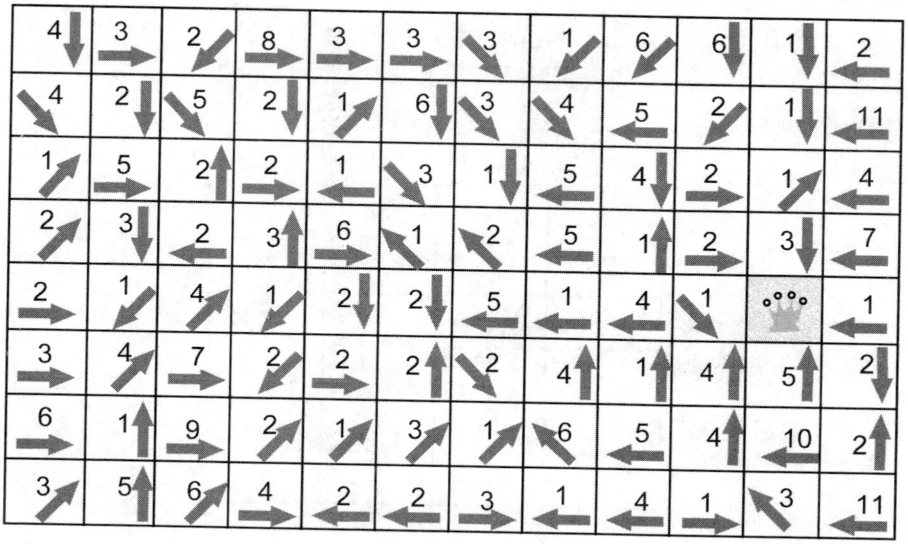

图 11-24 寻宝

## 331. 藏起来的宝石

如图 11-25 所示，在图中的方格中，隐藏了若干颗宝石，每行和每列隐藏的宝石数量如同方格边的数字所显示。此外，在某些方格中标记了箭头的符号，这些地方没有宝石。而箭头所指的方向藏有宝石，当然在这个方向藏的宝石可能不止一颗。那么，你能找到多少颗宝石呢？

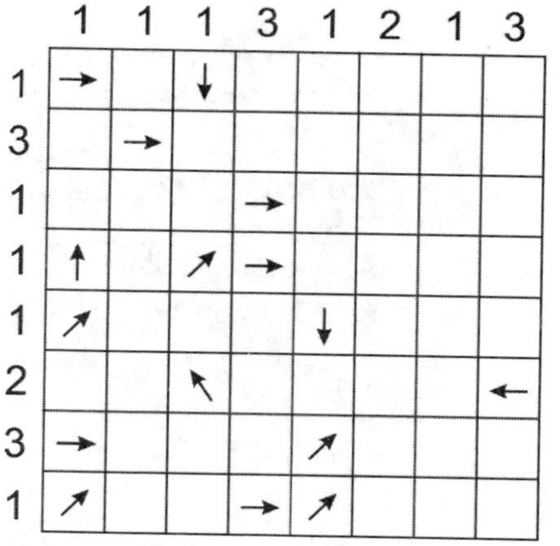

图 11-25 藏起来的宝石

## 332. 胡萝卜在哪里

如图 11-26 所示，在方格中有几只兔子，每只兔子都有一根胡萝卜，这根胡萝卜就在兔子的旁边(不在兔子的对角线位置)。同时，两根胡萝卜不能相邻(也不允许在对角线位置)。位于每行和每列的胡萝卜数已经标示在方格旁了，那么，每只兔子的食物都在哪里呢？

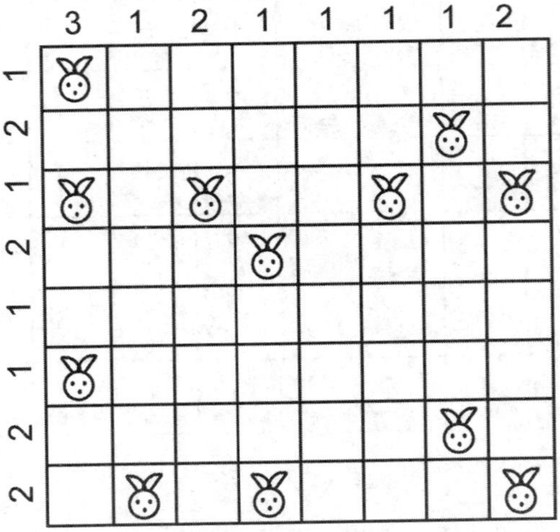


图 11-26　胡萝卜在哪里

## 333. 有向五边形

如图 11-27 所示，在这个图形中，每条边都只能沿一个方向走。请问：你能找出一条可以经过五个点的路径吗？

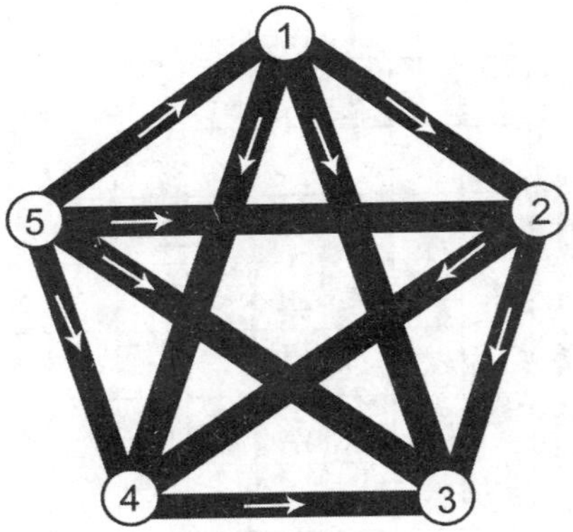


图 11-27　有向五边形

## 334. 殊途

如图 11-28 所示，只能沿着箭头所指的方向走，那么，你能找到多少条从入口到出口的路径？

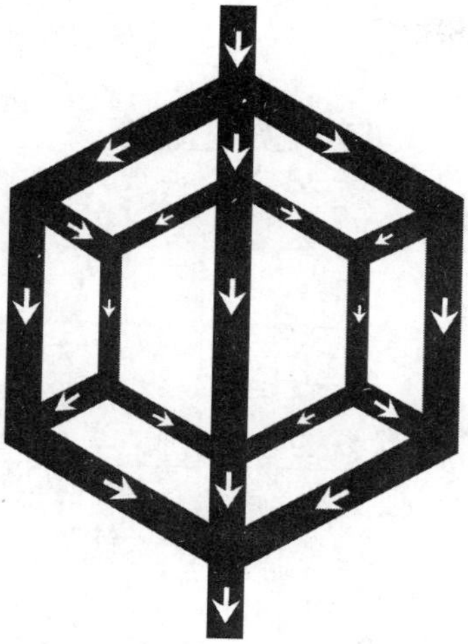

图 11-28　殊途

## 335. 路径谜题(1)

如图 11-29 所示，依照图中的箭头方向，从起点走到终点共有多少种走法？

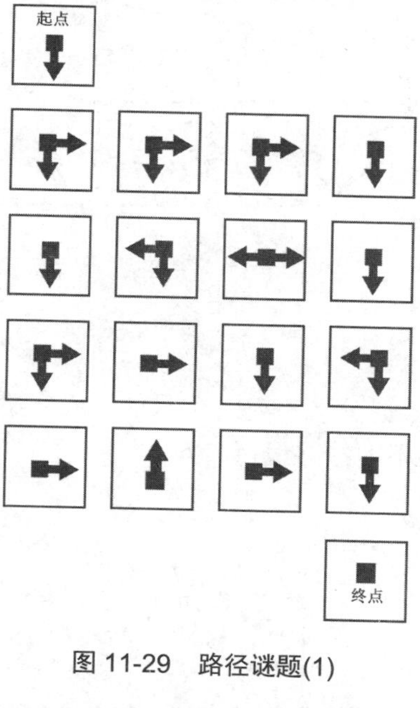


图 11-29　路径谜题(1)

## 336. 路径谜题(2)

如图 11-30 所示，从图中的任何一个角出发，沿着给定的路径，找出 5 个连续的数字，使得这 5 个数字的和最大。请问：你能把这 5 个数字都找出来吗？

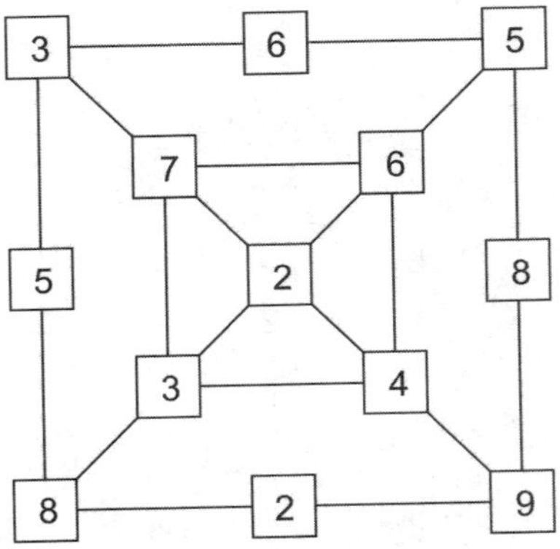


图 11-30 路径谜题(2)

## 337. 车费最低

如图 11-31 所示，点点家住在 A 村，他要到 B 村的奶奶家，乘车路线有多种选择，交通工具不同，所花的车费也就不同。图中标出的数字是各段的乘车费(单位：元)。请问：点点到奶奶家最少要花多少车费？走的路线怎样？

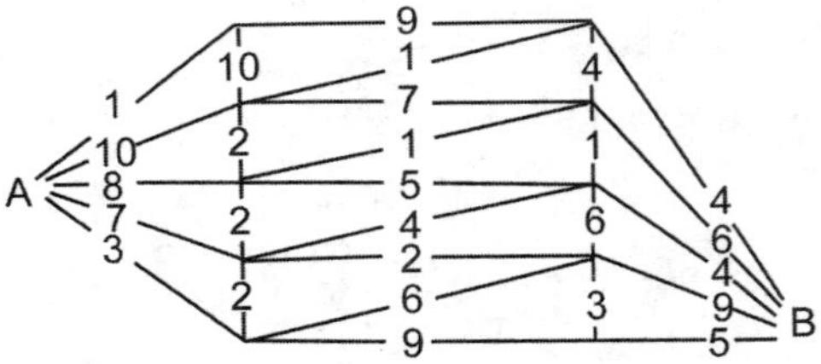


图 11-31 车费最低

## 338. 穿越迷宫

如图 11-32 所示，这个迷宫很有趣，你只能沿着它给定的方向走。请问：从开始到结束，一共有多少条不同的路线可走？

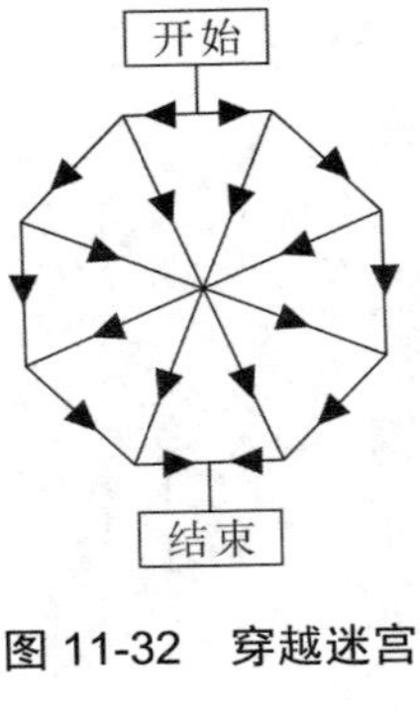


图 11-32 穿越迷宫

## 339. 几条路径

如图 11-33 所示，从图中左上角的位置沿着给定的路径(只允许向右或者向下走)，最终走到右下角的位置，所经过的数字为 9 个。请问：这 9 个数字的和是 30 的路径有哪几条？

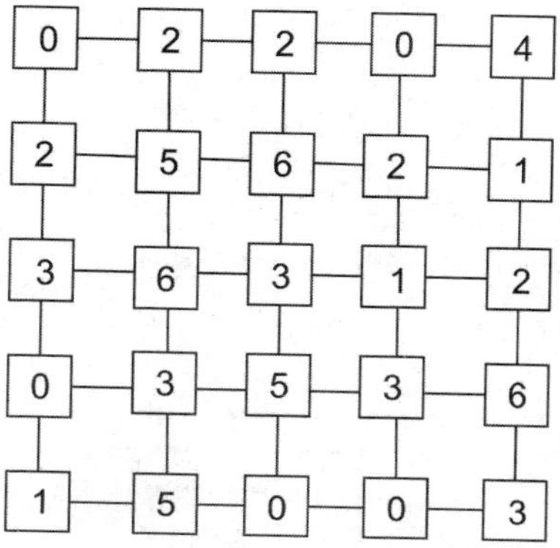


图 11-33　几条路径

## 340. 数字路径

如图 11-34 所示，从图中左上角的位置沿着给定的路径(只允许向右或者向下走)，最终走到右下角的位置，所经过的数字为 9 个。请问：这 9 个数字的和是 40 的路径有哪几条？

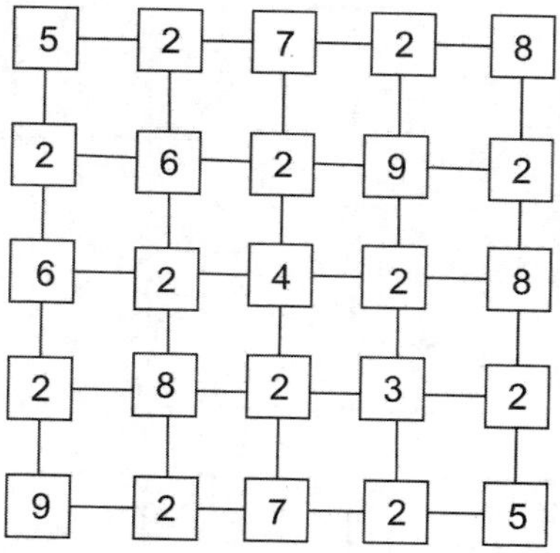


图 11-34　数字路径

## 341. 路径(1)

如图 11-35 所示，从 A 点到 F 点一共有多少条不同的路径？(每段都不可以重复通过)

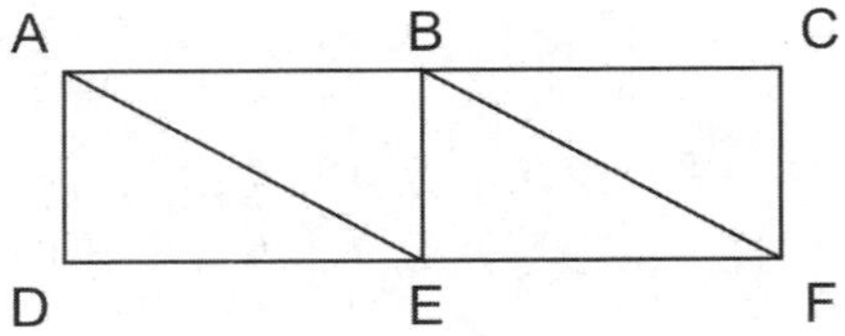


图 11-35　路径(1)

## 342. 路径(2)

如图 11-36 所示，从开始处到结束处连出一条路径，路径只能沿着横向或者纵向前进，而且每一行每一列路径经过的格数已经在旁边标明了。请问：你能根据这些数字找出这条完整的路径吗？

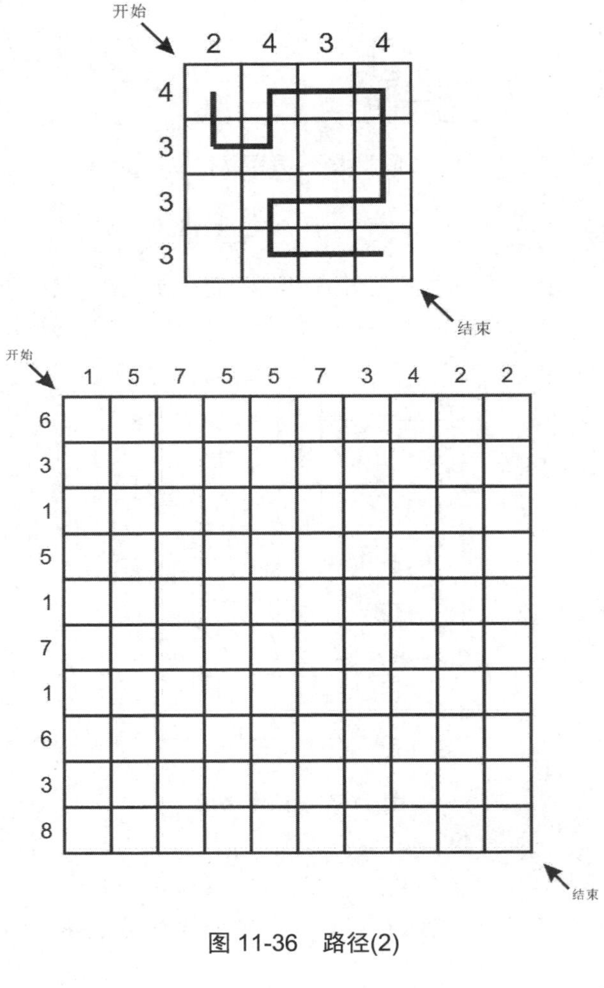


图 11-36　路径(2)

# 第十二章

## 数图形问题

数图形问题，就是在一个稍微复杂的图形中，数出某种图形的个数。这既是一类非常有趣的图形问题，也是经典的逻辑思维问题。由于这类题目中，图形相互重叠交叉，千变万化，错综复杂。所以准确地数出其中某种图形的个数，还是有一定难度的。

我们在数线段、角、三角形、长方形、平行四边形的过程中，当一个图形的组成有一定规律时，我们可以按规律来计数，如果没有明显的规律我们就按一定的顺序数(先数单个图形，再数两个单个图形组成的组合图形……)，这样才能做到不重复、不遗漏。

下面列举一个数图形的例子。

如图 12-1 所示，数出图中共有多少个三角形。

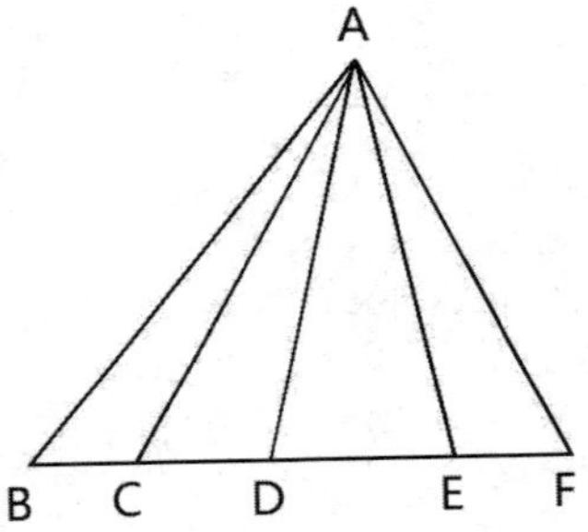


图 12-1　数三角形

在本题中，要数出三角形的个数可以采取按边分类的方法，也可以采取按基本图形组合的方法来数。

例如，以 AB 为边的三角形有四个，即 ABC、ABD、ABE、ABF；以 AC 为边的三角形有三个，即 ACD、ACE、ACF(需要按顺序数，不要算上 ACB，那样会导致重复)；以 AD 为边的三角形有两个，即 ADE、ADF；以 AE 为边的三角形有 1 个，即 AEF。所以图中共有三角形 4+3+2+1=10(个)。

如果按照基本图形组合的方法来数，可以把图中单个图形的三角形看作基本图形：由一个基本三角形构成的三角形有 4 个；由两个基本三角形构成的三角形有 3 个；由三个基本三角形构成的三角形有 2 个；由四个基本三角形构成的三角形有 1 个。所以图中共有三角形 4+3+2+1=10(个)。

另外，这个题目特殊，还可以有一种数图形的方法，就是数 BF 这条线段中包含多少条线段。因为每一条线段都恰好对应一个三角形，也可以得出正确的结果。

所以，要想不重复也不遗漏地数出图形的个数，就必须运用逻辑思维，有次序、有条理地数，从中发现规律，以便得到正确的结果。

数图形问题可以培养我们做事认真、仔细、耐心、有条理的好习惯，所以我们不妨时常做些相关的练习。

# 纵向扩展训练营

## 343. 数三角形(1)

数出图 12-2 中一共有多少个三角形。

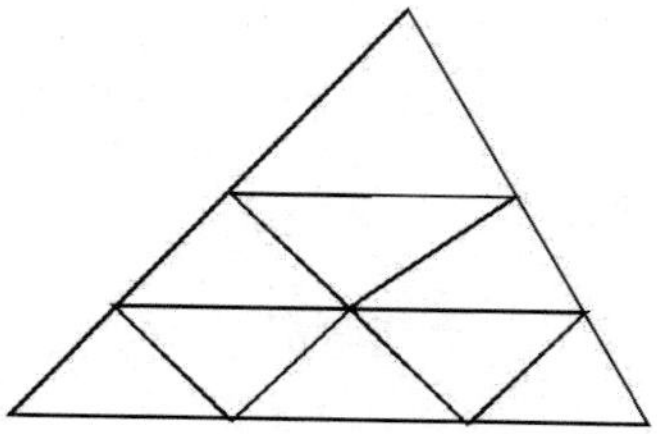

图 12-2　数三角形(1)

## 344. 数三角形(2)

数出图 12-3 中一共有多少个三角形。

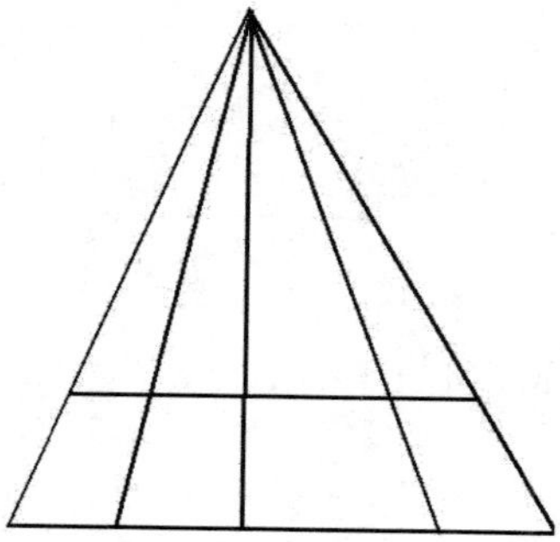

图 12-3　数三角形(2)

## 345. 数三角形(3)

数出图 12-4 中一共有多少个三角形。

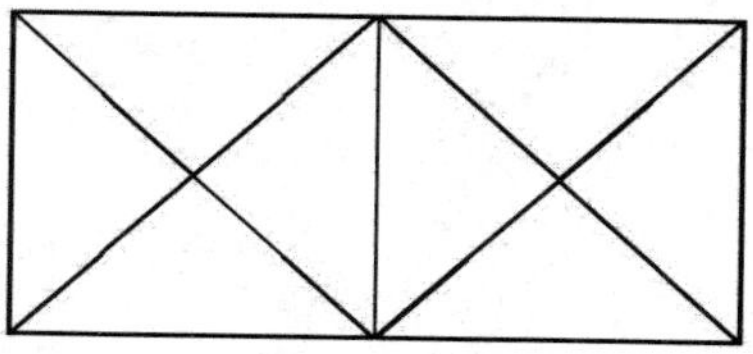

图 12-4　数三角形(3)

## 346. 数三角形(4)

仔细观察图 12-5，请问：图中一共有多少个三角形呢？

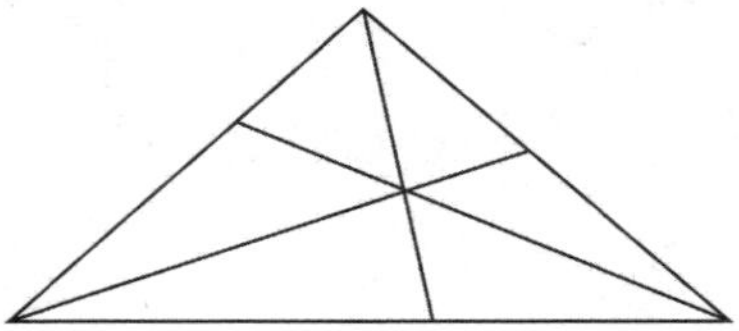

图 12-5 数三角形(4)

## 347. 数三角形(5)

仔细观察图 12-6，请问：图中一共有多少个三角形呢？

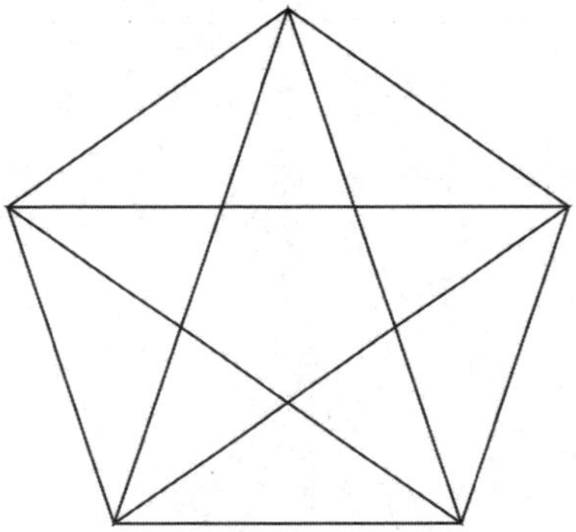

图 12-6 数三角形(5)

## 348. 数三角形(6)

仔细观察图 12-7，请问：图中一共有多少个三角形呢？

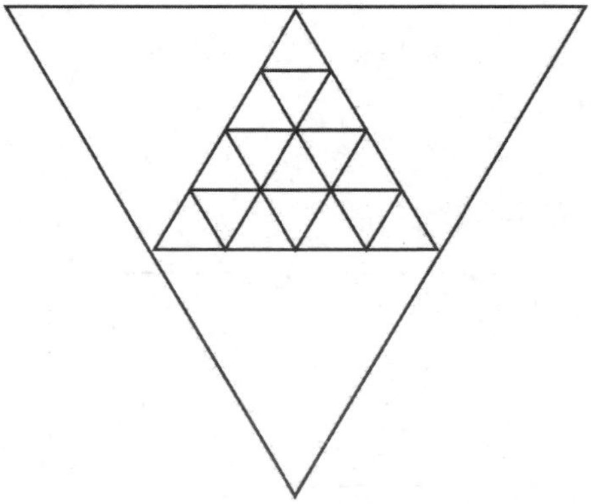

图 12-7 数三角形(6)

## 349. 数三角形(7)

仔细观察图 12-8，请问：其中一共有多少个三角形呢？

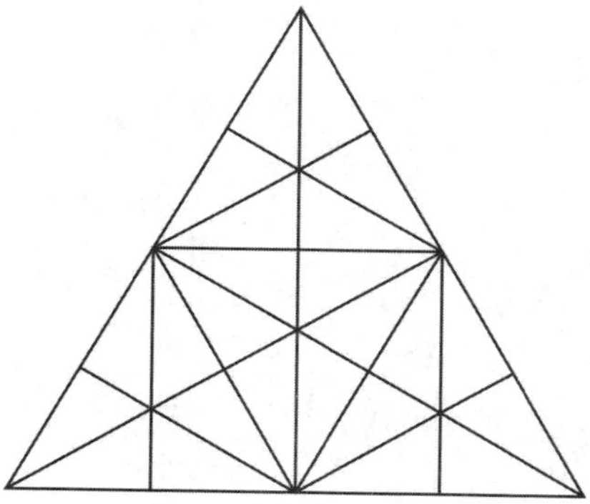

图 12-8　数三角形(7)

## 350. 数三角形(8)

数一数图 12-9 所示的图形中一共有多少个三角形。

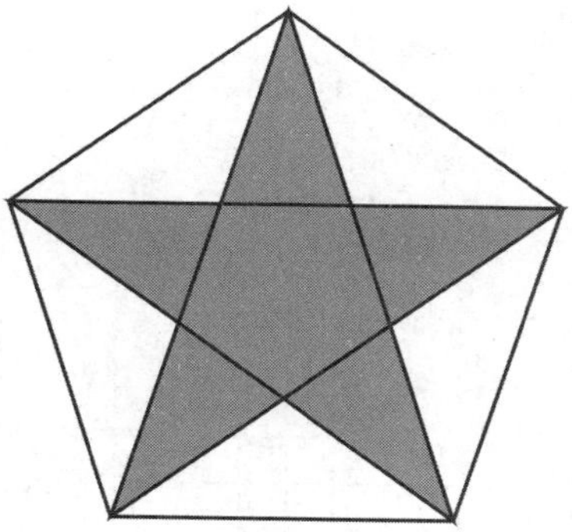

图 12-9　数三角形(8)

## 351. 数三角形(9)

数一数图 12-10 所示的四个图形中，分别有多少个三角形？

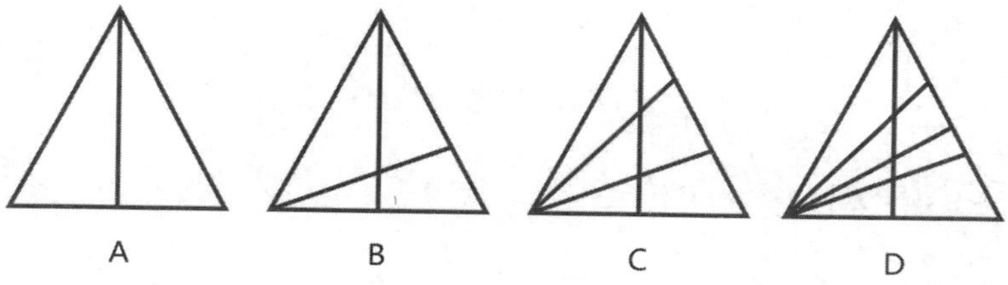


图 12-10　数三角形(9)

## 352. 数等边三角形

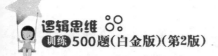

仔细观察图 12-11，数一数图中一共有多少个等边三角形？

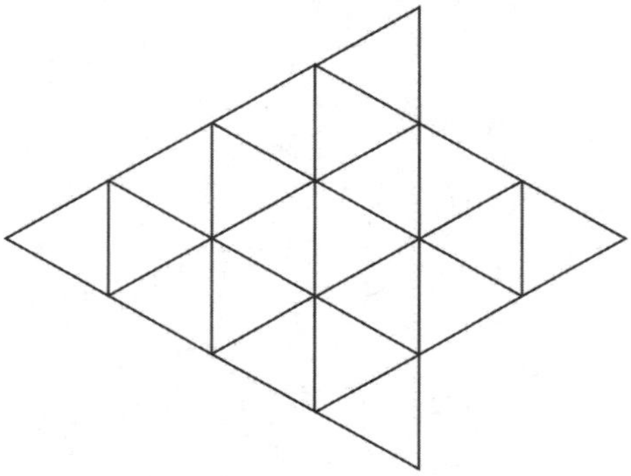

图 12-11　数等边三角形

# 横向扩展训练营

## 353. 数正方形(1)

仔细观察图 12-12，数一数图中正方形一共有多少个。

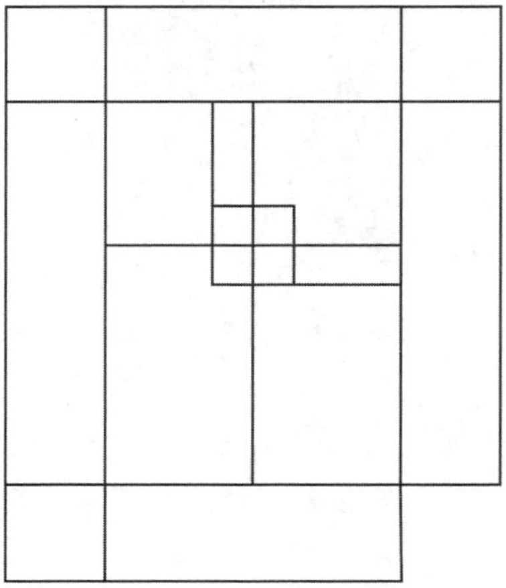

图 12-12　数正方形(1)

## 354. 数正方形(2)

仔细观察图 12-13，数一数图中正方形一共有多少个。

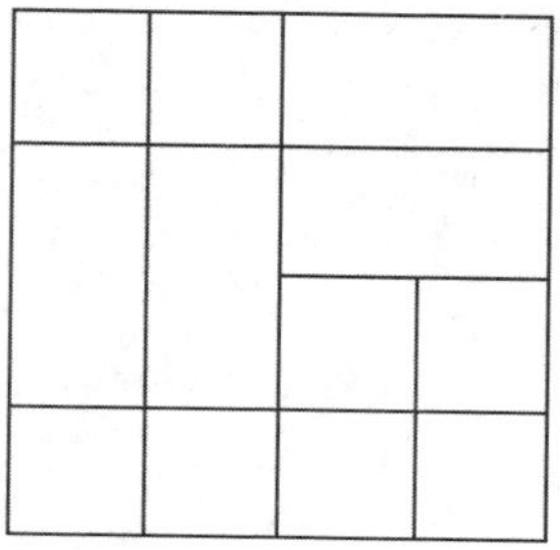

图 12-13 数正方形(2)

## 355. 数正方形(3)

仔细观察图 12-14，数一数图中正方形一共有多少个。

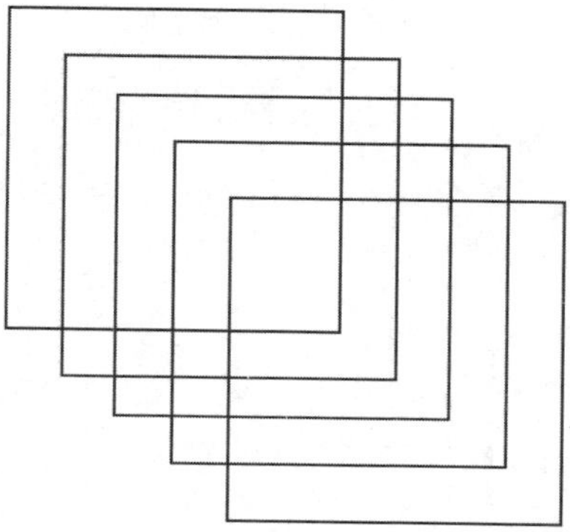

图 12-14 数正方形(3)

## 356. 数正方形(4)

仔细观察图 12-15，数一数图中正方形一共有多少个。

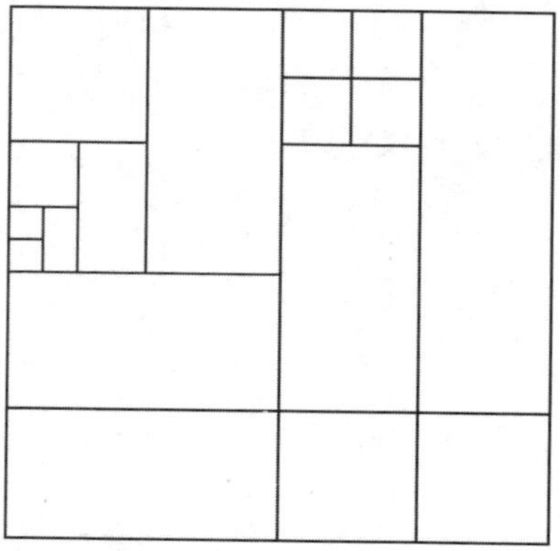

图 12-15 数正方形(4)

## 357. 数正方形(5)

仔细观察图 12-16，数一数图中正方形一共有多少个。

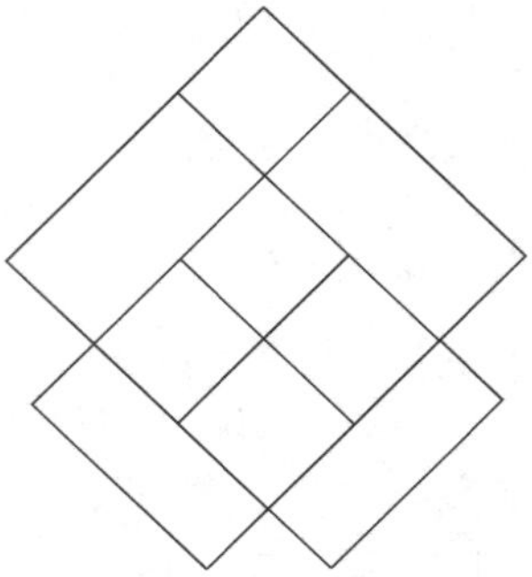

图 12-16　数正方形(5)

## 358. 数正方形(6)

仔细观察图 12-17，数一数图中一共有多少个正方形。

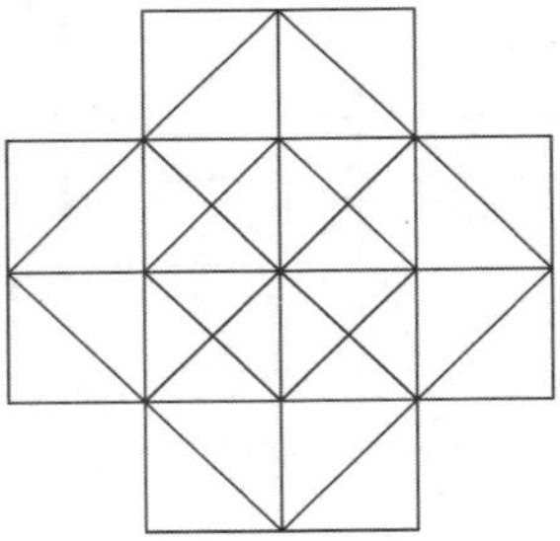

图 12-17　数正方形(6)

## 359. 数正方形(7)

仔细观察图 12-18，数一数图中一共有多少个正方形。

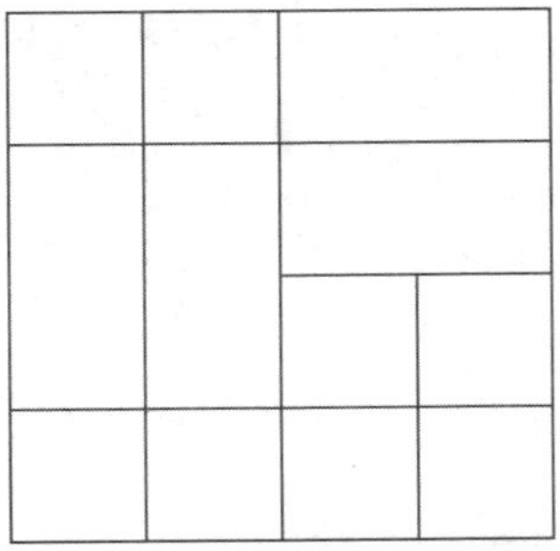

图 12-18　数正方形(7)

## 360. 数正方形(8)

仔细观察图 12-19，数一数图中一个有多少个正方形。

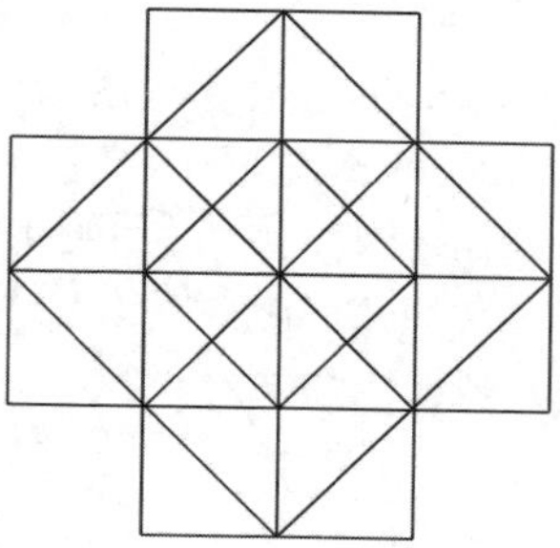

图 12-19　数正方形(8)

## 361. 数正方形(9)

仔细观察图 12-20，数一数图中一共有多少个正方形。

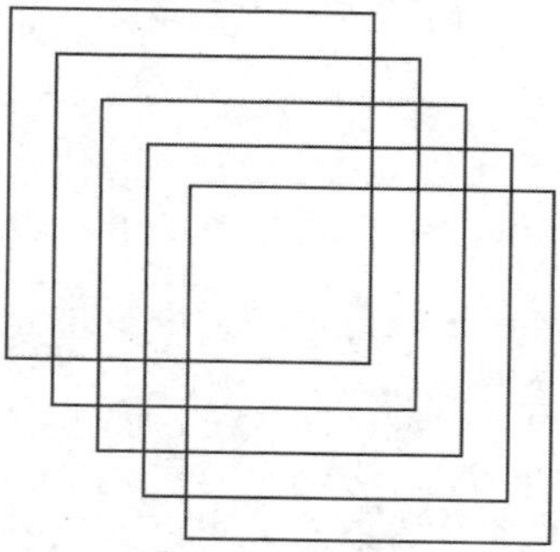

图 12-20　数正方形(9)

## 362. 数正方形(10)

仔细观察图 12-21，数一数图中一共有多少个正方形。

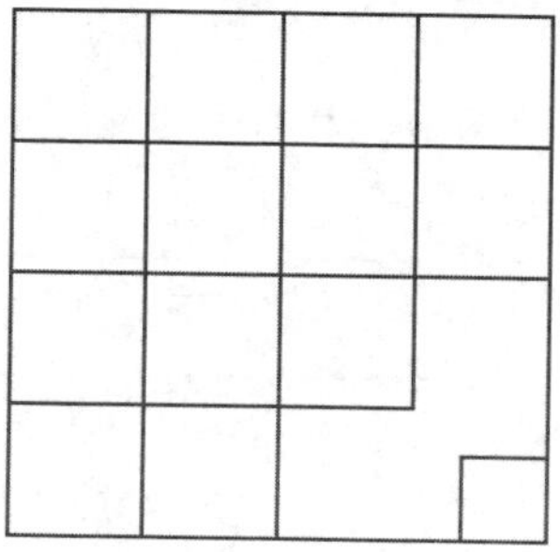

图 12-21　数正方形(10)

# 斜向扩展训练营

## 363. 加三角形

图 12-22 中有 4 个等边三角形，那么，你能再加入一个等边三角形，使它变成 14 个等边三角形吗？

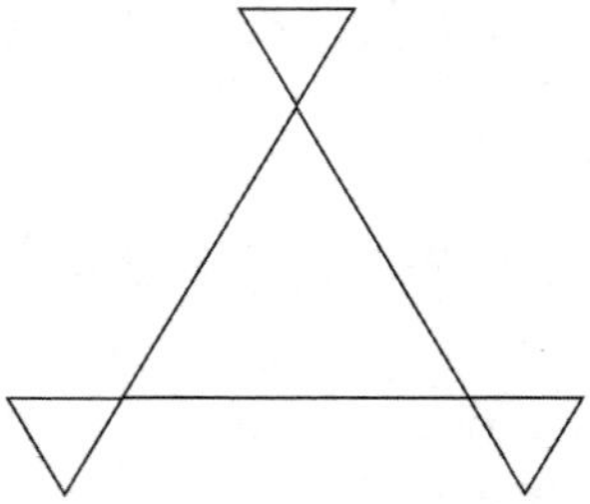

图 12-22　加三角形

## 364. 数六边形

仔细观察图 12-23，数一数图中一共有多少个六边形。

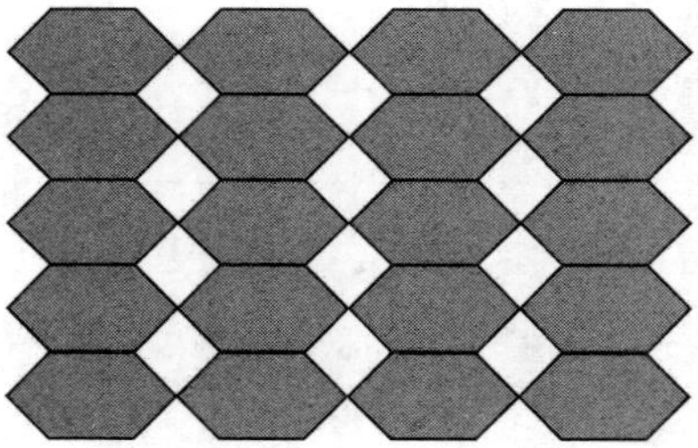

图 12-23　数六边形

## 365. 数长方形(1)

仔细观察图 12-24，数一数图中一共有多少个长方形。

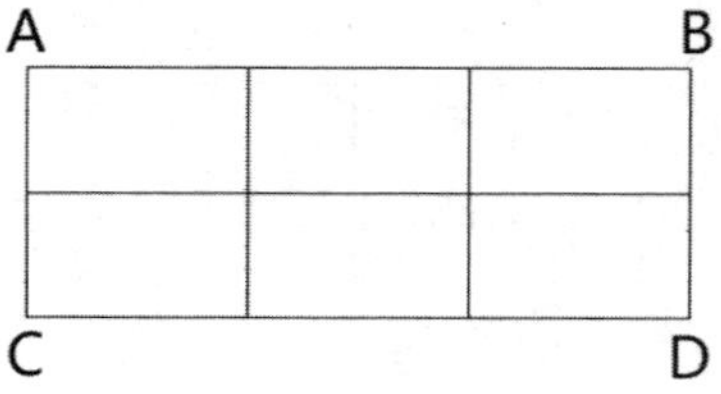


图 12-24　数长方形(1)

## 366. 数长方形(2)

仔细观察图 12-25，数一数图中一共有多少个长方形。

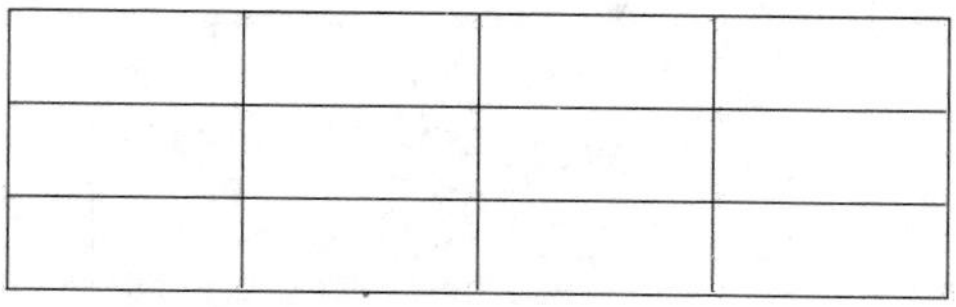

图 12-25 数长方形(2)

## 367. 数长方形(3)

仔细观察图 12-26，数一数图中一共有多少个长方形。

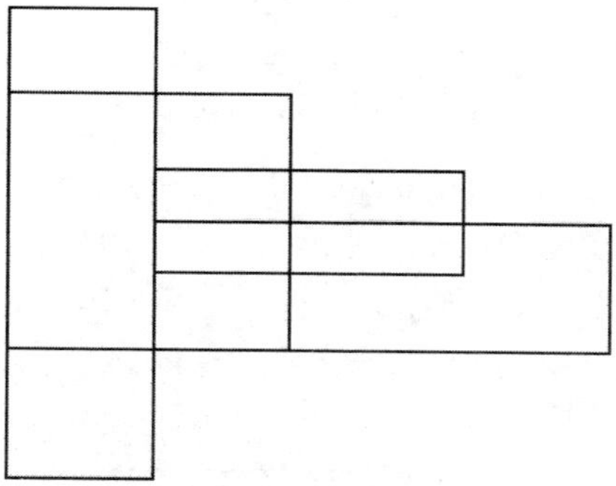

图 12-26 数长方形(3)

## 368. 挖正方体(1)

在图 12-27 所示的大正方体的六个面的中心分别挖掉一个边长为 1 厘米的小正方体，请问：挖完以后大正方体的表面积增加了多少？

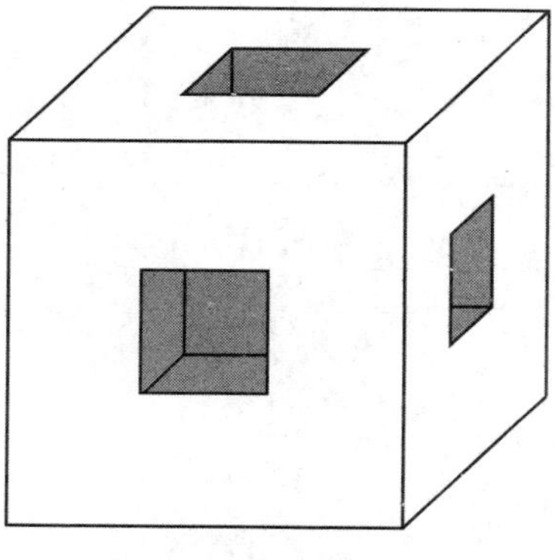

图 12-27 挖正方体(1)

## 369. 挖正方体(2)

如图 12-28 所示，在一个边长为 3 厘米的大正方体的六个面的中心，分别挖掉一个边长为 1 厘米的小正方体，请问：挖完以后大正方体剩下部分的体积为多少？

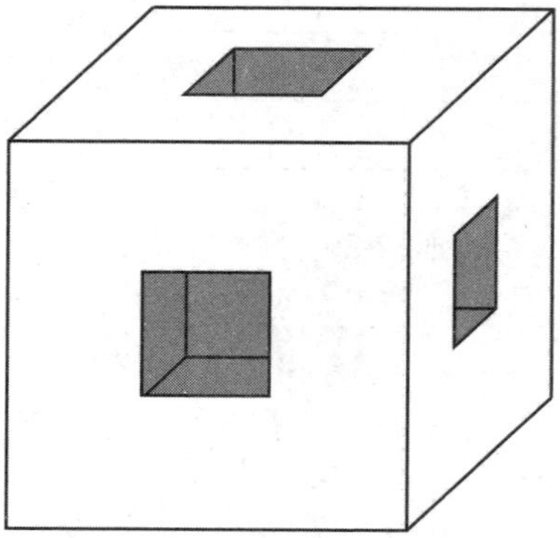

图 12-28　挖正方体(2)

## 370. 挖正方体(3)

如图 12-29 所示，在一个边长为 3 厘米的大正方体的上面、前面和右面的中心，分别向对面打穿一个边长为 1 厘米的小方孔，请问：挖完以后大正方体剩下部分的体积为多少？

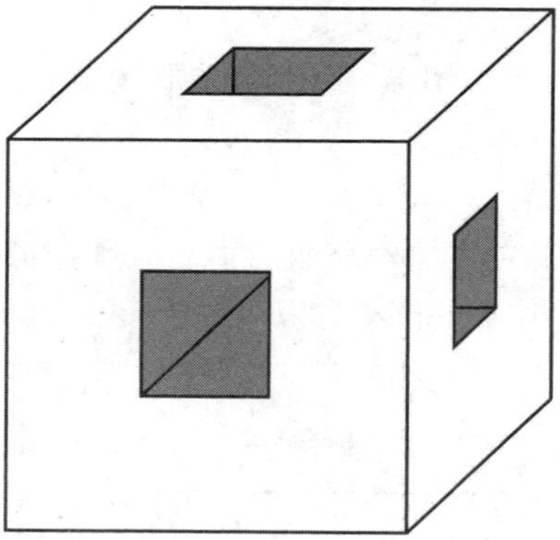

图 12-29　挖正方体(3)

# 第十三章

## 悖论与诡辩

悖论，就是按照正确的逻辑思维，却得出矛盾的结果。而诡辩，就是有意地把真理说成错误，而把错误说成真理的狡辩。

与诡辩相比，悖论虽然表面看上去违背真理，但在逻辑上是无懈可击的。而诡辩通常是通过偷换概念、混淆事实、颠倒黑白等方式来完成辩论的。所以，诡辩是有漏洞的，而悖论是没有漏洞的。这是悖论与诡辩最大的区别。

下面列举一个经典的悖论。

在已知的经典悖论里，希腊法律教师普罗塔哥拉的这一个或许是最早的悖论之一。普罗塔哥拉收了一个有才气的穷弟子，答应免费教授，条件是他完成学业又打赢头场官司之后要付给普罗塔哥拉一笔钱。弟子答应照办。有趣的是，等弟子完成了学业之后偏不去跟人打什么官司，游手好闲了很久。为了得到那笔钱，普罗塔哥拉就告了弟子一状，要求弟子马上付给他学费。双方在法庭上提出各自的论点。

弟子：如果我打赢了这场官司，那么根据判决，我不必付学费。如果我打输了这场官司，那么我还没有“打赢头场官司”，根据约定，我打赢头场官司之前不必向普罗塔哥拉付学费。可见，不论这场官司我是赢是输，我都不必付学费。

普罗塔哥拉：如果他打输了这场官司，那么根据判决，他必须马上向我付学费。如果他打赢了这场官司，那么他就“打赢了头场官司”，因此他也必须向我付学费。不论哪种情况，他都必须付学费。

他俩谁说得对？

这个谜题的关键是把法律的判决和师徒之间的承诺视为具有同等效力，所以变成了一个让人左右为难的问题，很多人都不知该怎么回答。

比较好的回答是：“法院可以判弟子胜诉，也就是他不需要马上付学费，因为他还没有打赢头场官司。等这场官司一了结，弟子就欠普罗塔哥拉的债了，所以普罗塔哥拉马上再告弟子一状。这次法院就该判普罗塔哥拉胜诉了，因为弟子如今已经打赢过官司了。”

古今中外有不少著名的悖论，它们震撼了逻辑和数学的基础，激发了人们求知和精密的思考，吸引了古往今来许多思想家和爱好者的注意力。解决悖论难题需要创造性的思考，悖论的解决又往往可以给人带来全新的观念。

悖论有三种主要形式。

(1) 一种论断看起来好像肯定错了，但实际上是对的(佯谬)。

(2) 一种论断看起来好像肯定是对的，但实际上是错的(似是而非的理论)。

(3) 一系列推理看起来好像无懈可击，可是却导致逻辑上自相矛盾。

同时假定两个或更多不能同时成立的前提，是一切悖论问题的共同特征。

下面再列举一个经典的诡辩。

有学生问他的希腊老师：“什么是诡辩？”老师反问道：“有甲、乙两人，甲很干净，乙很脏。如果请他们洗澡，他们谁会洗？”

这里有四种可能，一是甲洗，因为他有爱干净的习惯；二是乙洗，因为他需要；三是两人都洗，一个是因为习惯，另一个是因为需要；四是两人都没洗，因为脏人没有洗澡的习惯，干净人不需要洗。

这四种可能彼此相悖，无论学生做出怎样的回答，老师都可以予以反驳，因为他不需要有一个客观的标准，这就是诡辩。

诡辩在现实中是令人厌恶的，但是在逻辑学的探讨中却有相当的位置。孔多塞说，希腊人滥用日常语言的各种弊端，玩弄字词的意义，以便在可悲的模棱两可之中困扰人类的精神。可是，这种诡辩却也赋予了人类的精神以一种精致性，同时它又耗尽了他们的力量来反对虚幻的难题。

玩弄诡辩术的人，从表面上来看，似乎能言善辩，道理很多。他们在写文章或讲话的时候往往滔滔不绝，振振有词。他们每论证一个问题，也总是可以拿出许多"根据"和"理由"来。但是，这些根据和理由都是不能成立的。他们只不过是主观主义地玩弄一些概念，搞些虚假或片面论据，做些歪曲的论证，为自己荒谬的理论和行为做辩护。

## 纵向扩展训练营

### 371. 运动员和乌龟赛跑

曾经有一个非常著名的逻辑学悖论，叫阿基里斯追不上乌龟。

内容很有趣，说的是一名长跑运动员叫阿基里斯。一次，他和一只乌龟赛跑。假设运动员的速度是乌龟的 12 倍，这场比赛的结果是显而易见的，乌龟一定会输。

现在我们把乌龟的起跑线放在运动员前面 12 千米处。那么，结果会是如何呢？

有人认为，这名运动员永远也追不上乌龟！

理由是：当运动员跑了 12 千米时，那只乌龟也跑了 1 千米，在运动员的前面。

当运动员又跑了 1 千米的时候，那只乌龟又跑了 1/12 千米，还是在运动员的前面。

就这样一直跑下去，虽然每次距离都在拉近，但是运动员每次都必须先到达乌龟的起始地点，那么这时又相当于他们两个相距一段路程跑步了。这样下去，运动员是永远也追不上乌龟的。

请问：你是怎么认为的呢？

### 372. 苏格拉底悖论

有"西方孔子"之称的雅典人苏格拉底(约公元前 470 年－公元前 399 年)是古希腊的大哲学家，曾经与普罗特哥拉斯、哥吉斯等著名诡辩家观点对立。他建立"定义"以应对诡辩派混淆的修辞，从而击败了百家的杂说。但是他的道德观念不为希腊人所容，竟在 70 岁的时候被当作诡辩杂说的代表。在普罗特哥拉斯被驱逐、书被焚 12 年以后，苏格拉底也被处以死刑，但是他的学说得到了柏拉图和亚里士多德的继承。

苏格拉底有一句名言："我只知道一件事，那就是我什么都不知道。"

你知道这句话有什么问题吗？

## 373. 谷堆悖论

如果 1 粒谷子落地不能形成谷堆，2 粒谷子落地不能形成谷堆，3 粒谷子落地也不能形成谷堆，以此类推，无论多少粒谷子落地都不能形成谷堆。请问：这个推理有什么问题呢？

## 374. 全能者悖论

如果说上帝是万能的，那么，他能否创造一块他举不起来的大石头？

## 375. 罗素是教皇

数学家罗素告诉一位哲学家假命题蕴含任何命题。那位哲学家颇为震惊，他说道："尊意莫非由 2 加 2 等于 5 能推出你是教皇？"罗素答曰："正是。"哲学家问："你能证明这一点吗？"罗素答："当然能。"请问：你知道他是怎么证明的吗？

## 376. 奇怪的悖论

下面看同一个人在不同场合说的三句话。

"宇宙是这么浩瀚，我是如此渺小，在绚丽无边的宇宙里面，我的存在微不足道，我简直什么都不是。"

"我是人类，人类自然要比其他生物高级，因为只有人类具有智慧。"

"天哪，这朵花真是太漂亮了，世界上还有什么东西能比这朵花更动人吗？这是世上最完美的造物！"

请问：通过这三句话，我们能推理出一个什么奇怪的结论？

## 377. 飞矢不动

一次古希腊的哲学家芝诺问他的学生：“一支从弓射出去的箭是运动的还是静止的？”

学生答道：“那还用说，当然是运动的。”

芝诺说道：“的确如此，这是很显然的，这支箭在每个人的眼里都是运动的。现在我们换个思考方式，这支箭在每一个瞬间里都有它的位置吗？”

学生答道：“有的，老师，任何一个瞬间它都在一个确定的位置。”

芝诺问道：“在这个瞬间里，这支箭占据的空间和它的体积一样吗？”

学生答道：“是的，这支箭有确定的位置，又占据着和它自身体积一样大小的空间。”

芝诺继续问道：“那么在这个瞬间里，这支箭是运动的，还是静止的？”

学生答道：“是静止的。”

芝诺道：“在这个瞬间是静止的，那么在其他瞬间呢？”

学生答道：“也是静止的。”

芝诺说道：“既然每一个瞬间这支箭都是静止的，所以射出去的箭都是静止的。”

请问：芝诺的这一理论到底错在了哪里？

## 378. 白马非马

战国时期，有一天，公孙龙骑着一匹白马要进城。守门的士兵把他拦下来说道：“本城规定，不许放马进城。”

公孙龙心生一计，说道：“我骑的是白马，并不是马，所以可以进城。”

士兵奇怪道：“白马怎么就不是马了？”

公孙龙道：“因为白马有两个特征：一，它是白色的；二，它具有马的外形。但是马只有一个特征，就是具有马的外形。一个具有两个特征，一个只具有一个特征，这两个怎么可能是一回事呢？所以白马根本就不是马。”

士兵被说得无法回答，只好放公孙龙和他的白马进城。公孙龙也因此成名，成为战国时期“名家”的代表人物。

公孙龙的话看上去似乎很有道理，要用两个特征来定义的事物确实不等同于只用一个特征就能定义的事物。可是如果我们接受了“白马非马”，那么，也能如法炮制地得出“白猫不是猫”“铅笔不是笔”“橘子不是水果”，甚至“男人女人都不是人”等结论来。那么，公孙龙“白马非马”的论证到底哪里有问题呢？

## 379. 正直的强盗

一伙强盗抓住了一个商人，强盗头目对商人说：“你说我会不会杀掉你，如果说对了，我就把你放了；如果说错了，我就杀掉你。”

商人一想，说：“你会杀掉我。”于是强盗把他放了。

请问：你知道这是为什么吗？

## 380. 机灵的小孩

有一群人在路口喧哗，一个小孩过去看热闹。原来那里有两个人在打赌赢钱，他们的规矩是，一个人说一句话，如果另外一个人不相信，就要给说话的人 5 个铜板。这两个人中有一个人比较憨厚，所以输了一些钱，而另一个无赖总是赢钱。于是这个小孩就替那个憨厚的人做游戏，并且每次只对那个无赖说同样的一句话，且无赖每次只能回答“不相信”，并且给小孩 5 个铜板。那么，你知道小孩是怎么说的吗？

# 横向扩展训练营

## 381. 希腊老师的辩术

有一天，两个学生去请教他们的希腊老师。问道：“老师，究竟什么叫诡辩呢？”

希腊老师看了看两个学生，想了一会儿，说：“我先给你们出个问题吧。有两个人到我这里做客，一个很爱干净，一个很脏。我请他们两个洗澡，你们想想，他们两人中谁会洗呢？”

在这个问题中，无论两个学生回答什么，老师都可以否定他们，从而教会他们什么是诡辩。那么，你知道老师是怎么说的吗？

## 382. 日近长安远

只有几岁的晋明帝，有一天在他父皇身边玩耍，正巧碰上从长安来的使臣。

父皇问他："你说太阳和长安哪个离你近？"

晋明帝答："长安近。因为没有听说过有人从太阳那边来，不就是证明吗？"

父皇听了很高兴，想把自己的儿子当众夸耀一番。

第二天当着许多大臣的面又问他："你说太阳和长安哪个离你近？"

"太阳离我近。"晋明帝忽然改变了答案。

父皇感到惊奇，便问他："你为什么和昨天说的不一样呢？"

那么，你知道他是怎么回答的吗？

## 383. 子非鱼，安知鱼之乐

《庄子》外篇《秋水》中记载着庄子与惠施在濠梁之上观鱼时的一段对话。

庄子说："鲦鱼出游从容，是鱼之乐也。"

惠施问："子非鱼，安知鱼之乐？"

那么，你知道庄子是怎么回答的吗？

## 384. 学雷锋

公共汽车刚到站停住，一个小伙子便推开前面排队候车的人，横冲直撞地挤上公共汽车。一位老大爷对他说："年轻人，应该学雷锋呀！"

小伙子说："我这也是学雷锋呀！"

"雷锋是这样的吗？"老大爷生气地说。

那么，你知道这个小伙子是如何狡辩的吗？

## 385. 狡诈的县官

从前有一个县官要买金锭，店家遵命送来两只金锭。县官问："这两只金锭要多少钱？"

店家答："太爷要买，小人只按半价出售。"

县官收下一只，还给店家一只。

过了许多日子，县官仍不还账，店家便说："请太爷赏给小人金锭价款。"

县官装作不解的样子说："不是早已给了你吗？"

店家说："小人从没有拿到啊！"

那么，你知道这个狡诈的县官是如何说的吗？

## 386. 负债累累

某人负债累累，有一天他家里来了许多讨债的人，椅子、凳子都被坐满了，还有的人坐在门槛上。突然这个欠债的人急中生智，俯在坐在门槛上的人的耳朵上悄悄地说：“请你明天早点来。”

那人听了十分高兴，于是站起来把其他讨债的人都劝走了。第二天一大早，他就急急忙忙来到欠债人家里，一心认为欠债人能单独还债。岂知见面后欠债的人对他说了一句话，气得他一句话也说不出来。

那么，你知道欠债的人说了什么吗？

## 387. 天机不可泄露

从前，有三个秀才进京赶考，途中遇到一个人称“活神仙”的算命先生，便前去求教：“我们此番能考中几个？”

算命先生闭上眼睛掐算了一会儿，然后竖起一根手指头。

三个秀才不明白是什么意思，请求说清楚一点。

算命先生说：“天机不可泄露，以后你们自会明白。”

后来三个秀才只考中了一个，那人特来酬谢，一见面就夸奖说：“先生料事如神，果然名不虚传。”还学着当初算命先生那样竖起一根手指头说：“确实‘一个考中’。”

秀才走后，算命先生的老婆问他：“你怎么算得这么灵呢？”

算命先生“嘿嘿”一笑说：“你不懂其中的奥妙，无论结果如何我都能猜对。”

那么，你知道这是为什么吗？

## 388. 父在母先亡

一个有迷信思想的人，请算命先生算一下自己的父母的享寿情况。算命先生照例先问了一遍来人及其父母的出生年、月、日，然后装模作样地屈指掐算了一会儿，于是回答说：“父在母先亡。”这个人听了以后沉思片刻，付钱而去。

请问：为什么求卜者对算命先生的话不怀疑，付钱而去呢？

## 389. 禁止吸烟

某工厂的一位车间主任看见工人小王上班时在车间里吸烟，就批评他说：“厂里有规定，工作时禁止吸烟！”

但是小王马上说了一句话，却让主任无法作答。

请问：你知道小王说了句什么话吗？

## 390. 辩解

有个县官上任伊始，便在堂上高悬一副誓联：

得一文，天诛地灭；

徇一情，男盗女娼。

但是，实际上他却贪赃枉法。有人指责他言行不一，忘记了誓联。

那么，你知道县官是怎么辩解的吗？

## 391. 立等可取

一天上午，小李到一家国营钟表修理店修表，修表师傅接过手表看了看说：“下午来取。”

小李说：“怎么还要下午取呢？店门外挂的牌子上不是写着‘立等可取’吗？”

那么，你知道修表师傅是如何辩解的吗？

## 392. 迷信的人

一个人去朋友家拜访，看到朋友正准备砍自家院子中的一棵大树。这个人便问：“这棵树长得很好，平白无故为什么要砍掉它呢？”

朋友回答说：“你看，我们家的院子是四四方方的，像个‘口’字。里面有棵树，不就变成了‘困’嘛。怪不得我们的日子过不好！”

这个人一听，原来他竟然如此迷信，于是想劝他放弃砍树的想法。请问：他该如何说服朋友呢？

# 斜向扩展训练营

## 393. 我被骗了吗?

在我小学的时候有件事情困扰了我很久，并让我从此迷上了逻辑。那天是 4 月 1 日愚人节，一大早我哥哥就过来和我说：“弟弟，今天是愚人节，我要好好骗你一回，做好准备吧，哈哈。”

我从小就很争强好胜，所以那一整天我都提防着他，不想被他成功骗到。但是直到那天晚上要睡觉了，哥哥都没有再和我说过一句话，更别说骗我了。妈妈看我还不睡，问我怎么了。

我把早上的事情说了一下，妈妈就把哥哥叫来说："你就别让弟弟等着不睡觉了，赶快骗一下他吧。"

哥哥回过头问我："你一整天都在等着我骗你吗？"

我："是啊。"

他："可我没骗吧？"

我："是啊。"

他："这不得了，我已经把你给骗到了。"

那天晚上我在自己的床上翻来覆去想了很久，那么，我到底有没有被骗呢？

## 394. 被小孩子问住了

上大学时，我去一位教授家拜访。教授有两个孙子，一个六岁，一个八岁。我经常给那两个孩子讲故事。

一次，我吓唬他们说："我会一句魔法咒语，能把你们俩全变成小猫哦。"

没想到他俩不但一点也不怕，反而很感兴趣地说："好啊，把我们变成小猫吧。"

我只好支吾道："可是……变成小猫后就没法变回来了。"

小的那个孩子还是不依不饶道："没关系的，反正我要你把我们变成小猫。"

大的那个孩子说道："那你把这句咒语教给我们吧。"

我答道："如果我要告诉你们咒语是什么，我就把它念出声了，你们就变成小猫了。而且不光是你们两个会变成小猫，所有听到的人都会变成小猫，连我自己也不例外。"

小的那个孩子说："那可以写在纸上嘛！"

我答道："不行，不行，就算只是把咒语写出来，看到的人也会变成小猫的。"

他们似乎信以为真，想了一会儿觉得没意思了就去玩别的了。

请问：如果你是这个孩子，你会怎么反驳我呢？

## 395. 酒瓶

小赵、小钱、小孙、小李四人是同学，他们经常聚在一起讨论问题。有一天，四人同桌吃饭，却为桌上的半瓶酒争论起来。

小赵说："这瓶子一半是空的。"

小钱说："这瓶子一半是满的。"

小孙说："这有什么好争的，半空的酒瓶就等于半满的酒瓶。"

那么，你知道小李该如何诡辩，说出半空的酒瓶和半满的酒瓶之间的区别吗？

## 396. 自相矛盾

楚国有一个卖矛和盾的商人，他一会儿拿起盾来夸耀说："我的盾坚固无比，任何锋利的东西都穿不透它。"

一会儿商人又拿起矛来夸耀说："我的矛锋利极了，什么坚固的东西都能刺穿。"

请问：你知道该怎么反驳他吗？

## 397. 打破预言

一天，一位预言家和他的女儿发生了争吵。女儿大声说道："你就是一个大骗子，你根本不能预言未来。"

预言家争论道："我当然能预言未来，不信我现在就证明给你看。"

女儿想了一下，在一张纸上写了一些字，然后把这张纸折起来压在一本书下面，说道："我刚才在那张纸上写了一件事，它在十分钟内可能发生，也可能不发生。请你预言一下这件事究竟会不会发生，在这张卡片上写下'会'或'不会'。如果你预言错了，你明天要带我去吃冰激凌。"

预言家一口答应："好，一言为定。"然后他在卡片上写下了他的预言。

如果你是这个女儿，你该写个什么问题使自己获胜呢？那么预言家在卡片上又写的什么呢？

## 398. 聪明的禅师

佛教《金刚经》最后有四句话：一切有为法，如梦幻泡影，如露亦如电，应作如是观。

有一天，佛印禅师登坛说法，苏东坡闻讯赶来参加，座中已经坐满听众，没有空位了。禅师看到苏东坡时说："人都坐满了，此间已无学士坐处。"

苏东坡一向好禅，马上针锋相对回答禅师说："既然此间无坐处，我就以禅师四大五蕴之身为座。"

禅师看到苏东坡与他论禅，就说："学士！我有一个问题问你，如果你回答得出来，那么我老和尚的身体就当你的座位，如果你回答不出来，那么你身上的玉带就要留给本寺，作为纪念，可否？”

苏东坡一向信心十足，以为必胜无疑，便答应了。

接着，禅师说了一句话，却问得苏东坡哑口无言，苏东坡只好把玉带留在了金山寺。

那么，你知道禅师问的什么问题吗？

## 399. 小红帽脱险

小红帽去看外婆，却不幸落入了大灰狼的魔爪。大灰狼得意之际对小红帽说：“你可以说一句话。如果这句话是真话，我就煮了你吃；如果这句话是假话，那我就把你炸了吃。”小红帽不想被大灰狼吃掉，那么，她应该怎么说这句话呢？

## 400. 借锄头

甲、乙两个农民是邻居，乙到甲家里去借锄头，甲不想借，可又不好意思直接拒绝，就说：“如果你能猜出来我现在在想什么，我就把锄头借给你。”乙非常想借到这个锄头，否则就错过播种时机了，绞尽脑汁之后，他想出了一个绝妙的答案，甲听完说了声“对”后，就把锄头借给了乙。

请问：你知道乙说了什么吗？

## 401. 锦囊妙计

小刘从乡下到城里打工，虽然他觉得自己很聪明，但是找了几家用人单位，都嫌他学历不够，不肯录用他。在城里待了没几天，钱就都花光了，而且已经两顿没吃饭了。他听人说有个饭店老板很爱逻辑学，就想去碰碰运气，看能不能要到一顿饭。到饭店的时候，正好赶上老板闲来无事。

小刘对老板说：“我想问你两个问题，你只能回答‘是’或者‘不是’，不能用其他的语句。但在正式提问以前，我要同你预先讲好，你一定要听清楚之后再慎重回答，而且两个问题的答案都必须在逻辑上完全合理，不能自相矛盾。”

老板好奇地看着小刘，小刘接着说：“如果你同意我的条件，我问完这两个问题，你会心甘情愿地请我吃顿饭的。”

老板的兴趣越发浓厚，就答应了他的要求。

结果，不但老板心甘情愿地请小刘吃了顿饭，还让他在自己的店里工作了。那么，你知道小刘的两个问题是什么吗？

## 402. 吹牛

有一群人在聊天，一个人总是喜欢吹牛，他说：“我昨天刚发明一种液体，无论是什么东西，它都可以溶解。这是世界上最好的溶剂，我明天就去申请专利，我很快就要发财了。”别的人感觉很惊讶，虽然不信，但是不知道如何反驳。这时一个小孩子说了一句话，那个人立刻傻眼了，谎言不攻自破。请问：你知道小孩是怎么说的吗？

## 403. 遗传性不孕症

一个病人到一家新开的诊所就诊。

病人："大夫，我结婚 10 年了，可到现在都还没有孩子。"

医生："据我诊断，你应该是遗传性不孕症，你最好查一查你的家谱。"

请问：医生的言论可信吗？

## 404. 修电灯

小王请一位做电工的朋友来家中帮忙修理电灯，可是等到了半夜还没有人来。第二天，小王找到这位朋友。

小王："昨天不是说好了来我家修电灯吗？你怎么没来呢？"

朋友："我去了，可是你家没人。"

小王："不可能，我一直在家等到半夜。"

朋友："怎么会呢？我到你家门外一看，屋里黑咕隆咚的，连灯都没开，我就走了。"

请问：你知道这到底是怎么回事吗？究竟又是谁的问题呢？

# 第十四章

## 火柴游戏

火柴，是生活中再常见不过的东西，除了用来生火，还可以用来做什么呢？当然是做游戏了！人们常用它来摆图形、算式，做许多有趣的游戏。用火柴可以摆成汉字，如“日”字，同时也是数字“8”。除此之外，还可以摆出各种各样的几何图形……

火柴游戏大体有两种：一种是摆图形和变换图形；另一种是变换算式。下面是一个经典的火柴游戏。

请看图 14-1 所示的两个图形，分别是一条鱼和一头小猪。请问：如何移动最少的火柴，让鱼往反方向游，让猪往反方向走？

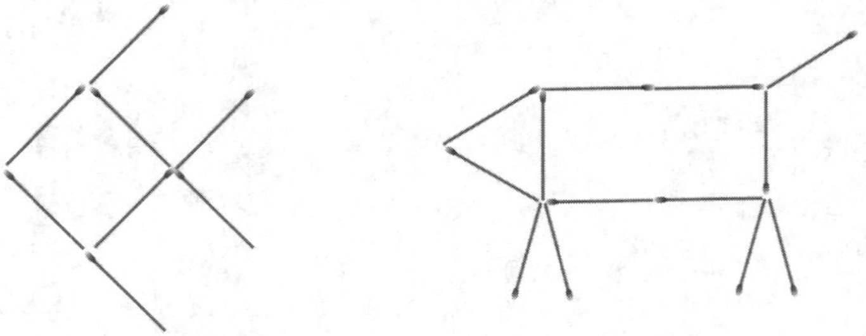

图 14-1　摆图形

答案如下：鱼需要移动 3 根；猪需要移动 2 根。方法如图 14-2 所示。

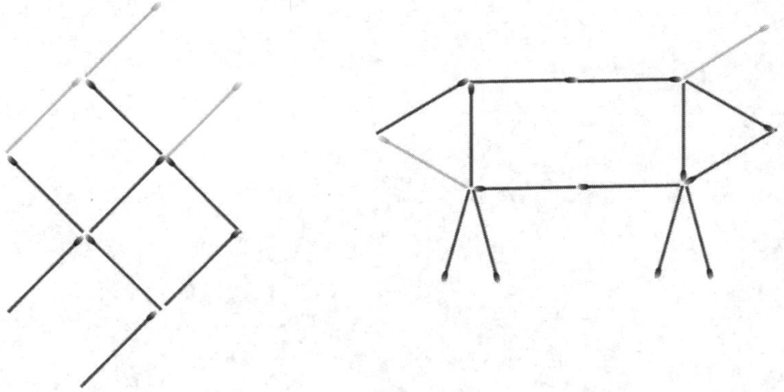

图 14-2　移动火柴

另外，最常见的火柴游戏还有用火柴摆成一个数字等式，通过移动火柴使等式成立。这就要我们注意 0～9 这十个数字都是如何摆成的，它们之间有什么联系。比如，摆好了 5，怎么可以变成数字 6。

火柴游戏不受场地和时间的限制，只要有几根火柴(几根长短一样的细小木棍)就可以进行。火柴游戏寓知识、技巧于游戏之中，启迪智慧，开阔思路，丰富业余生活。

# 纵向扩展训练营

## 405. 一头猪

图 14-3 所示是用火柴摆成的一头猪，想想看，如何移动 2 根火柴，使它变成一头睡着的猪？

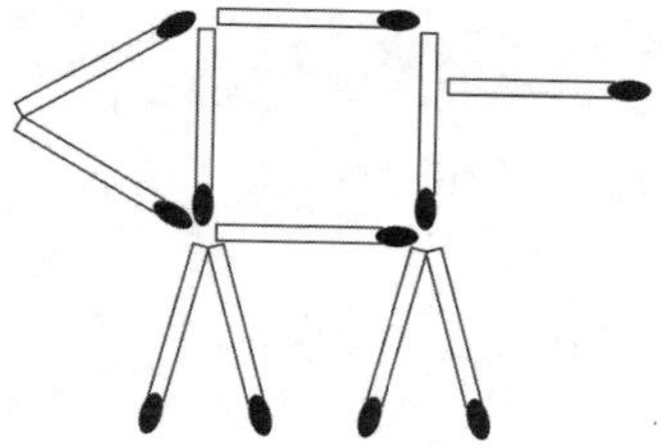

图 14-3 一头猪

## 406. 白塔倒影

在北京大学校园里，有一池湖水叫未名湖；它旁边有一座水塔，名博雅塔。塔倒映在水中，是燕园的一大景观，称为湖光塔影。图 14-4 是用 10 根火柴摆的一座塔，你只要移动其中的 3 根火柴，一个倒立的“湖光塔影”便会呈现在你面前！那么，你知道怎么移动吗？

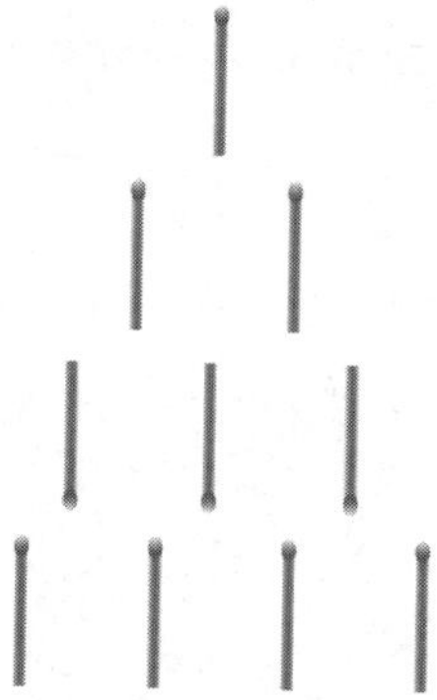

图 14-4 10 根火柴摆的一座塔

## 407. 倒转酒杯

如图 14-5 所示，这是用 4 根火柴摆成的两个小酒杯，每个杯中放一个球。不论哪个酒杯，只要移动 2 根火柴，就可以使酒杯中的球放到杯外。你试试看。

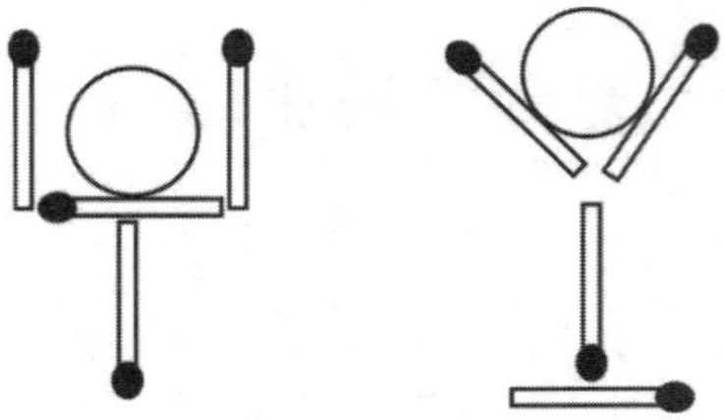

图 14-5　两个小酒杯

## 408. 蘑菇繁殖

图 14-6 是一个蘑菇，请问：你能只移动其中的 4 根火柴就让它变成两个一样的小蘑菇吗？

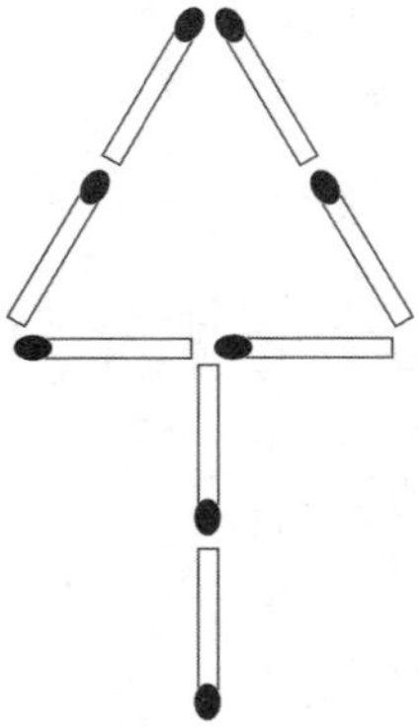

图 14-6　一个蘑菇

## 409. 太阳变风车

图 14-7 是由 12 根火柴拼成的一个太阳图案。现在请移动其中的 4 根火柴，使它变成一个风车。那么，你会移动吗？

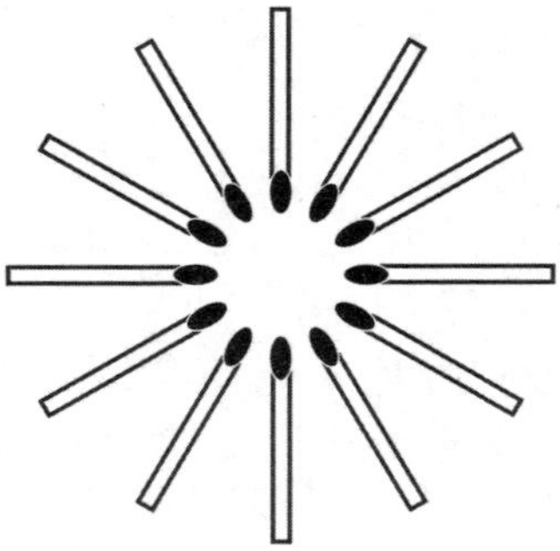

图 14-7　太阳图案

## 410. 颠倒椅子

图 14-8 所示为一把倒立的椅子，那么，你能只移动 2 根火柴就把它正过来吗？

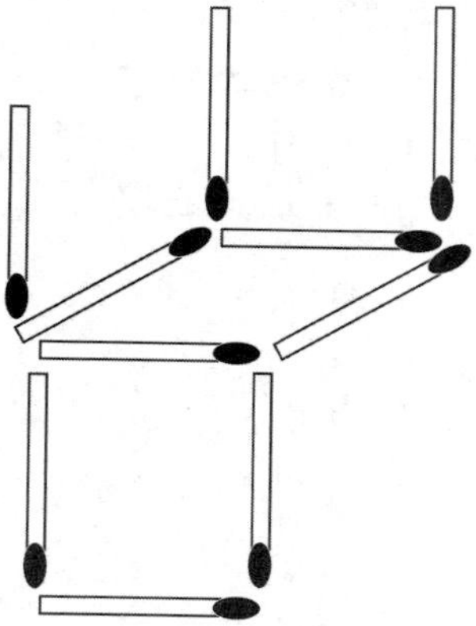

图 14-8 倒立的椅子

## 411. 火柴棒问题

这是一道用火柴棒摆成的式子：Ⅰ＋Ⅹ＝Ⅸ(1＋10＝9)，显然这是错的，请问：最少要移动多少根火柴棒能使它正确？

## 412. 等式成立

图 14-9 中的罗马算式显然是不成立的(10−2=2)，现在请移动 1 根火柴，使它成为一个成立的等式。请问：你知道应该如何移动火柴吗？

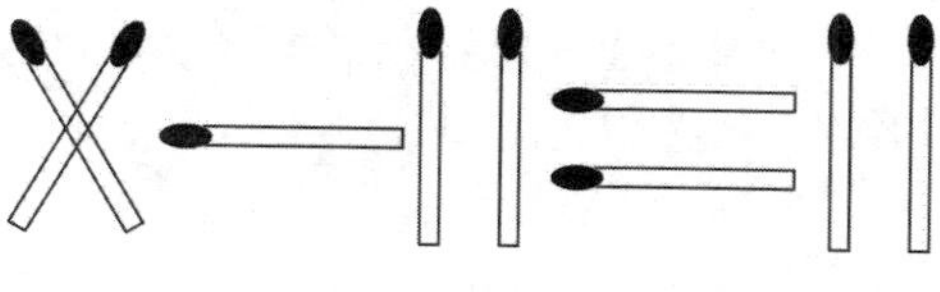

图 14-9 罗马算式

## 413. 数字不等式

图 14-10 是用火柴拼成的一个不等式，很明显它是错误的。请问：你能只移动其中的 1 根火柴就让不等式成立吗？

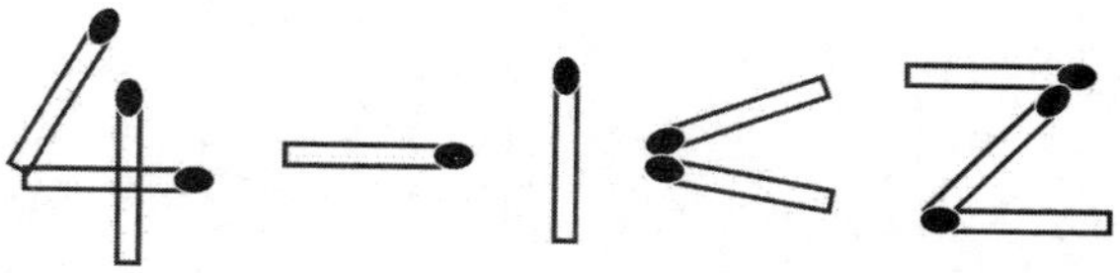

图 14-10 数字不等式

## 414. 等式成立

图 14-11 是一个用火柴摆成的算式，很明显它是错误的，现在请你移动 1 根火柴使这个等式成立。一共有三种方法，你能全部找出来吗？

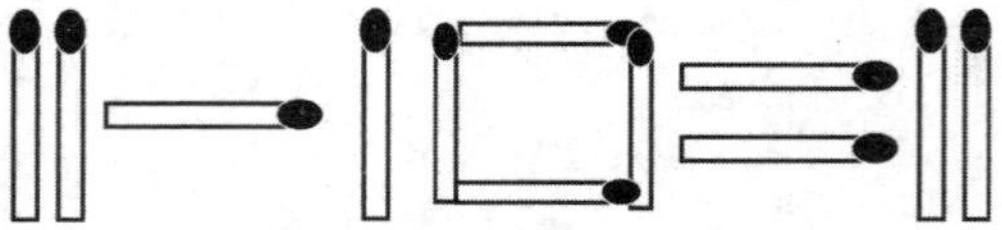

图 14-11　算式

## 415. 移动火柴

在图 14-12 中，移动 2 根火柴使这个不等式成立。请问：你知道该怎么移动吗？

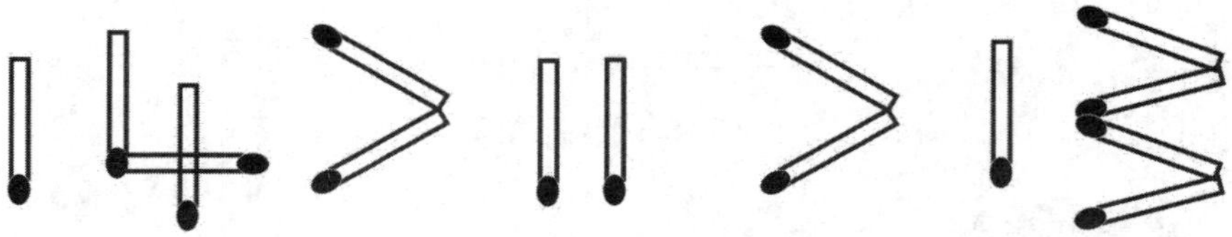

图 14-12　不等式

# 横向扩展训练营

## 416. 巧分四块

图 14-13 是用 24 根火柴摆成的，试一试，移动其中的 2 根火柴，使它变成 4 个形状相同，面积也一样的图形。

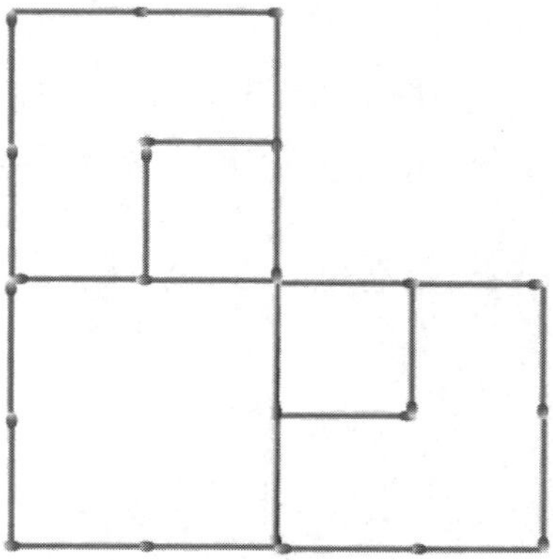

图 14-13　巧分四块

## 417. 变出三个正方形

图 14-14 是用 24 根火柴摆成的一大、一小的两个正方形，只能移动其中的 4 根火柴，使其变成 3 个正方形。请问：你能做到吗？

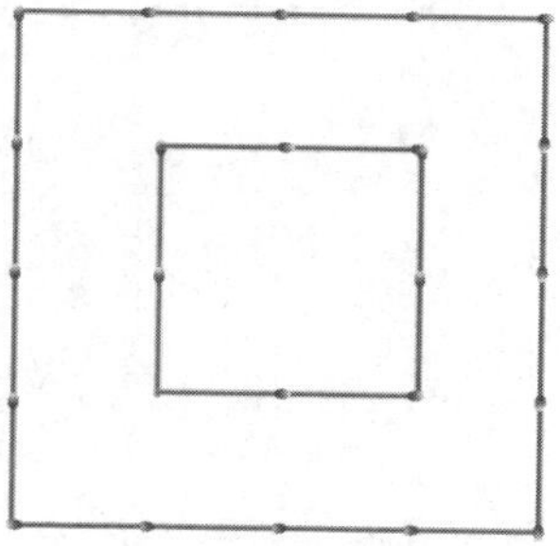

图 14-14　变出三个正方形

## 418. 变出四个等边三角形

图 14-15 是由 15 根火柴摆出的两个等边三角形，想一想，只能移动其中的 3 根火柴，如何把它变成 4 个等边三角形？

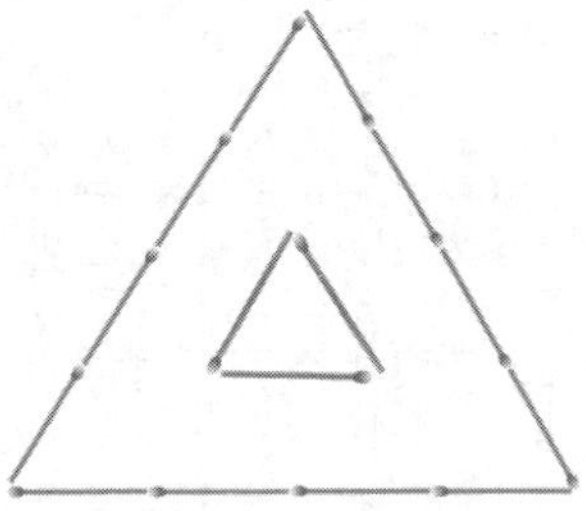

图 14-15　变出四个等边三角形

## 419. 八根火柴

图 14-16 是由 8 根火柴组成的 14 个正方形，请拿走 2 根火柴，使正方形数变成 3 个。那么，你知道怎么做吗？

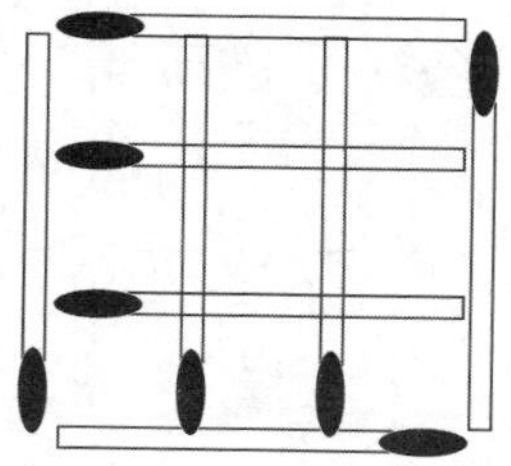

图 14-16　八根火柴组成的正方形

## 420. 二变三

图 14-17 是由 24 根火柴组成的一大、一小的两个正方形，现在要求只移动其中的 4 根火柴，使两个正方形变成 3 个。那么，你知道怎么移动吗？

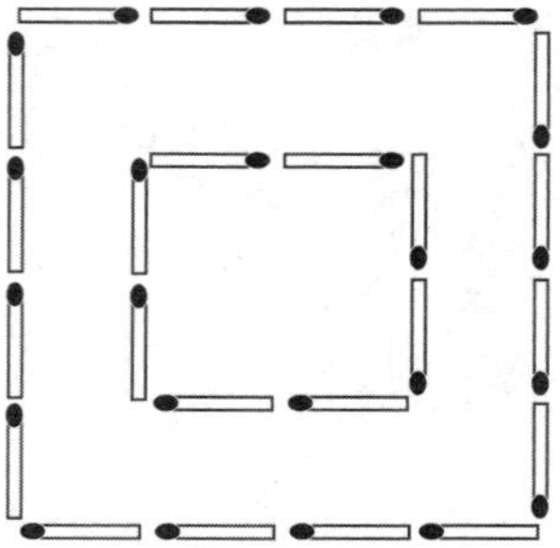

图 14-17　二变三

## 421. 九变五

图 14-18 是由 24 根火柴拼成的 9 个小正方形。现在拿走其中的 4 根、6 根、8 根，使最后都能得到 5 个小正方形。请问：你知道怎么拿吗？

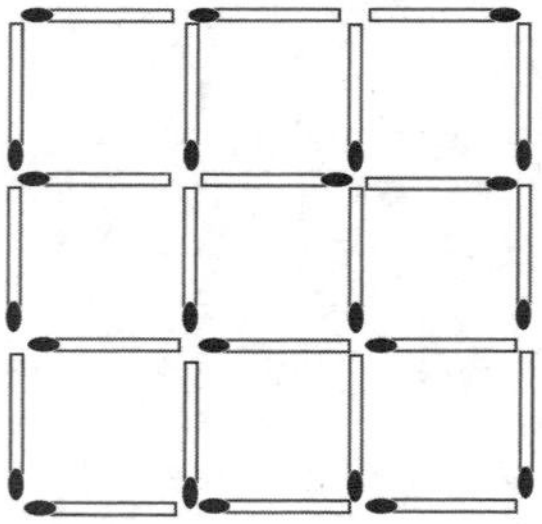

图 14-18　九变五

## 422. 五变六

移动图 14-19 中的 4 根火柴，使图中的 5 个正方形变成 6 个。请问：你知道怎么移动吗？

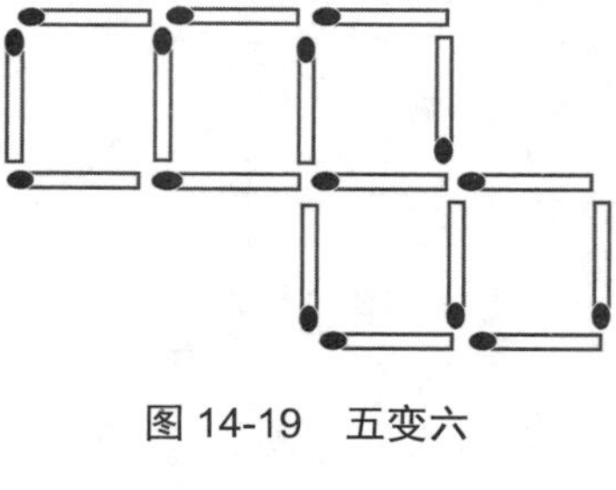

图 14-19　五变六

## 423. 形状相同

图 14-20 是由 20 根火柴拼成的 4 个正方形，现在要求你只移动其中的 4 根火柴，使它变成 3 个大小相等、形状相同的图形。请问：你知道该怎么移动吗？

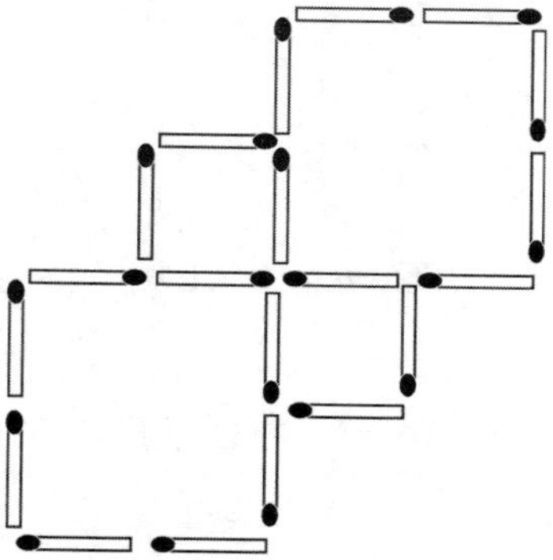

图 14-20 4 个正方形

## 424. 三角形变换

如图 14-21 所示，如何只移动 3 根火柴就得到 10 个三角形、3 个菱形？

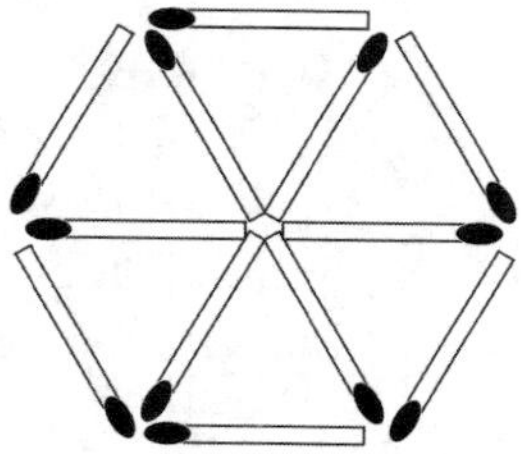

图 14-21 三角形变换

## 425. 摆正方形

图 14-22 是由 4 根火柴摆成的一个十字形，现在请你移动最少的火柴，使它变成一个正方形。请问：最少需要移动几根火柴呢？

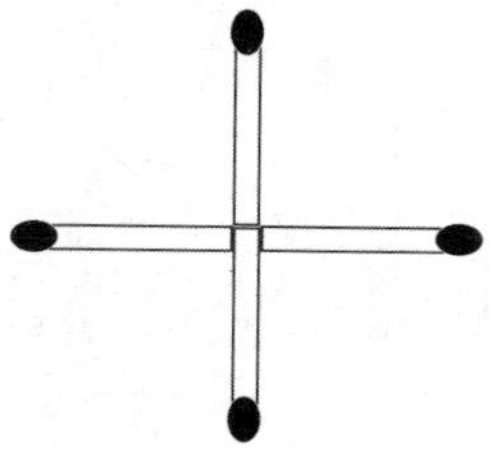

图 14-22 摆正方形

## 426. 六变九

图 14-23 中有 6 根并排放置的火柴，现在再加上 5 根。请问：你能把它变成 9 吗？

图 14-23 六变九

# 斜向扩展训练营

## 427. 翻身

请把图 14-24 中用火柴摆成的图形按箭头方向从上到下翻转过来。那么，你知道结果应该是哪个吗？

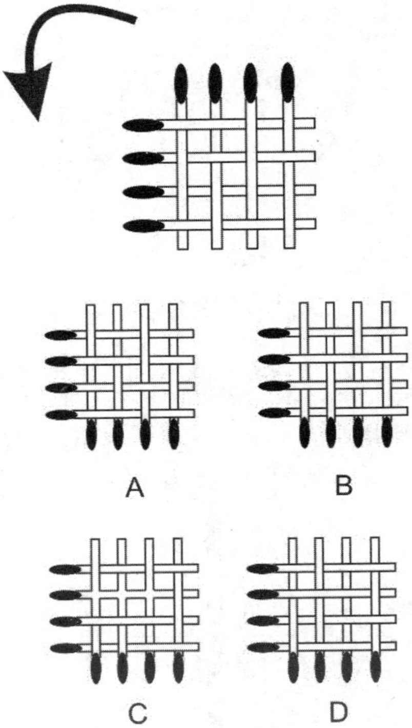


图 14-24 翻身

## 428. 12 根火柴

图 14-25 中有 12 根火柴。请问：如何摆可以让它们拼成的正方形最多？

图 14-25 12 根火柴

## 429. 摆正方形

用 15 根火柴摆出 8 个大小相等的小正方形，且不允许折断火柴。请问：你知道怎么摆吗？

## 430. 三等分

图 14-26 是由 12 根火柴拼成的一个直角三角形，三条边分别是 3、4、5。那么，你能用 4 根火柴把这个三角形分成面积相等的三部分吗？(不要求形状相同)

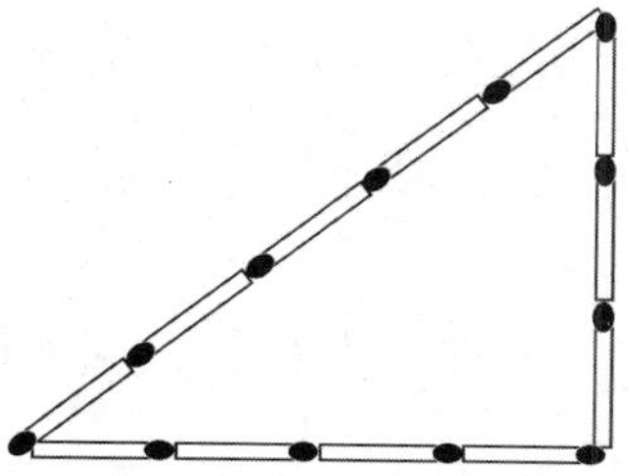

图 14-26 直角三角形

## 431. 分院子

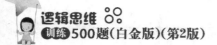

图 14-27 是一个正方形的院子，中间的小正方形是一间房子。现在请你用 10 根火柴把这个院子分成大小和形状相同的五部分。请问：你知道怎么做吗？

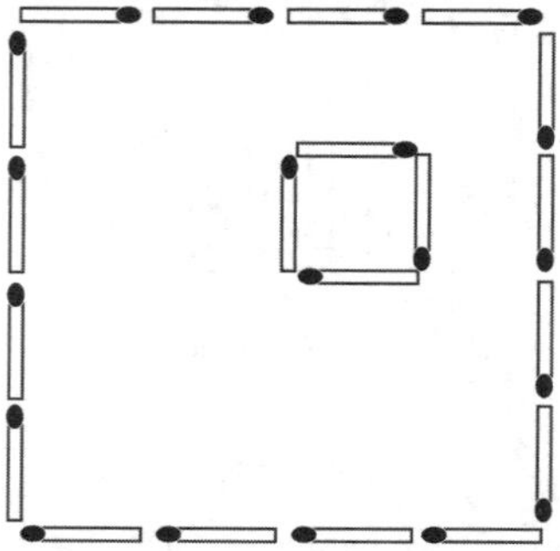

图 14-27 分院子

## 432. 减少一半

图 14-28 是一个 4×3 的方格，用 12 根火柴可以把这个方格分成两部分，围起来部分的面积正好占整个面积的一半。现在请你移动其中的 4 根火柴，使火柴围成的面积再减少一半。请问：你知道怎么移动吗？

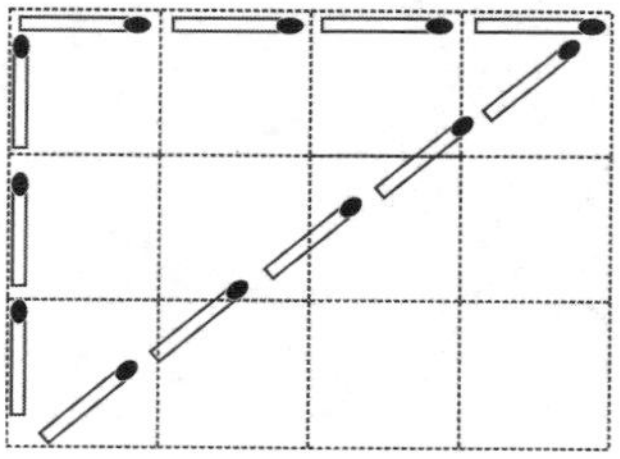

图 14-28 减少一半

## 433. 八个三角形

用 2 根火柴拼出 8 个三角形，且不准把火柴折断。请问：你能做到吗？

## 434. 四个等边三角形

用 3 根火柴很容易摆一个等边三角形，现在有 6 根火柴，怎样可以摆成四个一样的等边三角形？

## 435. 消失的三角形

图 14-29 是由 9 根火柴拼成的 3 个三角形。现在请你只移动其中的两根火柴，使这三个三角形全都变没了。请问：你知道怎么做吗？

图 14-29　3 个三角形

## 436. 直角个数

如图 14-30 所示，用三根火柴可以构成 8 个直角。请问：想要构成 12 个直角至少需要几根火柴？(火柴本身的直角不算)

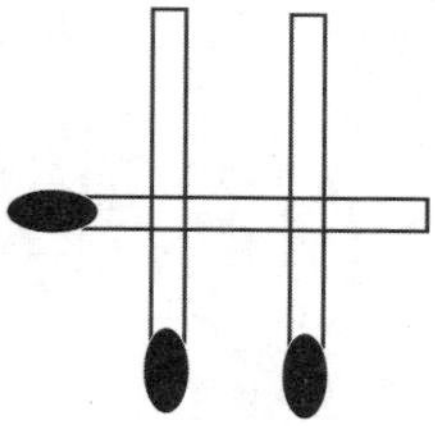

图 14-30　直角个数

## 437. 逻辑关系

仔细观察图 14-31，找出其中的逻辑关系，并写出问号处所代表的字母是什么。

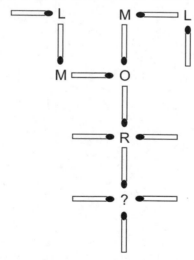

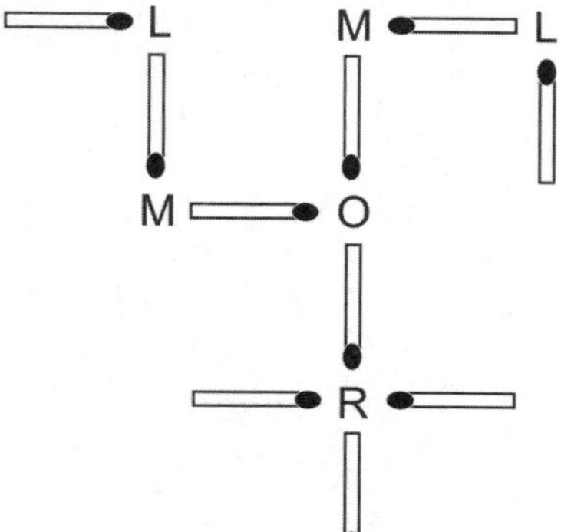


图 14-31　逻辑关系

# 第十五章

## 纸牌游戏

纸牌又叫扑克牌，是一种常见且古老的休闲游戏。这种游戏，由于其制作和携带都非常方便，因此是一种老少咸宜的娱乐。楚汉相争时期，韩信为了缓解远征士兵的思乡之愁，就发明了一种木牌游戏，据说就是扑克牌的雏形。后来，这种游戏通过“丝绸之路”传入西亚，并在13世纪流入欧洲，最终演化成现在的扑克牌。

后来，扑克牌在世界上迅速流行起来，玩法也各式各样。

下面列举一个简单的纸牌游戏。

1个庄家对战5个闲家，庄家手里只剩一张Q了，5个闲家的顺序和牌分别如下：

甲：3、4、K；

乙：J、J；

丙：3、4、Q；

丁：9、9；

戊：10、10、Q。

规则是K最大，3最小，可出单张或对子，由甲先出牌，然后以乙、丙、丁、戊、庄家、甲……这样的顺序轮流出下去。一家出完所有牌之后，如果没人管得上，则他下一家就可以出牌。

请问：5个闲家能否把手里的牌全部出完而获胜？

闲家的出牌方法和顺序如下，即可获胜：

甲：4；

丙：Q；

甲：K；

甲：3；

丙：4；

丁：9；

戊：Q；

戊：10、10；

乙：J、J；

丙：3；

丁：9。

我们知道，常见的纸牌大部分为数码牌，中国的玩法通常是高点数胜低点数，或以特殊组合牌型取胜，这两个原则仍为两大牌戏派别中论胜负的标准。传说印度有棋盘式圆牌戏纯以技巧较胜负，但史籍未予详载；而波斯有所谓“阿斯那斯”玩法，被认为是现代牌戏发展的一个重要里程碑。

我们这里的纸牌游戏，就是把现实中的扑克牌放到书面上，在文字中运用想象力和逻辑思维来解决问题。当然，如果你想更加形象一些，也可以拿出一副牌来亲自操作一番，也别有一番情趣。

# 纵向扩展训练营

## 438. 残局

甲、乙两人打牌进入以下残局。

甲：王、A、A、A、K、K、K、J、J、J、J、8、8、6、6、4、4。

乙：2、2、Q、Q、Q、9、9。

规则：几张只能管几张，不能炸，不能三带二或三带一。

甲先出，他应该怎么出牌才能赢呢？

## 439. 出牌顺序

甲、乙、丙、丁四人玩扑克牌游戏，每人分别拿红心、黑桃、方块、梅花的1～10的十张牌。每一回合一人出一张牌，10个回合4人均按自己意愿的顺序把10张牌出完。规则是每一回合中出牌点数最大的人得1分，其他人得0分，如果最大点数的牌有两张或以上，4人都记0分。

某次，四人打完一轮后，出现了以下情况：

(1) 只有第3、7、10回合无人得分；

(2) 四人的得分均不相同，按得分从高到低排列，正好是甲、乙、丙、丁；

(3) 四人中有人按1～10的递增顺序出牌，也有人按10～1的递减顺序出牌；

(4) 没有人在连续的两个回合中都得1分；

(5) 四人出的牌正好可以排成连号(1、2、3、4)的情况有两次；

(6) 把四人出的牌的点数相加，有4回得数为20，有2回得数为25。

请问：丁在第二回合出的是哪张牌？

## 440. 手里的剩牌

三个人一起玩牌，玩到一半的时候统计各自手里的剩牌张数。小王说："我还剩12张，比小李少2张，比小张多1张。"小李说："我剩的张数在三个人中不是最少的，小张和我相差了3张，他剩了15张。"小张说："我剩的张数比小王少，小王剩了13张，小李剩了11张。"如果三个人每个人说的三句话中只有两句是正确的，那么，他们各剩了多少张呢？

## 441. 纸牌游戏

小明、小李和小王三人玩一种纸牌游戏，一共有36张牌，它们是18个对子。然后从中间随机抽出一张放在一旁，谁也不知道是什么牌。这样就剩下了17个对子和一个单张。接着按照下列规则玩牌。

(1) 小明发牌，先给小李1张，再给小王1张，然后给自己1张。如此反复，直到发完所有的牌。

(2) 在每个人都把手中成对的牌拿出之后，每人手中至少剩下1张牌，而三人手中的牌总共是9张。

(3) 在剩下的牌中，小李和小明手中的牌加在一起能配成的对子最多，小王和小明手中的牌加在一起能配成的对子最少。

那么，那个唯一的单张发给了谁？

**提示：**应判定出给每个人发了几张牌以及每两个人手中的牌加在一起能配成对子的数目。

## 442. 谁没有输过

爸爸、妈妈和儿子三个人玩了两盘纸牌游戏，其玩法如下：游戏者轮流从别人手中抽牌，直到有一人手中只剩下1个单张，此人便是输者。抽牌后配成了对子，便打出这对牌。如果一个人从第二个人手中抽了一张牌并打出一个对子之后手中已经无牌，则轮到第三个人抽牌时就从第二个人手中抽。通过抽牌来配成对子，并且尽量避免手中只留下1个单张。

在每一盘接近尾声的时候出现以下情况。

(1) 爸爸只有 1 张牌，妈妈只有 2 张牌，儿子也只有 2 张牌；这 5 张牌包括 2 个对子和 1 个单张，但任何人手中都没有对子。

(2) 爸爸从妈妈手中抽了 1 张牌，但没能配成对。

(3) 妈妈从儿子手中抽了 1 张牌，随后儿子从爸爸手中抽了 1 张牌。

(4) 在任何一盘中，没有一人手中两次拿着同样的一手牌。

(5) 没有一人连输两盘。

请问：在两盘游戏中，谁没有输过？

**提示：**先判定三人手中纸牌的可能分布，然后判定一盘游戏该怎样进行才能做到没有一人手中两次拿着同样的一手牌。

## 443. 巧胜扑克牌

现有扑克牌智力题如下：

甲方：1 个 2，3 个 K，3 个 J，2 个 Q，2 个 7，2 个 6，2 个 5，2 个 4，1 个 3；

乙方：2 个 A，2 个 10。

规定：由甲方先出，先出完者为胜。规则符合一般出牌规则。此外，可出三带双(如 3 个 J 带 2 个 4)；但不可出三带一(如 3 个 K 带 1 个 3)；可出五连顺(如 34567)，但不可出四连顺(如 4567)；也不可出连对(如 4455 等)。

请问：甲方可否胜出？

## 444. 没有出黑桃

爸爸和儿子玩一种纸牌游戏，规则如下：双方先后各出一张牌为一圈。后手在每一圈中都必须按先手出的花色出牌，除非手中没有相应的花色，而先手则可以随意出牌。每一圈的胜方即为下一圈的先手。

开始的时候，双方手中各有四张牌，其花色分布如下所示：

爸爸手中：黑桃—黑桃—红心—梅花；

儿子手中：方块—方块—红心—黑桃。

(1) 双方都各做了两次先手；

(2) 双方都各胜了两圈；

(3) 在每一圈中先手出的花色都不一样；

(4) 在每一圈中都出了两种不同的花色。

请问：在打出的这四圈牌中，哪一圈没有出黑桃？

**注：**王牌至少胜了一圈。(王牌是某一种花色中的任何一张牌，它可以：①在手中没有先手出花色的情况下出王牌。这样，一张王牌将击败其他三种花色中的任何牌。②与其他花色的牌一样作为先手出的牌。)

**提示：**首先从先手和胜方的可能序列中判定王牌的花色；其次判定在哪一圈时先手出了王牌并取胜；最后判定在哪一圈时出了黑桃。

## 445. 扑克数字游戏

小李、小王、小刘、小方、小邓和小周 6 个人玩扑克牌数字游戏，用的是一副牌中的 2～9，共 32 张牌。每人随机摸了 5 张牌，且每人只能看见自己的牌。每人将自己的 5 张牌排列组成一个 5 位数，得到以下结论，请根据这些结论判断剩下的两张牌是什么。

小李：无论如何排列，我的数字都可以被 36 整除。

小王：无论如何排列，我的数字都不可能被从 2～9 的所有整数整除。

小刘：我的 5 张牌是一个顺子，也就是 5 个相邻数字。

小方：这么说来，咱们 6 个人能够做出的 5 位数中，最大的数和最小的数都在我这儿了。

小邓：我能够做出来的 5 位数中，最小的可以被 5 整除，最大的可以被 8 整除。

小周：这样啊！那么除了小方以外的 5 个人能够做出的 5 位数中，最大的数和最小的数都在我这儿了。

## 446. 什么花色最多

某人手中有 13 张扑克牌，这些牌的情况如下：

(1) 没有大王、小王，但红桃、黑桃、方块、梅花四种花色都有；

(2) 各种花色牌的张数不同；

(3) 红桃和黑桃合起来共有 6 张；

(4) 红桃和方块合起来共有 5 张；

(5) 有一种花色只有两张牌。

请问：这个人手中的牌什么花色的最多，且有几张？

# 横向扩展训练营

## 447. 放错的扑克牌

小月把扑克牌中的黑桃 1～9 如图 15-1 排成三排。其中有一张位置错了，那么是哪一张？

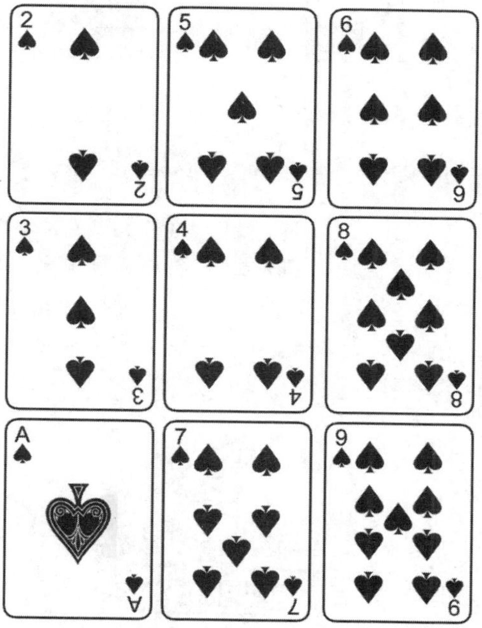

图 15-1　放错的扑克牌

## 448. 四人取牌

有 1～9 九张扑克牌。甲、乙、丙、丁四人每人取两张，另有一张扑克牌多余。

甲说：我两张扑克牌的数字之和是 10；

乙说：我两张扑克牌的数字之差是 1；

丙说：我两张扑克牌的数字之积是 24；

丁说：我两张扑克牌的数字之商是 3。

请问：他们四人各拿了哪两张扑克牌，剩下的一张又是什么牌？

## 449. 扑克逻辑

依照图 15-2 的逻辑，9 应该是红桃还是黑桃呢？

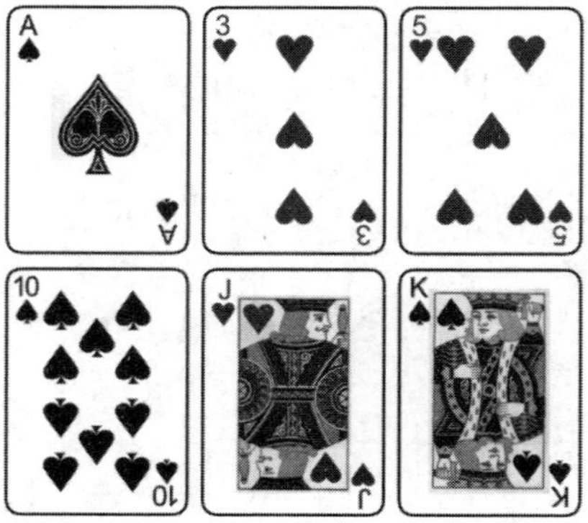

图 15-2　扑克逻辑

## 450. 猜扑克牌

桌上有 8 张已经编号的扑克牌扣在上面，它们的位置如图 15-3 所示。

在这 8 张牌中，只有 K、Q、J 和 A 这四种牌。其中至少有一张是 Q，每张 Q 都在两张 K 之间，至少有一张 K 在两张 J 之间。没有一张 J 与 Q 相邻，其中只有一张 A，没有一张 K 与 A 相邻，但至少有一张 K 和另一张 K 相邻。

请问：你能找出这 8 张扑克牌中哪一张是 A 吗？

图 15-3　猜扑克牌

## 451. 九张扑克牌

如图 15-4 所示，点数为 2～10 的九张扑克牌排成一个方阵，其中只有梅花 8 正面向上。已知：10 不在最右面的一列；每一行、每一列、每条对角线上 3 张纸牌的数字之和相等；相邻的扑克牌颜色互不相同；四个角的 4 张扑克牌为同一花色；方块比红桃的数量多；梅花和黑桃一样多。请问：你能正确地推算出其他的 8 张扑克牌吗？

图 15-4　九张扑克牌

## 452. 菱形扑克阵

九张扑克牌摆成一个如图 15-5 所示的菱形图案，有一张牌被故意隐藏起来了，那么，你能找出这个牌阵的规律，并猜到问号处的牌是什么牌吗？

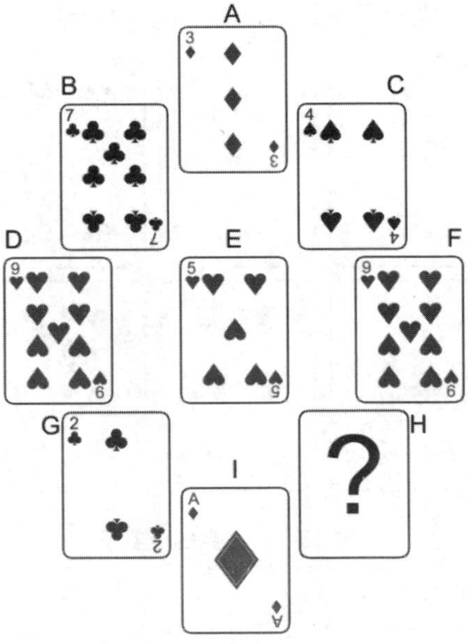


图 15-5　菱形扑克阵

## 453. 扑克牌难题

如图 15-6 所示，问号处填什么牌能完成这个难题？

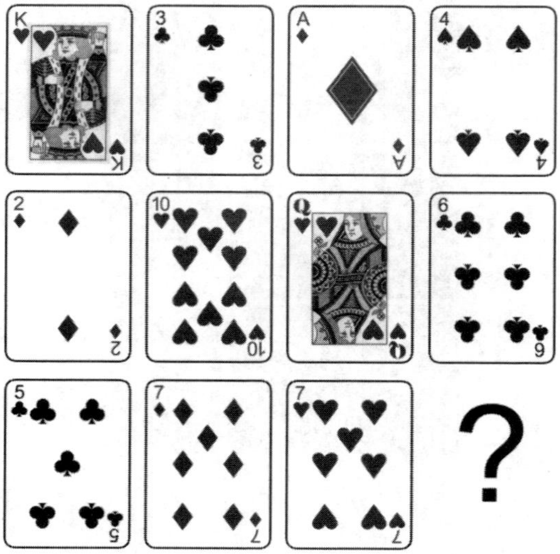

图 15-6　扑克牌难题

## 454. 扑克的分类

小陈把几张扑克牌分成上、下两组，如图 15-7 所示。

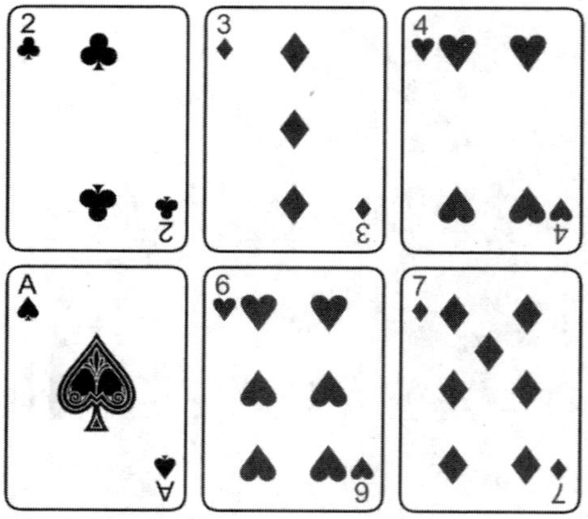

图 15-7　扑克的分类

那么，梅花 5 应该放到哪一边呢？

## 455. 猜牌游戏

占牌大师手拿一张方块的扑克牌。拿放大镜放大这张牌的一部分，发现呈现如图 15-8 所示的图形。那么，究竟这张牌是方块几呢？

图 15-8 猜牌游戏

## 456. 三张扑克牌

有三张扑克牌牌面朝下摆成一排。已知其中：

有一张 Q 在一张 K 的右边。

有一张 Q 在一张 Q 的左边。

有一张黑桃在一张红心的左边。

有一张黑桃在一张黑桃的右边。

请问：这三张是什么牌？

## 457. 十张扑克牌

在一副扑克牌中抽出 10 张，其中 1 张 J、2 张 Q、3 张 K、4 张 A。现将这 10 张牌排成一个三角形：第一排 1 张扑克牌，第二排 2 张扑克牌，第三排 3 张扑克牌，第四排 4 张扑克牌。它们的排列还要满足下列条件：

(1) 第四排没有 A；

(2) 每排相同内容的扑克牌不得超过两张；

(3) A 不能与 K 放在同一排。

问题 1：下列哪一种排列符合以上条件？(　　)

A. 每排有 1 张 A

B. 第一排、第二排、第三排各有 1 张 K

C. 所有的 A 和 Q 都放在前三排

D. 所有的 A 放在第二排和第三排

E. 第三排里有两张 K

问题 2：第二排必须由下列哪几张扑克牌组成(　　)

A. 两张 A

B. 两张 K

C. 1 张 A 和 1 张 K

D. 1 张 K 和 1 张 J

E. 1 张 J 和 1 张 Q

问题 3：下列哪几张扑克牌可以组成第三排？(　　)

A. 1 张 K 和两张 A

B. 1 张 K 和两张 Q

C. 1 张 Q 和两张 A

D. 1 张 Q 和两张 K

E. 1 张 J 和 1 张 A 和 1 张 Q

问题 4：在所有的排列中，两张 Q 在哪几种排列中可以排在一行？(　　)

A. 第二排

B. 第三排

C. 第四排

D. 第二排，第四排

E. 第三排，第四排

问题 5：如果所有的 A 被排在第二排和第三排，那么，下列哪个判断必定是正确的？(　　)

A. 在两张 A 中间夹着一张 J

B. 第一排是 1 张 K

C. 当 1 张 K 放在第四排时，1 张 Q 在同一排内毗邻它

D. 第三排中有 1 张 J

E. 第三排中有 1 张 Q

问题 6：如果有 1 张 A 排在第三排中，那么下列哪个判断是错误的？(　　)

A. 当一张 Q 放在第三排时，同排有 1 张 A 毗邻它

B. 第三排中间那 1 张是 A

C. 第一排是 1 张 A

D. 第二排的两张扑克牌都是 A

E. 第三排中间那张是 J

问题 7：任何一种排列都肯定有下列哪种情况出现？(　　)

A. 1 张 A 在第一排

B. J 在第三排

C. 有 1 张 Q 在第三排

D. 两张 Q 都放在第四排

E. 有两张 K 在第四排

# 斜向扩展训练营

## 458. 扑克牌

桌上放着红桃、黑桃和梅花三种牌，共20张。

(1) 桌上至少有一种花色的牌少于6张；

(2) 桌上至少有一种花色的牌多于6张；

(3) 桌上任意两种牌的总数将不超过19张。

上述论述中正确的是(　　)

A. 1、2

B. 1、3

C. 2、3

D. 1、2和3

## 459. 小魔术

这是一个小魔术，由两个人配合并与一名观众一起表演：一副扑克去掉大王、小王后余52张，由观众随机抽5张给魔术师的助手，助手看完牌后选了一张牌扣在桌面上，并把另外4张牌按某种顺序排成一排。观众按顺序将4张牌的花色和点数说给魔术师听。魔术师听过这4张牌后准确无误地说出了扣在桌面上的那张牌是什么。当然，魔术师和助手在之前讨论过方案。另外，助手在整个过程中不能以任何其他方式将信息透露给魔术师。请问：魔术师的策略是什么？

## 460. 跳跃魔术

你的朋友告诉你，他今天要跟你打个赌：他首先把一副扑克牌洗好，把除了大王、小王以外的52张牌依次扣在桌面上，然后他把第二张牌翻开，是方片5，他向前数5张牌，翻开后，是梅花4，然后又向前数了4张牌，以此类推，每一次翻开的牌上面的数字是几，就向前走几步(J、Q、K按1算)……最后，当翻开红桃5时，已经接近牌的末尾，因此无法再向前数了。

接着，他把除了最后翻开的红桃5以外的所有牌都翻回去。然后他说：“你可以从第一张牌到第十张牌任意选一张开始，重复我的过程，如果你最后的一张牌也停在红桃5，那么你就输了；如果你最后一张牌不是红桃5，我就输了。”那么，你敢跟你的朋友打这个赌吗?

## 461. 猜牌术

表演者将一副牌交给观众，然后背过脸去，请观众按他的口令去做。

(1) 在桌上摆3堆牌，每堆牌的张数要相等(假如15张)，但是不要告诉表演者。

(2) 从第2堆牌中拿出4张牌放到第1堆里。

(3) 从第3堆牌中拿出8张牌放在第1堆里。

(4) 数一下第2堆还有多少牌(本例中还有11张牌)，从第1堆牌中取出与第2堆相同数目的牌放在第3堆。

(5) 从第2堆中拿出5张牌放在第1堆中。

表演者转过脸来，现在说："把第2堆牌、第3堆牌拿开，那么第1堆牌中还有21张，对不对？"观众数了一下，果然还有21张。

请问：这其中有什么诀窍吗?

## 462. 神机妙算

小明和小李想玩扑克牌，小明忽然想起一个主意，把牌递给小李，说："我有神机妙算的本领，要不要试试？""神机妙算？算什么？""算牌！我转过身，不看牌，你照我说的做。第一步，发牌。分发在左、中、右三堆，各堆牌的张数相同，但是不要说出有几张。第二步，从左边一堆拿出两张放进中间一堆。第三步，从右边一堆拿出一张，放进中间一堆。第四步，从中间一堆往左边运牌，使左边一堆牌的张数加倍。现在数数看，中间一堆还剩几张牌？""数过了，不告诉你。""不告诉我也知道，中间还剩5张！""怎么知道的？""是算出来的，神机妙算！"

请问：你知道小明是怎么算出来的吗?

## 463. 很古老的魔术

A和B两人表演魔术。A从一副54张的完整纸牌中任意抽出5张，然后选择其中4张按照自己选定的顺序正面朝上摆在桌面上。B看完这4张牌就可以猜出剩余的那一张是什么。当然，B只可以通过这4张牌的花色、点数及其排列顺序来进行判断，A、B之间没有传递其他的信息。具体策略是A、B事先约定好的，而且就算表演者不小心在纸牌中混入了一两张错牌(与其他 54 张皆不同)，他们的策略也能表演成功。请问：你能设计出这样的策略吗?

## 464. 第十一张牌

有21张牌，表演者把这21张牌洗好在桌上排成7列，每列3张。然后，表演者请一位观众心里默默地记住其中的任意一张牌，并只告诉表演者这张牌在哪一行。表演者把那位观众没有记牌的那两行中的一行从左到右收起，再把观众记牌所在的那一行从左到右收起，最后将剩下一行也从左到右收起。

接着，表演者把收成一叠的牌从左到右重新摆成7列，每列3张。摆完以后，再问记牌的观众，他刚才所记的牌在哪一行。观众回答完以后，表演者按上次叠牌的顺序和方向把牌叠好，再把牌摆成新的7列，再问那位观众他记的牌在哪一行。把牌按上述的顺序和方法再叠起来，并重新摆成7列。这时表演者指着最中间的第11张牌对观众说，这张就是你记的牌！

请问：这个魔术的原理是什么？

## 465. 魔术

有一天，豆子和小羽看电视上的一个魔术节目。魔术师邀请了5位现场观众上来参与表演，他先让观众检查他手上的牌有没有问题，然后请观众在52张扑克牌中任选25张。魔术师将这25张牌分成5组，要5位观众各选一组，再从各自选择的那组中选出一张并记住，就是不可以跟任何人讲，没有人知道观众记的是什么牌，当然，魔术师也不知道。这时候，魔术师将25张牌收回来，然后开始洗牌，只见其手法利落，纸牌飞般地重新编组，然后他又将牌分成5组，先拿出第一组5张，问5位观众，是否这5张中有他们记的牌。若有则点头，但不要说出是哪一张；若无则摇头。当然，第一组牌问完后又问第二组牌，以此类推。然后魔术师将手中的牌分组后，在5个观众面前分别放一张牌，之后问观众，是否这张牌就是他们记的牌。当然，结果那张牌就是他们记的牌。电视机旁的小羽拼命鼓掌。

“这不过是巧用数学罢了”，一旁沉思已久的豆子兴奋地说，“如果我有他的洗牌技术，我也可以表演这个魔术。”

请问：豆子说的是真的吗？

## 466. 消失的扑克牌

计算机课上，老师说：“今天我给你们做一个测验，你们打开计算机桌面上的附件，背景上浮现出大卫·科波菲尔的脸。然后出现6张扑克牌，都是不同花色的J到K，每张都不一样。接着你在心里默想其中的一张。不要用鼠标点它，只是在心里默想。边看着我的眼睛，边默想你的卡片。默想你的卡片，然后击空格键。”

我选了红桃Q，一切都是按步骤来的，最后，我轻轻一击空格键，画面哗地一变，原来的6张牌不见了，然后出现了一行字：看！我取走了你想的那张牌！我急忙去看，天哪！扑克牌只剩下5张，红桃Q不见了！真的不见了！！

我大吃一惊，马上再来一遍，这次选了黑桃K，几个步骤下来，黑桃K还是不见了！

我百思不得其解，其他的同学也同样惊讶，看来他们也被这神奇的魔术震慑住了。这时，老师说：“你们是不是觉得很神奇呢？其实答案很简单。”他说出了答案。他的回答令我再次失声惊呼："竟是这样简单！"

那么，你知道这个魔术师怎么变的吗？

## 467. 轮流猜花色

在一档电视节目里，主持人和几个很聪明的人玩一个游戏。主持人先把 3 张黑桃、4 张红桃、5 张方块亮给大家看，然后请大家背对桌站着，主持人从 12 张牌里挑出 10 张放在桌上。游戏开始，主持人先从桌上的 10 张牌中拿走一张，然后让一个人转过身来，问他能否根据桌上的牌推测出刚才主持人拿走的是什么花色。如果他推测不出来，主持人就再从桌上拿走一张牌，并请下一个人转过身根据桌上的牌和前面人的回答来推测主持人最近一次拿走的那张牌的花色。请问：有可能直到 10 张牌都被拿走都没人能推测出来吗？

## 468. 换牌

A、2、3、4、5 五张扑克牌按顺序摆成一排，每相邻的四张可以两两互换位置，请问：怎么用三次互换使五张扑克牌变成 5、4、3、2、A 的顺序？

# 第十六章

## 棋盘游戏

棋盘游戏，是指在一个 $n \times n$ 的方格内，或者黑白相间的国际象棋的棋盘中，按照一定的规律摆放一些黑色或白色的棋子，通过排列、移动、连线等方式达到规定要求，锻炼我们分析和解决问题能力的一类逻辑益智题目。

下面列举一个经典的棋盘游戏。

我们知道，在国际象棋中，“骑士”这个棋子的走法很奇特，只能往前、后、左、右移动一格后，再往斜方向移动一格(见图 16-1)。

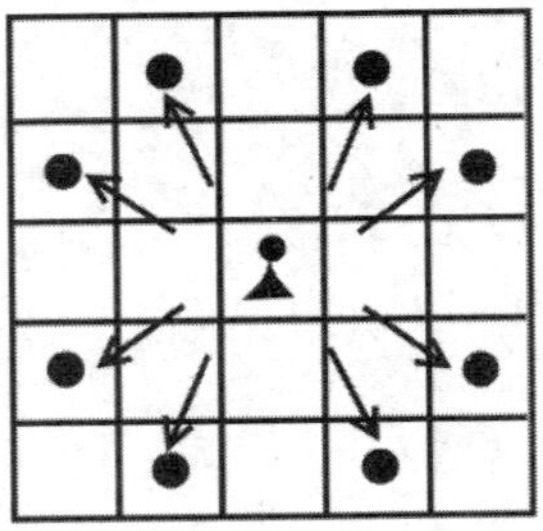

图 16-1　国际象棋

那么，你能用“骑士”在一个 8×8 的国际象棋棋盘上，把每一格都恰好走过，不许重复，也不遗漏，然后再回到出发点吗？并说说怎么走。

这道题非常难！除了图 16-2 中给出的答案外还有许多走法，即便你没有回到原点，只要走遍了所有格子，也可以算正确！大家可以亲自实践一下。

图 16-2　走遍棋盘格

对于国际象棋的棋盘我们在生活中非常常见，这就使棋盘游戏具有很大的可操作性。即便你身边没有国际象棋的棋盘，也可以在一张白纸上画出 $n \times n$ 的方格来游戏，并且一点不受影响。

大多数棋盘游戏都可以按照国际象棋或者围棋的走法和规则进行游戏，有些还做了适当的调整和改编，使得游戏更加复杂、有趣。它们对锻炼我们的想象力、记忆力、思考力等逻辑思维能力大有益处，我们不妨没事的时候多练习一下。

# 纵向扩展训练营

## 469. 八颗棋子

如图 16-3 所示，有一个 8×8 的方格，被分割成四部分，如图 16-3 中的白色区域。

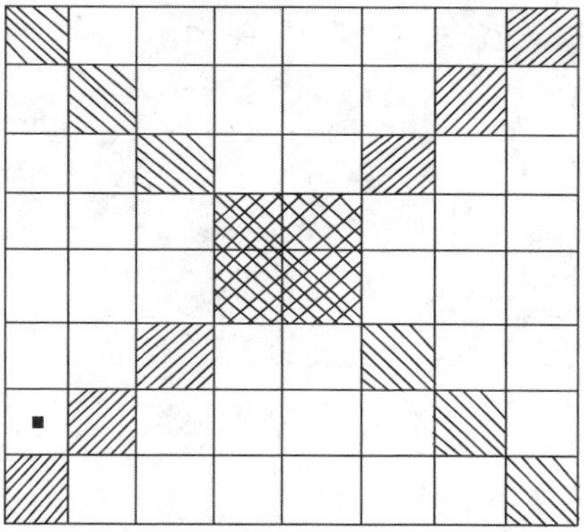

图 16-3　八颗棋子

要求：在每个白色区域上各放 2 枚棋子，但是不允许有 2 枚棋子处于同一行或同一列，也不允许在同一个对角线上。现在已经放上了一枚棋子，那么，你知道其余的棋子都放在哪里吗？

## 470. 有趣的棋盘

在一个 6×6 的棋盘中，已经有了两枚棋子(见图 16-4)，现在请你在棋盘中放入棋子，使得每行、每列、每条斜线上都不会超过两枚棋子。

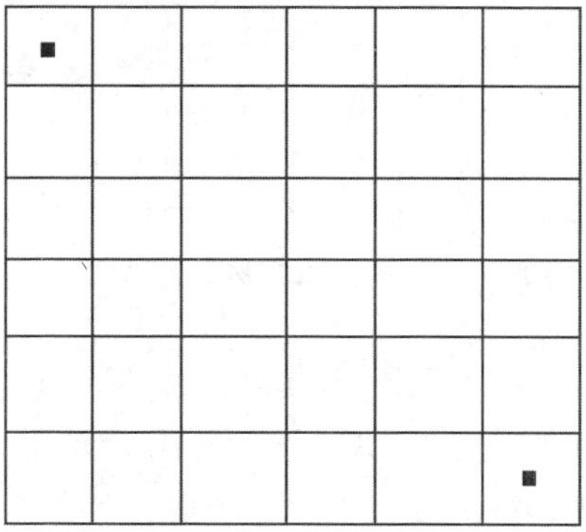

图 16-4　有趣的棋盘

请问：这个棋盘上最多可以放多少枚棋子？

## 471. 骑士巡游

国际象棋里的“骑士”的走法大家都清楚，就是“L”形步，即横走一竖走二或者竖走一横走二。图 16-5 中的“骑士”想 11 步走遍剩下的 11 个空格，请问：你知道该怎么走吗？(有多种走法)

图 16-5　骑士巡游

## 472. 走遍全世界(1)

这个游戏很简单，如图 16-6 所示，你只需要使棋子走遍所有的格子然后回到原来的位置。但是要注意，棋子每次只能向它的上、下或者左、右移动一格，且路线不能重复，即一个格子不允许通过多次。那么，请你画出它的移动路线吧。

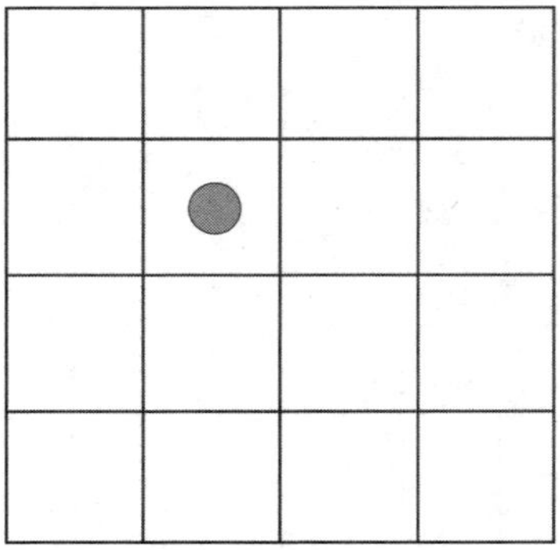

图 16-6　走遍全世界(1)

## 473. 走遍全世界(2)

这个游戏很简单，如图 16-7 所示，你只需要使棋子走遍所有的格子然后回到原来的位置。但是要注意，棋子每次只能向它的上、下或者左、右移动一格，且路线不能重复，即一个格子不允许通过多次。那么，请你画出它的移动路线吧。

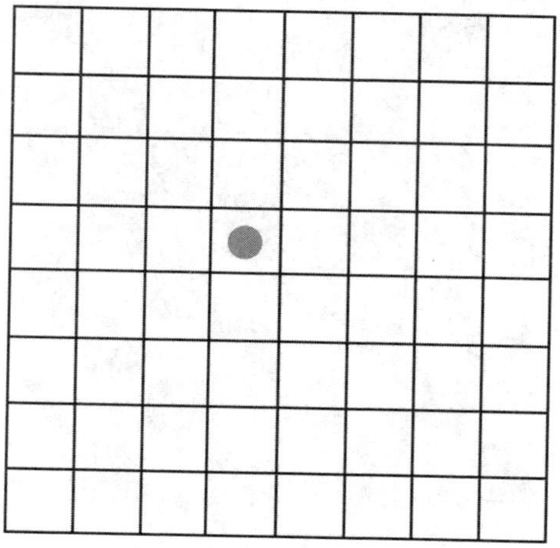

图 16-7 走遍全世界(2)

## 474. 走马观花

小明去植物园看牡丹，今年的牡丹花非常漂亮，小明不想错过欣赏任何一盆，因此他制定了一条观花路线。如图 16-8 所示，黑点处为起点，白色圆圈处为终点。那么，小明要如何设计路线，才能使观花路线不重复、不遗漏且只用 21 条直线就可以全部参观完呢？

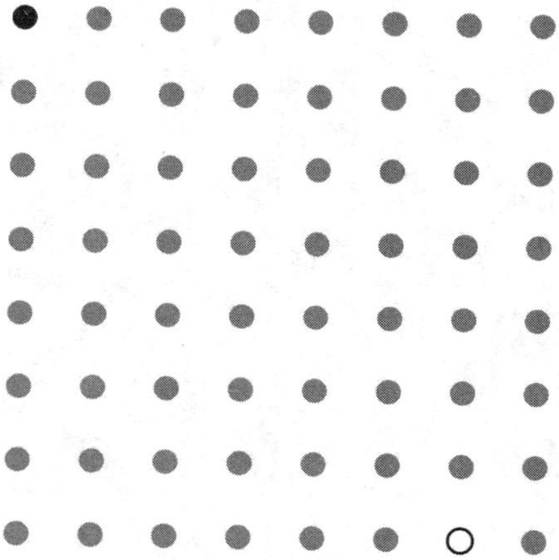

图 16-8 走马观花

## 475. 走遍天下

如图 16-9 所示，这是一个标准的国际象棋棋盘。假设在右上角的格子里有一个皇后，想要让皇后走遍所有的格子，且每个格子只能穿过或进入一次。那么，皇后至少要走几步才能走完这个棋盘？

图 16-9　走遍天下

## 476. 皇后巡游(1)

如图 16-10 所示，这是一个标准的国际象棋棋盘。假设在右上角的格子里有一个皇后，如果要让皇后进行一次回到起点的巡游，且每个格子可以多次进入。那么，皇后至少要走多少步可以进入或者穿过所有的格子？

图 16-10　皇后巡游(1)

## 477. 皇后巡游(2)

如图 16-11 所示，这是一个标准的国际象棋棋盘。假设在右上角的格子里有一个皇后，如果要让皇后进行一次回到起点的巡游，且每个格子只能进入或者经过一次，而且要求最后巡游的路线所组成的图形是一个中心对称图形。请问：你知道怎么走吗？

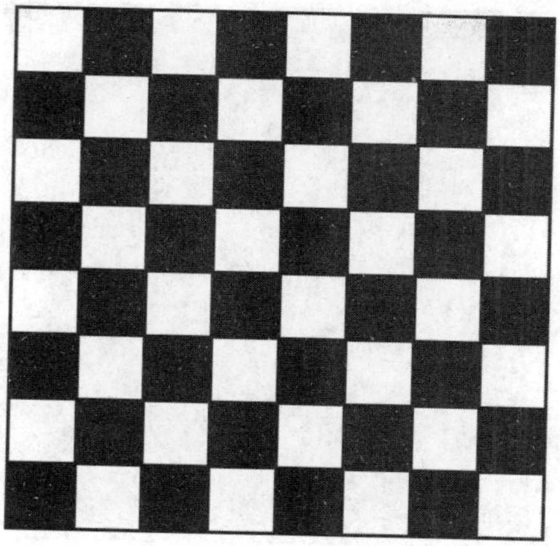

图 16-11 皇后巡游(2)

## 478. 象巡游(1)

大家知道，国际象棋中的象只能斜着走，而且只能在同种颜色的格子里行动。如图 16-12 所示，现在假设有一只象在左上角的黑色格子里，每个格子只能进入或经过一次。那么，它最多可以进入多少个黑色格子？

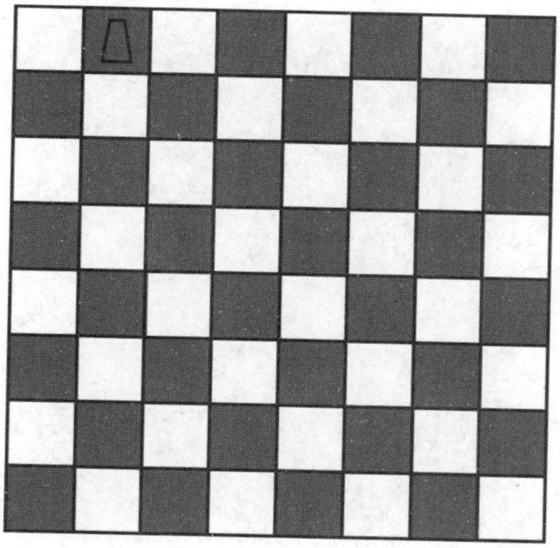

图 16-12 象巡游(1)

## 479. 象巡游(2)

大家知道，国际象棋中的象只能斜着走，而且只能在同种颜色的格子里行动。如图 16-13 所示，现在假设有一只象在左上角的黑色格子里，每个格子不限进入或经过的次数。那么，它最少需要几步可以走遍所有的黑色格子？

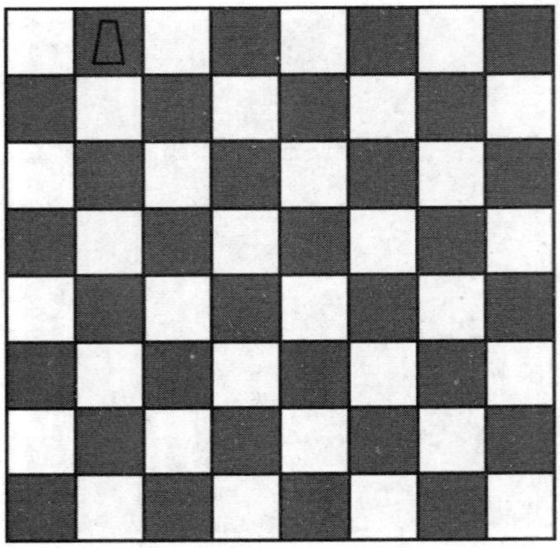

图 16-13 象巡游(2)

## 480. 车的巡游(1)

在国际象棋中，车只能横着走或者竖着走，且格数不限。如图 16-14 所示，现在要求车走遍所有的格子，且每个格子只能进入或者经过一次，起点和终点都在左下角的梯形处。请问：最少要走多少步车才能完成巡游？

图 16-14 车的巡游(1)

## 481. 车的巡游(2)

在国际象棋中，车只能横着走或者竖着走，且格数不限。如图 16-15 所示，现在要求车走遍所有的格子，且每个格子只能进入或者经过一次，起点在左下角的梯形处，而终点在右上角的五星处。请问：最少要走多少步车才能完成巡游？

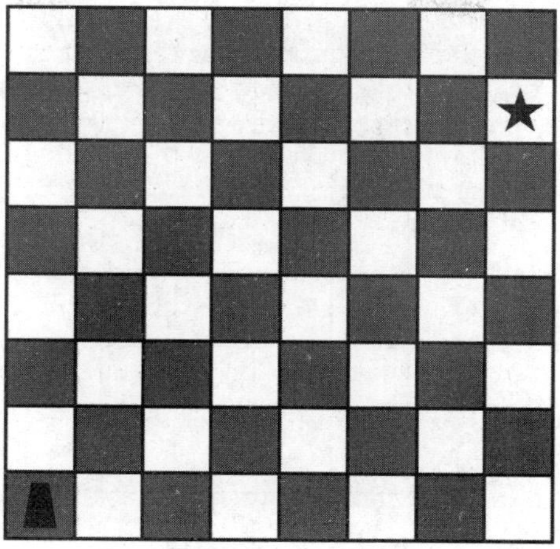

图 16-15　车的巡游(2)

## 横向扩展训练营

### 482. 看不见

如图 16-16 所示的网格中放入 8 个人，人只能放在黑点的位置，而且要让这 8 个人彼此看不见(两个人在同一条直线上则被认为是能看见对方)。

那么，你知道这 8 个人该放在哪里吗？

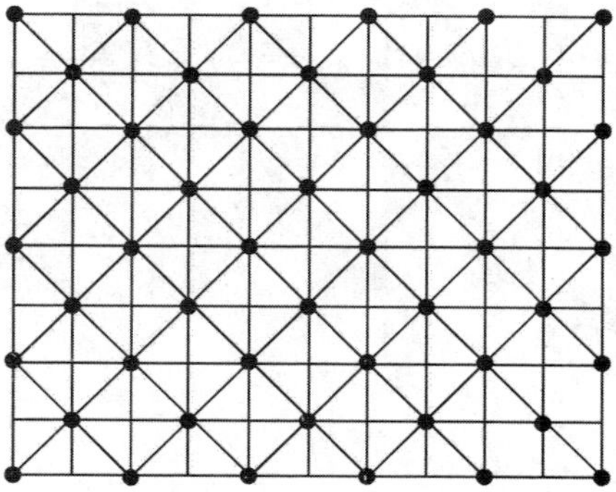

图 16-16　看不见

### 483. 谁的红旗

如图 16-17 所示，网格中有 8 面小红旗，每面小红旗都有它的主人。请你把 8 个人放到这些小红旗旁边(只能上、下或者左、右)，并且每一行或者每一列的人数应该与旁边的数字相同。那么，你知道这 8 个人应该放在哪里吗？

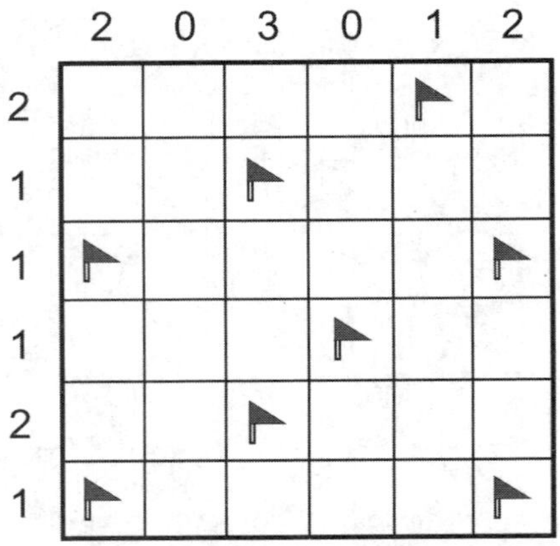


图 16-17 谁的红旗

## 484. 放五角星

如图 16-18 所示，在棋盘中放入 16 个五角星，使得无论水平、竖直还是斜向，都没有 3 个五角星连成一条直线。请问：你知道怎么做吗？(有 2 个五角星的位置已经给出)

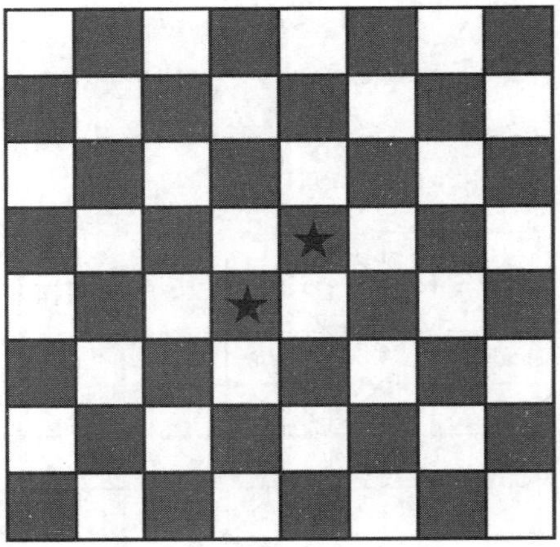

图 16-18 放五角星

## 485. 字母位置还原(1)

如图 16-19 所示，这个网格里的每行每列都含有 A、B、C、D 四个字母以及两个空格，网格的四面会有一些提示，黑箭头表示沿着箭头方向遇到的第一个字母是该字母，白箭头表示沿着箭头方向遇到的第二个字母是该字母。请问：你能把所有的字母位置还原吗？

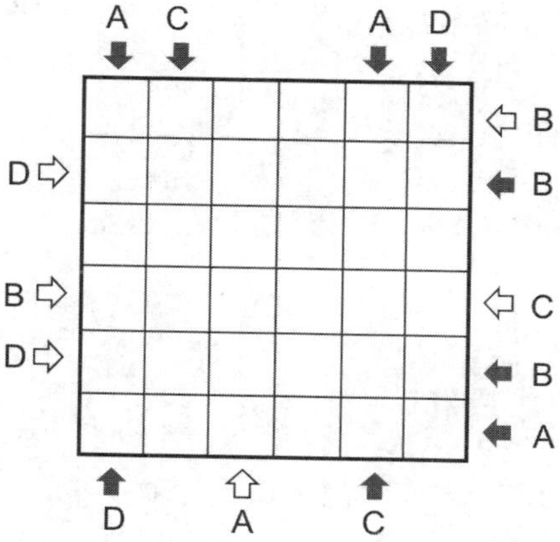


图 16-19 字母位置还原(1)

## 486. 字母位置还原(2)

如图 16-20 所示，这个网格里的每行每列都含有 A、B、C、D 四个字母以及两个空格，网格的四面会有一些提示，黑箭头表示沿着箭头方向遇到的第一个字母是该字母，白箭头表示沿着箭头方向遇到的第二个字母是该字母。请问：你能把所有的字母位置还原吗？

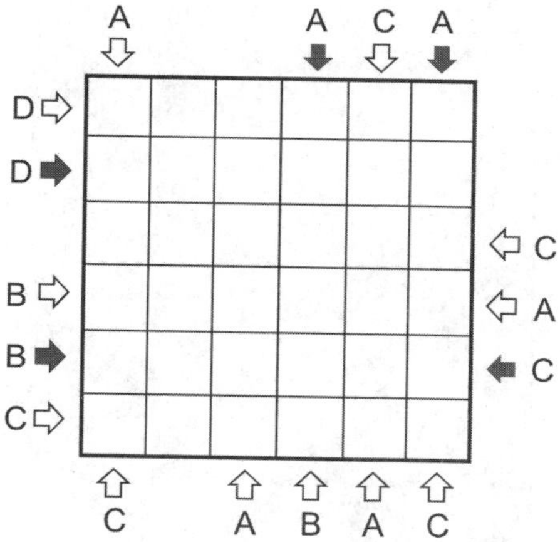


图 16-20 字母位置还原(2)

## 487. 放皇后

大家知道，国际象棋中的皇后既可以直着走，又可以沿对角线斜着走。在图 16-21 中的各个棋盘中，最多可以放入几个皇后，才能保证皇后之间互吃？请问：该如何放？

图 16-21　放皇后

## 488. 摆象

如图 16-22 所示，在一个标准的国际象棋棋盘里，最多可以摆多少个象以保证这些象不能互吃？

图中的摆法摆了 12 个象。请问：还有更多的摆法吗？

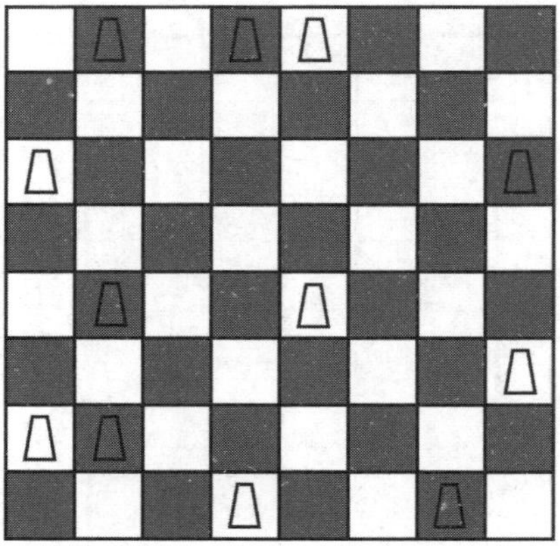

图 16-22　摆象

## 489. 国王

国际象棋中的国王的走法比较特殊，它只能走上、下、左、右或者斜向一格。如图 16-23 所示，这是一个国际象棋的棋盘，请在这个棋盘上摆放若干个国王，要求这些国王能够进入棋盘的所有格子，包括有国王占据的格子。请问：这样至少需要摆多少个国王？

图 16-23 国王

## 490. 各不同行(1)

你能把 5 个棋子放到 5×5 的棋盘上，使这 5 个棋子既不同行、不同列，也不在同一斜线上吗？

## 491. 各不同行(2)

如图 16-24 所示，你能把 6 个棋子放到 6×6 的棋盘上，使它们既不同行、不同列，也不在同一斜线上吗？

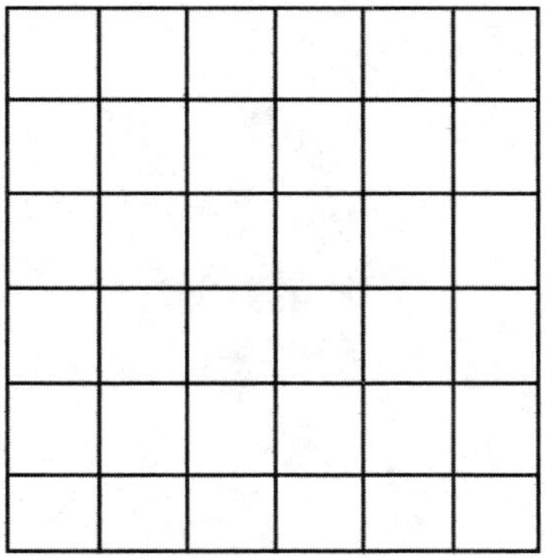

图 16-24 各不同行(2)

# 斜向扩展训练营

## 492. 围棋游戏(1)

如图 16-25 所示，15 枚棋子排列成如图所示的长方形。请问：如何只移动其中

3 枚棋子，便将原来的长方形变为三角形？

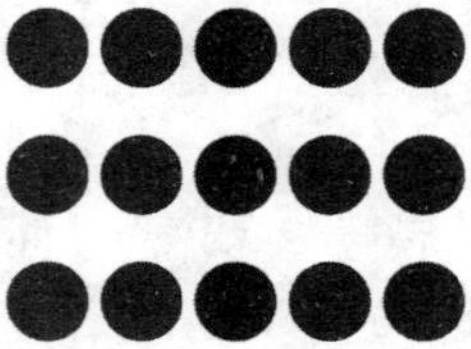

图 16-25　围棋游戏(1)

## 493. 围棋游戏(2)

如图 16-26 所示，如何只移动 3 枚棋子，便使箭头朝下？

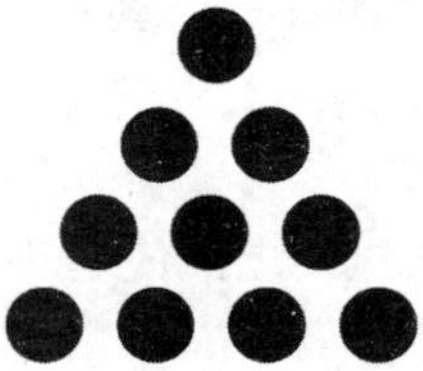

图 16-26　围棋游戏(2)

## 494. 围棋游戏(3)

如图 16-27 所示，9 枚棋子排列成如图所示的形状，请只移动其中 2 枚棋子，将图形排列成英文字母 H。

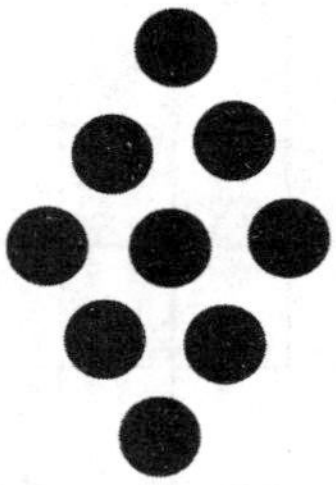

图 16-27　围棋游戏(3)

## 495. 正方形钉板(1)

钉板是一块规则地钉满钉子的木板，可以用来学习和理解多边形的面积关系。如图 16-28 所示是一种我们比较常见的正方形钉板，要求用直线在这些钉子上连出一条闭合的图形，这个图形的每个顶点都必须在钉子上，每个钉子只允许使用一次，而且相邻的两条边不能在同一条直线上。如图 16-28 所示，这是一个在 4×4 的钉板上，连出的一个有 9 个钉子的图形。请问：你是否可以连出一个有 16 个钉子的图形？

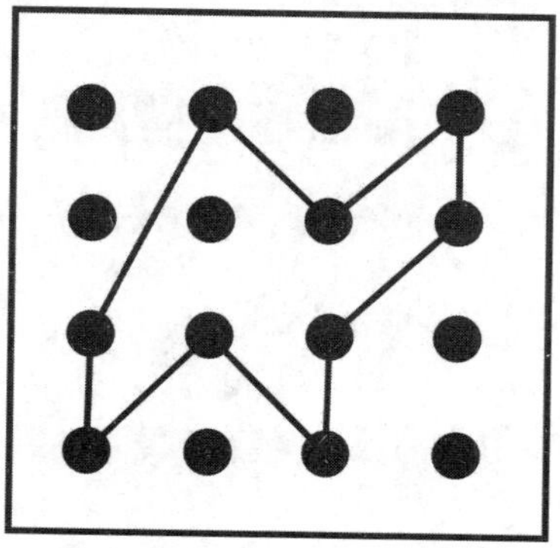

图 16-28 正方形钉板(1)

## 496. 正方形钉板(2)

如图 16-29 所示，请你在图中的正方形钉板上，用尽可能多的钉子，连出一个闭合的且每个顶点都在钉子上的多边形(每个钉子只能用一次)。请问：你知道怎么连吗？

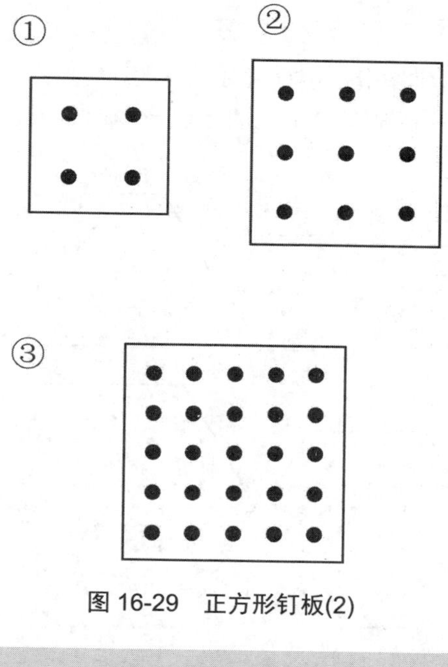


图 16-29 正方形钉板(2)

## 497. 三角形钉板

如图 16-30 所示，请你在图中的三角形钉板上，用尽可能多的钉子，连出一个闭合的且每个顶点都在钉子上的多边形(每个钉子只能用一次)。请问：你知道怎么连吗？

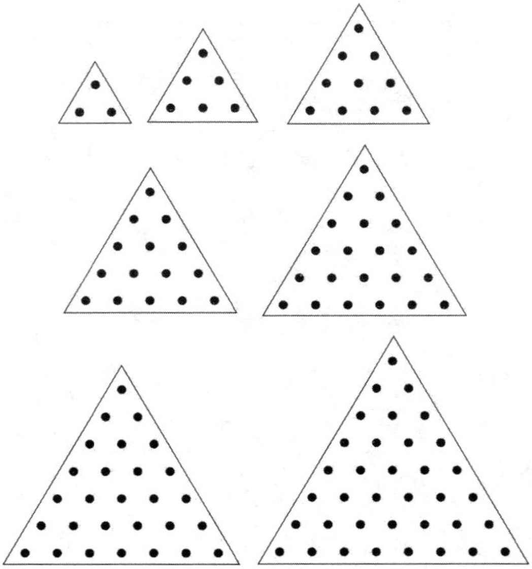

图 16-30　三角形钉板

## 498. 正六边形钉板

如图 16-31 所示，请你在图 16-31 中的正六边形钉板上，用尽可能多的钉子，连出一个闭合的且每个顶点都在钉子上的多边形(每个钉子只能用一次)。请问：你知道怎么连吗？

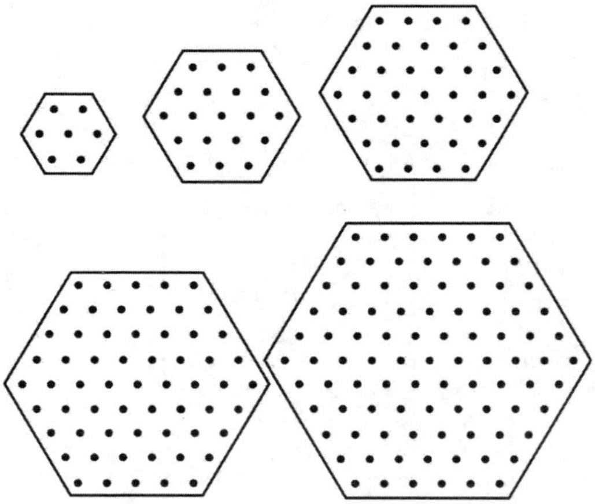

图 16-31　正六边形钉板

## 499. 四边形钉板

如图 16-32 所示，用 3×3 的钉板可以连出 16 种不同的四边形，那么，请用图中的钉板把这 16 种图形都表示出来吧，你知道怎么连吗？

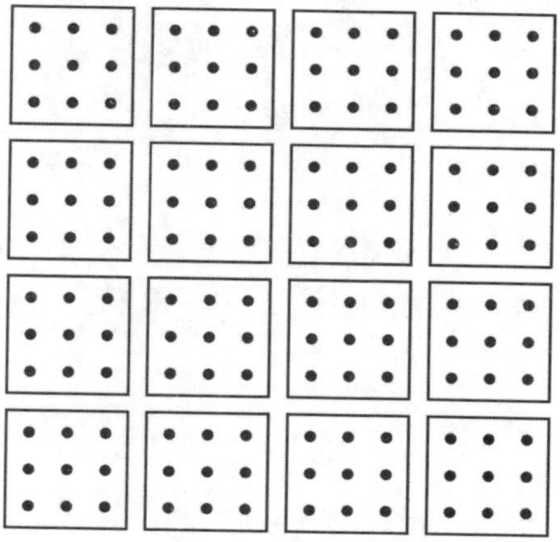

图 16-32　四边形钉板

## 500. 四等分钉板

如图 16-33 所示，把一个 3×3 的钉板四等分有很多种方法。请问：你能找出至少 10 种方法吗？

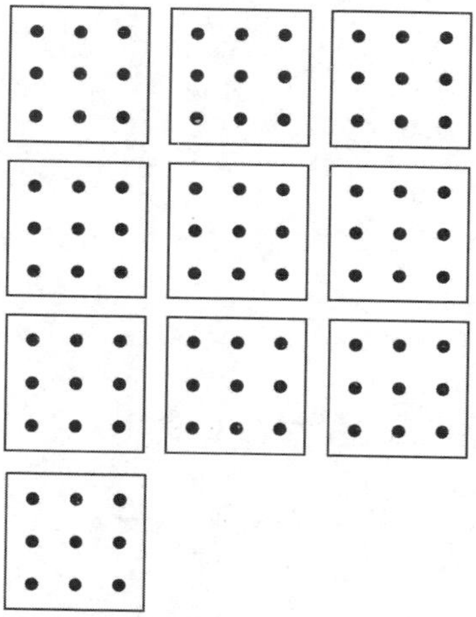

图 16-33　四等分钉板

# 答案

# 第一章

## 1. 比拼财产

因为甲、乙两人的答案不同，所以他们中一定有一个人在说谎。也就是说，丙和丁说的都是实话。所以，丙不是最富的，也就是说，乙说的是假话。这样可以得到他们的财产从多到少的顺序为：乙、甲、丙、丁。

## 2. 精灵的语言

向A问第一个问题如下。

如果我问你以下两个问题：“‘Da’表示‘对’吗”和“如果我问你以下两个问题：‘你说真话吗’和‘B随机答话吗’，你的回答是一样的，对吗”，你的回答是一样的，对吗？

如果A说真话或说假话并且回答是“Da”，那么B是随机答话的，从而C是说真话的或说假话的；

如果A是说真话的或说假话的并且回答是“Ja”，那么B不是随机答话的，从而B是说真话的或说假话的；

如果A是随机答话的，那么B和C都不是随机答话的！

所以无论A是谁，如果他的答案是“Da”，C是说真话的或说假话的；如果他的答案是“Ja”，则B是说真话的或说假话的。

不妨设B是说真话的或说假话的。

向B问第二个问题如下。

如果我问你以下两个问题：“‘Da’表示‘对’吗”和“罗马在意大利吗”，你的回答是一样的，对吗？

如果B是说真话的，他会回答“Da”；如果B是说假话的，他会回答“Ja”，从而我们可以确认B是说真话的还是说假话的。

向B问第三个问题如下。

如果我问你以下两个问题：“‘Da’表示‘对’吗”和“A是随机答话吗”，你的回答是一样的，对吗？

假设B是说真话的，如果他的回答是“Da”，那么A是随机答话的，从而C是说假话的；如果他的回答是“Ja”，那么C是随机答话的，从而A是说假话的。

假设B是说假话的，如果他的回答是“Da”，那么A不是随机答话的，从而C是随机答话的，A是说真话的；如果他的回答是“Ja”，那么A是随机答话的，从而C是说真话的。

### 3. 说谎国与老实国

其实只要看丙说的话和“只有一个老实国的人”这两个条件就可以得出答案了。因为不管是老实国的人还是说谎国的人，被人问起，必然回答自己是老实国的人，即丙的话是如实反映乙的话的，则丙必为老实国的人。所以另外两个都是说谎国的人。

### 4. 是人还是妖怪

第一个问题：你神志清醒吗？回答“是”就是人，回答“不是”就是妖怪。

或者问：你精神错乱吗？回答“不是”就是人，回答“是”就是妖怪。

第二个问题：你是妖怪吗？回答“是”就是精神错乱的，回答“不是”就是神志清醒的。

或者问：你是人吗？回答“是”就是神志清醒的，回答“不是”就是精神错乱的。

### 5. 回答的话

被问者只能有两种回答，“有”或者“没有”。如果被问者回答的是“有”，那么路人不能根据这句话判断他们中是否有诚实部落的人。如果被问者回答的是“没有”，则说明被问者是说谎部落的人，而另一个就是诚实部落的人，因为被问者不会在自己是诚实部落的人的情况下还回答“没有”的。因为路人得出了判断，所以被问者回答的就是“没有”。

### 6. 四兄弟

说真话的(老二和老四)不可能说“我是长兄”，所以，丁的话是假的，由此可知，丁不是老大，而是老三。那么，乙就不是老三了，丙说的话就是真的，丙就是老二或者老四。

假设甲说的是真话，丙和甲就是老二和老四(顺序暂时未知)，那么乙就是老大，说明甲在撒谎，这是相互矛盾的。所以，甲是老大。

从甲的话(假话)可知，乙是老二，丙是老四。

所以甲是老大，乙是老二，丙是老四，丁是老三。

### 7. 爱撒谎的孩子

如果第二天说的是真话，那么第一天和第三天说的话也都是真话，与“只有一天说真话”矛盾，所以第二天说的肯定是谎话。

如果第一天说的是谎话，那么星期一和星期二两天里必然有一天是说真话；同理，如果第三天说的是谎话，星期三和星期五两天里也必然有一天说真话。这样一来，第一天和第三天的两句话不可能都是谎话，说真话的那一天是第一天或第三天。

假设第一天说的是真话，因为第三天说的是谎话，所以第一天是星期三或星期五，第二天是星期四或星期六，这样就使第二天说的话也是真话了，矛盾。

所以第一天和第二天是谎话，第三天是真话。因为第一天说的是谎话，所以说真话的第三天是星期一或星期二，又因为第二天不能是星期日，所以第三天只能是星期二，也就是第一天是星期日，第二天是星期一，第三天是星期二；他在星期二说的真话。

## 8. 今天星期几

假设这两个人分别为A、B，我们分以下四种情况讨论。

(1) A、B说的都是真话。A、B在同一天说真话且只能在星期日，但是星期日B成立，A不成立，所以这种情况不可能。

(2) A、B说的都是谎话。但是在一周内A、B不可能同一天说谎话，所以这种情况不可能。

(3) A说的是真话，B说的是谎话。A在星期二、星期四、星期六、星期日说真话，B在星期二、星期四、星期六说谎话。A只有在星期日说真话时，前天(星期五)才是他说谎话的日子，但是这天B应该说真话，所以这种情况不可能。

(4) A说的是谎话，B说的是真话。A在星期一、星期三、星期五说谎话，B在星期一、星期三、星期五、星期日说真话。今天是星期三、星期五、星期日都不符合，因为在星期三时B在说真话，星期三的前天(星期一)也在说真话，但是B对探险家用真话说自己星期一说谎话，相互矛盾。同理，星期五、星期日也矛盾。所以只有星期一符合。星期一时，B用真话对探险家说自己前天(星期六)说谎话，星期六时B的确说的谎话。A用谎话对探险家说自己前天(星期六)说谎话，其实星期六时A在说真话，说明A在用谎话骗探险家说自己前天说谎话。

综上所述，今天只能是星期一。

## 9. 有几个天使

有两个天使。

假设甲是魔鬼，由此可推断她们几个都是魔鬼，那么，乙是魔鬼的同时又说了实话，存在矛盾。所以甲是天使，而且乙和丙之间至少有一个也是天使。

假设乙是天使，从甲的话来看甲是天使，丙就是魔鬼。假设乙是魔鬼，从她说的话可以看出，丙就是天使，说明甲说的话是真话，甲也是天使。所以，无论怎样，都会有两个天使。

## 10. 问路

走第三条路。

如果第一个路口的人说的是真话，那么，这条路就是出口，因此，第二个路口的人说的话也是正确的，这和第三个路口的人说的是真话相矛盾。

如果第一个路口的人说的是假话，第二个路口的人说的是真话，那么它们都不是下山的路，所以正确的路就是第三条。

## 11. 向双胞胎问话

只要问：“如果我问另一个人这样的问题：‘你父母在家吗？’他会怎么说？”

相反的答案就是正确答案。

## 12. 谁是盗窃犯

不管 A 是不是盗窃犯，他都会说自己“不是盗窃犯”。

如果 A 是盗窃犯，那么 A 是说假话的，这样他必然说自己“不是盗窃犯”。

如果 A 不是盗窃犯，那么 A 是说真话的，这样他也必然说自己“不是盗窃犯”。

在这种情况下，B 如实地转述了 A 的话，所以 B 是说真话的，因而他不是盗窃犯。C 有意地错误地转述了 A 的话，所以 C 是说假话的，因而 C 是盗窃犯。至于 A 是不是盗窃犯则是不确定的。

## 13. 男孩吃苹果

男孩丙说：“我和男孩丁共吃了 3 个苹果”，如果丁吃了 1 个苹果，丙无论是吃了 1 个苹果还是 2 个苹果都不会说这句话，所以丁吃了 2 个苹果，说谎话；

由男孩丁说的两句谎话可以知道：男孩乙吃了 1 个苹果，说真话；男孩丙剩下 3 个苹果；

由男孩乙说的真话知道：男孩甲剩下 4 个苹果；

原来四个男孩分别有 4 个、5 个、6 个、7 个苹果，在每个男孩吃掉 1 个或 2 个后，剩下的苹果还是各不相同，因为已经确定乙吃了 1 个苹果，丁吃了 2 个苹果，所以剩下的苹果数只有两种可能：2、4、5、6 和 2、3、4、6；

因为男孩丙剩下了 3 个苹果，所以排除“2、4、5、6”，得到答案。

男孩甲最初有 6 个苹果，吃了 2 个，剩下了 4 个；

男孩乙最初有 7 个苹果，吃了 1 个，剩下了 6 个；

男孩丙最初有 5 个苹果，吃了 2 个，剩下了 3 个；

男孩丁最初有 4 个苹果，吃了 2 个，剩下了 2 个。

## 14. 四名证人

因为王太太说了真话，由此可以推断赵师傅做了伪证，再进一步推断张先生和李先生说的都是假话，从而可以判断 A 和 B 都是凶手。

## 15. 谁是盗窃犯

我们可以先看后面两句话，一个说大麻子说的是真话，一个说大麻子说的是假话，也就是说，他们两个人之中必定一人说了真话，一人说了假话。如果大麻子说的是假话，也就是说，小矮子是盗窃犯。那么小矮子说的话应该是真话，这和大麻子的话矛盾。所以只能是大麻子说的是真话，那么小矮子不是盗窃犯，盗窃犯是大麻子。

## 16. 四个人的口供

分别假设作案者是其中一人，做以下推论，看是否符合要求即可。

如果作案者是甲，那么乙、丙、丁说的都对。

如果作案者是乙，那么甲、丙、丁说的都对。

如果作案者是丙，那么只有丁说的对，符合要求。

如果作案者是丁，那么丙、丁说的都对。

所以作案者是丙，丁说的是真话。

## 17. 男女朋友

因为三个人都没有说真话，所以 A 不是甲的男朋友，甲也不是 C 的女朋友，所以甲的女朋友只能是 B。而 C 不是丙的男朋友，那么 C 的女朋友只能是乙。剩下的 A 只能与丙是一对。

## 18. 谁偷吃了蛋糕

是小儿子偷吃的。

具体推理过程如下所示。

(1) 如果大儿子说的是真话，是二儿子偷吃的，则二儿子说的是假话，那三儿子、小儿子说的又成了真话。这样有三句真话，不符合题意。所以不是二儿子偷吃的。

(2) 如果二儿子说的是真话，三儿子偷吃了蛋糕，大儿子说的是假话，三儿子说的是假话，小儿子说的又成了真话。这样有两句真话，不符合题意，所以不是三儿子偷吃的。

(3) 如果三儿子说的是真话，那蛋糕不是三儿子偷吃的，但也不一定是二儿子偷吃的。

这样又可以分两种情况来讨论。

① 二儿子没偷吃，这样一来，大儿子说的是假话，二儿子说的是假话，而又只有一句真话，那小儿子说的也是假话，那就是小儿子偷吃的。

② 二儿子偷吃了，那是不成立的，因为这样大儿子又说真话了。

(4) 如果小儿子说的是真话，那大儿子说了假话，二儿子说了假话，三儿子也说了假话，而二儿子、三儿子不能同时为假。这样又有矛盾了。

因此答案是：三儿子说的是真话，三儿子和二儿子都没有偷吃，这样一来，大儿子说的是假话，二儿子说的是假话，而又只有一句真话，那小儿子说的也是假话，偷吃的是小儿子。

## 19. 五个儿子

老大、老四和老五有钱，说假话；老二和老三没钱，说真话。

推理过程如下所示。

从老五的话入手，“老大承认过他有钱”，这句话一定是假话。因为如果老大有钱，他不会说自己有钱；如果老大没钱，他也不会承认自己有钱。所以老五说的是假话，老五有钱，老三没钱。

说真话的老三说：“老四说过，我们兄弟五个都没钱。”说明老四有钱。

老四说：“老大和老二都有钱。”说明老大和老二中至少有一个没钱的。

老大说："老三说过，我的四个兄弟中，只有一个有钱。"现在已经确定老三说的是真话，而且老四、老五都有钱，所以老大说的是假话，老大有钱，而老二没钱。

## 20. 盒子里的东西

C 盒子里有梨。因为 A 盒子上的话和 D 盒子上的话是矛盾的，所以一定有一句是真的。那么，B 盒子上的话和 C 盒子上的话都是假的，所以能断定 C 盒子里有梨。

## 21. 谁通过了六级

答案 A。陈述中(2)如果为真，则(1)、(3)必为真，这与题干"上述陈述只有两个是真的"不一致，所以(2)必为假，又因为(2)和(4)为矛盾命题，即"必有一真一假"，既然(2)为假，则(4)必为真。又根据题干"上述陈述只有两个是真的"，(2)、(4)为一假一真，所以(1)、(3)必有一真一假。显然，如果(1)为真，那么(3)必为真，这与命题不符，所以(1)为假，(3)为真。

## 22. 谁及格了

老大、老四和老五考试没及格，说假话；老二和老三考试及格，说真话。

从老五的话入手，"老大承认过他考试没及格"，这句话一定是假话。因为如果老大考试没及格，他不会说自己考试没及格；如果老大考试及格，他更不会承认自己考试没及格。所以老五说的是假话，老五考试没及格，老三考试及格。

说真话的老三说："老四说过，我们兄弟五个考试都及格。"说明老四考试没及格。

老四说："老大和老二考试都没及格。"说明老大和老二中至少有一个考试及格了。

老大说："老三说过，我的四个兄弟中，只有一个考试没及格。"现在已经确定老三说的是真话，而且老四、老五考试都没及格，所以老大说的是假话，老大考试没及格，而老二考试及格。

## 23. 谁寄的钱

假设是赵风或者孙海寄的钱，那么(2)、(3)、(6)都是错的，所以不可能是赵风和孙海。

因此可以知道(1)肯定是假的，(3)和(5)相矛盾，其中必有一个是假的，而只有两句是假的，所以(2)和(4)肯定是真的，那么这个人就是王强。

## 24. 兔妈妈分食物

假设"宝宝最爱吃的不是芹菜"为真，"贝贝最爱吃的不是面包"为假，则贝贝最爱吃的就是面包；那么，宝宝所说的"贝贝最爱吃的不是薯片"就成了真话，而"亲亲最爱吃的不是面包"则为假话，可以推断出亲亲最爱吃的是面包。这样，贝贝和亲亲都最爱吃面包，与题干矛盾，因此假设错误。所以推断出："宝宝最爱吃的不是芹菜”为假话，即宝宝最爱吃的是芹菜。以下推理同上，即可得出它们分别喜欢吃的食物如下。

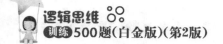

亲亲：胡萝卜。

宝宝：芹菜。

贝贝：薯片。

### 25. 真真假假

A 说 B 叫真真，这样，无论 A 说的是真话还是假话都说明 A 不会是真真。因为他说的如果是真话，那么 B 是真真；如果他说的是假话，那么说假话的不会是真真。

而 B 说自己不是真真，如果是真话，那么 B 不是真真；如果是假话，那么说假话的 B 当然也不是真真。

由此可见，叫真真的只能是 C。

而说真话的 C 说 B 是真假，那么 B 一定就是真假，所以 A 就只能是假假。

### 26. 谁在说谎

假设甲说的是真话，那么乙在说谎；乙说丙在说谎，那么丙就在说真话；丙说甲、乙都在说谎，就成了谎话。所以矛盾。

假设甲在说谎，那么乙说的是真话；乙说丙在说谎，那么丙就在说谎；丙说甲、乙都在说谎，确实是谎话。那么没有矛盾，成立。

所以甲和丙在说谎，而乙说了真话。

### 27. 两兄弟

因为这两个小孩肯定一个是哥哥、一个是弟弟，而且他们中至少有一个人在说谎，那就说明两个小孩都在说谎。所以，穿蓝衣服的是哥哥，穿红衣服的是弟弟。

### 28. 谁是哥哥

现在是上午，胖的是哥哥。

假设：现在是上午，那么哥哥说实话，也就是较胖的是哥哥。那么没有矛盾，成立。

假设：现在是下午，那么弟弟说实话，而两个人都说自己是哥哥，显然弟弟在说谎话，所以矛盾。

### 29. 该释放了谁

一人，仅释放了 D，其余全说了谎。

### 30. 寻找八路军

第 1999 人。

### 31. 三人聚会

李四说的是真的。

证明：如果张三说的是真的，那么李四说的就是假的，那么王五说的就是真的，张三说的就是假的，所以矛盾。

如果李四说的是真的，那么王五说的就是假的，那么张三、李四中至少有一个人说的是真的，若张三说的是真的，那么李四说的就是假的，所以矛盾；若张三说的是假的，那么李四说的就是真的，那么没有矛盾，成立。

如果王五说的是真的，那么张三、李四说的都是假的，由张三说的是假的可知李四说的是真的，所以矛盾。

因此李四说的是真的。

### 32. 相互牵制的僵局

假设甲是诚实的。也就是说，甲回答的是真话。那么，乙也是诚实的。因为乙回答：“丙在说谎。”所以，是丙在说谎。说谎的丙肯定回答说：“甲在说谎。”

相反，如果甲所说的是谎话，那么乙也在说谎。因为乙回答说：“丙在说谎。”所以，丙是诚实的。诚实的丙应该回答：“甲在说谎。”也就是说，无论哪种情况，丙都会回答：“甲在说谎。”

### 33. 不同部落间的通婚

A：妻子，诚实部落，阿尔法，部落号为 66；

B：丈夫，说谎部落，伽马，部落号为 44；

C：儿子，贝塔，部落号为 54。

首先，确认 A 是丈夫还是妻子，是诚实部落的还是说谎部落的。

从 A 讲的话入手，组合方案有诚实部落的丈夫、说谎部落的丈夫、诚实部落的妻子、说谎部落的妻子和儿子。

如果 A 为诚实部落的丈夫，C 的(2)、(4)句话不符合条件。

如果 A 为说谎部落的丈夫，B 的(1)、(3)句话不符合条件。

如果 A 为诚实部落的妻子，B 的(1)、(3)句话不符合条件。

如 A 为儿子，A 的(2)、(3)句话不合条件。(这里的不符合条件指确定地不符合真话、假话条件)

所以 A 只能是诚实部落的妻子。

确定了 A 就可以很容易得出结论了。

## 第二章

### 34. 猜数字(1)

甲说道：“我知道乙和丙的数字是不相等的！”所以甲的数字是单数。只有这样才能确定乙、丙的数字和是单数，所以肯定不相等。

乙说道："我早就知道我们三个的数字都不相等了！"说明乙的数字是大于6的单数。因为只有他的数字是大于6的单数，才能确定甲的单数和他的不相等。而且一定比自己的小，否则和会超过14。

这样，丙的数字就只能是双数了。

而丙说，他知道每个人手上的数字，那么丙根据自己手上的数字知道甲与乙的数字和，又知道其中一个是大于6的单数，且另一个也是单数，由此可知这个和是唯一的，那就是7+1=8。如果甲与乙的数字之和大于8，比如是10，就有两种情况：9+1和7+3，这样的话，第三个人就不可能知道甲与乙手中的数字了。

因此，甲、乙、丙手上的数字分别是1、7、6。

## 35. 猜数字(2)

将同学S和P所说的断言依次编号为S1、P1、S2。

设这两个数为$x$、$y$，和为$s$，积为$p$。

由S1，P不知道这两个数，所以$s$不可能是两个质数相加得出的，而且$s \leqslant 41$。因为如果$s>41$，那么P拿到$41\times(s-41)$必定可以猜出$s$了。所以$s$为{11，17，23，27，29，35，37，41}之一，设这个集合为A。

(1) 假设和是11。$11=2+9=3+8=4+7=5+6$，如果P拿到18，$18=3\times6=2\times9$，只有$2+9$落在集合A中，所以P可以说出P1，但是这时候S能不能说出S2呢？我们来看，如果P拿到24，$24=6\times4=3\times8=2\times12$，P同样可以说出P1，因为至少有两种情况P都可以说出P1，所以S就无法断言S2，所以和不是11。

(2) 假设和是17。$17=2+15=3+14=4+13=5+12=6+11=7+10=8+9$，很明显，由于P拿到$4\times13$可以断言P1，而其他情况，P都无法断言P1，所以和是17。

(3) 假设和是23。$23=2+21=3+20=4+19=5+18=6+17=7+16=8+15=9+14=10+13=11+12$，我们先考虑含有2的$n$次幂或者含有大质数的那些组，如果P、S分别拿到4，19或7，16，那么P都可以断言P1，所以和不是23。

(4) 假设和是27。如果P、S拿到8，19或4，23，那么P都可以断言P1，所以和不是27。

(5) 假设和是29。如果P、S拿到13，16或7，22，那么P都可以断言P1，所以和不是29。

(6) 假设和是35。如果P、S拿到16，19或4，31，那么P都可以断言P1，所以和不是35。

(7) 假设和是37。如果P、S拿到8，29或11，26，那么P都可以断言P1，所以和不是37。

(8) 假设和是41。如果P、S拿到4，37或8，33，那么P都可以断言P1，所以和不是41。

综上所述：这两个自然数是4和13。

## 36. 猜数字(3)

能。这四个数字是 2、5、6、8。

先列出四人猜的情况。甲猜对了两个数字，可能是 2—3，2—4，2—5，3—4，3—5，4—5。

乙猜对了一个数字，必然是 1、3、4、8 中的 1 个数字，他未猜的 2、5、6、7 四个数字中有 3 个数字是纸条上的数字。

丙猜对了两个数字，可能为 1—2，1—7，1—8，2—7，2—8，7—8。

丁猜对了一个数字，必然是 1、4、6、7 中的 1 个数字，他未猜的 2、3、5、8 四个数字中有 3 个数字是纸条上的数字。

8 个数字中，甲与丙两人都猜了的数字是 2，两人都没有猜的数字是 6。

8 个数字中，乙与丁两人都猜了的数字是 1、4，两人都没有猜的数字是 2、5。

我们先假设 2 不是纸条上的数字。那么从乙未猜的数字中可得出 5、6、7 是纸条上的数字；同时从丁未猜的数字中可得出 3、5、8 是纸条上的数字；这样纸条上的数字就会有 5 个，分别是 3、5、6、7、8。显然，推论与题干中纸条上只有 4 个数字相矛盾，因此假设是错的，也就是说，2 是纸条上的数字。用同样的方法可推导出 5 也在纸条上。

再假设 1 在纸条上，那么从乙猜的数字中可得出 3、4、8 不在纸条上。同理，从丁猜的数字中可得出 4、6、7 不在纸条上。这样不在纸条上的数字有 5 个，分别是 3、4、6、7、8，纸条上只能有 3 个数字，显然也不正确。所以假设错误，1 不在纸条上。用同样的方法，推导出 4 不在纸条上。

我们知道了 2、5 在纸条上，从甲猜对了两个数字可知 3、4 不在纸条上。这样，在纸条上的数字可能是 2、5、6、7、8 中的 4 个。

最后，我们来看丙猜的情况，从他猜测的 4 个数字可知 7 与 8 只能有一个数字在纸条上。如 7 在纸条上，纸条上的数字则为 2、5、6、7。这时我们发现丁猜对了 6、7，显然与题干矛盾。再来检验 8，发现刚好符合条件。

所以，只有一种可能，纸条上的数字是 2、5、6、8。

## 37. 猜帽子上的数字

策略存在，100 个人从 0 到 99 编号，每个人把看到的其他 99 个人帽子上的数字加起来，取和的末两位数字，再用自己的编号减去这个数字，就是他要说的数字(如果差是负数，就加上 100)。

证明：假设所有人帽子上数字和的末两位是 S，编号 $n$ 的人帽子上数字是 $Xn$，他看到的其他人帽子上数字和的末两位是 $Yn$，则有 $Xn=S-Yn$(如果差是负数，就加上 100)。每个人说的数字是 $Zn=n-Yn$(如果差是负数，就加上 100)，因为 S 是在 0～99 中的一个不变的数字，所以编号 $n=S$ 的那个人说的数字 $Zs=S-Ys=Xs$，也就是说，他说的数字等于他帽子上的数字。

## 38. 各是什么数字

每个人都知道自己的数字或为另外两人之和，或为另外两人之差。

第一轮 A 回答不知道，可以得出什么结论呢？

我们采用逆向思维思考，考虑什么情况下 A 可以知道帽子上的数字。只有一种可能，那就是 B=C。因为此时 B−C=0，这时 A 知道帽子上的数字一定为 B+C。

所以，从 A 回答不知道可以推论出 B≠C。

B 回答不知道，说明什么呢？

还是逆向思考，考虑什么情况下 B 可以知道帽子上的数字。和 A 一样，当 A=C 时，B 可以知道。

但除此之外，B 从 A 回答不知道还可以推论出他帽子上的数字与 C 帽子上的不相等，于是当 A=2C 时，B 也可以推论出帽子上的数字为 A+C，因为此时 A−C=C，而 B 是知道帽子上的数字与 C 不相等的。

所以，从 B 回答不知道可以推论出 A≠C，A≠2C。

C 回答不知道，同理可以推论出 A≠B，B≠2A，

此外，还可以推论出 B−A≠A/2，即 B≠3A/2，和 A≠2B。

最后 A 回答帽子上的数字是 20。

那么什么情况下 A 可以知道帽子上的数字呢？有以下几种情况：

(1) C=2B，此时 A 知道帽子上的数字不可能是 C−B=B，而只能是 C+B=3B。但 20 不能被 3 整除，所以排除了这种情况；

(2) B=2C 与上面类似，被排除；

(3) C=3B/2，此时 A 知道帽子上的数字不可能是 C−B=B/2，因此只能是 A=B+C=5B/2=20，B=8，而 C=3B/2=12；

(4) C=5B/3，此时 A 知道帽子上的数字不可能是 C−B=2B/3，只可能是 8B/3，但求出 B 不是整数，所以排除；

(5) C=3B，此时 A 知道帽子上的数字不可能是 C−B=2B，只可能是 4B，推出 B=5，C=15；

(6) B=3C，此时 A 知道帽子上的数字不可能是 B−C=2C，只可能是 B+C=4C，推出 B=15，C=5。

所以答案有 3 个，B=8、C=12，B=5、C=15 和 B=15、C=5。

## 39. 纸条上的数字

两人手中纸条上的数字都是 4。两个自然数的积为 8 或 16 时，这两个自然数只能为 1、2、4、8、16。可能的组合为：1×8，1×16，2×4，2×8，4×4。

当皮皮第一次说推算不出来时，说明皮皮手中的数字不是 16，如果是 16，他马上可知琪琪手中的数字是 1，因为只有 16×1 才能满足条件，他猜不出来，说明他手中的数字不是 16，因此他手中的数字可能为 1、2、4、8。同理，当琪琪第一

次说推算不出来时，说明她手中的数字不是 16，也不是 1，如果是 1，她马上可知皮皮手中的数字为 8，因前面已排除了 16，只有 8×1=8 能符合条件了，因此她手中的数字可能为 2、4、8。

皮皮第二次说推算不出来，说明他手中的数字不是 1 或 8，如果是 1，他就能推算出琪琪手中的数字是 8，同理如果是 8 的话，他也能推算出琪琪手中的数字是 2，这样皮皮手中的数字只能为 2 或 4。琪琪第二次说推算不出来时，说明琪琪手中的数字只可能为 4，因为只有为 4 时才不能确定皮皮手中的数字，如果是 2，她可推算出皮皮手中的数字只能为 4，因为只有 2×4=8 符合条件；如果是 8，皮皮手中的数字则只能为 2，因为只有 8×2=16 符合条件。

因此第三轮时，皮皮能推出琪琪手中纸条上的数字是 4。

## 40. 纸片游戏

第一次，S 说不知道，说明 P 肯定不是 1，P 也说不知道，说明 S 不是 2。为什么呢？因为如果 P 是 1，S 马上就知道自己是 2 了。他说不知道，P 就知道自己肯定不是 1，如果这个时候 S 是 2 的话，P 就能肯定自己应该是 3，所以 S 不是 2。

第二次，S 说不知道，说明 P 不是 3，因为第一次 S 说不知道，P 知道自己肯定不是 2，如果 S 是 3 的话，P 马上就知道自己是 4 了，所以 S 不是 3，而 P 又说不知道，说明 S 不是 4，如果 S 是 4，P 马上就能知道自己应该是 5，所以 S 也不是 4。

第三次，S 又说不知道，说明 P 不是 5，因为第二次最后 P 说不知道，S 就知道自己不是 4，如果 P 是 5，S 马上知道自己是 6，同样地，S 不是 6，因为 P 从 S 说不知道，得知自己不是 5，如果 S 是 6，P 马上就知道自己应该是 7，所以 P 还是不知道。最后，S 说他知道了！因为他从 P 不知道中得知自己不是 6，而他看到 P 头上的号码是 7，他就知道，自己是 8 了。所以他知道了，而 P 听到 S 说知道了，就判断出 S 是 8 了，所以 P 马上知道自己是 7。

## 41. 苏州街

很明显，想从陈一婧回答龚宇华提的前三个问题去寻找答案是毫无用处的。起始点应该是龚宇华说的“如果我知道第二位数字是否为 1，我就能说出你那所房子的号码”那句话。

分析一下龚宇华怎么想的会对题目的解答很有用，尽管他的数字和结论是错误的。龚宇华的想法是他认为他已将可供挑选的号码数减少到了两个，其中一个号码的第二位数字是 1。

如果龚宇华认为这个号码是个平方数而不是个立方数，那么供挑选的号码就太多了(从 4 到 22 各数的平方数都在 13～500 范围中；而 23～36 各数的平方数在 500～1300 范围中)。看来他一定认为这是个立方数。

有关的立方数是 27、64、125、216、343、512、729、1000(它们分别是 3、4、

5、6、7、8、9、10 的立方)，其中 64 和 729 也是平方数(分别为 8 和 27 的平方)。

如果龚宇华认为这个号码是小于 500 的平方数和立方数，那么他便没有其他可选择的号码——只有 64。如果他认为这个号码是 500 以上的平方数和立方数，那么一定是 729。如果他认为这个号码不是平方数而是 500 以下的立方数，那么就有四种可能(27、125、216、343)；但如果他认为这个号码不是平方数而是 500 以上的立方数，那么只有两种可能：512 和 1000，前一个号码的第二位数是 1。这个号码就是龚宇华所想到的。

但从某些方面来看他想的并不对。他认为这个号码不在 500 以内，而陈一婧在答复这一点时骗了他，所以它是在 500 以内。龚宇华认为这个号码不是平方数，关于这一点，陈一婧又没有向他讲真话，所以它是个平方数。龚宇华认为这是个立方数，关于这一点陈一婧向他讲了真话，所以它是个立方数。所以陈一婧的门牌号是个 500 以下的平方数，而且也是个立方数(不小于 13)，那么它只能是 64。

## 42. 贴纸条猜数字

答案是 36 和 108。

首先说出此数的人应该是两数之和的人，因为另外两个加数的人所获得的信息应该是均等的，在同等条件下，若一个推不出，另一个应该也推不出(当然，这里只是说这种可能性比较大，因为毕竟还有个回答的先后次序，一定程度上也存在着信息不平衡。)

另外，只有在第三个学生看到另外两个学生的数字一样时，才可能立刻说出自己的数字。

以上两点是根据题意可以推出的已知条件。

如果只问了一轮，第三个学生就说出 144，那么根据推理可以很容易得出另外两个数字为 48 和 96，怎样才能让老师问了两轮才得出答案，这就需要进一步考虑：

A：36(36/152) B：108(108/180) C：144(144/72)

括号内是该同学看到另外两个数字后，猜测自己头上可能出现的数字。现推理如下。

A、B 先说不知道，理所当然，C 在说不知道的情况下，可以假设如果自己是 72，B 在已知 36 和 72 的情况下，会这样推理——“我的数应该是 36 或 108，但如果是 36 的话，C 应该可以立刻说出自己的数字，而 C 并没有说，所以应该是 108。”然而，在下一轮，B 还是不知道，所以，C 可以判断出自己的假设是错的，自己的数字只能是 144。

## 43. 猜猜年龄

2450=2×5×5×7×7

可能的情况是：

7×5×2，7，5

7×7×2，5，5

5×5×2，7，7

7×2，7×5，5

7×2，5×5，7

5×2，7×5，7

2×5，7×7，5

其中和相等的两组是 7，7，2×5×5=50；5，2×5=10，7×7=49。

这两组和都为 64，这是小张说不知道的时候可以推出来的。

当小王说："他们三人的年龄都比我们的朋友小李要小。"

小张听后说："那我知道了。"由此可以推出小李的年龄应该是 50 岁。

## 44. 神奇的公式

魔术师只要将所得的数字减去 365，前四位就是你的出生日期，后两位就是你的年龄。其实真正的公式是：(4 位的出生日期)×100+(2 位的年龄)。所以，你已经把答案告诉人家了，怪不得他会知道！

## 45. 猜扑克牌

这张牌是方块 5。

Q 先生的推理过程如下所示。

P 先生知道这张牌的点数，但判断不出这是张什么花色的牌，显然这张牌的点数不可能是 J、8、2、7、3、K、6。因为 J、8、2、7、3、K、6 这 7 种点数的牌，在 16 张扑克牌中都只有一张。如果这张牌的点数是以上 7 种点数中的一种，那么，具有足够推理能力的 P 先生应该立即就可以断定这是张什么牌了。例如，如果教授告诉 P 先生：这张牌的点数是 J，那么，P 先生马上就知道这张牌是黑桃 J 了。由此可知，这张牌的点数只能是 4 或 5 或 A 或 Q。

接下来，P 先生分析了 Q 先生所说的"我知道你不知道这张牌"这句话。

Q 先生知道这张牌的花色，同时又作出"我知道你不知道这张牌"的推断，显然这张牌不可能是黑桃或梅花。为什么？因为如果这张牌是黑桃或梅花，Q 先生就不会作出"我知道你不知道这张牌"的推断。

P 先生是这样分析的：如果这张牌是黑桃，而且如果这张牌的点数是 J、8、2、7、3，P 先生是能够知道这张是什么牌的；假设这张牌是梅花，同理，Q 先生也不能作出这样的推断，因为假如点数为 K、6 时，P 先生能马上知道这张牌是什么牌，在这种情况下，Q 先生当然也不能作出"我知道你不知道这张牌"的推断。因此，P 先生从这里可以推知这张牌的花色或者是红桃，或者是方块。

而具有足够推理能力的 P 先生听到 Q 先生的这句话，当然也能够和 Q 先生得出同样的结论。这就是说，Q 先生的"我知道你不知道这张牌"这一推断，客观上已经把这张牌的花色暗示给 P 先生了。

得到Q先生的暗示，P先生作出“现在我知道这张牌了”的结论。从这个结论中，具有足够推理能力的Q先生必然能推知这张牌肯定不是A。为什么？因为Q先生这样想：如果是A，仅仅知道点数和花色范围(红桃、方块)的P先生还不能作出“现在我知道这张牌了”的结论，因为它既可能是红桃A，也可能是方块A。既然P先生说“现在我知道这张牌了”，可见，这张牌不可能是A。排除A之后，这张牌只有3种可能：红桃Q、红桃4、方块5。这样范围就很小了。P先生这一断定，当然把这些信息暗示给了Q先生。

得到P先生第二次给的暗示之后，Q先生作出了“我也知道了”的结论。从Q先生的结论中，P先生推知，这张牌一定是方块5。为什么？P先生可以用一个非常简单的反证法论证。因为如果不是方块5，Q先生是不可能作出“我也知道了”的结论的(因为红桃有两张，仅仅知道花色的Q先生，是不能确定是红桃Q还是红桃4)。现在Q先生作出了“我也知道了”的结论，那么这张牌当然是方块5。

## 46. 猜字母

仔细看一看甲先生所问的六个字符串可以发现，carthorse与orchestra所含的字母完全相同，只是字母的位置不同而已。乙先生选中的字母在这两个字符串中，如果有则全都有，如果没有则全没有，可是乙先生的回答是：一个说有，一个说无，显然其中有一句是假话。

同理，senatorial与realisaton所含字母也相同，而乙先生的回答也是一有一无，可见其中又有一句是假话，这便是甲先生确定乙先生的回答中有假话的依据。

从上面分析可见，乙先生的四句回答中已知有两句是真话，两句是假话。根据题意，乙先生共答了三句真话和三句假话，所以乙先生的另外两句回答必定是一真一假。

而indeterminables与disestablishmentarianism两个字符串，尽管后者的字母比前者多很多，但这两个字符串中，除了后者比前者多了一个h字母外，其余的字母都是相同的或重复的。而乙先生说他选中的字母在这两个字符串中都有，如果前一句是真话，即前一个字符串中确实有那个字母的话，那么，后一个字符串中应该也有的。这样，两句话就都成了真话，与题意不符。

所以，乙先生的前面一句应该是假话，后面一句是真话，即前一个词中是不存在乙先生选中的那个字母的，后一个字符串中则有这个字母。由此可见，它必定是后一个字符串中所独有的字母h。

## 47. 老师的生日

由10组数据3月4日，3月5日，3月8日，6月4日，6月7日，9月1日，9月5日，12月1日，12月2日，12月8日可知——4日、5日、8日、1日分别有两组，7日和2日只有一组。如果生日是6月7日或12月2日，小强一定知道(例如，如果老师告诉小强N=7，小强就知道生日一定为6月7日；如果老师告诉小强N=4，则生日是3月4日还是6月4日，小强就无法确定了。)，所以首先排除了6月7日和12月2日。

(1) 小明说："如果我不知道的话，小强肯定也不知道"——老师告诉小明的是月份M值，若M=6或12，则小强有可能知道(6月7日或12月2日)，这与"小强肯定也不知道"相矛盾，所以不可能为6月和12月，因而老师的生日只可能是3月4日，3月5日，3月8日，9月1日，9月5日。

(2) 小强说："本来我也不知道，但是现在我知道了"——若老师告诉小强N=5，那么小强是无法知道是3月5日还是9月5日的，这与"现在我知道了"相矛盾，所以N不等于5，则生日只能为3月4日，3月8日，9月1日。

(3) 小明说："哦，那我也知道了。"——若老师告诉小明 M=3，则小明就不知道是3月4日还是3月8日，这与"那我也知道了"相矛盾。所以M不等于3，即生日不是3月4日，3月8日。

综上所述，老师的生日只能是9月1日。

## 48. 找零件

对于徒弟小王来说，在什么条件下才会说"我不知道是哪个零件。"显然，这个零件不可能是 12：30、14：40、18：40，因为这三种长度的零件都只有一个，如果长度是12、14、18，那么知道长度的徒弟小王就会立刻说自己知道。

同样的道理，对于徒弟小李来说，在什么条件下才会说"我也不知道是哪个零件。"显然，这个零件不可能是8：10、8：20、10：25、10：35、16：45，因为这5种直径的零件也是各有一个。

这样，我们可以从11个零件中排除8个，只剩下以下3种可能性：10：30、16：30、16：40。

接下来，，可以根据徒弟小王所说的"现在我知道了"这句话来推理。如果这个零件是16：30或16：40，那么仅仅知道长度的徒弟小王是不能断定是哪个零件的，然而，徒弟小王却知道了，所以，这个零件一定是10：30那一个。

## 49. 猜颜色

因为五个人都只猜对了一瓶中药丸的颜色，并且每个人猜对的颜色各不相同，所以猜对第一瓶的只有丙，也就是说，第一瓶装的是红色药丸。那么第五瓶装的就不是黄色的药丸，所以第五瓶装的只能是蓝色药丸，戊说的"第二瓶装的是黑色药丸"也就不对了。既然第二瓶装的不是黑色的药丸，那就应该如甲所说，第三瓶装的是黑色的药丸，所以第二瓶装的就不能是蓝色的药丸，那么只有第二瓶装的是绿色的药丸了。

所以说，第一瓶装的是红色药丸，第二瓶装的是绿色药丸，第三瓶装的是黑色药丸，第四瓶装的是黄色药丸，第五瓶装的是蓝色药丸。

## 50. 手心的名字

是B的名字。

很明显，因为A说：是C的名字；C说：不是我的名字。这两个判断是矛盾的。

所以A与C之中必定有一个人是正确的，一个是错误的。

因为如果A正确的话，那么B也是正确的，与老师说的“只有一个人猜对了”矛盾。

所以A一定是错误的。

这样，只有C是正确的，不是C的名字。

因为老师说“只有一个人猜对了”，则说明其他三个判断都是错误的。

我们来看B的判断，B说：不是我的名字。而B的判断又是错的，那么他的相反判断就是正确的，即是B的名字。

所以，老师手心上写的是B的名字。

## 51. 猜出你“偷”走的数字

简单地说，结论就是任意一个多位数，正着写和倒着写的差值结果中各个数位数字相加一定是9的倍数。

根据这个结论就可以确定“偷”走的是什么数字了。

当你偷走一个数字，报出其余数字之和时(仍然以前面说过的14举例)，我会这样想：9的所有倍数中大于14的而又最接近14的是多少？当然是18……那偷走的数字就一定是18−14=4。

## 52. 母子的年龄

妈妈比华华大26岁，即两人年龄差为26岁，设华华的年龄为x，则妈妈的年龄是$26+x$。4年后，妈妈的年龄是华华的3倍，即：

$3(x+4)=(26+x)+4$。

$x=9$

所以，华华今年9岁，妈妈今年35(9+26=35)岁。

## 53. 有几个孩子

首先，凑不够2个9人队，孩子总数最多为17人。假设若为17人以上，则可以凑成2个9人队或凑够2个9人队之后还有剩余。因此可以确定的是，叔叔家的孩子最多有2个，若有3个或者3个以上，则其他三家至少分别有6个、5个、4个，总数大于17人。

叔叔家孩子有2个的情况如表2-1所示。

叔叔家孩子为1个时，另外3个数相加≤16(17−1=16)，且3个数各不相同，并且3个数中最小数≥2，可以列出这3个数相乘的积最大为4×5×7=140，其次为3×5×8=4×5×6=120，再次为3×4×9=108。此时已比表2-1中所列最小积还要小，若答案在小于108的范围内，则不需要知道叔叔家的孩子是1人还是2人了。

表 2-1　叔叔家孩子有 2 个的情况

| 主人(个) | 弟弟(个) | 妹妹(个) | 叔叔(个) | 对应门牌号 |
|---|---|---|---|---|
| 5 | 4 | 3 | 2 | 120 |
| 6 | 4 | 3 | 2 | 144 |
| 7 | 4 | 3 | 2 | 168 |
| 8 | 4 | 3 | 2 | 192 |
| 6 | 5 | 3 | 2 | 180 |
| 7 | 5 | 3 | 2 | 210 |
| 6 | 5 | 4 | 2 | 240 |

所以，在知道 4 个数的乘积及最小数是 1 还是 2 的情况下，如果还不能得出结论，则只有门牌号为 120 时才有可能。

因此，确定门牌号为 120 了，当知道叔叔家孩子个数时就能确定 4 个数的情况，只有一种情况：主人有 5 个孩子，弟弟有 4 个孩子，妹妹有 3 个孩子，叔叔有 2 个孩子。

## 54. 三个班级

首先，确定哪个数字不表示学生的年龄。1～13 这十三个数字之和是 91，而三个班级所有学生的年龄之和是 84(41+22+21=84)，因此，不表示学生年龄的数字是 7。

班级 A 的 4 个学生的年龄只能是以下两种情况之一：12，6，10，13 或者 12，8，10，11(12 必须包括其中)。

班级 C 的 4 个学生的年龄只能是以下四种情况之一：4，1，3，13 或者 4，1，6，10 或者 4，2，6，9 或者 4，3，6，8(4 必须包括其中)。

这样，班级 A 学生的年龄不可能是 12，6，10，13。否则，班级 C 学生年龄的四种可能情况没有一种能够成立。因此，班级 A 学生的年龄必定是 12，8，10，11。

这样，班级 C 学生的年龄只能是 4，1，3，13 或者 4，2，6，9。

如果班级 C 学生的年龄为 4，1，3，13，那么班级 B 学生的年龄为 2，5，6，7。其和与已知条件不符。所以，班级 C 学生的年龄必定是 4，2，6，9；而班级 B 学生的年龄必定是 5，1，3，13。小明是班级 B 的学生。

## 55. 默想的数字

设你想的数为 $x$，结果是 $y$

$y=2(x-3)+x$

$x=(y+6)/3$

所以，根据对方给的结果，进行一下简单的计算就可以得到其默想的数字了。

## 56. 神奇数表

这是因为表是把 1～31 的数，变成以 $2^n$ 表示。例如 $11=2^0+2^1+2^3=1+2+8$。将一个数由十进制改成二进制，对含有 $2^0$(1)的项放在 A 表，含有 $2^1$(2)的项放在 B 表。同理，含有 $2^2$(4)的项放在 C 表，含有 $2^3$(8)的项放在 D 表，含有 $2^4$(16)的项放在 E 表中，这样就制出此表了。也就是说，A 表代表 1，B 表代表 2，C 表代表 4，D 表代表 8，E 表代表 16。

如果你想的数在 A、C、E 中都有，只要把 A、C、E 代表的数字 1、4、16 相加即可，也就是 21。

## 57. 猜单双

因为爸爸一共交给小明 5 根火柴，分两只手拿，那么一定一只手是单数，一只手是双数。而左手火柴数乘以 2，右手火柴数乘以 3，两个奇数相乘结果还是奇数，任何数和偶数相乘都是偶数。左手火柴数乘以 2 后一定是偶数，而右手火柴数乘以 3 后，如果是奇数，那么最后的结果应该是偶数+奇数=奇数；如果是偶数，那么最后的结果应该是偶数+偶数=偶数。

所以，根据最后结果的奇偶就可以断定小明右手中拿的火柴数的奇偶了。

## 58. 五个人的年龄

根据这三位邻居年龄的乘积是 2450，可以得出

$x\times y\times z=2450$

因为 $2450=2\times5\times5\times7\times7$

所以三个邻居的年龄可以得出以下 7 组数

10+35+7=52

10+5+49=64

2+25+49=76

14+35+5=54

14+25+7=46

2+35+35=72

50+7+7=64

这中间只有 10、5、49 和 50、7、7 这两组乘积一样，这样才符合乙老师说“还差一个条件”，否则一下即可知道答案。

所以乙老师为 64÷2=32 岁。

如果甲老师大于 50 岁的话，那他就是补充了条件乙老师也猜不出邻居的年龄，所以他应该刚好 50 岁。

所以甲的年龄为 50 岁，乙的年龄为 32 岁，邻居的年龄分别为 10 岁、5 岁、49 岁。

## 59. 猜数字(1)

第一个问题是：你选的这个数字是大于 512 吗？

根据对方的回答，每次排除一半数字，不超过 10 次，一定可以确定到底是哪个数字。

## 60. 猜数字(2)

这个数字是 15。你可以测试一下，只有 15 符合要求。

## 61. 猜数字(3)

这个数字是 96。“九十六”去掉“九”为“十六”，去掉“六”为“九十”。

## 62. 奇妙的数列

规律其实很简单，就是将前面两个数字的每位数字拆开并加起来。例如，最左面的两个数字分别是 99 和 72，就把它们都拆开，变成 9、9、7、2，然后相加，等于 9+9+7+2=27，即为图 2-2 中下一个圆圈中的数字。后面的所有数字都是这个规律，所以问号处空缺的数字为 12(3+6+2+1)。

## 63 .猜生日

小张是 1973 年出生的。需要注意的是，先估计大约年份为 1970 年，再根据数字和年份差相等的特征推算出结果。

## 64. 有趣的组合

这个两位数是 18。你可以自己计算试试。

## 65. 聪明程度

这个游戏的独特之处是你必须考虑其他参与者是怎么想的。

首先，你可能假定人们都是随机地选择一个数字寄回，这样一来，平均值应该是 50，那么最佳答案应该是 50 的 2/3，也就是 33。

但你应该想到，别人也会像你一样想到 33 这个答案。如果每个人都选择了 33，那么实际的平均值应该是 33 而不是 50，这样最佳答案应该修改成 33 的 2/3，也就是 22。

那么别人会不会也想到这一层？如果大家都写 22 呢？那么，最佳答案就应该是 15。

可是如果大家都想到了 15 这一层呢？

…………

这样一步一步地分析下去，如果所有人都是绝对地聪明和理性，那么所有人都会做类似的分析，最后最佳答案必然越来越小，以至于变成 0。鉴于 0 的 2/3 还是 0，所以 0 必然是最终的正确答案。

但问题是，如果有些人没有这么聪明呢？如果有些人就是随便写了个数呢？

刊登广告的其实是芝加哥大学的理查德·泰勒。他收到的答案中的确有些人选择了0，但平均值是18.9，获胜者选择的数字是13。这个实验就是要说明，很多人不是那么聪明，也不是那么理性的。

# 第三章

## 66. 海盗分金(加强版)

为方便起见，我们按照这些海盗的怯懦程度来给他们编号。最怯懦的海盗为1号海盗，次怯懦的海盗为2号海盗，以此类推。这样最厉害的海盗就应当得到最大的编号，而方案的提出就将倒过来从上至下地进行。

分析所有这类策略游戏的奥妙就在于应当从结尾出发倒推回去。游戏结束时，你容易知道何种决策有利而何种决策不利。明确了这一点后，你就可以把它用到倒数第2次决策上，以此类推。如果从游戏的开头进行分析，那是走不了多远的。其原因在于，所有的战略决策都是要确定："如果我这样做，那么下一个人会怎样做？"

因此，在你后面的海盗所作的决定对你来说是重要的，而在你之前的海盗所作的决定并不重要，因为你对这些决定已经无能为力了。

记住了这一点，就可以知道我们的出发点应当是游戏进行到只剩两名海盗——1号和2号的时候。这时最厉害的海盗是2号，而他的最佳分配方案是一目了然的：100块金子全归他一人所有，1号海盗什么也得不到。他自己肯定会为这个方案投赞成票，这样就占了总数的50%，因此方案获得通过。

现在加上3号海盗。1号海盗知道，如果3号的方案被否决，那么最后将只剩2个海盗，而自己肯定将一无所获；此外，3号也明白1号了解这一形势。因此，只要3号的分配方案给1号一点儿利益使他不至于空手而归，那么不论3号提出什么样的分配方案，1号都将投赞成票。因此3号需要分出尽可能少的一点儿金子来收买1号海盗，这样就有了下面的分配方案：3号海盗分得99块金子，2号海盗一无所获，1号海盗得1块金子。

4号海盗的策略也差不多。他需要有50%的支持票，因此同3号一样也需再找一人做同党。他可以给同党的最低利益是1块金子，而他可以用这块金子来收买2号海盗。因为如果4号被否决而3号得以通过，则2号将一无所获。因此，4号的分配方案应是：99块金子归自己，3号一块也得不到，2号得1块金子，1号也一块也得不到。

5号海盗的策略稍有不同。他需要收买另外两名海盗，因此至少得用2块金子来拉拢，才能使自己的方案得到通过。他的分配方案应该是：98块金子归自己，1块金子给3号，1块金子给1号。

这一分析过程可以按照上述思路继续进行下去。每个分配方案都是唯一确定的，它可以使提出该方案的海盗获得尽可能多的金子，同时又保证该方案肯定能通过。按照这一思路进行下去，10 号海盗提出的方案将是 96 块金子归他所有，其他编号为偶数的海盗各得 1 块金子，而编号为奇数的海盗则什么也得不到。这就解决了 10 名海盗的分配难题。

## 67. 海盗分金(超级版)

66 题中所述的规律直到第 200 号海盗都是成立的。200 号海盗的方案将是：从 1 到 199 号的所有奇数号的海盗都将一无所获，而从 2 到 198 号的所有偶数号海盗将各得 1 块金子，剩下的 1 块金子归 200 号海盗自己所有。

乍看起来，这一论证方法到 200 号之后将不再适用了，因为 201 号拿不出更多的金子来收买其他海盗。但是即使分不到金子，201 号海盗至少还希望自己不会被扔进海里，因此他可以这样分配：给 1～199 号的所有奇数号海盗每人 1 块金子，自己一块也不要。

202 号海盗同样别无选择，只能一块金子也不要了——他必须把这 100 块金子全部用来收买 100 名海盗，而且这 100 名海盗还必须是那些按照 201 号方案执行将一无所获的人。这样的海盗有 101 名，因此 202 号的方案将不再是唯一的——贿赂方案有 101 种。

203 号海盗必须获得 102 张赞成票，但他显然没有足够的金子去收买 101 名同伙。因此，他无论提出什么样的分配方案，都注定会被扔进海里喂鲨鱼。不过，尽管 203 号注定死路一条，但并不是说他在游戏进程中不起任何作用。相反，204 号现在知道，203 号为了保住性命，就必须避免由他自己来提出分配方案这么一种局面，所以无论 204 号海盗提出什么样的方案，203 号都一定会投赞成票。这样 204 号海盗总算侥幸捡到一条命：他可以得到他自己的 1 票、203 号的 1 票，以及另外 100 名收买海盗的赞成票，刚好达到保命所需的 50%。获得金子的海盗，必属于根据 202 号方案执行肯定将一无所获的那 101 名海盗之列。

205 号海盗的命运又如何呢？他可没有这样幸运了。他不能指望 203 号和 204 号支持他的方案，因为如果他们投票反对 205 号方案，就可以幸灾乐祸地看到 205 号被扔进海里去喂鲨鱼，而他们自己的性命就能够保全。这样，无论 205 号海盗提出什么方案都必死无疑。206 号海盗也是如此——他肯定可以得到 205 号的支持，但这不足以救他一命。类似地，207 号海盗需要 104 张赞成票——除了他收买的 100 张赞成票以及他自己的 1 张赞成票之外，他还需要 3 张赞成票才能免于一死。他可以获得 205 号和 206 号的支持，但还差一张票是无论如何也弄不到了，因此 207 号海盗的命运也是被扔进海里喂鲨鱼。

208 号又时来运转了。他需要 104 张赞成票，而 205 号、206 号、207 号都会支持他，加上他自己 1 票及收买的 100 票，他得以过关保命。获得他收买的必属于那些根据 204 号方案执行肯定将一无所获的人(包括 2～200 号中所有偶数号的海盗以及 201 号、203 号、204 号)。

现在可以看出一条新的，且此后将一直有效的规律：那些方案能过关的海盗(他们的分配方案全都是把金子用来收买 100 名同伙而自己一点都得不到)相隔的距离越来越远，而在他们之间的海盗则无论提什么样的方案都会被扔进海里——因此为了保命，他们必会投票支持比他们厉害的海盗提出的任何分配方案。得以避免葬身鱼腹的海盗包括 201 号、202 号、204 号、208 号、216 号、232 号、264 号、328 号、456 号，即其号码等于 200 加 2 的某次方的海盗。

现在我们来看看哪些海盗是获得金子的幸运儿。分配金子的方法不是唯一的，其中一种方法是让 201 号海盗把金子分给 1～199 号的所有奇数编号的海盗，让 202 号海盗把金子分给 2～200 号的所有偶数编号的海盗，然后是让 204 号海盗把金子分给奇数编号的海盗，208 号海盗把金子分给偶数编号的海盗，以此类推，也就是轮流把金子分给奇数编号和偶数编号的海盗。

结论是：当 500 名海盗运用最优策略来瓜分金子时，头 44 名海盗必死无疑，而 456 号海盗则给从 1 到 199 号中所有奇数编号的海盗每人分 1 块金子，这样问题就解决了。由于这些海盗所实行的所谓的民主制度，他们的事情就变成了最厉害的一批海盗多半都是被扔进海里喂鲨鱼，不过有时他们也会觉得自己很幸运——虽然分不到抢来的金子，但总可以免于一死。只有最怯懦的 200 名海盗有可能分得一份赃物，而他们之中又只有一半的人能真正得到一块金子，这么看来，的确是怯懦者继承财富。

## 68. 理性的困境

A 提方案时要猜测 B 的反应，A 会想：根据理性人的假定，我无论提出什么方案给 B——除了将所有 100 元留给自己而一点儿不给 B 留这样极端的情况，B 只能接受，因为 B 接受了还有所得，而不接受将一无所获——当然此时 A 也将一无所获。此时理性的 A 的方案可以是：留给 B 一点点，比如 1 分钱，而将 99.99 元归为己有，即方案是 99.99∶0.01。B 接受了还会有 0.01 元，若不接受，将什么也没有。

这是根据理性人假定的结果，而实际则不是这个结果。英国博弈论专家宾莫做了实验，发现提方案者倾向于提 50∶50，而接受者会倾向于如果给他的少于 30%，他将拒绝；多于 30%，则不拒绝。

这个博弈反映的是“人是理性的”这样的假定，在某些时候存在着与实际不符的情况。A 最终提出的方案是按 70∶30 分配。

## 69. 是否交换

先看极端情况：

如果 A、B 有一人拿到 5 元的信封，该人肯定愿意换；

如果 A、B 有一人拿到 160 元的信封，该人肯定不愿意换。

但问题是，A、B 拿到的两个信封是一个组合：设 A 愿意换，则 B 不一定愿意换；反之，亦然。

再看中间情况：

从期望收益来看，若(A、B)信封组合实际为(20、40)：

若A拿到信封，看到里面有20元，则他面对两种可能，即B信封里或为10元(若此，他不愿换)，或为40元(若此，他愿意换)。但这两种可能从概率上说是均等的，即各为1/2(50%)，因此，他若愿意换，则其期望收益为：10×50%+40×50%=25元，这比他“不交换”的所得(信封里的20元)多，因此，理性的A应当“愿意交换”。

而B拿到信封，看到里面有40元，则他面对两种可能，即A信封里或为20元(若此，他不愿换)，或为80元(若此，他愿意换)。但这两种可能从概率上说是均等的，即各为1/2(50%)，因此，他若愿意换，则其期望收益为：20×50%+80×50%=50元，这比他“不交换”的所得(信封里的40元)多，因此，理性的B也应当“愿意交换”。

## 70. 是否改变选择

开始的时候，你选中的机会始终都是1/3，选错的机会始终都是2/3，这点是确定的。

在打开一个100元的信封之后，如果你坚持选择那个信封，有如下情况。

如果10000元确实是在那个被选择的信封里，那么不管主持人打不打开那个100元的信封，你都一定会中奖。所以概率都是1/3×1=1/3。但是如果10000元不在那个信封里，那么主持人打开100元的信封后，剩下的那个信封100%是那个有10000元的。所以如果你还是坚持选择那个信封，那么中奖的概率是2/3×0=0。所以加在一起，你中奖的概率是1/3。

可是如果你改变你的决定，又是另一种情况。

如果10000元确实是在你选择的那个信封里，那么换另一个信封你中奖的概率是1/3×0=0。但是如果你之前猜错了，那么在主持人打开100元的信封之后，剩下的那个信封100%是那个有10000元的，那么中奖的概率是2/3×1=2/3。所以加在一起，你中奖的概率是2/3。

那么，在这种情况下，只要你改变你之前的选择，中奖的概率就会翻一番!

## 71. 纽科姆悖论

这是一个新的悖论，且专家还不知道如何解决它。

很显然，在这个问题上可以有两大派：一派主张正确的答案是只要第二个盒子，他们是“一盒论者”(one-boxers)；另一派主张正确的答案是两个盒子都要，他们是“两盒论者”(two-boxers)。在这个问题上，双方不但千方百计地使自己的理论和方法更严谨、无漏洞，使自己的主张更有说服力，而且需要指出对方的错误和疏漏之所在。

之所以出现“一盒论”和“两盒论”的争论，关键是原来设定的问题情境中有许多不确定和模糊的地方，所以争论双方不但需要按照自己的理解用语义分析和逻辑的方法去消除这种不确定和模糊性，而且需要找出对方在语义分析和论证中有何错误之处。

## 72. 如何选择

若我们假定选择 A 为不合理的选择，那么选择 A 比选择 B 多 90 万元，这又使得选择 A 成为合理的选择；

反之，若选择 A 是合理的选择，则选择 A 将至少比选择 B 少 10 万元，因此，选择 A 又成了不合理的选择；

所以这是一个两难悖论，无法选择。

## 73. 聪明的弟子

这个聪明的弟子看着宽阔无边的麦田动起了脑筋：一看到好的麦穗就摘肯定是不可行的，看到好的麦穗总也不摘，期待会有更好的同样也是不可取的。这样一来，就必须将前后做个比较，但麦田这么大，我可以将其分成三段，走到第一段时我可以将其中的麦穗分成大、中、小三类，走到第二段时我要验证一遍以免出错，而到第三段时我就可以验收成果了，只需从大类中找到最大最美丽的一株麦穗，虽然这株麦穗不一定是整个麦田中最大最美丽的，但也差不了多少，足以令我满意了。第三个弟子就按照他的想法去做了，最终愉快地走完了全程。

## 74. 少数派游戏

如果你能在一小时内成功找到 7 个相信你的人和你结盟，那恭喜你，你们 100% 地获胜了。在游戏的第一轮，你安排你们 8 个人中 4 个人亮红色牌，4 个人亮黑色牌，因此无论如何，这一轮总有你们的 4 个人留下来。第一轮游戏的最坏情况是 10:12 胜出，因此留下来的人中最多还有 6 个不是你们队的人。在第二轮比赛中，你们队的 4 个人按之前的战术安排，让其中 2 个亮红色牌，另外 2 个亮黑色牌。因此这一轮后留下来的人中总有你们队的 2 个人，最坏情况下还有 2 个别的队的人。最后一轮中，你们两个人一个亮红色牌，另一个亮黑色牌，这样就可以保证获胜了。只要另外两个人是未经商量随机投票的，总会有一个他们俩恰好都投到一起的时候，于是最终的胜出者永远是你们队的人。比赛结束后，胜出者按约定与队伍里的另外 7 人平分奖金，完成整个协议。

当然，这是一个充满欺诈和谎言的游戏。你无法确定你们队的 7 个人是否都是好人，会不会拿到奖金之后就逃之夭夭。同时，你自己也可以想方设法使自己留到最后，拿到奖金以后突然翻脸不认人，使自己的收益最大化。不过，成功骗 7 个人相信你很容易，但要让自己能留到最后就很难了。另外，还有一种阴险狡诈的做法，可以让你能揣走全部的奖金！当然前提是，你能成功骗过所有人，让大家都相信你自己。

首先，找 7 个人和你一起秘密地组建一支队伍，把上述策略告诉他们。然后，再找另外 7 个人和你秘密地组建另一支队伍，并跟他们也部署好上面所说的必胜策略。现在不是应该还剩下 7 个人吗？把剩下的这 7 个人也拉过来，秘密地组成第三支 8 人小队。现在的情况是这样，你成功地组建了三支 8 人小队，让每个人都坚信自己身在一个将要利用必胜法齐心协力获得并平分奖金的队伍里。除了你自己，大家都不知道还有其他队伍存在。在第一轮游戏中，你指示每个队伍里包括你自己在内的其中 4 个人亮红色牌，其余的人都亮黑色牌。这样下来，亮红色牌的一共就有 10 票，亮黑色牌的有 12 票，于是你和每个队伍里除你之外的另外 3 个人获胜。下一轮游戏中，你让每个队伍里包括你在内的其中两人亮红色牌，其他人都亮黑色牌，这样红色牌就有 4 票，黑色牌有 6 票，你再次胜出。最后，你自己亮红色牌，并叫每个人都亮黑色牌，这就保证了自己可以胜出。拿到奖金后，突然翻脸不认人，背叛所有人，逃之夭夭。这样就可以一个人独享奖金。

## 75. 所罗门断案

如果你足够聪明，你就会嘲笑所罗门国王的愚蠢，因为所罗门国王的这个方法根本不能识别出谁是孩子的真正母亲！当所罗门国王提出要将孩子一分为二时，真母亲当然不会同意，而宁愿将孩子让给对方。假母亲如果足够聪明，应该能够猜到这是所罗门国王的“苦肉计”，她完全也可以假装痛苦地表示宁愿将孩子“让”给对方。因此，情况就变成了两个母亲都愿意将孩子判给对方，问题又回到了原点。因此不管所罗门国王杀婴的恐吓是否可信，他现在都无法判断谁是孩子的真正母亲。

## 76. 抓豆子

设 1 号拿的为 N 颗。

A：当 N≥49 时，根据题意，每人至少要拿一个，无论后面怎么拿，最多能拿 48 颗，1 号必死。

B：当 22≤N≤48 时，无论 N 取何值，2 号都会取 N−1 颗，因为 2 号能判断他后面无论怎么取都至少有一人少于他。3 号，则取 N−2 颗，因为他知道前面两个人手中绿豆的和后，能判断必然有一个人手中的绿豆多于 N−2 颗，并且当他取 N−2 颗后，他后面也必然有一个人少于 N−2 颗。4 号同理，取 N−3 颗。轮到 5 号时，无论 5 号取多少，1 号和 5 号都得死。

C：当 N=21 时，2 号取 20 颗，3 号取 19 颗，这时剩 40 颗。因为抓 19 颗、20 颗、21 颗都会重复，必死，而 22 颗是最大，抓 17 颗是自杀救第五人的办法。因为原则是先求保命，所以第四人会选择抓 18 颗，最后剩下 22 颗，不管 5 号抓多少都要死，抓 1～17 颗是最少，1 号和 5 号死。取 18 颗时，1 号、4 号、5 号死。取 19 颗时，1 号、3 号、4 号、5 号死，只有 2 号生。选 20 颗时，1 号、2 号、4 号、5 号死，只有 3 号生。选 21 颗时，1 号、4 号、5 号死。而只有 5 号抓 22 颗的时候，1 号才能生，这时 4 号、5 号死。当 5 号意识到自己必死的时候，必然要多拖几个人下水，所以最有可能出现的情况就是：取19颗，1号、3号、4号、5号死，只有2号生。或选20颗，1号、2号、4号、5号死，只有3号生。

D：当2≤N≤20时，无论N取何值，2号取绿豆有2种可能，N-1或N+1。因为，如果2号取的绿豆和1号之差超过1个，即N-2或N+2，3号就能判断前面至少有一个人手中的绿豆是大于或等于(N+N+2)/2或大于或等于(N+N-2)/2，取N+1或N-1是3号最佳的选择，这样3号就必生。所以2号肯定得紧贴着1号的数取豆。

D1：若N=20，2号取21颗时，3号取19颗，此时剩40颗，回到C的情况。

D2：若N=20，2号取19颗时，3号取18颗，4号取17颗，此时剩26颗，5号必死，回到C的情况。取1到16颗时，1号、5号死。取17颗时，1号、4号、5号死。取18颗时，1号、3号、4号、5号死。取19颗时，1号、2号、4号、5号死。取20颗时，1号、4号、5号死。取大于或等于21颗时，4号、5号死。所以最有可能出现的情况就是：取18颗，1号、3号、4号、5号死，2号生。取19颗，1号、2号、4号、5号死，3号生。

以此类推……

若N=6，2号取5颗，3号取4颗，4号取3颗，回到D2的情况，5号必死。最有可能出现的情况就是：取4颗，1号、3号、4号、5号死，2号生。取5颗，1号、2号、4号、5号死，3号生。

若N=5，2号取4颗，3号取3颗，4号取2颗，回到D2的情况，5号必死。最有可能出现的情况就是：取3颗，1号、3号、4号、5号死，2号生。取4颗，1号、2号、4号、5号死，3号生。

若N=4，2号取3颗，3号取2颗，4号取5颗，此时5号必死。5号取1颗，4号、5号死。取2颗，3号、4号、5号死。取3颗，2号、3号、4号、5号死，1号生。取4颗，1号、3号、4号、5号死，2号生。取5颗，3号、4号、5号死。取大于或等于6颗时，3号、5号死。所以最有可能出现的情况就是：取3颗，2号、3号、4号、5号死，1号生。取4颗，1号、3号、4号、5号死，2号生。

若N=3，2号取2颗，3号取4颗，此时回到前一种情况，4号取5颗。所以最有可能出现的情况就是：5号取3颗，1号、2号、4号、5号死，3号生。取4颗，2号、3号、4号、5号死，1号生。

若N=2，2号取3颗，3号取4颗，此时回到前一种情况，4号取5颗。所以最有可能出现的情况就是：5号取3颗，1号、2号、4号、5号死，3号生。取4颗，1号、3号、4号、5号死，2号生。

E：N取1颗时，1号必死。

所以1号考虑完上述情况后，他必然会选择生还希望最大的3颗或4颗。这时最有可能活下来的就是1号、2号、3号。其中，1号活下来的概率最大，为50%。

## 77. 抢报 35 游戏

晶晶的策略其实很简单：她总是报到 5 的倍数。如果春春先报，根据游戏规定，她或报 1，或报 1、2，或报 1、2、3，或报 1、2、3、4，但不管如何，晶晶都报到 5。接下来，春春从 6 开始报，而晶晶就报到 10。以此类推，由于 35 是 5 的倍数，所以晶晶总能报到 35。

## 78. 蜈蚣博弈的悖论

如果一开始 A 就选择不合作，则两人各得 1 的收益，而如果 A 选择合作，则轮到 B 选择，B 如果选择不合作，则 A 的收益为 0，B 的收益为 3，如果 B 选择合作，则博弈继续进行下去。

可以看到，每次合作后总收益在不断增加，合作每继续一次总收益增加 1，如第一个括号中总收益为 1+1=2，第二个括号为 0+3=3，第三个括号则为 2+2=4。这样一直下去，直到最后两人都得到 10 的收益，总体效益最大。遗憾的是，这个圆满结局很难实现！

大家注意，在图 3-1 中最后一步由 B 选择时，B 选择合作的收益为 10，选择不合作的收益为 11。由理性人假设可知，B 将选择不合作，而这时 A 的收益仅为 8。A 考虑到 B 在最后一步将选择不合作，因此他在前一步选择不合作，因为这样他的收益为9，比 8 高。B 也考虑到了这一点，所以他也要抢先 A 一步采取不合作策略……如此推论下去，最后的结论是：在第一步 A 将选择不合作，此时各自的收益为 1，这个结论是令人悲哀的。

由此不难看出，这个结论是不合理的。因为一开始就停止合作的话，A、B 均只能获取 1，而采取合作性策略则有可能均获取 10，当然，A 一开始采取合作性策略有可能获得 0，但 1 或者 0 与 10 相比实在很小。直觉告诉我们，采取合作策略是好的。而从逻辑的角度看，A 一开始应选择不合作的策略。人们在博弈中的真实行动偏离了博弈的理论预测，造成二者间的矛盾和不一致，这就是蜈蚣博弈的悖论。

## 79. 酒吧问题

每个参与者只能根据以前去的人数的信息总结出策略来，没有其他信息，他们之间更没有信息交流。

这是一个典型的动态博弈问题，这是一群人之间的博弈。如果许多人预测去酒吧的人数多于 60，因而决定不去，那么，酒吧的人数将很少，这时候预测就错了。如果有很大一部分人预测去酒吧的人数少于 60，因而去了酒吧，则去的人很多，超过 60，此时他们的预测也错了。因此，一个作出正确预测的人应该是能知道其他人如何作出预测的。但是在这个问题中，每个人的预测信息来源是一样的，即都是过去的历史，而每个人都不知道别人如何作出预测，因此，正确预测是没有的。每个人只能根据以往历史大概地作出预测，而无其他办法。阿瑟教授提出这个问题也是强调在实际中归纳推理对行动的重要性。

因此，对于这样的博弈的参与者来说，重要的是他如何才能归纳出合理的行动策略。

例如，如果前面几周去酒吧的人数如下：

44，76，23，77，45，66，78，22

不同的行动者可作出不同的预测，例如，预测下次的人数将是前 4 周的平均数(53)，两点的周期环(78)，与前面隔一周的相同(78)。

通过计算机的模拟实验，阿瑟得出一个有意思的结果：不同的行动者是根据自己的归纳来行动的，并且，去酒吧的人数没有一个固定规律。然而，经过一段时间以后，去酒吧的平均人数很快达到 60。即经过一段时间，这个系统中去与不去的人数之比是 60∶40，尽管每个人不会固定地属于去酒吧或不去酒吧的人群，但这个系统的这个比例是不变的。阿瑟说，预测者自发地形成一个生态稳定系统。

这就是酒吧问题。对于下次去酒吧的确定人数，我们无法作出肯定的预测，这是一个混沌现象。

首先，混沌系统的行为是不可预测的。对于酒吧问题，人们根据以往的历史来预测以后去酒吧的人数——我们假定这个过程是这么进行的——过去的历史人数就很重要，然而过去的历史可以说是任意的，未来就不可能得到一个确定的值。

其次，这是一个非线性过程。所谓非线性过程，是说系统未来对初始值有强烈的敏感性。这就是人们常说的“蝴蝶效应”：亚马孙河热带雨林中的一只蝴蝶扇动了一下翅膀，最后导致美国华盛顿下了一场大暴雨。

在酒吧问题中，同样有这样的情况。假如其中一个人对未来的人数作出了一个预测，因而决定第 $n$ 天去还是不去酒吧，他的行为反映在下次去酒吧的人数上，这个数目对其他人的预测及第 $n+1$ 天去和不去的决策造成影响，即第 $n+1$ 天去酒吧的人数中含有他第 $n$ 天的决策的影响。而他对第 $n+2$ 天人数的预测要根据 $n+1$ 天的人数，这样，他第 $n$ 天的预测及行为给其他人造成的影响反过来又对他第 $n+2$ 天的行为造成影响。随着时间的推移，他的第 $n$ 天的决策的效应会越积越多，从而使得整个过程是不可预测的。

## 80. 倒推法博弈

B 通过分析得出：A 的威胁是不可信的。原因是：当 B 进入的时候，A 阻挠的收益是 2 亿元，而不阻挠的收益是 4 亿元。4>2，理性人是不会选择做非理性的事情的。也就是说，一旦 B 进入，A 的最好策略是合作，而不是阻挠。因此通过分析，B 选择了进入，而 A 选择了合作。双方的收益各为 4 亿元。

在这个博弈中，B 采用的方法为倒推法，也就是逆向归纳法，即当参与者作出决策时，他要通过对最后阶段的分析，准确预测对方的行为，从而确定自己的行为。

这里，双方必须都是理性的。如果双方都是不理性的，就无法进行分析了。

另外，作为 A，从长远的利益出发，为了避免以后还有人进入该市场，A 会宁可损失，也要对进入者做些阻挠。这样的话，就会出现其他结果。大家可以继续深入思考一下。

## 81. 将军的困境

这就是“协同攻击难题”，它是由格莱斯(J.Gray)于 1978 年提出的。糟糕的是，有学者证明，不论这个情报员来回成功跑多少次，都不能使两个将军一起进攻。问题在于，两个将军协同进攻的条件是“于黎明一起进攻”，这是将军 A、将军 B 达成的共识。由于无法确认情报员已经将信息传达给对方，所以无论情报员跑多少次，都不能够使将军 A、将军 B 之间达成这个共识。

## 82. 有病的狗

3 条。

假设只有一条病狗，这条病狗的主人观察到其他人家的狗都是健康的，所以他马上就能断定是自己的狗生病了，当天就能开枪打死它。

假设有两条病狗，主人分别是甲和乙。甲在第一天观察到了乙的病狗，所以他无法判断自己的狗有没有生病。但是等到第二天的时候，甲发现乙没有在第一天开枪，这说明乙和甲一样也在第一天观察到了一条病狗。而甲已经知道除了自己和乙以外，其他人的狗都是健康的，所以，乙观察到的病狗肯定是甲自己的那条了。这样一来，甲在第二天开枪杀死了自己的狗。同理，乙也在第二天杀死了自己的狗。

假设有三条病狗，主人分别是甲、乙、丙。甲在第一天观察到了乙和丙的病狗，他根据刚才的推理过程知道，如果只有那两条狗生病，那么乙和丙会在第二天杀死他们自己的狗。乙和丙也是一样的推理过程，所以他们三个人在等待另外两人的枪声中度过了第二天。结果第二天没人开枪，他们就知道了另外两人也各自看到了两条生病的狗，也就是自己的狗是生病的。这样，三个人在第三天开枪杀死了自己的狗。

这个推理过程可以一直循环下去，到最后如果 50 条狗都是病狗的话，那么狗的主人要一直等到第五十天才能确认自己的狗真的生了病。

## 83. 村口的一排树

在老太太作了宣布之后的第一天，如果村里只有一个孩子恋爱，这个孩子的父母在老太太宣布之后就能知道。因为，如果其他孩子恋爱，她应当事先知道，既然不知道并且至少有一个孩子恋爱，那么肯定是自己的孩子了。因此，村里如果只有一个孩子恋爱，老太太宣布之后，当天这个孩子的父母就会去村口种树。

如果村里有两个孩子恋爱，这两个孩子的父母第一天都不会怀疑到自己的孩子，因为他们知道另外一个孩子恋爱了。但是当第一天过后他们发现那孩子的父母没去村口种树，那么他们会想，肯定有两个孩子恋爱了，否则他们知道的那个恋爱孩子的父母在第一天就会去种树的。既然有两个孩子恋爱了，但他们只知道一个，那么另一个肯定是自己的孩子了。

事实上，这个村子里的 100 个孩子都恋爱了。那么，这样推理会继续到第 99

天，也就是说，前99天每个父母都没怀疑到自己的孩子恋爱了，而当第100天的时候，每个父母都确定地推理出自己的孩子恋爱了，于是都去村口种树了。

## 84. 损坏的瓷器

两个姑娘各自心里应该想好，航空公司认为这个瓷器价值在1000元以内，如果自己给出的损失价格比另一个人低，就可以额外再得到200元，而自己实际损失是888元。

“中原一点红”想，航空公司不知道具体价格，那么“沙漠樱桃”肯定会认为多报损失就会多得益，只要不超过1000元即可，那么“沙漠樱桃”最有可能报的价格是900元到1000元之间的某一个价格。因此，我就报890元，这样航空公司肯定认为我是诚实的好姑娘，从而奖励我200元，这样我实际就可以获得1090元！“沙漠樱桃”因为说谎，就只能拿890元了！

因此，两人考虑到此就都会写890元。

而“沙漠樱桃”也会想，“中原一点红”一看是个精明的姑娘，她应该会想到写890元，我就填888元原价！

然而“中原一点红”也很聪明。她想，“沙漠樱桃”肯定已经想到我要写890元了，这样她很可能填真实价格。那我就填880元，低于真实价格！

“沙漠樱桃”又想了想，觉得应该再低一点，报800元！

我们都知道，计谋的关键是要能算得比对手更远，于是这两个精明的姑娘相互算计，因此，她们很可能最后都会填689元。因为她们都认为，原价是888元，而自己填689元肯定是最低了，加上奖励的200元，就是889元，还能赚上1元。

最后，航空公司收到她们的申报损失，发现两个人都填了689元。航空公司本来预算的2198元赔偿金现在只需赔偿1378元就搞定了！而两个精明的姑娘呢，各自只能拿到689元，还不足以弥补瓷器的本来损失。这也是聪明反被聪明误。

## 85. 分遗产

我们先考虑一种简单的情况，假如姐姐和弟弟的偏好排序如下。

姐姐：①冰箱；②洗衣机；③自行车；④洗碗机；⑤笔记本电脑；⑥打火机。

弟弟：①笔记本电脑；②打火机；③洗碗机；④自行车；⑤冰箱；⑥洗衣机。

如果诚实地选择，结果会是：姐姐选了冰箱、洗衣机和自行车，而弟弟选了笔记本电脑、打火机和洗碗机。

姐姐得到了6件物品中她认为价值最高的3件物品，弟弟同样得到了他希望得到的价值在前3位的物品。两人对分配均满意。这是一个双赢的分配。

这里所实现的“双赢”分配，其基础是：我们假定了他们对不同物品的估价“差别较大”，或者说不同物品在不同的人那里其效用是不同的。为了分析这里的分配是双赢的结果，我们设定他们对每件物品进行打分，假定满分为100分，姐姐和弟弟分别将这100分分配给不同的物品。具体如下。

姐姐：①冰箱 28 分；②洗衣机 22 分；③自行车 20 分；④洗碗机 15 分；⑤笔记本电脑 10 分；⑥打火机 5 分。

弟弟：①笔记本电脑 30 分；②打火机 25 分；③洗碗机 20 分；④自行车 15 分；⑤冰箱 5 分；⑥洗衣机 5 分。

这样，姐姐总共得到了 70 分，而弟弟得到了 75 分。两人分配得到的结果都超过了 50 分。勃拉姆兹教授在《双赢解》一书中还提出了分配的“无嫉妒原则”。也就是说，姐姐的所得为 70 分，弟弟的所得为 75 分，姐姐也不会嫉妒弟弟。如此看来，这样的分配确实是双赢的。

我们假定了姐姐和弟弟对不同物品的估价或者排序是不同的。如果他们的估价差不多，情形又将如何呢？

假定姐姐和弟弟对不同物品估价后进行的排序如下。

姐姐：①冰箱；②笔记本电脑；③自行车；④洗碗机；⑤洗衣机；⑥打火机。

弟弟：①笔记本电脑；②打火机；③洗碗机；④自行车；⑤冰箱；⑥洗衣机。

同样，由姐姐先选。

如果每个人进行的选择是诚实的，即每个人进行选择时，都是从剩下的物品中选择自己认为的价值最高的物品，那么结果如下。

姐姐选择了冰箱、自行车和洗碗机；

弟弟选择了笔记本电脑、打火机和洗衣机。

在这个分配中，姐姐获得了她认为的价值第一、第三和第四的物品，而弟弟获得了他认为的价值第一、第二和第六的物品。

这样的分配对双方来说，虽然不是最好的结果，但是双方对这个分配结果感到满意。

在这个例子中，聪明的读者会想到：如果姐姐第一次不选择冰箱，而是先选择笔记本电脑，情形又会怎样呢？即姐姐的选择是策略性的，而不是诚实的。因为，姐姐知道在弟弟那里笔记本电脑排第一，而冰箱排倒数第二。姐姐第一次选择了笔记本电脑，轮到弟弟选择时，弟弟也不会选择冰箱，而会选择打火机。那样结果就会如下。

姐姐选择了冰箱、笔记本电脑和自行车；

弟弟选择了打火机、洗碗机和洗衣机。

这样姐姐得到了她认为的最值钱的前三件物品，而弟弟得到了他认为的价值第二、第三及第六的物品。

当然，如果弟弟对自己的分配所得的结果不满意，他同样可以采取策略性行为。当他看到姐姐采取策略性行为而选择笔记本电脑时，轮到他选择时，他先选择冰箱。尽管冰箱在他看来价值较低，但他知道冰箱在姐姐那里价值最高，他选择了冰箱后，可以用它与姐姐交换笔记本电脑。这样一来，情形就较复杂。大家不妨分析一下此时的结果。

## 86. 抢糖果

弟弟先拿 4 个，之后哥哥拿 $n$ 个($1 \leqslant n \leqslant 5$)，弟弟就拿 $6-n$ 个，每一轮都是这样，就能保证弟弟能拿到最后一颗糖果。

(1) 我们不妨逆向推理，如果只剩 6 颗糖果，让哥哥先拿，则弟弟一定能拿到第 6 颗糖果。理由是：如果哥哥拿 1 颗，弟弟就拿 5 颗；如果哥哥拿 2 颗，弟弟就拿 4 颗；如果哥哥拿 3 颗，弟弟就拿 3 颗；如果哥哥拿 4 颗，弟弟就拿 2 颗；如果哥哥拿 5 颗，弟弟就拿 1 颗。

(2) 我们再把 100 颗糖果从后向前按组分开，6 颗一组。100 不能被 6 整除，这样就分成 17 组。第 1 组 4 颗，后 16 组每组 6 颗。

(3) 弟弟先把第 1 组的 4 颗拿完，后 16 组每组都让哥哥先拿，自己拿剩下的。这样弟弟就能拿到第 16 组的最后一颗，即第 100 颗糖果了。

## 87. 花瓣游戏

后摘的可以获胜。首先，如果先摘的人摘一片花瓣，那么，后摘的人就在花瓣另一边对称的位置摘去两片花瓣；如果先摘的人摘了两片花瓣，那么，后摘的人在花瓣的另一边摘一片花瓣。这时还剩下 10 片花瓣，而且被分为相等的两组，每组 5 片相邻的花瓣。在以后的摘取中，如果先摘的人摘一片，后摘的人也摘一片；如果先摘的人摘两片，后摘的人也摘两片。并且摘的花瓣是另一组对应的位置，这样下去，后摘的人一定可以摘到最后的那片花瓣。

## 88. 该怎么下注

与丽莎小姐一样，押 500 个金币在“3 的倍数”上就可以了。

基本上，只要与丽莎小姐用同样的方法下注就可以了。如果丽莎小姐赢了，周星星先生也会得到同样的报酬，他们的名次就不会受到影响。如果丽莎小姐输了，就更不会影响到名次了。

事实上，周星星先生只要押 401 个以上的金币，赢的话，金币就会有 1502 个以上，仍然是第一名。所以，在这种场合，手里有较多金币的人便是赢家。

## 89. 不会输的游戏

要明白“15 点”游戏的道理，其诀窍在于看出它在数学上是类似“井”字游戏的！使人感到惊奇的是，该等价关系是在著名的 3×3 魔方(也就是九宫格)的基础上建立的，而 3×3 魔方在中国古代就已存在。要了解这种魔方的妙处，就要先列出其和均等于 15 的所有 3 个数字的组合(不能使两个数字相同，不能有零)。这样的组合只有以下 8 组。

1+5+9=15

1+6+8=15

2+4+9=15

2+5+8=15

2+6+7=15

3+4+8=15

3+5+7=15

4+5+6=15

现在，我们仔细观察一下这个独特的 3×3 魔方(见表 3-1)。

表 3-1　3×3 魔方

| | | |
|---|---|---|
| 2 | 9 | 4 |
| 7 | 5 | 3 |
| 6 | 1 | 8 |

需要注意的是，这里有 8 组元素，8 组都在 8 条直线上：三行、三列、两条主对角线。每条直线等同于 8 组三个数字(它们加起来是 15)中的一组。因此，在游戏中每组获胜的 3 个数字，都由某一行、某一列或某条对角线在方阵上代表。

很明显，每一次游戏与在方阵上玩“井”字游戏是一样的。庄家在一张卡片上画上这个魔方图，然后把它放在游戏台下面，只有他能看到。进行“15 点”游戏时，庄家暗自在玩卡片上相应的“井”字游戏。玩这种游戏是绝不会输的，假如双方都正确无误地进行，最后就会出现和局。然而，被拉进游戏的人总是处于不利的地位，因为他们没有掌握“井”字游戏的秘诀。因此，庄家很容易设置埋伏，让自己轻松获胜。

## 90. 骰子赌局

3 个骰子可以掷出来的结果有 6×6×6＝216 种，它们的可能性均等，任取一个数字，例如 1，出现一个 1 的可能性为 3×1/6×5/6×5/6=75/216 种，出现两个 1 的可能性为 3×1/6×1/6×5/6=15/216 种，出现三个 1 的可能性为 1/6×1/6×1/6=1/216 种，所以在 216 次中赢的概率为 91/216，输的概率是 125/216。因为每次得到的钱不一样，也就是说，有 75 次赢 1 元，15 次赢 2 元，1 次赢 3 元，一共可以赢 75＋30＋3＝108 元，而将要输掉 125 元。所以赌局是对庄家有利的，庄家的收益率是(125−108)÷216×100%≈7.9%。

## 91. 与魔鬼的比赛

战略是这样的，他先把第一颗棋子放在圆盘的正中央，他再放棋子时，棋子总和魔鬼放的棋子以圆盘的中心成中心对称。这样一来，他总是有地方放棋子，直到魔鬼无法再往圆盘上放棋子，不论圆盘和棋子多大多小都一样。

## 92. 猜纸片

有优势。

假设朝上的是√，朝下的是√或×的机会并不是 1/2。

朝下的是√的机会有两个：一个是第一张卡片的正面朝上时；另一个是第一张卡片的反面朝上时。但朝下的是×的机会，只有当第二张卡片正面朝上的时候。也就是说，只要回答朝上那面的图案，他就有2/3的机会赢。

## 93. 怎样取胜

他先是撒腿就跑，这样敌方的三人马上开始追赶。但是每个人跑的速度都不同，一段时间之后，三人就拉开了距离。这样将军就有机会各个击破，战胜他们了。

## 94. 罪犯分汤

先由分汤的罪犯把汤分成8份，剩下的7个人先选择，最后剩下的那一份留给分汤的犯人，这样分汤的犯人为了自己的公平，就必须把汤分得平均。

## 95. 检验毒酒

最少需要10个死刑犯就够了。

把10个人编号为1～10，再把1000瓶酒用二进制编号，分别为0000000000，0000000001，……，1111111111，一共有1024种组法。把每种组法对应一瓶酒，足够1000瓶酒。酒的编号中第几位为1，就把该酒喂给第几个人。最后看死了哪几个人，便可以判断出哪瓶酒有毒了。

## 96. 杯子测试

如果只有一个杯子，如果我们想找出恰巧会使杯子破碎的楼层，只能从第一层开始一层一层往上尝试，直到这只杯子在某一层掉下去后摔碎为止。最差的情况我们需要试100次(目标楼层是第100层)。

现在我们有两个杯子，就可以先用第一个杯子跳着楼层尝试，确定出“恰巧会使杯子破碎的楼层”的大概范围，再在这个范围里用第二个杯子从小到大地一层一层尝试，直到找到目标楼层。

比如，我们用第一个杯子从第20层楼开始尝试，然后第40层、第60层，直到在第80层的时候摔碎了，这就确定了目标楼层在第61层到第80层中。然后我们用第二个杯子从第61层开始一层一层尝试，直到在其中某一层杯子碎掉。如果用这种方式，最差情况需要24次尝试(目标楼层是第99层或第100层)。

但如果我们换一种方式挑选第一个杯子尝试的楼层，最终结果就会不一样。例如，我们从第10层开始每隔10层尝试，最差情况只需要19次尝试(目标楼层是第99层)。

所以，我们的目标是优化用第一个杯子尝试的楼层挑选方案，使得最差情况下的尝试次数最少。

为了方便理解，我们把总楼层减少到9层，用一个方块表示一个楼层，把第一个杯子尝试的楼层分组横向放在一起。比如，我们第一个杯子的尝试方案如果是“3层、6层、8层”，9个格子就如图3-1这样排列。

| | | |
|---|---|---|
| 9层 | | |
| 7层 | 8层 | |
| 4层 | 5层 | 6层 |
| 1层 | 2层 | 3层 |

图 3-1　9 个楼层排列顺序

于是我们第一个杯子首先在第三层尝试的时候，就相当于在确认目标楼层是否在图 3-1 的最下一行里，如果第一个杯子碎了，就用第二个杯子在图 3-1 最下一行里从左到右尝试；如果没碎，接着按图中由下往上的顺序尝试第 6 层、第 8 层……，直到确认目标楼层所在的行，并用第二个杯子在此行从左往右尝试。

在这个方案中，如果目标楼层是第 5 层，我们需要尝试几次？第一个杯子先尝试第 3 层没碎，再尝试第 6 层碎了，说明目标楼层在图中倒数第二行里。于是用第二个杯子从左往右先试第 4 层没碎，再试第 5 层碎了，找到目标楼层。这样共尝试了 4 次。

我们把每层楼如果是目标楼层的话需要尝试的次数填到图 3-1 中，得到图 3-2。

| | | |
|---|---|---|
| 4 次 | | |
| 4 次 | 4 次 | |
| 3 次 | 4 次 | 4 次 |
| 2 次 | 3 次 | 3 次 |

图 3-2　尝试的次数

最差的情况需要尝试 4 次。此时其中的规律很明显了，从左下角的方格开始横向或纵向移动到某一个方格需要的步数加上 2(如果是最右边的方格就加上 1)，就是此方格里的数字。如果现在有 10 层楼，我们肯定把多出来的方格放到图 3-2 的最右下角，变成一个横、纵都是 4 格的三角形，如图 3-3 所示。

| | | | |
|---|---|---|---|
| 第 10 层 4 次 | | | |
| 第 8 层 4 次 | 第 9 层 4 次 | | |
| 第 5 层 3 次 | 第 6 层 4 次 | 第 7 层 4 次 | |
| 第 1 层 2 次 | 第 2 层 3 次 | 第 3 层 4 次 | 第 4 层 4 次 |

图 3-3　10 个楼层排列顺序

最差的情况仍然只需要尝试 4 次。

所以 11～15 层的情况就是在图 3-3 的每一行往右加一格，直到变成横、纵都是五格的三角形。以此类推，题中一共 100 层，我们需要一个横、纵 13 格的三角形共 91 个格子，剩下的 9 个格子分散在其中的 9 行中。

因此，我们可以得出结论：最差的情况需要尝试 14 次，并且有不止一种尝试方案[实际有 C(9,13) = 715 种方案]。比如，第一个杯子由小到大尝试：13 层、25 层、36 层、46 层、56 层、65 层、73 层、80 层、86 层、91 层、95 层、98 层、100 层，直到第一个杯子在某一层摔碎，再用第二个杯子在第一个杯子最后一次没摔碎的楼层往上开始尝试，直到在某一层第二个杯子摔碎，这一层就是我们要找的“恰巧会使杯子破碎的楼层”。

题目可归结为求自然数列的和 S 什么时候大于等于 100，解得 $n>13$。

### 97. 逃脱的案犯

“飞毛腿”可以逃脱。

若是“飞毛腿”将船划向黑猫警长所在岸的对称方向，那么它要行进的距离为 R，黑猫警长要行进的距离为 3.14R，因为“飞毛腿”划船的速度是警长奔跑速度的 1/4，所以它在划到岸边之前警长就能赶到，这种方法行不通。

正确的方法是，“飞毛腿”把船划到略小于 1/4 的圆半径的地方，比如 0.24R，然后以湖的中心为圆心，作顺时针划行。在这种情况下，“飞毛腿”的角速度大于在岸上的警长能达到的最大角速度。这样划下去，它就可以在某一个时刻，处于离警长最远的地方，也就是和警长在一条直径上，并且在圆心的两边。然后“飞毛腿”把船向岸边划，这时，它离岸边的距离为 0.76R，而警长要跑的距离为 3.14R。由于 $4\times0.76R<3.14R$，所以“飞毛腿”可以在警长赶到之前上岸，并用最快的速度逃脱。

# 第四章

### 98. 巧辨坏球

先将 12 个球编号为 1～12，称量方法及结果如表 4-1 所示。

表 4-1　巧辨坏球称量方法

| 第一次 | | 结果 | 第二次 | | 结果 | 第三次 | | 结果 | 结论 |
|---|---|---|---|---|---|---|---|---|---|
| 左 | 右 | | 左 | 右 | | 左 | 右 | | |
| 1、2、3、4 | 5、6、7、8 | 右重 | 1、6、7、8 | 5、9、10、11 | 右重 | 1 | 2 | 右重 | 1 轻 |
| | | | | | | | | 平衡 | 5 重 |
| | | | | | 平衡 | 2 | 3 | 右重 | 2 轻 |
| | | | | | | | | 平衡 | 4 轻 |
| | | | | | | | | 左重 | 3 轻 |
| | | | | | 左重 | 6 | 7 | 右重 | 7 重 |
| | | | | | | | | 平衡 | 8 重 |
| | | | | | | | | 左重 | 9 重 |

续表

| | | | | | | | | | |
|---|---|---|---|---|---|---|---|---|---|
| 1、2、3、4 | 5、6、7、8 | 平衡 | 1、2、3 | 9、10、11 | 右重 | 9 | 10 | 右重 | 10 重 |
| | | | | | | | | 平衡 | 11 重 |
| | | | | | | | | 左重 | 9 重 |
| | | | | | 平衡 | 1 | 12 | 右重 | 12 重 |
| | | | | | | | | 左重 | 12 轻 |
| | | | | | 左重 | 9 | 10 | 右重 | 9 轻 |
| | | | | | | | | 平衡 | 11 轻 |
| | | | | | | | | 左重 | 10 轻 |
| | | 左重 | 1、6、7、8 | 5、9、10、11 | 右重 | 6 | 7 | 右重 | 6 轻 |
| | | | | | | | | 平衡 | 8 轻 |
| | | | | | | | | 左重 | 7 轻 |
| | | | | | 平衡 | 2 | 3 | 右重 | 3 重 |
| | | | | | | | | 平衡 | 4 重 |
| | | | | | | | | 左重 | 2 重 |
| | | | | | 左重 | 1 | 2 | 平衡 | 5 轻 |
| | | | | | | | | 左重 | 1 重 |

## 99. 称量水果

把 10 个箱子分别编号为 1～10，第 1 箱取 1 个桃子，第 2 箱取 2 个桃子……第 10 箱取 10 个桃子，放在秤上一起称。本来应该是 55×500 克，当混入每个 400 克的桃子时，总重量就会减少。减少几百克，就说明有几个 400 克的桃子，这样也就知道几号箱子里是 400 克的桃子了。

## 100. 特别的称重

第一步，先把 10 克的砝码放在天平的一端，然后把这袋碳酸钠分开放在天平的两端使天平平衡。这时，天平两端的碳酸钠则分别是 33 克和 23 克。

第二步，把 33 克粉末取下，然后仍然把 10 克的砝码放在天平的一端，然后从 23 克碳酸钠中取出一些放在天平的另一端，并使天平平衡，这时 23 克碳酸钠中剩下的就是 13 克。

第三步，重复第二步的动作，剩下的就是 3 克碳酸钠。

## 101. 药剂师称重

最简单的方法是：第一次，把 30 克和 35 克的砝码放在天平的一端，称出 65 克药粉；第二次，再用 35 克的砝码称出 35 克的药粉。剩下的药粉即为 200 克，65 克药粉加 35 克药粉即为 100 克。

## 102. 不准的天平

先把两个砝码都放在天平的左边，在天平的右边放上实验物品，等两边平衡时，取下砝码换成实验物品，天平再平衡时，左边的物品就是600克。

## 103. 分面粉

第一次，在天平的左边放两个砝码2+7=9克，右边放9克面粉。

第二次，在天平的左边放7克的砝码和刚量出的9克面粉，7+9=16克，右边放16克面粉。

第三次，在天平的左边放前两次分出的9+16=25克面粉，右边放25克面粉。

两个25克的面粉混合在一起，即得50克，剩下的为90克，分配完毕。

测出的面粉还可以当作砝码来测量物品，所以只要用2克、7克及它们的和9克凑出25克面粉即可，很简单，7+9+9=25。

## 104. 称盐

第一步，将9000克盐用天平平分，一边是4500克；

第二步，将4500克盐用天平再平分，一边是2250克；

第三步，在2250克盐中，用50克和200克的砝码一起称量出250克，剩下的就是2000克。

## 105. 分辨胶囊

如果是三种药，我们第一瓶药取一颗，第二瓶药取10颗，第三瓶药取100颗，第四瓶药取1000颗，以此类推。

称得总重量，那么个位数上如果为1，就说明第一瓶为1克的药；如果为2，就说明第一瓶是2克的药；如果为3，就说明第一瓶是3克的药。十位数上的数字就是第二瓶药的种类；百位数上的数字就是第三瓶药的种类……

对于四种药、五种药……只要药的规格没有大于10克都可以用这个方法。

但是考虑到代价的问题，就要先看最重的药是多重，比如上面例子是3克，就不要用10进制，而改用3进制。如果有$n$类药，就用$n$进制。第一个瓶子里取$n^0$颗药，第二个瓶子取$n^1$颗药……第$k$个瓶子取$n^{k-1}$颗药。把最后算出来的重量从十进制变换成$n$进制，然后从最低位向高位依次就是各瓶药的规格。

## 106. 砝码称重

(1) 可以称6种不同重量。从这四个砝码中任意选择两个组合，产生的不同组合有：(10克，20克)，(10克，40克)，(10克，80克)，(20克，40克)，(20克，80克)，(40克，80克)。

(2) 丢失的砝码是40克的。

## 107. 砝码数量

至少需要5个砝码，分别重：1克，3克，9克，27克，81克。

砝码是可以放在天平左、右两个托盘里的，以下等式的等号左边代表被称物，右边代表砝码。

1=1

2=3−1

3=3

4=3+1

5=9−3−1

6=9-3

7=9−3+1

8=9−1

9=9

10=9+1

11=9+3−1

……

121 之内都可以表示出来。

### 108. 牙膏

那张纸条上写着：将现在牙膏开口扩大 1 毫米。消费者每天早晨挤出同样长度的牙膏，开口扩大了 1 毫米，他们就多用 1 毫米宽的牙膏，每天的消费量将多出多少呢!

公司立即更改包装。第 14 年，公司的营业额增加了 32%。

对于生活中的变化，我们常常习惯陈旧的思维方法。其实只要你把“心径”扩大 1 毫米，你就会看到生活中的变化都有它积极的一面，生活充满了机遇和挑战。

### 109. 偷换概念

这是个偷换概念的问题，每人每天支付 9 元，一共 27 元，老板得到 25 元，伙计得到 2 元，27=25+2，不能把客人支付的钱和伙计得到的钱相加。

### 110. 零钱

硬币：1 个一分，2 个二分，1 个五分；

纸币：2 张一角，1 张两角，1 张五角，2 张一元，1 张两元，1 张五元。

### 111. 圈出的款额

运用(2)和(3)，经过反复试验可以发现，只有四对硬币组能满足这样的要求：一对中的两组硬币各为四枚，总价值相等，但彼此间没有一枚硬币面值相同。各对中每组硬币的总价值分别为 40 美分、80 美分、125 美分和 130 美分。具体情况如下(S 代表 1 美元，H 代表 50 美分，Q 代表 25 美分，D 代表 10 美分，N 代表 5 美分的硬币)：

DDDD　　DDDH　　QQQH　　DDDS
QNNN　　QNQQ　　NDDS　　QNHH

运用(1)和(4)，可以看出，只有 30 美分和 100 美分能够分别从两对硬币组中付出而不用找零。但是，标价单中没有 100。因此，圈出的款额必定是 30。

## 112. 找零钱

答案是老三用纸币。原因如下。

(1) 开始时：

老大有 3 个 10 美分硬币，1 个 25 美分硬币，账单为 50 美分；

老二有 1 个 50 美分硬币，账单为 25 美分；

老三有 1 个 5 美分硬币，1 个 25 美分硬币，账单为 10 美分；

店主有 1 个 10 美分硬币。

(2) 交换过程：

第一次交换：老大拿 3 个 10 美分硬币换老三的 1 个 5 美分和 1 个 25 美分硬币，此时老大手中有 1 个 5 美分硬币和 2 个 25 美分硬币，老三手中有 3 个 10 美分硬币；

第二次交换：老大拿 2 个 25 美分硬币换老二的 1 个 50 美分硬币，此时老大有 5 美分、50 美分硬币各一枚，老二有 2 个 25 美分硬币。

(3) 支付过程：

老大有 5 美分、50 美分硬币各一个，可以支付其 50 美分的账单，不用找零。

老二有 2 个 25 美分硬币，可以支付其 25 美分的账单，不用找零。

老三有 3 个 10 美分硬币，可以支付其 10 美分的账单。

店主有 2 个 10 美分硬币，以及 25 美分、50 美分硬币各一枚。

(4) 老三买水果：

付账后老三剩余 2 个 10 美分硬币，要买 5 美分的水果。而店主有 2 个 10 美分硬币，以及 25 美分、50 美分硬币各一枚，无法找开 10 美分，但硬币和为 95 美分，能换纸币 1 美元。于是得出答案，老三用 1 美元的纸币付了水果钱。

## 113. 需要买多少

答案为 18 瓶。

先买 18 瓶，喝完之后用 18 个空瓶子可以换 6 瓶饮料，这样就有 18+6=24 个人喝到饮料了，然后再用 6 个空瓶子换 2 瓶饮料，喝到饮料的人有 24+2=26 个。向小店借 1 个空瓶子，加上剩下的 2 个空瓶子，换 1 瓶饮料给第 27 个人，喝完后再把最后 1 个空瓶子还给小店。

## 114. 老师的儿子

三个儿子的年龄加起来等于 13 的几种可能，如表 4-2 所示。

表 4-2　年龄加起来等于 13 的几种可能

| 儿子一 | 儿子二 | 儿子三 | 年龄的积 |
|---|---|---|---|
| 1 | 1 | 11 | 11 |
| 1 | 2 | 10 | 20 |
| 1 | 3 | 9 | 27 |
| 1 | 4 | 8 | 32 |
| 1 | 5 | 7 | 35 |
| 1 | 6 | 6 | 36 |
| 2 | 2 | 9 | 36 |
| 2 | 3 | 8 | 48 |
| 2 | 4 | 7 | 56 |
| 2 | 5 | 6 | 60 |
| 3 | 3 | 7 | 63 |
| 3 | 4 | 6 | 72 |
| 3 | 5 | 5 | 75 |
| 4 | 4 | 5 | 80 |

有一个学生已知道老师的年龄，但不能确定老师三个儿子的年龄，所以老师只能是 36 岁。

三个儿子的年龄分别为 1 岁、6 岁、6 岁或 2 岁、2 岁、9 岁。又因为老师说只有一个儿子在托儿所，所以只能是 1 岁、6 岁、6 岁了。如果是 2 岁、2 岁、9 岁，就会有两个儿子在托儿所。

## 115. 射击比赛

条件这么多，一下满足所有的条件有困难，因此我们把条件归类，逐条满足。

首先，根据(1)、(2)、(5)三个条件，可以列举出四个加数互不相同，且最大加数不超过 7，总和为 17 的所有情况：

1+3+6+7=17

1+4+5+7=17

2+3+5+7=17

2+4+5+6=17

其次，从(3)、(4)两个条件不难看出，每人四发子弹的环数分别为：

甲：1，3，6，7

乙：2，3，5，7

丙：2，4，5，6

从上面的分析可以看出，甲与丙的相同环数为 6。

此外，还有一个简单的方法。

分别用甲 1、甲 2、甲 3、甲 4 来表示甲四发子弹的环数。假设甲 1、甲 2 和乙 1、乙 2 相同，乙 3、乙 4 和丙 1、丙 2 相同。所以甲 3、甲 4、乙 1、乙 2、乙 3、乙 4、丙 3、丙 4，这 8 个数除了重复的那个数外，应该是从 1 到 7。而这 8 个数的和是 17+17=34。所以重复的应该是 34−(1+2+3+4+5+6+7)=6。

## 116. 数学家打牌

首先，牌的总数最多为 17 张。因此可以确定的是，艾伦的牌最多有 2 张，若有 3 张或者 3 张以上，则其他三家至少分别有 6 张、5 张、4 张，总数大于 17 张。艾伦有 2 张牌的情况，如表 4-3 所示。

表 4-3　艾伦 2 张牌的情况

| 保罗 | 约翰 | 琼斯 | 艾伦 | 对应数字 |
|---|---|---|---|---|
| 5 | 4 | 3 | 2 | 120 |
| 6 | 4 | 3 | 2 | 144 |
| 7 | 4 | 3 | 2 | 168 |
| 8 | 4 | 3 | 2 | 192 |
| 6 | 5 | 3 | 2 | 180 |
| 7 | 5 | 3 | 2 | 210 |
| 6 | 5 | 4 | 2 | 240 |

当艾伦的牌为 1 张时，另外 3 人的张数相加≤16，且 3 人张数各不相同，3 人张数中最小数≥2，可以列出这 3 张数相乘的积最大为 4×5×7=140；其次为 3×5×8=4×5×6=120；最后为 3×4×9=108。此时数字已比上面所列最小积还要小，若答案在小于 108 的范围内，则不需要知道艾伦手里的牌是 1 张还是 2 张了。

所以，在知道 4 人的乘积及最小数是 1 还是 2 的情况下，如果还不能得出结论，只有在乘积为 120 时才有可能。也就是说，保罗还剩 5 张牌，约翰还剩 4 张牌，琼斯还剩 3 张牌，艾伦还剩 2 张牌。

## 117. 赌注太小

第三局结束后，两人钱数之和是 75 元，之差是 7 元，所以，最后一人有 41 元，一人有 34 元。只有 34 能被 2 整除，而李蛋蛋第三局输了，所以李蛋蛋的钱是 34 元。那么第二局结束时，李蛋蛋的钱是 34÷2×3=51 元，王丫丫的钱是 75−51=24 元。24 和 51 都能被 3 整除，所以无法判断谁赢了第二局。

假设李蛋蛋赢了第二局，则第一局结束时，李蛋蛋的钱是 51÷3×4=68 元，王丫丫的钱是 75−68=7 元。只有 68 能被 4 整除，所以第一局也是李蛋蛋赢了，因此最开始李蛋蛋的钱是 68÷4×5=85 元，85 大于 75，所以假设错误，第二局是王丫丫赢了。

这样第一局结束时，王丫丫的钱是 24÷3×4=32 元，李蛋蛋的钱是 75−32=43 元。只有 32 能被 4 整除，所以第一局也是王丫丫赢了，则最开始王丫丫的钱是 32 ÷4×5=40 元，而李蛋蛋的钱是 75−40=35 元。

## 118. 买衣服

丁和己为男生。设男生买的衣服单价为 X，则：

2×(1+2+3+4+5+6)X−N×X=1000

N 为两名男生所买衣服件数和，取值范围为 3～11。那么 42−N 的取值范围为 31～39。

X 为男生所买衣服的单价，要求 1000÷X 是个整数或者 2 位以内的有限小数。

解得 42−N=1000÷X。

只有当 N 为 10 时，42−N=32。1000÷X 符合条件。

而能等于 10 的只有 4+6，也就是丁和己为男生。

## 119. 热气球过载

谁最胖就把谁扔出去。

## 120. 包工队的酬劳

此题给的所有数字都是没用的，是用来扰乱人们思路的。因为建筑公司是把 9 栋楼平均分给 3 个包工队的，所以三个包工队每队拿 1 亿元就好了。

## 121. 称重的姿势

一样的，只要不动都一样。

## 122. 保持平衡

根据力与力臂的乘积相等，可以得到：

18×3=？×9

所以问号处的物品应该为 6。

## 123. 平衡还是不平衡

第四架天平平衡。

设球=A，三角形=B，长方体=C，正方体=D，由图 4-2 中的情况可得：

2A+3B=D①

C=4B+A②

D+A=3B+C③

①+②得：2A+3B+C=A+4B+D

即 A+C=B+D④

③+④得：2A+C+D=4B+C+D

即 A=2B⑤

④+⑤得：2A+C=3B+D⑥

由⑥可知第四架天平平衡。

## 124. 保持平衡

根据前三个滑轮系统平衡，列出圆、三角形、方形物体的重量与滑轮右侧数字的关系式，然后计算即可。第四个应该是29。

## 125. 绝望的救助

不管小明怎么爬，爬得快也好，爬得慢也罢，甚至是跳跃，小明和小红都会相距1米。即便他放手往下掉，再抓住绳子时也是如此。

## 126. 火灾救生器

吉姆、他的妻子、孩子与狗可以下列顺序逃生：

降下孩子→降下小狗，升上孩子→降下吉姆，升上小狗→降下孩子→降下小狗，升上孩子→降下孩子→降下妻子，升上其他人及狗→降下孩子→降下小狗，升上孩子→降下孩子→降下吉姆，升上小狗→降下小狗，升上孩子→降下孩子。

## 127. 是否平衡

这是个杠杆问题，因此利用力矩平衡原理很容易就可以判断出来。从中心的三角形处开始算起，第一块方块的力臂长设为1，则第二块力臂为3，第三块力臂为5……以此类推。然后分别用每个方块乘以对应的力臂，看最后结果是否相同，即可判断是否平衡。

左边$=6\times9+5\times7+1\times5+3\times3+1\times1=104$

右边$=1\times1+1\times3+1\times5+1\times7+2\times9+1\times11+1\times13+1\times15+1\times17+1\times19=109$

所以不会平衡。

## 128. 卖给谁

卖给买20斤米的客人。这样他只需把25斤米舀出5斤米即可，而如果卖给要买8斤米的客人，则需要舀出8斤米。

## 129. 灯泡的容积

他拿着玻璃灯泡，倒满了水，然后交给阿普顿说："去，把灯泡里的水倒到量筒里测量，这就是我们需要的答案。"

经验有时候确实可以帮助我们进行思维，但是，有的经验却会限制我们思维的广度和灵活性。当思维受阻时，就需要跳出思维的框框，从结果导向去思考问题。

## 130. 比面积

因为两块木板是同样的，所以只要分别称一下两块木板的重量，就能知道哪块的面积大了。

# 第五章

## 131. 确定时间

1 小时很容易计时，关键是 15 分钟。如果两端一起点可以得到半小时，而 15 分钟又恰好是半小时的一半，所以要想办法得到能烧半小时的香，这一步是解题的关键。先拿两根香，一根两端一起点，一根只点一端。等第一根烧完之后，即半小时之后，第二根剩下的部分还可以烧半小时。此时将第二根两端一起点，这样就可以计时 15 分钟了，然后等第二根烧完之后再点一根香，将这根香两端一起点，加起来就是 1 个小时 15 分钟。

## 132. 如何确定 7 分钟

将 A、B、C 三根绳子同时点燃，A 从两端点，B、C 先从一端点，当 A 燃尽时(4 分钟)，将 B 的另一端点燃；当 B 燃尽时，是 6 分钟，这时将 C 的另一端也点燃，这样到 C 燃尽时，正好是 7 分钟。

## 133. 沙漏计时间(1)

1 分钟：让两个沙漏同时开始漏沙子，3 分钟那个漏完后，开始计时，到 4 分钟那个漏完，就是 1 分钟了。

2 分钟：让两个计时器同时开始漏沙子。3 分钟那个漏完后，立即把它颠倒过来；4 分钟的那个漏完后，开始计时，等已被颠倒过来的那个 3 分钟的沙漏漏完整好 2 分钟。

5 分钟：让两个计时器同时开始漏沙子。3 分钟那个漏完后，立即把它颠倒过来；4 分钟的那个漏完后，开始计时，此时 3 分钟的沙漏正好还剩下 2 分钟的沙子，等这个沙漏里的沙子漏完再次把它颠倒回来，再次漏完，则正好 5 分钟。

6 分钟：你还在想怎么用两个沙漏来测定 6 分钟吗？只要用 3 分钟测两次就行了。

## 134. 沙漏计时间(2)

首先把两个沙漏同时翻转开始计时，7 分钟的沙漏漏完把它翻转过来，这时是 7 分钟；然后到第 10 分钟的时候，10 分钟的沙漏漏完也翻转过来。等 7 分钟的沙漏漏完后，此时为 14 分钟，而且 10 分钟的沙漏漏下去 4 分钟的沙子。把 10 分钟的沙漏翻转过来，直到漏完，就是 18 分钟了。

## 135. 三个十分钟

第二个十分钟里沙漏里面的沙子还剩很多，而且很快就开始开第三个保险柜，那时候它的沙子还未完全掉到底下就被直接倒过来，所以沙漏里的沙子不到十分钟就完全掉到下面去了。

## 136. 钟表慢几分

每小时慢 10 分钟，即 50 分钟相当于标准时间的 1 小时。这个表的 12 小时相当于标准时间的 $12\times60\div50=14.4$ 小时，所以慢了 2.4 小时。

## 137. 新手表

D 的评价是正确的。婧婧犯的正是“混淆概念”的错误，两个“3 分钟”是不相同的，一个标准，一个不标准，因此，婧婧的推断是错误的。

## 138. 走得慢的闹钟

标准时间是 12 点 40 分。

## 139. 调时钟

不是，敲第 12 下的时候，是 12 点 0 分 55 秒。虽然钟敲了 12 下，但时间的间隔只有 11 下，所以敲第 12 下是 55 秒。

## 140. 奇怪的大钟

因为我的闹钟是电子钟，那个分时数字右上角的那一竖坏了，可以正确显示 5，也可以正确显示 6，却不能正确显示 8，到了 59 分时，也只能显示 55。

## 141. 公交路线

小明从东站到西站，每隔 3 分钟会遇到一辆从西站到东站的车。也就是说，从小明遇到第一辆从西站到东站的车，到他遇到第二辆从西站到东站的车这段时间是 3 分钟，自己乘坐的车也开了 3 分钟，所以两辆车的发车间隔就是 $3+3=6$ 分钟。

## 142. 聚餐

需要 16 分钟。把原料一起放进锅里炸，在各人希望的时间里捞出各人要吃的东西即可。

## 143. 处理国家大事的时间

他选择在周一、周三、周五的午夜处理国家大事，每次 3 小时，然后周日再处理 3 小时。因为前三次每次处理国家大事都跨过了两天时间，所以满足了国王的要求。他一共花了 12 小时处理国家大事。

## 144. 接领导

司机比预计时间提前了 20 分钟到会场，也就是说，他从遇到出租车到火车站这段路程来回需要 20 分钟。所以从相遇时到火车站，司机需要 10 分钟，即按照预计的时间，再过 10 分钟火车应该到站，但是此时上一趟火车已经到站 30 分钟了，也就是出租车走这段路的时间。所以领导坐的车比预计的车早到了 40 分钟。

## 145. 两支蜡烛

设蜡烛点燃了 $x$ 小时。粗蜡烛每小时减少 1/5，细蜡烛每小时减少 1/4。根据题意，可以列出方程：$4(1-x/4)=1-x/5$

解得：$x=15/4$

所以，昨天停电的时间为 3 小时 45 分钟。

## 146. 正确时间

这段对话发生在上午 9：36。

设现在的时间为 $x$，根据题中已知条件可以列出方程：$x\div 4+(24-x)\div 2=x$。解得：$x=9.6$，也就是上午 9 点 36 分。需要注意的是，从文中时间的叙述可以看出，他们对话的发生在上午。如果不考虑这一点，也可以设想时间是在下午。那么，下午 7：12 同样是一个正确的答案。

## 147. 几点到达

这架飞机到达广州的时间是第二天的 2：48。

首先，时针和分针都将指在分针的刻度线上，让我们仔细看看钟(手表也一样)的结构：每小时之间有四个分针刻度，相邻两个分针刻度线之间对时针来说要走 12 分钟，这说明这个时间必定是 $n$ 点 $12m$ 分，其中 $n$ 是 0～11 的整数，$m$ 是 0～4 的整数，即分针指向 $12m$ 分，时针指向 $5n+m$ 分的位置。又已知分针与时针的间隔是 13 分或者 26 分，要么 $12m-(5n+m)=13$ 或 26，要么$(5n+m)+(60-12m)=13$ 或 26，即要么 $11m-5n=13$ 或 26，要么 $60-11m+5n=13$ 或 26。这是一个看起来不可解的方程。但由于 $n$ 和 $m$ 只能是一定范围的整数，所以能找出解来(重要的是，不要找出一组解便止步，否则此类题是做不出来的)。

副市长便是以此思路找出了所有三组解(若不细心便会在只找到两组解后便宣称此题无解)。

已知：$m=0$、1、2、3、4；$n=0$、1、2、3、4、5、6、7、8、9、10、11。

只要有固定的取值范围，就不难找到以下三组解，即：(1)$n=2$，$m=4$，(2)$n=4$，$m=3$，(3)$n=7$，$m=2$。

即这样三个时间：(1)2：48；(2)4：36；(3)7：24。

面对这三个可能的答案，副市长当然得问一问空姐了。空姐的回答却巧妙地暗设了玄机：正面回答本来应该是 4 点前或是 4 点后。但若答案是 4 点后，空姐的变通回答便不对了，因为这时副市长还是无法确定是 4：36 还是 7：24。而空姐的变通回答却暗示道：若正面回答便能确定答案，这意味着这个正面回答只能是 4 点以前，即飞机到达的时间是 2：48。

## 148. 惨案发生在什么时间

这是一个看起来复杂实际很简单的问题。作案时间是 12：05 分。计算方法很容易，从最快的手表(12：15 分)中减去最快的时间(10 分钟)就行了，或者将最慢的手表(11：40 分)加上最慢的时间(25 分钟)也可以得出答案。

在分析问题的时候，最重要的是找到解决思路，把看似复杂的问题分解成简单的问题处理。

## 149. 避暑山庄

四人的滞留时间之和是 20 天。

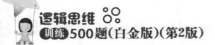

根据(1)得知，滞留时间最长的是丁，有 6 天，根据(2)和(3)来看，丁虽然入住时间最长，也是从 2 日到 7 日离开的。

假设乙和丙分别滞留了 4 天以内，因为丁是 6 天以内，甲若是 6 天以上，就不是最短的，所以乙和丙都是 5 天。

根据(3)可知，丙是从 1 日入住到 5 日。如果乙是从 3 日入住，7 日离开，那就与丁重合了，所以乙是从 4 日入住到 8 日。剩下的甲就是从 3 日到 6 日(滞留了 4 天)。

因此，甲是从 3 日入住 6 日离开的；乙是从 4 日入住 8 日离开的；丙是从 1 日入住 5 日离开的；丁是从 2 日入住 7 日离开的。

## 150. 相识纪念日

根据(1)和(2)，玛丽第一次去健身俱乐部的日子必定是以下二者之一。

A.汤姆第一次去健身俱乐部那天的第二天。

B.汤姆第一次去健身俱乐部那天的前六天。

如果 A 是实际情况，那么根据(1)和(2)，汤姆和玛丽第二次去健身俱乐部便是在同一天，而且在 20 天后又是同一天去健身俱乐部。根据(3)，他们再次都去健身俱乐部的那天必须是在二月份。可是，汤姆和玛丽第一次去健身俱乐部的日子最晚也只能分别是一月份的第六天和第七天；在这种情况下，他们在一月份必定有两次是同一天去健身俱乐部：1 月 11 日和 1 月 31 日。因此 A 不是实际情况，而 B 是实际情况。

在情况 B 下，一月份的第一个星期二不能迟于 1 月 1 日，否则随后的那个星期一将是一月份的第二个星期一。因此，玛丽是 1 月 1 日开始去健身俱乐部的，而汤姆是 1 月 7 日开始去健身俱乐部的。于是根据(1)和(2)，他们两人在一月份去健身俱乐部的日期分别为：

玛丽：1 日，5 日，9 日，13 日，17 日，21 日，25 日，29 日；

汤姆：7 日，12 日，17 日，22 日，27 日。

因此，汤姆和玛丽相遇于 1 月 17 日。

## 151. 出差补助

因为 4 号是星期六，所以这个月中，5 号、12 号、19 号、26 号这四天都是星期日。又因为在接下来的四个星期中每个星期都出差一次，所以得到的补助应该是这四个数分别加上星期数。也就是说，他这个月可以领到的出差补助为：4+5+12+19+26+3+4+5+5=83 元。

## 152. 有问题的钟

解这个题的关键是要想明白，只有两针成一直线的时候，所指的时间才是准确的。在 6 点，两针成一直线，这是老钟表匠装配的时间。以后，每增加 1 小时 5+(5÷11)分，两针会成一直线。7 点之后，两针成一直线的时间是 7 点 5+(5÷11)分；8 点之后，两针成一直线的时间是 8 点 10+(10÷11)分。

## 153. 如何拍照

这位摄影师的思路是：他先请所有拍照的人全部闭上眼睛，听他的口令，同样是喊："1……2……3！"但是要大家在喊"3"的时候一起睁开眼睛。果然，全都睁着眼睛、神采奕奕，比本人平时眼睛更大、更精神。

生活中有很多难题，其实只要我们换一个解题思路，就可以迎刃而解。

## 154. 约会

两个相连的月份除了 7 月和 8 月，但是你别忘了还有 12 月和 1 月呢！

## 155. 数字时钟

12 点 12 分 12 秒，13 点 13 分 13 秒，……，23 点 23 分 23 秒。每个小时出现一次，一共有 12 次。

## 156. 奇怪的时间

在南极点或者北极点。任何一条子午线都经过这里，而每一条子午线都有它特定的时间。所以在这里，无论是几点几分都有一条子午线与它对应，可以说都是正确的。

## 157. 有意思的钟

这道题如果换一种问的方式，就很好回答了。要是一只钟是停的，而另一只钟每天慢一分钟，你会选择哪个呢？当然，你会选择每天只慢一分钟的钟。

本题就是这样的，两年只准一次，也就是一天慢一分钟，需要走慢 720 分钟也就是 12 小时才能再准一次，也就是需要两年；而每天准两次的钟是停的。

## 158. 没有工作

老板把时间进行了重复计算。比如，在放假时间里的睡觉时间重复计算了。

## 159. 时间

还是 30 分钟，因为雨的大小不变而且水桶口的面积也没有变，因此接到的水量也就不变。

## 160. 统筹安排

为了解决这个问题，小于决定这样做：在等着锅和油烧热的两分钟里，同时拌生姜、酱油、酒等调料，这样一共就只需要 19 分钟了，比原来节省了 2 分钟。

这就是统筹，把不影响前后顺序的、可以同时做的事情一起做了，把大的事情放在空闲比较多的时间段，小事情放在空闲比较少的时间段，这样在完成一件事情的同时，还可以做另外一件事。如此就能把整个时间充分地利用起来。

## 161. 煎鸡蛋的时间

六分钟。

我们把煎蛋的两个面分别叫作正面和反面，这样，用 6 分钟煎 3 个鸡蛋的方法如下。

第一个 2 分钟，煎第一个蛋和第二个蛋的正面。

第二个 2 分钟，先取出第二个鸡蛋，放入第三个鸡蛋。然后煎第一个鸡蛋的反面和第三个鸡蛋的正面。这样，第一个鸡蛋煎熟。第二个鸡蛋和第三个鸡蛋都只煎了正面。

第三个 2 分钟，煎第二个鸡蛋和第三个鸡蛋的反面。这样，3 个鸡蛋就都煎好了。

## 162. 什么时候去欢乐谷

也许你会认为是不一定，因为 72 小时以后的事是说不定的。其实不然，因为现在是夜里 10 点，再过 72 小时还是夜里 10 点，这个时候肯定是不会出太阳的。

## 163. 出租司机

因为 A 城市的车过后 10 分钟，B 城市的车就会到达，而 B 城市的车过后要 50 分钟，A 城市的车才能来。如果这个司机在 A 城市的车到达之后再来，他会等着接 B 城市的客人，这只有 10 分钟时间；如果在 B 城市的车到达之后，他需要等 A 城市的客人 50 分钟。所以，他接到 A 城市的客人和 B 城市的客人的概率比为 5∶1，所以接到的 A 城市客人要多得多。

## 164. 作案时间

是夜里一点半。因为只有在十二点半、一点、一点半三个时刻，钟才是连续三次响一次的。

## 165. 十人旅游

要想用时最少，可以遵循以下步骤。

(1) 车和人(车 2 人，步行 8 人)同时出发，车行驶了 $x$ 公里后把乘客放下，乘客继续向 B 城进发，车返回直到与 8 人相遇(历时 t1)。

(2) 车与 8 人相遇后，搭上 1 人掉头向 B 城方向出发，直到追上最前面的 1 人，将乘客放下，车返回直到与 7 人相遇(历时 t2)。

(3) 重复上述步骤(历时 t3−t8)，直到车搭上最后 1 名步行者到达 B 城(历时 t9)，同时 8 名已经被搭载过的步行者也到达 B 城。这样 10 个人同时出发，又同时到达 B 城，所用时间是最少的。

现在的关键是，算出车到底要行驶多少公里把乘客放下，最后才能使 10 个人同时到达 B 城。$t1=t2=t3=t4=t5=t6=t7=t8=2x/(100+5)t9=(1000-2\times5\times8x/105)/100$，对于第 1 名乘客，他需要步行的时间是 $8\times t1+t9-(x/100)$，所以有以下方程 5×［8

$\times$ t1+t9－(x/100)］+x=1000，解得 x=567.58 公里。代入可得 t=t1+t2+…+t9=8 $\times$ t1+t9=92.16 小时。

# 第六章

## 166. 走独木桥

人先抱着猫过河，然后人回来把狗带过去，回来的时候把猫带回来放在岸这边，然后把鱼带过去，最后再回来带猫。这样，就可以安全过河了。

## 167. 过河

警察与罪犯先过，警察回；

警察与儿子 1 过，警察与罪犯回；

爸爸与儿子 2 过，爸爸回；

爸爸与妈妈过，妈妈回；

警察与罪犯过，爸爸回；

爸爸与妈妈过，妈妈回；

妈妈与女儿 1 过，警察与罪犯回；

警察与女儿 2 过，警察回；

警察与罪犯过，成功过河！

## 168. 狼牛齐过河

两只狼过，一只狼回；

两头牛过，一狼一牛回；

两头牛过，一只狼回；

最后剩下的都是狼了，可以随便过了。

## 169. 动物过河

动物都用字母表示，分别为 A、a、B、b、C、c。其中 A、a、B、C 会划船。它们的过河顺序如下。

ab→，a←，=b；

ac→，a←，=bc；

BC→，Bb←，=Cc；

Aa→，Cc←，=Aa；

BC→，a←，=ABC；

ab→，a←，=ABbC；

ac→，=AaBbCc。

## 170. 过河

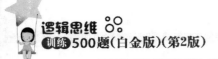

丈夫分别用 A、B、C 表示，妻子用 a、b、c 表示。会划船的人分别为 a、B、c。过河方法如表 6-1 所示。

表 6-1 过河方法

| 此岸 | 船上 | 彼岸 |
| --- | --- | --- |
| ACac | Bb | |
| ACac | B | b |
| ABC | ac | b |
| ABC | a | bc |
| Aa | BC | bc |
| Aa | Bb | Cc |
| ab | AB | Cc |
| ab | c | ABC |
| b | ac | ABC |
| b | B | ACac |
| | Bb | ACac |

## 171. 触礁

船可以救人 4 次，第一次救 5 人，因为需要有人划船，所以第二次、第三次和第四次，每次只能救 4 人，一共是 5+4+4+4=17 人。

## 172. 过河

两个人分别在河的两岸。一个人划船过去，把船交给另一个人，他划船过来。这样就可以了。

## 173. 急中生智

让两个孩子分别坐两个竹筐里，然后这个农民把竹筐前、后调换了一下，这样两个孩子就换过来了，谁也不用后退。

## 174. 摆渡

6 次。相当于一个船夫和 11 个顾客。

## 175. 巧过关卡

可以的。爸爸和妈妈先过去，爸爸再回来，用了 6 分钟；乔安娜和奶奶过去，需要 10 分钟；妈妈再拿通行证回来，用了 4 分钟；然后爸爸和妈妈再出关卡，又用 4 分钟。这样一共用了 24 分钟，顺利出关卡。

## 176. 错车

设两列火车分别为甲和乙。

(1) 两列火车先停下来。甲车分出 20 节车厢，然后甲车头带着 20 节车厢驶入岔道。

(2) 乙车驶过岔道，与甲车剩余的 20 节车厢相连。

(3) 甲车退出岔道，驶向岔道右侧。

(4) 乙车断开 40 节车厢，并与甲车头所带的 20 节车厢相连，驶向岔道右侧。

(5) 乙车头带着甲车剩余的 20 节车厢倒退驶入岔道。

(6) 乙车头将甲车剩余的 20 节车厢留在岔道，连上岔道右侧乙车自己的 40 节车厢。

(7) 甲车将乙车的 40 节车厢断开，乙车头将自己的 40 节车厢带走，驶向岔道左侧。

(8) 甲车头带着自己的 20 节车厢退入岔道，连上岔道内停留的 20 节车厢，驶向岔道右侧。

这样，两列火车就可以继续前进了。

## 177. 环岛旅行

先让两艘小艇都装满燃料，同时向一个方向航行，行到 40 公里处的时候，把一艘小艇剩余燃料的一半(也就是 40 公里所用的燃料)交给另一艘小艇，然后，自己用剩余的燃料返回码头。另一艘小艇继续航行 120 公里直到没有燃料。刚才回到码头的小艇装满燃料后，从相反方向去接另一艘小艇，在 40 公里处遇到，把小艇上剩余燃料的一半(也就是 40 公里所用的燃料)交给另一艘小艇，然后两艘小艇同时返回码头即可。

## 178. 连通装置

需要十步：第一步把奶倒入 E 中；第二步油倒入 D 中；第三步酒倒入 B 中；第四步水倒入 A 中；第五步奶倒入 C 中；第六步油倒入 E 中；第七步酒倒入 D 中；第八步水倒入 B 中；第九步奶倒入 A 中；第十步油倒入 C 中。

## 179. 小明搬家

需要搬动 17 次。搬动的次序为：①钢琴，②书架，③酒柜，④钢琴，⑤办公桌，⑥床，⑦钢琴，⑧酒柜，⑨书架，⑩办公桌，⑪酒柜，⑫钢琴，⑬床，⑭酒柜，⑮办公桌，⑯书架，⑰钢琴。

## 180. 一艘小船

把三把锁一个套一个锁在一起形成一个长链，然后锁在船的铁链上，这样每个人就都可以自由地打开和锁上这艘船了。

## 181. 取黑白球

每一次往外拿出来两个球后，甲盒里的白球只有以下两种结果：
(1)少两个；(2)一个不少。

甲盒里的黑球也只有以下两种结果：

(1)少一个；(2)多一个。

根据以上可知，如果一开始甲盒中的白球数量为单数，那么最后一个白球是永远拿不出去的，最后两球一黑一白的概率为 100%。

如果白球为双数，那么白球就会剩两个或一个不剩，最后两球一黑一白的概率为 0。

## 182. 聪明的豆豆

他带了 2 斤的货物。

## 183. 关卡征税

一共有 5 个关卡收过商人的税。最后剩下一斤，则遇到最后一个关卡时还有(1+1)×3=6 斤苹果；遇到第 4 个关卡时还有(6+1)×3=21 斤苹果，以此类推，可以知道，商人最开始有 606 斤苹果。

## 184. 逃避关税

当然，这个聪明的进口商已经预料到了这一着。他还料到，海关人员会认为这些右手套将一次整捆运来。所以，他把那些右手套分装成 5000 盒，每盒装两只右手套。海关人员看到一盒装两只手套，肯定会认为是左手套、右手套各一只。

就这样，第二批货物通过了海关，那位进口商只缴了 5000 副手套的关税，再加上在第一批货拍卖时付的那一小笔钱，就把一万副手套都运到了美国。

## 185. 哪种方式更快

都一样。不论她怎样走，最终都是按那辆车到达目的地的时间来计算的。

## 186. 搭桥

小明可以按照图 6-2 所示的方式搭桥，这样就可以过河了。

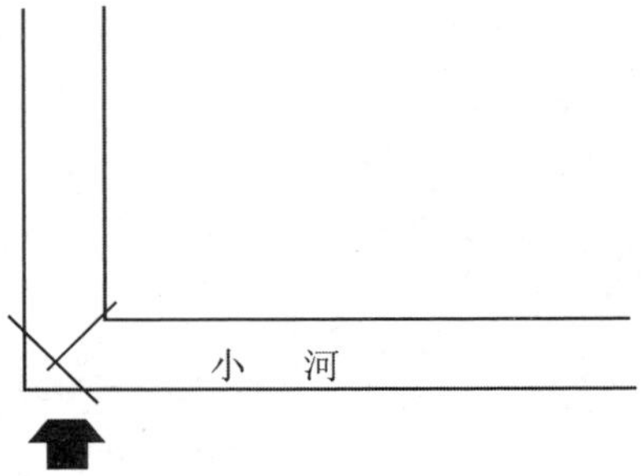


图 6-2　搭桥

## 187. 过河

小孩把木板放在河边，伸出很小的一部分，自己站在木板的另一边，然后大人把木板搭在小孩的木板上，这样就可以安全过河了。然后大人踩在木板上，让小孩过河即可。

### 188. 小孩过河

因为现在是 6 月，过了几个月就是冬天了，河水结了冰，他就可以从上面走过去了。

### 189. 不会游泳

要过河的那人笑着答道："因为这位船老大不会游泳，所以他就会万分小心地划船，因此坐他的船才是最安全的。"

### 190. 桥的承受能力

桥支撑不住。牛顿第三运动定律指出，力的作用是相互的。杂技演员把球扔向空中时对球施加了一个力，这个力比球的重力大。这个力，加上杂技演员和剩下两个球的重量一定会压垮桥的。

### 191. 牧童的计谋

牧童的办法是这样的：用比桥还长的绳索系在牛和车之间，这样二者的重量就不会同时压在桥上了，牛和车上的石料就都能顺利通过了。

### 192. 天堂？地狱？

他在看守刚看完通道时，开始自己的旅行，8 分钟左右的时候，他大概走到了通道中心，然后他转过身，往地狱方向走。一分钟后，看守看到他，以为他是不小心从天堂落下去的，就把他招了回来。

### 193. 如何通过(1)

只要在船上加些石块，使船下沉几厘米，就可以从桥下安全通过了。

### 194. 如何通过(2)

将汽车轮胎放掉一点儿气即可。

## 第七章

### 195. 帽子的颜色

假设 1：如果 C 看到 A、B 戴的都是白帽子，那么就不用想了，他戴的肯定是红帽子，但是大家需要注意的是，他是听了 A、B 的答案后才回答的，所以他不可能看到两顶白帽子。故假设 1 被排除。

假设 2：如果 C 看到 1 红 1 白，如果他头上戴的是白帽子的话，那么一共 2 顶白帽子，A 和 B 肯定有一人能答出正确答案了。所以 C 能确定他头上的帽子是红色的。

假设 3：如果 C 看到 2 顶红帽子，那么他一样可以确定他头上的不是白帽子，因为如果他头上戴的是白帽子的话，那么 A 回答完“不知道”后 B 就可以答出自己的帽子是红色的，因为假设中已经提到 A 是红色的，C 是白色的，排除了其他可能。

所以，综合三个假设可以得出 C 戴的帽子肯定是红色的。

## 196. 选择接班人

既然商人戴了红帽子，如果自己戴的也是红帽子，B 就马上可以猜到自己戴的是黑帽子(因为红帽子只有 2 顶)；既然 B 没说，那就说明自己戴的是黑色帽子。

B 也是一样的，但是 B 没说，可见 B 的反应太慢了。结果 A 做了接班人。

## 197. 猜帽子

学生甲、乙、丙三个人头上戴的都是白帽子，即甲、乙、丙睁开眼睛时看到另外两个人头上戴着的是白帽子，因为有三顶白帽、两顶红帽，他们无法看到自己头上戴着什么颜色的帽子。

我们以甲为中心来进行推论。

甲想：假设我头上戴的是红帽子，乙会如此推测：“甲头上戴的是红帽子，如果我头上戴的也是红帽子，那么丙立刻就会说出他头上戴的是白帽子。现在丙没有说他戴的是白帽子，则说明我头上戴的不是红帽子，即我头上戴的是白帽子。”

那么乙很快就会说出他戴的是白帽子。但是乙并没有说，说明甲自己头上戴的不是红帽子。

乙、丙的想法与甲相同，所以最终的结果是 3 个人异口同声地说：“我头上戴的是白帽子。”

## 198. 帽子猜颜色

丁说不知道自己帽子的颜色，则甲、乙、丙三个人中必定至少有一顶黄色帽子。因为如果前面三个人的帽子颜色为 2 蓝 1 红，则丁只能戴黄色帽子了。

同理，丙说不知道，那么甲、乙两人中必定至少有一顶黄色帽子。

同理，乙说不知道，那么甲必定戴的是黄色帽子。

## 199. 谁被释放了

把三个人标记成 A、B、C。当 A 看到另外两个人戴的都是黑帽子的时候，A 会想到如果自己戴的是白帽子，而另一个犯人 B 就会看到一顶白的帽子和一顶黑的帽子，而犯人 B 就会想：如果自己戴的是白帽子，那么 C 就会看到两个戴白帽子的，那么他就会出去，但是 C 没有出去，也就是说，他没有看到两个白帽子，那么自己头上戴的一定是黑帽子，这样一来，B 就会被放出来，但是 B 没有出去。同理，C 也是这样，所以 A 可以断定自己戴的是黑帽子。

## 200. 红色的还是白色的

当局外人未宣布“至少一位戴的是红色帽子”时，这个事实其实每个人都知道了，因为每个人看到其他 3 个人的帽子都是红色的，但每个人不知道其他人是否知道这个事实，即这个事实没有成为共识。而当这个局外人宣布了之后，“至少一位戴的是红色帽子”便成了共识。此时不仅每个人知道这个事实，而且每个人还知道其他人知道他知道这个事实……

局外人第一次问时，每个人面对的其他 3 个人都是红色的帽子，每个人当然不能肯定自己头上的帽子是什么颜色，于是均回答“不知道”。此时，如果只有 1 个人戴红色的帽子，那么这个人因面对 3 个白色的帽子，他肯定知道自己帽子的颜色。因此，当 4 个人均回答“不知道”时意味着“至少有 2 人戴的是红色的帽子”，而且这也是共识。

当局外人第二次问时，如果只有 2 人戴的是红色的帽子，这 2 人就会回答“知道”——因为他们各自面对的是 1 个戴红色帽子的人。由于每个人面对的是不止一个戴红色帽子的人，因此当局外人第二次问时，他们只能回答“不知道”。——此时的“不知道”，意味着“至少 3 个人戴红色的帽子”，并且它成为共识。

同样，局外人第三次问时，他们均回答“不知道”，意味着 4 个人均戴的是红色的帽子。因此，当局外人第四次问时，他们就知道每个人头上均戴的是红色的帽子，于是，他们回答“知道”。

在这个过程中，当局外人首先宣布“至少一位戴的红色帽子”，以及第二次、第三次、第四次回答的时候，无论是回答“知道”还是“不知道”——它们构成共识——构成所有人推理的前提，在这个过程中，每个人均在推理。这就是“帽子的颜色问题”。

## 201. 白色和黑色的纸片

假设戊说的是真话，“4 片白色的纸片”，那甲、乙、丙都该说真话，矛盾，即戊说的是假话，他头上是黑纸片；

假设乙说的是真话，“4 片黑色的纸片”，那么甲、丙、丁头上也是黑纸片，乙头上是白纸片，而丙说的“3 片黑色的纸片和 1 片白色的纸片”就成了真话，矛盾，所以乙说的也是假话，头上是黑纸片；

这样就有乙和戊两张黑纸片了，那么甲也就在说假话，是黑纸片；

如果丙说的“3 片黑色的纸片和 1 片白色的纸片”是假话，因为甲、乙、戊已经是黑纸片了，那丁就应该也是黑纸片，这样乙说的“4 片黑色的纸片”就成真话了，矛盾，所以丙说的真话，头上是白纸片；

丙说的“3 片黑色的纸片和 1 片白色的纸片”是真话，甲、乙、戊又都是黑纸片，所以丁是白纸片。

## 202. 大赛的冠军

他是这样推论的：设另外两个人分别为甲和乙。

甲举手了，这说明我和乙两人中，至少有一个人是戴红帽子的。

同样，乙举手了，这说明我和甲两人中，至少有一个人是戴红帽子的。

如果我头上不是戴红帽子，那么，乙一定会想："甲举了手，说明乙和我至少有一个人头上戴红帽子，现在，乙明明看到我不戴红帽子。所以，乙一定戴红帽子。"在这种情况下，乙一定会知道并说出自己戴红帽子。可是，他并没有说自己戴红帽子。可见，我头上戴的是红帽子。

同理，如果我不是戴红帽子，甲的想法也会和乙是一样的："乙举了手，这说明甲和我两人中至少有一个人头上戴红帽子。现在，甲明明看到我头上没戴红帽子。所以，甲一定戴红帽子。"在这种情况下，甲一定会知道自己戴红帽子，可是，甲并没有这样说。所以，我头上戴的是红帽子。

## 203. 聪明的俘虏

因为在周围的10个人都看到了9条丝巾，他们猜不出来，就是因为都看到了5条红丝巾，4条蓝丝巾，所以猜不出自己的是红还是蓝。这样唯一的情况，就是中央的人系的是红丝巾，而被中间的人挡住的那个人系的丝巾和自己的颜色正好相反。所以，周围的10个人就猜不出自己头上丝巾的颜色了。

## 204. 电梯

法国青年亲了自己手掌一下，然后狠狠地打了纳粹军官一耳光。因为他是爱国青年，这种行为也算是对入侵者的报复吧。

## 205. 裁员还是减薪

你应该选择开除部分员工，为什么呢？

如果你给每个人都减薪15%，有些雇员可能就会跳槽到其他公司谋求薪水更高的职位。而不幸的是，最有可能跳槽的却是你手下那些最优秀的雇员，因为他们更有可能在其他地方谋得更高薪水的职位。所以，每个人减薪15%，会让你流失最优秀的员工，这恰恰是你最不想看到的。相比之下，如果你选择开除15%的员工，显然可以选择淘汰生产效率最低的那部分员工。优胜劣汰，是自然永恒的法则。

## 206. 排队买麻花

这家冒牌的陈麻花门前之所以排长队，是因为这家的老板经常会找一些人在门前专门排队。

当我们走到几家店门口时，看到有人在排长队，就知道一定有事情发生。我们会认为他们排队是有原因的，这很正常，因为一般只有好吃的麻花才值得别人排这么长的队。

当多数人都选择到某个店买麻花时，我们最好也选择这个店。因为别人也有选择其他店的可能，但之所以没有选择，肯定是有所考虑的，我们也就没必要冒险了。

## 207. 意想不到的老虎

多数人认为，死囚的第一步推理是正确的，即老虎不可能在第五扇门里。实际上，即使只有一扇门，死囚也无法确定老虎是否在这扇门里，它确实是意想不到的。

这是一道著名的逻辑悖论，至今仍然没有很好的解释。关键就在于“意想不到”。既然承认了意想不到是前提，怎么能推出必然的结论呢？

## 208. 盗窃案

第二天，有4个人喊叫，一定是4个平民的喊叫，不可能其中有小偷。可得出下面3种可能的情况。因为有4个平民被盗，1个警察，又因为小偷一天偷一次，这3个条件。所以，第一种情况是4个小偷，4个平民，2个警察。第二种情况是4个小偷，5个平民，1个警察。第三种情况是5个小偷，4个平民，1个警察。

第一天，这几个小偷不约而同地偷了豪宅(除了 10 个房间以外的地方)里的东西！这也解释了为什么第二天被盗的4个人当中一定没有小偷！

分析第一种情况：因为4个平民都可以识别警察，而警察又有2个。并且，第二天，他们4个平民又互相认识了彼此的身份。所以，他们每个人都很清楚剩下的4个人一定是小偷！因此，他们每个人都会写2封一样的匿名检举信，分别投进2个警察的信箱里。而题目中却是5封信，并且每封信里所包含的姓都不一样！所以第一种情况是不可能的！

分析第二种情况：4个小偷，5个平民，1个警察。

当每个被盗的平民看到外面只有1个警察时，这时候每个被盗的平民都不能确定剩下的5个人中到底是4个小偷和1个没有被盗的平民，还是这5个人都是小偷。所以，他们无法写匿名检举信。换句话说，在5个平民中，只有那个没有被盗的平民知道外面有4个被盗平民，1个警察。从而推断出剩下的4个人一定是小偷！他只用写一封信就够了。然而，那4个小偷如果看到外面有5个平民，那么每个小偷就都能推出那个没有被盗的平民一定会写一封信给警察！因此，他们就不约而同地做了一件事！因为每个小偷都无法从除了自己、5个平民以外的4个人中推出谁是警察。所以，他们每个人都写了4封信，而这4封信的特点是：每封信都不写自己、收信人和4个被盗的平民的姓，然后就把这4封信分别投入对应的收信人的信箱！那么，总会有一封信会被警察收到！所以，警察一共会收到5封信，而这5封信中，每封信的内容都不一样。

警察看完信，想了一会儿马上冲出去。为什么警察要冲出去呢？肯定是他已经知道谁是小偷了。可为什么这么急呢？是怕小偷销毁证据。

但是警察只能推出5个嫌疑人中有4个是小偷，还无法判断哪个是没有被盗的平民！

当那4个小偷看到有一个没有被盗的平民后，每个小偷都会知道这个平民一定会给警察写一封匿名检举信。所以这4个小偷都会写4封匿名诬告信。但是有一点没有注意到，当小偷在写第一封信的时候，他的潜意识里已经有了3个人的姓！其中有一个是自己的姓，另一个是收信人的姓。但是这两个人的姓都不能写在信里呀！对！还有一个人，小偷一定是第一个写这个人的姓！这个人就是：没有被盗的平民！

因为，只有他在每个小偷的脑海里是直观印象的，而其他的3个人的姓只能靠推理，随机地推出一个写一个！所以，这个小偷在写每一封信的第一个姓的时候就不假思索地写下了没有被盗的平民的姓！其他的小偷都会这样想，这样做！因此，陈警察收到的5封信应该是：其中有4封信的第一个姓是一样的，只有一封信的第一个姓是不一样的！而这封第一个姓不一样的信的写信人就是：没有被盗的平民！

分析第三种情况：5个小偷都会写信给警察。

第一天，5个小偷不约而同地偷了豪宅(除了10个房间以外的地方)里的东西。到了第二天，有两种可能。第一种可能：5个小偷都偷了4个平民，有一个平民被盗了两次！这5个小偷都认识外面的4个平民，每个小偷都会想：如果有2个警察，那么每个警察一定会收到4封信，每封信包含的姓是一样的。而且，每个小偷都会想到警察会想到这些！在这种情况下，每个小偷都意识到包括自己在内的所有小偷都会被抓。所以，他们就没有必要再去写匿名诬告信了！如果只有1个警察，那么就应该有5个小偷。每个小偷都知道那4个平民是不会给警察写信的！因为，这时候每个被盗的平民都不能确定剩下的5个人中到底是4个小偷和1个没有被盗的平民，还是这5个人都是小偷。所以，他们无法写匿名检举信。每个小偷都会想到这一点！所以，为了能让自己不被警察怀疑，每个小偷都会给警察写信。

第二种可能：第二天，有4个小偷都不约而同地偷了4个平民，而这个时候，有一个小偷却偷的还是豪宅(除了10个房间以外的地方)里的东西！那么，偷平民的那4个小偷他们的想法是和上面是一样的！而那个偷豪宅的小偷，他会不会一定写匿名诬告信呢？答案是：会的！因为他能清清楚楚地推出：一定有5个小偷(包括自己)。他也能想到其他4个小偷会写包含自己的姓的诬告信！如果自己不写信给警察，那么警察就会收到4封信，而每封信的内容里都有自己的名字，这样很容易让警察怀疑上自己！因此每个小偷都会写匿名诬告信的！

所以，最终的答案就是：

1个警察——陈

4个平民——张，王，李，徐

5个小偷——董，许，林，孔，赵

## 209. 抽卡片

其实很显然，最后一个是乙选的，那么他想把大的留在后面(24最后的话，结果一定大于24，是绝对值)，所以甲希望大的先出，乙相反。

乙采取这样的策略：

(1) 如果甲把 $2k-1$($k$ 不等于 12)置+(−)号，他就把 $2k$ 置−(+)号；

(2) 如果甲把 $2k$($k$ 不等于 12)置+(−)号，他就把 $2k-1$ 置−(+)号；

(3) 如果甲把 24 置+(−)号，他就把 23 置+(−)号；

(4) 如果甲把 23 置+(−)号，他就把 24 置+(−)号；

结果是 36，也就是说，至少 36。

对于甲的策略如下。

如果甲第一次选 1，后来甲根据乙的选择来定，总选择和乙相差 1 的数，并符号始终相反，则甲、乙各选了 11 次后，最多是 12，那么即使最后是 24 ，最多就为 36。也就是说，至多 36。

结果就是 36。

## 210. 扑克游戏推理

4 个 5 和 4 个 10 都在乙手里。在普通的扑克游戏中，5 张的顺子必然要包含 5 或 10，不考虑 A 是大还是小，或者两者都算。

## 211. 三人决斗

设：A：阿历克斯　B：克里斯　C：鲍博

(1) 只有 A、B 相对。

A 活下来的可能性为：30%＋70%×50%×30%＋70%×50%×70%×50%×30%＋…＝0.3/0.65

B 活下来的可能性为：70%×50%＋70%×50%×70%×50%＋70%×50%×70%×50%×70%×50%＋…＝0.35/0.65，

应该恰好等于 1−0.3/0.65。

(2) 只有 A、C 相对。

A 活下来的可能性为：30%

C 活下来的可能性为：70%

(3) 只有 B、C 相对。

B 活下来的可能性为：50%

C 活下来的可能性为：50%

(4) 三人相对。

A 活下来有以下三种情况。

① A 杀了 C，B 杀不死 A，A 又杀了 B，概率为：30%×50%×0.3/0.65

② A 杀不死 C，B 杀了 C，A 杀了 B，概率为：70%×50%×0.3/0.65

③ A 杀不死 C，B 杀不死 C，C 杀了 B，A 杀了 C，概率为：70%×50%×30%

所以 A 活下来的可能性为：0.105+3/13≈0.336 大于 1/3，比较幸运了。

也有人对此提出质疑，他认为 A 的正确决策是首先朝天开枪！

在这种情况下，B 和 A 一定会死一个，那么 A 在该情况下就有 30%的概率活命！比其他任何情况都高！这才是 A 的策略，也是 A 所能控制的情况。

B 活下来有以下三种情况。

① A 杀了 C，B 杀了 A，概率为：30%×50%

② A 杀不死 C，B 杀了 C，A、B 相对的情况下 B 杀了 A，概率为：70%×50%×0.35/0.65

③ A 杀了 C，B 杀不了 A，A、B 相对的情况下 B 杀了 A，概率为：30%×50%×0.35/0.65

所以 B 活下来的可能性为：0.15+3.5/13≈0.419 大于 1/3，非常幸运了。

C 活下来只有以下一种情况。

A 杀不死 C，B 杀不死 C，C 杀了 B，A 杀不死 C，C 杀了 A，概率为：70%×50%×70%

所以 C 活下来的可能性为：0.245 小于 1/3，非常不幸。

而且 A、B、C 活下来可能性之和恰为 1。

## 212. 男孩和女孩

由于每个人都看不到自己头上戴的帽子的颜色，所以男孩看来是一样多，则说明男孩比女孩多一个，设女孩有 $x$ 人，那么男孩有 $x+1$ 人。而在每一个女孩子看来，天蓝色游泳帽是粉红色游泳帽的 2 倍。也就是说，$2(x-1)=x+1$，解得 $x=3$。所以男孩有 4 个，女孩有 3 个。

## 213. 玻璃球游戏

4 个男孩。

因为每人拿的球中，红>蓝>绿，而每人一共拿了 12 个球，所以红球最少要拿 5 个，最多只能拿 9 个。

红球一共是 26 个，每人至少拿 5 个，所以最多能有 5 个人。

小强拿了 4 个蓝球，那么他最多只能拿 7 个红球了；就算小刚和小明都拿了 9 个红球，他们三个也只拿了 25 个红球，少于 26 个，所以至少是 4 个人。

假设是 5 个人，那就有 4 个人拿了 5 个红球，1 个人拿了 6 个红球。

对于拿了 5 个红球的人来说，蓝球和绿球只有一种选择：4 蓝 3 绿，和只有小强拿了 4 个蓝球这个条件矛盾，所以是 4 个人。

拿球的组合情况如表 7-1 所示。

表 7-1　拿球的组合情况

| 名字 | 红球数 | 蓝球数 | 绿球数 |
|---|---|---|---|
| 小强 | 5 | 4 | 3 |
| 小刚 | 6 | 5 | 1 |
| 小华 | 7 | 3 | 2 |
| 小明 | 8 | 3 | 1 |

## 214. 养金鱼

儿子们所送的金鱼中，各色金鱼的数量如表 7-2 所示。

表 7-2 各色金鱼的数量

| | 黄色 | 粉色 | 白色 | 红色 |
|---|---|---|---|---|
| 大儿子 | 5 | 1 | 1 | 1 |
| 二儿子 | 2 | 1 | 3 | 2 |
| 三儿子 | 1 | 1 | 3 | 3 |
| 四儿子 | 1 | 4 | 2 | 1 |
| 小儿子 | 1 | 3 | 1 | 3 |

## 215. 六种颜色

选 C。由条件(1)可知，其余的四种颜色(黄色、绿色、蓝色、白色)为两组互为对面的颜色，又由(2)、(3)可知，必定是白色与黄色为对面，蓝色与绿色为对面。所以，选 C 项。

## 216. 汽车的颜色

如果是黑色的，那么三句话都是正确的；如果是银色的，前两句话是正确的，第三句话是错误的；如果是红色的，三句话都是错误的。所以只有银色符合条件。

## 217. 彩旗的排列

顺序依次是：紫色，蓝色，黄色，银色，红色，黑色，绿色，白色。

(1) 银色旗子离紫色旗子较近；

(2) 红色旗子与白色旗子之间隔着两面旗子；

(3) 蓝色旗子在紫色旗子边上；

(4) 黄色旗子在银色旗子与蓝色旗子之间。

## 218. 抽屉原理

4 个。

在最差的情况下抓 3 个至少是每种颜色的彩球各一个，所以再多抓一个，也就是 4 个，那么里面一定会有 2 个是一样颜色的。这就是最简单的“抽屉原理”。

我们来解释一下“抽屉原理”，先看下面几个例子。

“任意 367 个人中，必有生日相同的人。”

“从任意 5 双手套中任取 6 只，其中至少有 2 只恰为一双手套。”

“从数 1，2，…，10 中任取 6 个数，其中至少有 2 个数为奇偶性不同。”

……

大家都知道上面所述结论是正确的。可是这些结论是依据什么原理得出的呢？这个原理叫作抽屉原理。它的内容可以用形象的语言表述为：“把 $m$ 个东西任意分放进 $n$ 个空抽屉里($m>n$)，那么一定有一个抽屉中放进了至少 2 个东西。”

在上面的第一个结论中，由于一年最多有 366 天，因此在 367 人中至少有 2 人出生在同月同日。这相当于把367个东西放入366个抽屉，至少有2个东西在同一抽屉里。在第二个结论中，不妨想象将5双手套分别编号，即号码为1，2，…，5的手套各有两只，同号的两只是一双。任取6只手套，它们的编号至多有5种，因此其中至少有两只的号码相同。这相当于把6个东西放入5个抽屉，至少有2个东西在同一抽屉里。

## 219. 涂色问题

以第一格涂红色为例，给出树形图(见图7-2)。

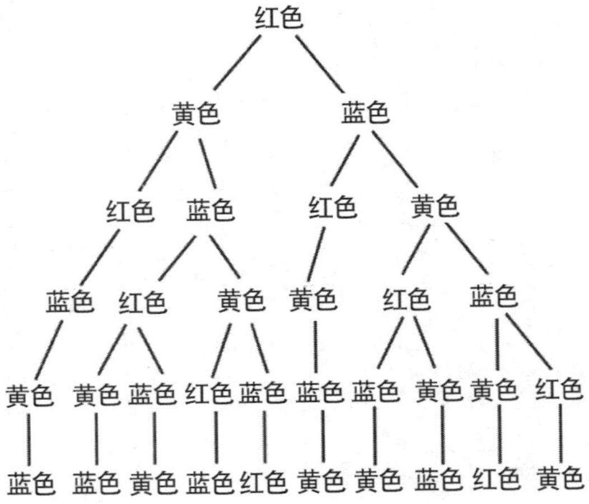


图7-2 涂色问题

由此得出，不同的涂色方法共有N= $C_3^1$ ×10=30(种)。

# 第八章

## 220. 巧取三升水

先用6升的水壶取6升水，然后取6升水壶把5升水壶倒满水，那么6升水壶还剩下1升水。接下来把5升水壶的水倒光，再把6升水壶里的1升水倒入5升水壶里。然后把6升水壶取满水，往5升水壶里倒水，倒满时，6升水壶里还剩下2升水。再把5升水壶的水倒光，把6升水壶里的2升水倒入5升壶里。用6升水壶取满水，往5升水壶里倒水，倒满时，共往5升水壶里倒了3升水，6升水壶里还剩下3升水。如此反复操作，就得到了3升的水。

## 221. 如何称四升油

其实就是分析用3、5两个数，如何得到4。

5−3=2；3−2=1；5−1=4。

也就是说，用 5 升桶装满油倒入 3 升桶，剩下 2 升，然后把 3 升的桶倒空，把 2 升油倒进去，再倒满 5 升的桶，用它把 3 升的桶倒满，这样 5 升桶里剩下的就是 4 升了。

## 222. 商人卖酒

先从大桶中倒出 5 升酒到 5 升的桶里，然后将其倒入 9 升桶里，再从大桶里倒出 5 升到 5 升的桶里，再把 5 升桶里的酒将 9 升的桶灌满。现在，大桶里剩有 2 升酒，9 升的桶已装满，5 升的桶里有 1 升酒。再将 9 升桶里的酒全部倒回大桶里，大桶里有 11 升酒。把 5 升桶里的 1 升酒倒进 9 升桶里，再从大桶里倒出 5 升酒，现在大桶里有 6 升酒，而另外 6 升酒也被分成了 1 升和 5 升两份。

## 223. 如何卖酱油

卖酱油的方法如表 8-1 所示。

表 8-1　卖酱油的方法

| | 第一个 10kg 桶 | 第二个 10kg 桶 | 5kg 的容器 | 4kg 的容器 |
|---|---|---|---|---|
| 初始状态 | 10 | 10 | 0 | 0 |
| 第一步 | 5 | 10 | 5 | 0 |
| 第二步 | 5 | 10 | 1 | 4 |
| 第三步 | 9 | 10 | 1 | 0 |
| 第四步 | 9 | 10 | 0 | 1 |
| 第五步 | 4 | 10 | 5 | 1 |
| 第六步 | 4 | 10 | 2 | 4 |
| 第七步 | 8 | 10 | 2 | 0 |
| 第八步 | 8 | 6 | 2 | 4 |
| 第九步 | 10 | 6 | 2 | 2 |

## 224. 卖酒

假设两个装满酒的桶分别为 A 桶和 B 桶，倒酒的步骤如下所示：从 A 桶中倒出酒并把 5 斤的瓶子倒满，然后用 5 斤的瓶子把 4 斤的瓶子倒满，这时 5 斤瓶子里只有 1 斤酒；将 4 斤瓶子里的酒倒回 A 桶，把 5 斤瓶子里的 1 斤酒倒入 4 斤的瓶子；从 A 桶中倒出酒并把 5 斤的瓶子倒满，然后用 5 斤的瓶子把 4 斤的瓶子倒满，这时 5 斤的瓶子里剩余的酒就是 2 斤；将 4 斤瓶中的酒倒回 A 桶，然后用 B 桶把 4 斤瓶倒满，再用 4 斤瓶中的酒把 A 桶加满，这时 4 斤瓶中剩余的酒也是 2 斤。

## 225. 平分二十四斤油

先把 13 斤的桶装满，然后用 13 斤的桶倒满 5 斤的瓶，这时 13 斤的桶里就剩下 8 斤了，也就是 1/3 了，将这些倒入 11 斤的桶中，分给其中一位。再重新来一次上述操作，就完成了平分 24 斤油。

## 226. 分饮料

用 4 升瓶里的果汁把 2.5 升瓶倒满；用 2.5 升瓶里的果汁把 1.5 升瓶倒满；把 1.5 升瓶里的果汁倒回 4 升瓶中；并把 2.5 升瓶中的 1 升倒回 1.5 升瓶中；用 4 升瓶中的 3 升果汁把 2.5 升瓶倒满；然后用 2.5 升瓶中的果汁把 1.5 升瓶倒满；把 1.5 升瓶中的果汁倒回 4 升瓶中。这时，4 升瓶和 2.5 升瓶中的果汁都是 2 升的，正好平均分配。

## 227. 酒鬼分酒

两个 8 斤装的桶分别设为 1 号和 2 号，3 斤的空酒瓶设为 3 号，四个酒鬼设为甲、乙、丙、丁。16 斤的酒让 4 人平分，每人应分到 4 斤，现在开始分酒，操作如下所示。

(1) 用 1 号的酒把 3 号倒满，让甲喝掉 3 号里的 3 斤，再把 1 号的酒倒入 3 号，让乙喝掉 1 号剩下的 2 斤。这时 1 号容器是空的，2 号、3 号都是满的。甲喝了 3 斤，乙喝了 2 斤，丙、丁都没喝。

(2) 把 3 号里的 3 斤倒入空的 1 号里，接着把 2 号里的酒倒入 3 号，3 号再倒入 1 号，再把 2 号里的酒倒入 3 号，3 号里有 3 斤，而 1 号只能再倒 2 斤，当 1 号倒满时，3 号里剩下 1 斤，这样 1 号是 8 斤，2 号是 2 斤，3 号里剩下 1 斤。3 号里的 1 斤让丙喝。

(3) 把 1 号倒入空的 3 号，再把 2 号倒入 1 号，这样 1 号里是 7 斤，3 号是 3 斤。接着把 3 号倒入 2 号，把 1 号倒入 3 号，3 号再倒入 2 号，1 号再倒入 3 号，这时 1 号有 1 斤，2 号有 6 斤，3 号有 3 斤，1 号的 1 斤让丁喝。

(4) 用 3 号把 2 号倒满，这样 3 号剩下 1 斤，让甲把 3 号喝掉(甲喝了 3+1=4 斤)。这时 1 号和 3 号是空的，2 号是满的，再把 2 号倒入 3 号，让丙把 3 号喝掉(丙喝了 1+3=4 斤)。

(5) 再把 2 号倒入 3 号，这时 2 号里有 2 斤，3 号里有 3 斤，让乙把 2 号喝掉(乙喝了 2+2=4 斤)，丁把 3 号喝掉(丁喝了 1+3=4 斤)。

如此下来，四个人就都喝足了 4 斤酒。

## 228. 分享美酒

平分的方法如表 8-2 所示。

表 8-2　平分的方法

| | 八斤瓶 | 五斤瓶 | 三斤瓶 |
|---|---|---|---|
| 第一次 | 3 | 5 | 0 |
| 第二次 | 3 | 2 | 3 |
| 第三次 | 6 | 2 | 0 |
| 第四次 | 6 | 0 | 2 |
| 第五次 | 1 | 5 | 2 |
| 第六次 | 1 | 4 | 3 |
| 第七次 | 4 | 4 | 0 |

## 229. 老板娘分酒

11 倒 7 剩 4，7 倒空，4 倒 7，11 倒满，11 倒 7 满剩 8，7 倒空，8 倒 7 剩 1，7 倒空，1 倒 7，11 倒满，11 倒 7 满剩 5，7 倒空，5 倒 7，11 倒满，11 倒 7 剩 9，7 倒空，9 倒 7 剩 2。

## 230. 分米

(1) 两次装满脸盆，倒入 7 斤的桶里，这样桶里就有 6 斤米；

(2) 再往脸盆里倒满米，用脸盆里的米将桶装满，这样脸盆中还有 2 斤米；

(3) 将桶里的 7 斤米全部倒入 10 斤的袋子中；

(4) 将脸盆中剩余的 2 斤米倒入 7 斤的桶里；

(5) 将袋子里的米倒入 3 斤在脸盆中，再把脸盆中的米倒入桶里，这样桶和袋子里就各有 5 斤米了。

## 231. 卖糖果

把 1500 颗糖分成 1、2、4、8、16、32、64、128、256、512、541 共 11 份，每份包成一包。这样只要少于 1500 颗糖，无论客人要多少颗，都可以成包买走。

## 232. 分苹果

四份分别是 6、12、3、27.

设最后所得结果都为 $x$，则第一份为 $x-3$，第二份为 $x+3$，第三份为 $x/3$，第四份为 $3x$，总和为 48，求得 $x=9$。这样，就可以知道原来每一份各是多少了。

## 233. 分羊

从邻居家借一只羊，这样一共有 27 只，把 2/3 也就是 18 只分给儿子；剩下 9 只的 2/3——6 只羊分给妻子；剩下 3 只的 2/3——2 只羊分给女儿。再把剩下的一只还给邻居，这样就分完了。所以儿子、妻子、女儿分别分到 18 只、6 只、2 只羊。

## 234. 分枣

一共有 8 个小朋友，64 颗枣。为什么呢？仔细想想。提示：从最后一个小朋友往前算。

## 235. 海盗分椰子

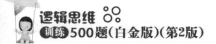

15621 个。解答方法有很多，下面是最容易理解的一种。

假设给这堆椰子增加 4 个，则每次刚好分完而没有剩余。

解：设椰子总数为 $n-4$，天亮后每人分到的个数为 a。

(1/5)×(4/5)×(4/5)×(4/5)×(4/5)×(4/5)×$n$=a

1024/15625×$n$=a

因为 a 是整数，所以 $n$ 最小为 15625。

$n-4$=15621。

还可以设最开始有 $X$ 个椰子，天亮时每人分到 $Y$ 个椰子，则可得：

$X$=5A+1

4A=5B+1

4B=5C+1

4C=5D+1

4D=5E+1

4E=5$Y$+1

化简以后得：1024$X$=15635$Y$+11529。

这是个不等方程，依照题目我们求最小正整数解。如果 X1 是这个方程的解，则 X1+15625($5^6$=15625，因为椰子被连续 6 次分为 5 堆)也是该方程的解，那么用个取巧的方法来解，就是设 Y=−1，则 X=−4。如果最开始有−4 个椰子，那么大家可以算一下，无论分多少次，都是符合题意的。所以把−4 加上 15625 就是最小的正整数解了，答案是 15621 个。

## 236. 午餐分钱

因为 3 人吃了 8 块饼，其中，约克带了 3 块，汤姆带了 5 块。约克吃了其中的 1/3，即 8/3 块，路人吃了约克带的饼的 3−8/3=1/3 块；汤姆也吃了 8/3 块，路人吃了他带的饼的 5−8/3=7/3 块。这样，路人所吃的 8/3 块饼中，有约克的 1/3 块、汤姆的 7/3 块。可见，路人所吃的饼中，属于汤姆的是属于约克的 7 倍。因此，对于这 8 个金币，公平的分法是：约克得 1 个金币，汤姆得 7 个金币。

## 237. 公平分配

把剩下 7 个半瓶的酒中的 2 个半瓶倒入另外 2 个半瓶中。这样就是 9 个满的，3 个半瓶的，9 个空的。所以每人多得 3 个满的，1 个半瓶的，3 个空瓶。

## 238. 巧分银子

因为每两个人相差的数量一样，第一个与第十个、第二个与第九个、第三个与第八个，第四个与第七个，第五个与第六个，每两个兄弟分到银子的数量的和都是 20 两，而第八个兄弟分到 6 两，这样便可求出第三个兄弟分到银子的数量为 20−6=14

两。而从第三个兄弟到第八个兄弟中间有 5 个两人的差。由此便可求出每两人相差的银子为(14−6)÷5=1.6 两。

## 239. 大牧场主的遗嘱

大牧场主有 7 个儿子，56 头牛。大儿子拿了 2 头牛，大儿媳拿了 6 头；第二个儿子拿了 3 头牛，二儿媳拿了 5 头；第三个儿子拿了 4 头牛，三儿媳也拿了 4 头。这样以此类推，直到最后，第七个儿子拿到了 8 头牛，但牛已经全部分光。现在每个家庭都分到 8 头牛，并且可以再分到 1 匹马。所以，他们都分到了价值相等的牲口。

## 240. 古罗马人遗嘱问题

其实这个问题很简单，只要儿子所得是母亲的 2 倍，母亲所得是女儿的 2 倍即可满足这个人的遗嘱。

我们列个方程就可以很方便地解出这个问题的答案了。首先，设女儿所得为 x，则妈妈所得为 2x，儿子所得为 4x。

所以分配方法为将所有财产平均分为 7 份，儿子得 4 份，母亲得 2 份，女儿得 1 份。

## 241. 盲人分衣服

他们把衣服放在太阳下晒，过段时间去摸一下，黑色的衣服要热一些，而白色的衣服不怎么热，这样就可以分开了。

## 242. 盲人分袜

因为八双袜子的布质、大小完全相同，他们把商标纸撕开，每人取每双的一只，然后重新组合成两双白袜和两双黑袜就可以了。

## 243. 巧分大米和小麦

先把张奶奶布袋翻过来，把王阿姨的大米倒入张奶奶的布袋里，扎上绳子。然后把张奶奶布袋的上半截翻过来，倒入小麦。再解开张奶奶布袋的绳子，把下面装的大米倒入王阿姨的布袋里，这样就可以了。

## 244. 平分油

把它们放在水中，然后一点点倒油并调整，直至两个油壶的吃水线相同为止。

## 245. 各拿了多少钱

四个人分别为 1 元、1.50 元、2 元、2.25 元。

## 246. 司令的命令

其实这个问题很简单，就是刘军长所得是留下的 2 倍，留下的是张军长借走的 2 倍，这样即可满足司令的命令。

分配方法为将所有粮草平均分为 7 份，刘军长得 4 份，自己留 2 份，张军长得

1 份。

## 247. 分蛋糕

把 4 个蛋糕各切成 5 等份，然后把这 20 块儿分给 20 个人每人一块儿。另外 5 个蛋糕各切成 4 等份，也分给每人 1 块儿。于是，每个孩子都得到一个 1/5 和一个 1/4 块儿。这样，20 个孩子每人得到的蛋糕都一样。

## 248. 分田地

我们经过计算可以知道，$30^2+40^2=900+1600=2500=50^2$。由此可见，最大一块儿地的面积正好是另外两块地面积的和。所以，最简单的方法就是将最大的一块地给一个农户，另外两块给另一个农户。

## 249. 解救女儿

在用水桶舀水之前，先把水桶倒扣着按到左边水缸底部，由于水缸是满的，所以水会溢出来。另外，水桶本身也是有一定厚度的，所以水桶可以挤出超过 1 水桶的水，再舀出一水桶的水倒入右面的水缸里，这样就达到目的了。

## 250. 倒硫酸

他先找一些玻璃球放入硫酸中，使液面升至 10 升处，再把硫酸倒出到 5 升的位置，这样就能准确倒出 5 升的硫酸了。

# 第九章

## 251. 平分图形

答案如图 9-33 所示。

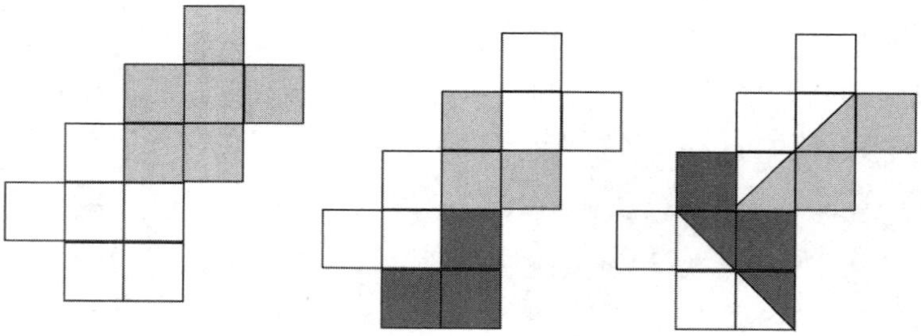

图 9-33　平分图形

## 252. 二等分

答案如图 9-34 所示。

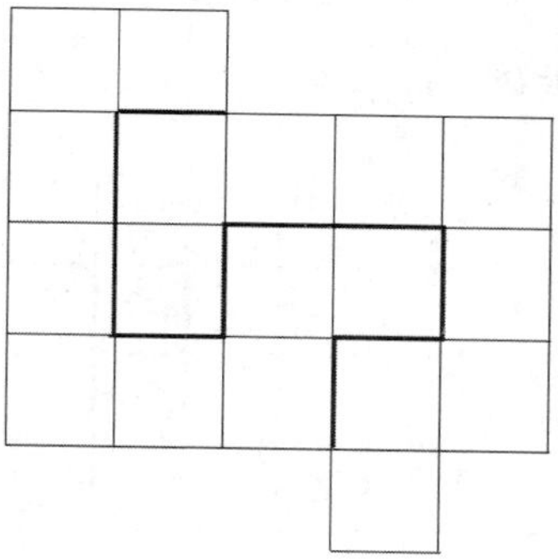

图 9-34　二等分

## 253. 连接图

答案如图 9-35 所示。

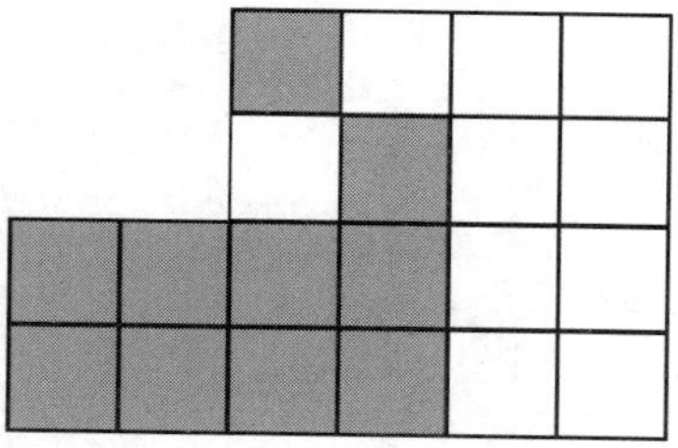

图 9-35　连接图

## 254. 三等分

答案如图 9-36 所示。

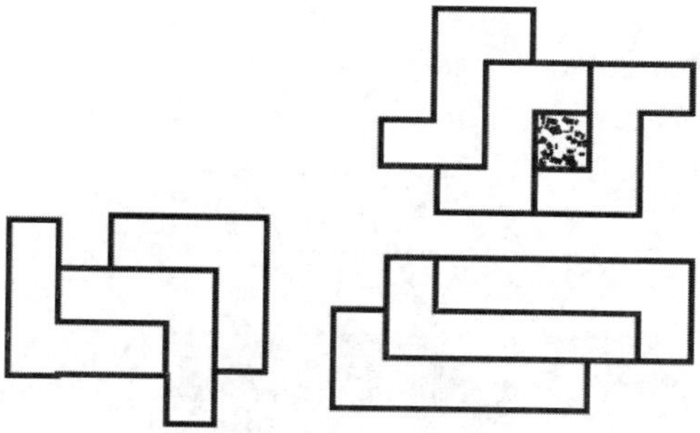

图 9-36　三等分

## 255. 平分图形

答案如图 9-37 所示。

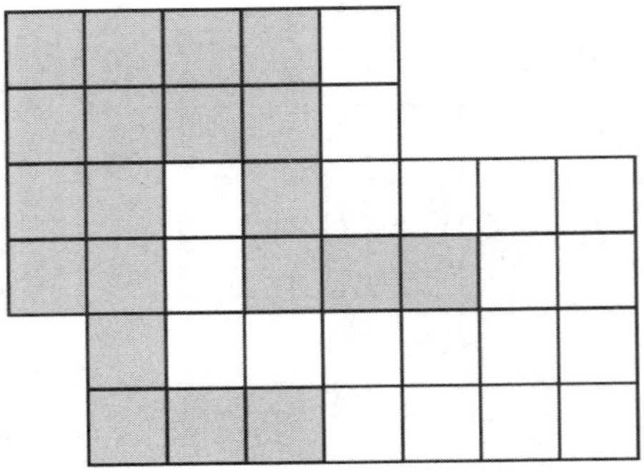

图 9-37　平分图形

## 256. 分图形

答案如图 9-38 所示。

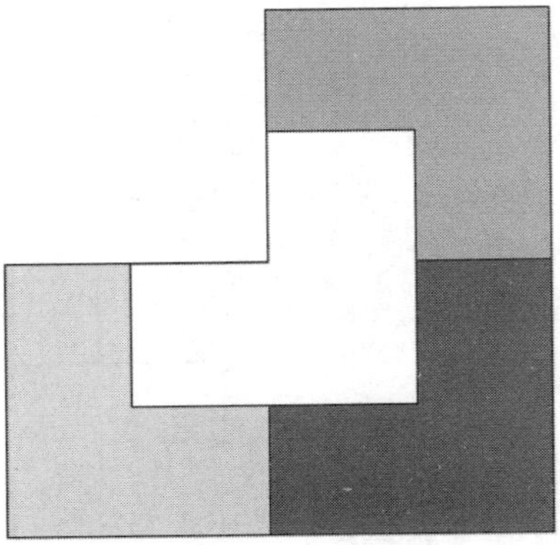

图 9-38　分图形

## 257. 四等分图形

答案如图 9-39 所示。

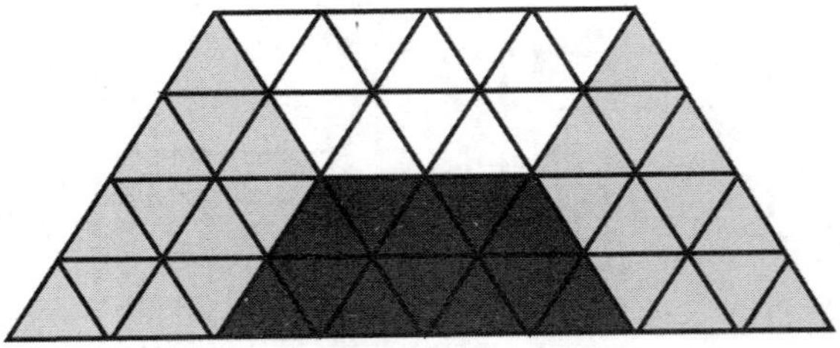

图 9-39　四等分图形

## 258. 四个梯形

答案如图 9-40 所示。

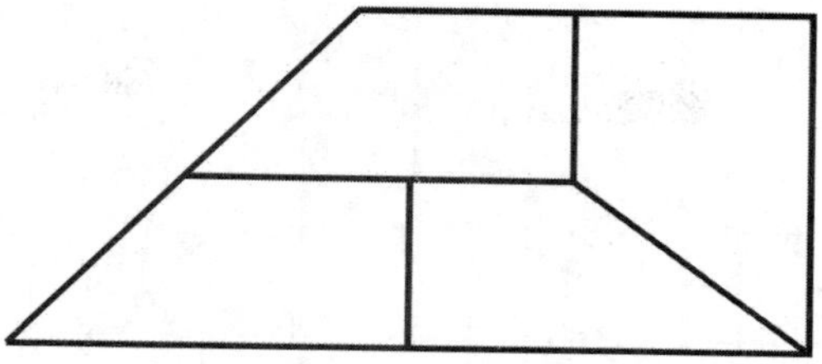

图 9-40　四个梯形

## 259. 分成两份

共有 7 种分法，分别如图 9-41 所示。

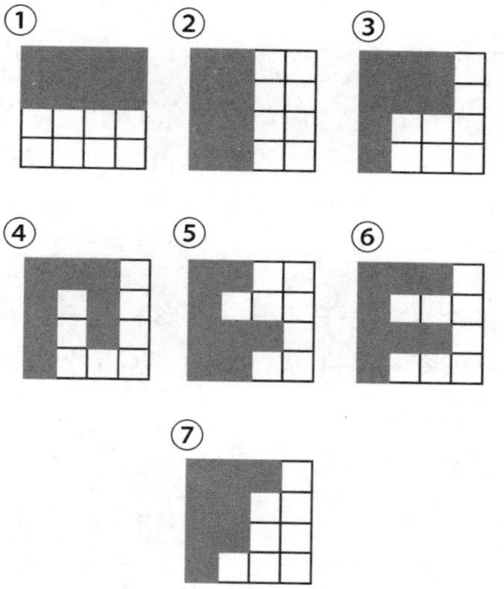


图 9-41　分成两份

## 260. 四等分

答案如图 9-42 所示。

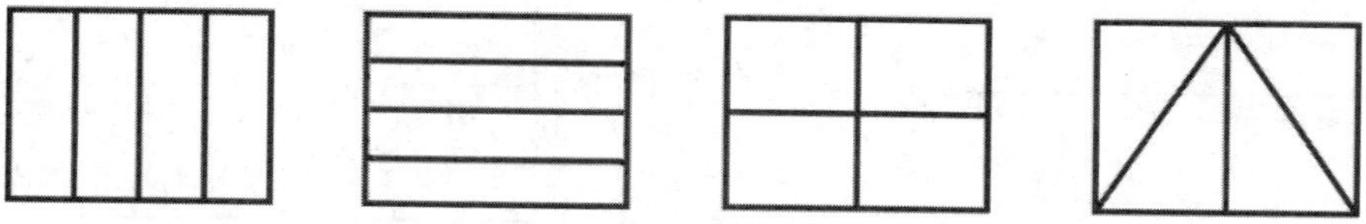

图 9-42　四等分

## 261. 如何切割拼出正方形

答案如图 9-43 所示。

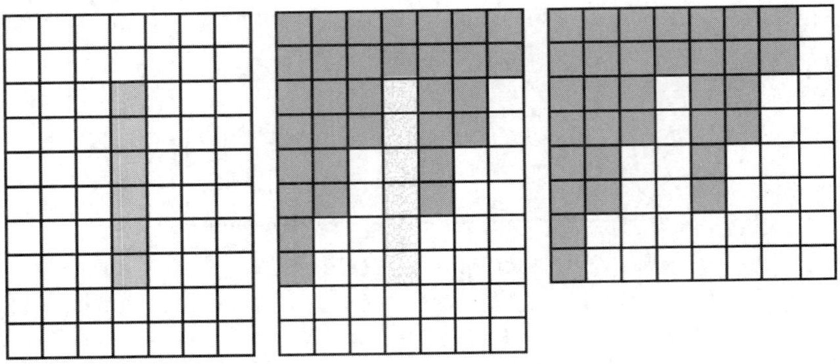

图 9-43　切割拼出正方形

## 262. 丢失的正方形

5 小块中最大的两块调换位置之后，被那条对角线切开的每个小正方形都变得高比宽长了一点点。这意味着这个大正方形不再是严格意义上的正方形。它的高增加了，从而面积也随之增加，所增加的面积恰好等于那个洞的面积。

## 263. 怎么多了一块

用相似三角形求比的时候会发现，小三角形和大三角形的斜边的斜率是不一样的，也就是说，中间的那条斜线并不是直线，有些部分是重叠的，而有些部分是空缺的。这就是为什么会多了一块。

## 264. 长方形变正方形

答案如图 9-44 所示。

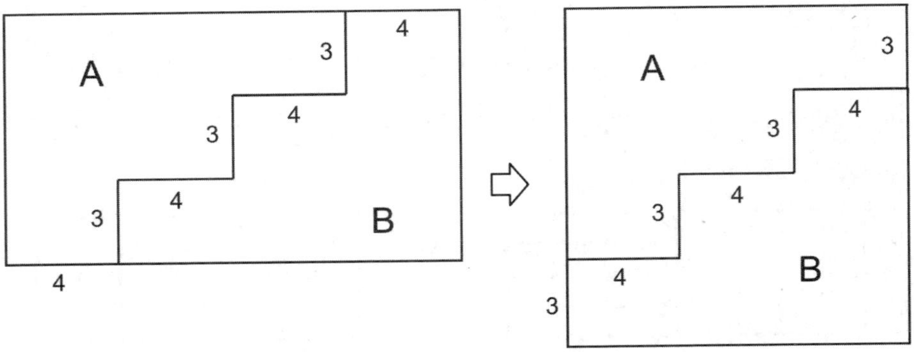


图 9-44　长方形变正方形

## 265. 切割双孔桥

答案如图 9-45 所示。

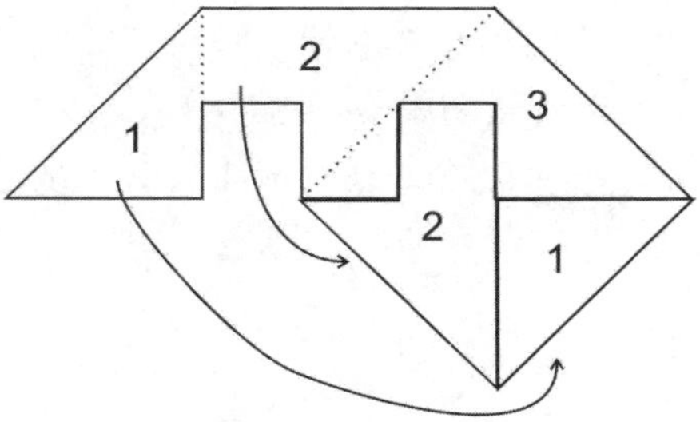


图 9-45　切割双孔桥

## 266. 拼桌面

答案如图 9-46 所示。

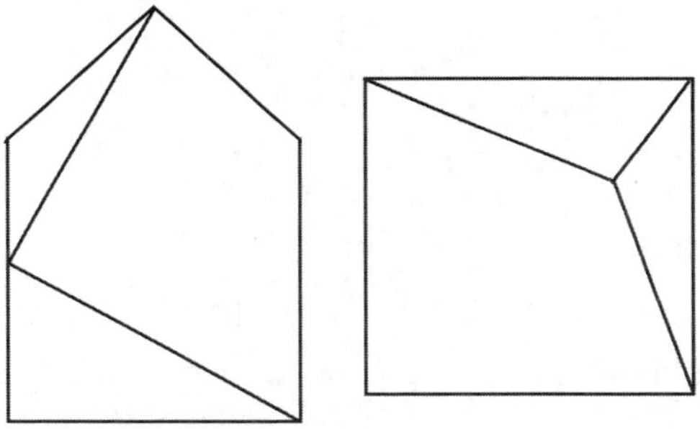

图 9-46　拼桌面

## 267. 裁剪地毯

答案如图 9-47 所示。

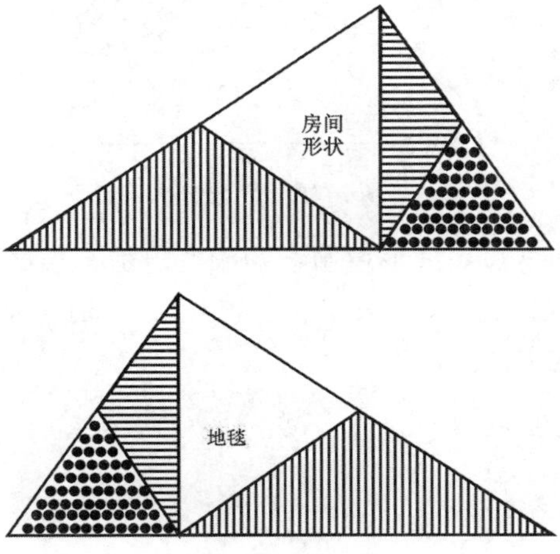


图 9-47　裁剪地毯

只有等腰三角形翻过来才能和原来形状一样，所以裁剪方法如图 9-47 所示，先作一条垂线，然后分别连接两腰的中点，这样分成四个等腰三角形，然后将四个等腰三角形分别放在房间的对应位置上缝起来即可。

## 268. 表盘分割

答案如图 9-48 所示。

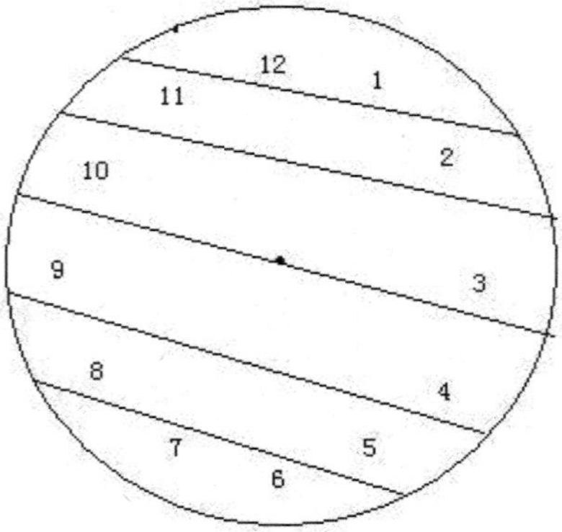


图 9-48　表盘分割

## 269. 切蛋糕

答案如图 9-49 所示。

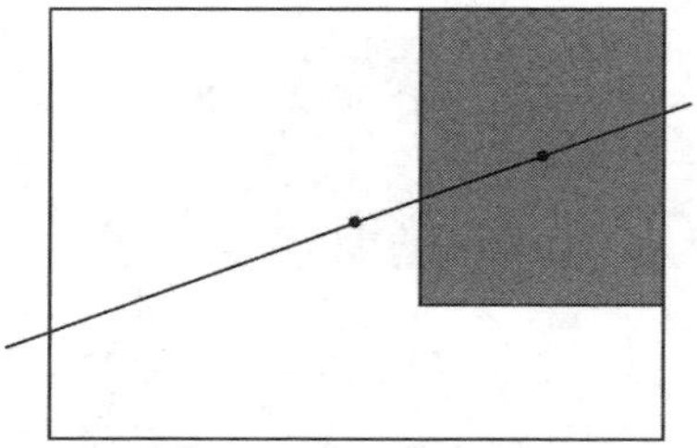

图 9-49　切蛋糕

将完整蛋糕的中心与被切掉那块蛋糕的中心连成一条线。这个方法也适用于立方体。请注意，切掉的那块蛋糕的大小和位置是随意的，不要一心只按自己切生日蛋糕的方式，要跳出这个框架。

## 270. 分月亮

答案如图 9-50 所示。

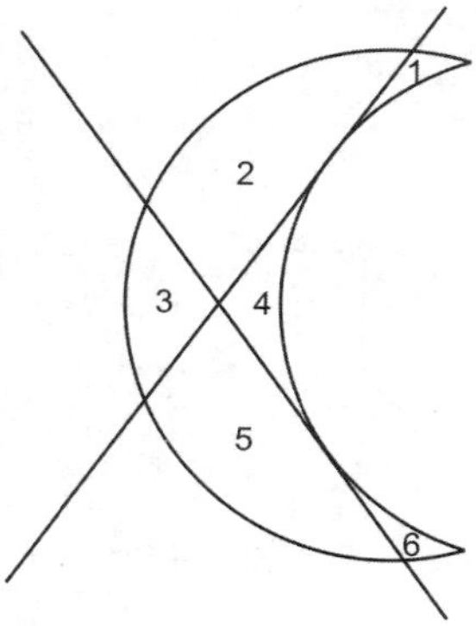


图 9-50　分月亮

## 271. 幸运的切割

答案如图 9-51 所示。

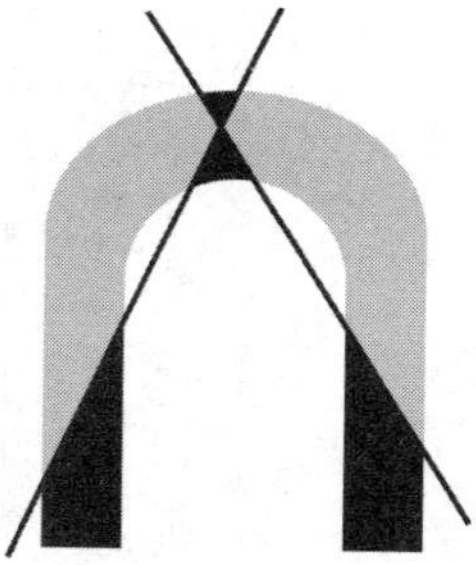

图 9-51　幸运的切割

## 272. 兄弟分地

按照图 9-52 所示分地即可。

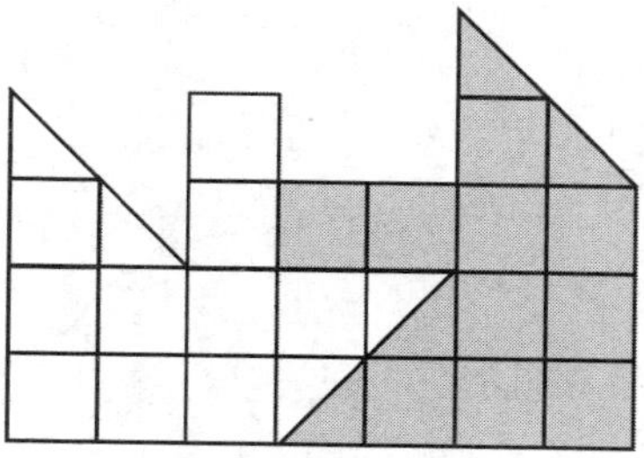

图 9-52　兄弟分地

## 273. 分地

答案如图 9-53 所示。

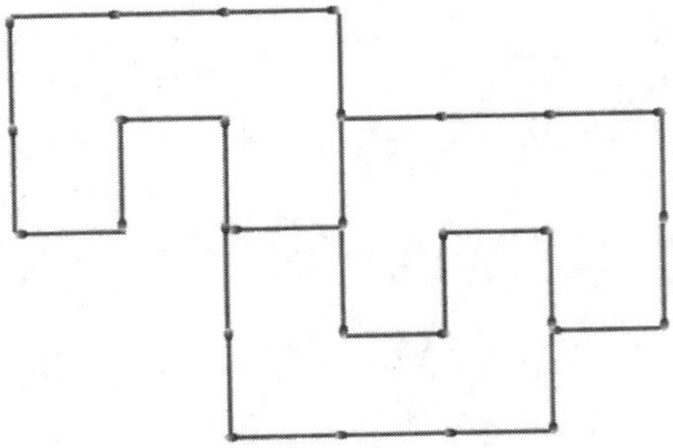

图 9-53　分地

## 274. 分土地

答案如图 9-54 所示。

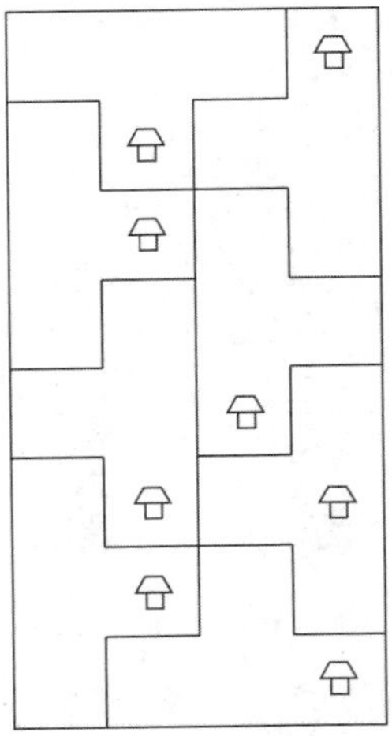

图 9-54　分土地

## 275. 四兄弟分家

分法如图 9-55 所示(这只是其中一种情况)。

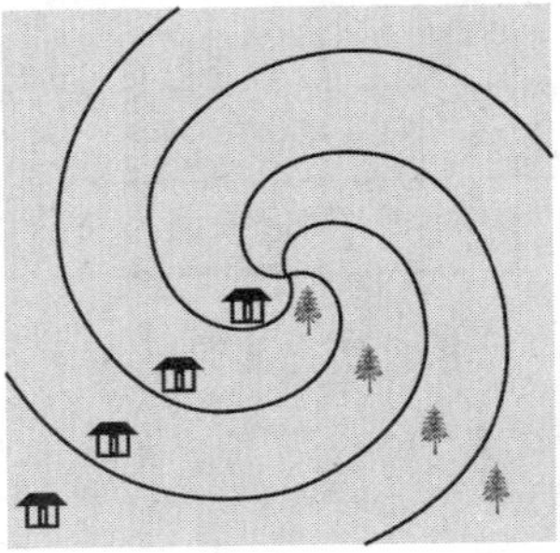

图 9-55　四兄弟分家

## 276. 分遗产

分法如图 9-56 所示即可。

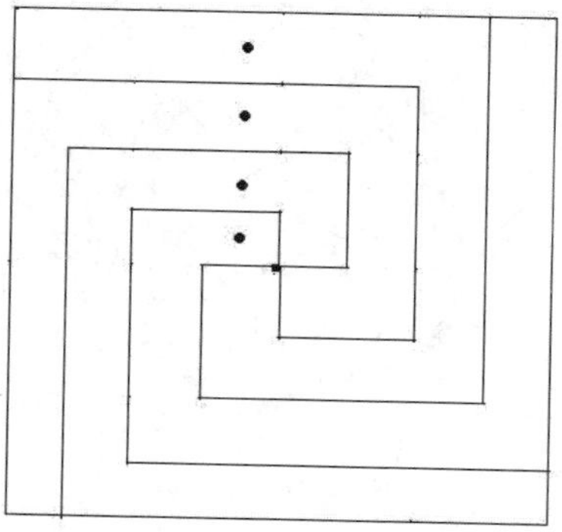

图 9-56　分遗产

## 277. 财主分田

答案如图 9-57 所示。

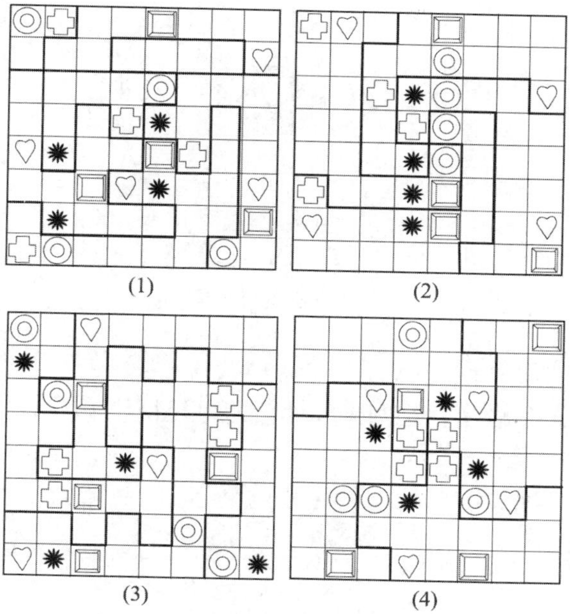


图 9-57　财主分田

## 278. 修路

路修成如图 9-58 所示即可。

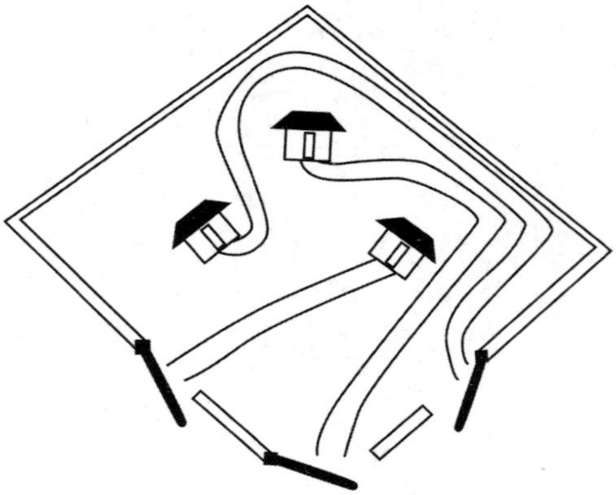

图 9-58　修路

## 279. 四等分

答案如图 9-59 所示。

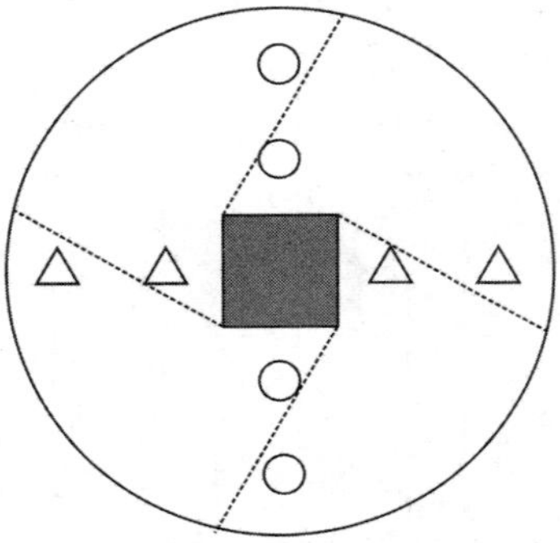

图 9-59　四等分

## 280. 平分五个圆

如图 9-60 所示，做出几个圆来辅助，即可轻松将五个圆分成面积相等的两部分。

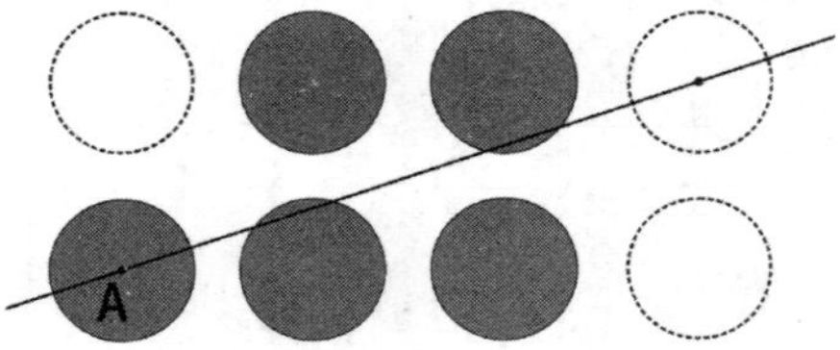


图 9-60　平分五个圆

# 第十章

## 281. 四点一线

答案如图 10-26 所示。

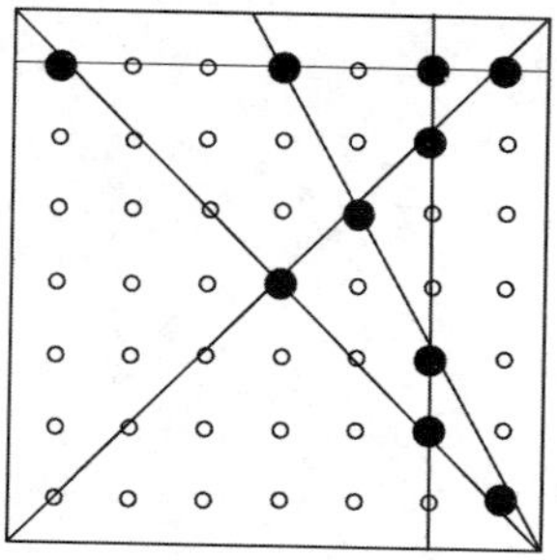

图 10-26　四点一线

## 282. 十二点连线

一旦获得一个有用的灵感，它就可以推广。如果你已经解决了 9 个点的问题，那么，更多点的问题的答案就容易得到了。本题需要用 5 条直线，答案如图 10-27 所示。

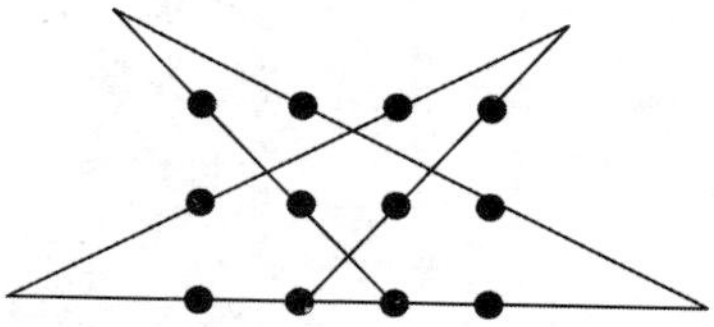

图 10-27　十二点连线

## 283. 十六点连线

答案如图 10-28 所示。

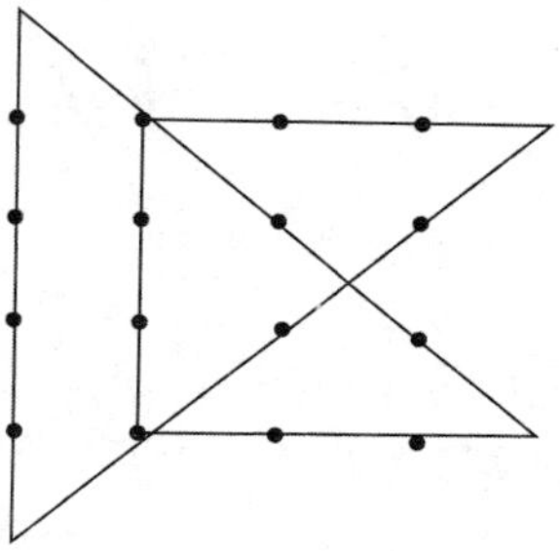

图 10-28　十六点连线

## 284. 连线问题

答案如图 10-29 所示。

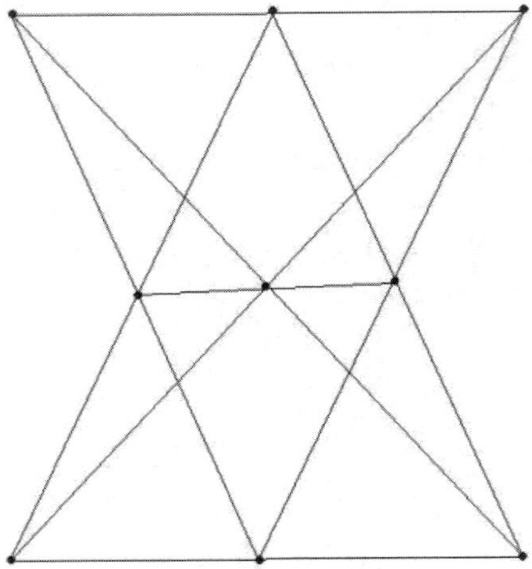

图 10-29　连线问题

## 285. 连顶点

一共有 12 种连法，答案如图 10-30 所示。

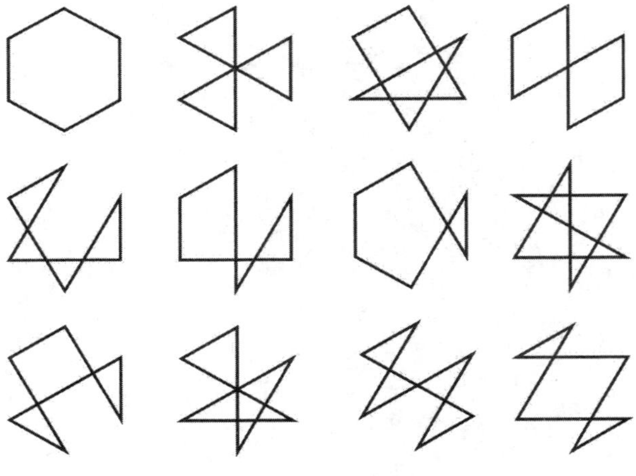

图 10-30　连顶点

## 286. 连点画方

一共可以画出 7 种大小不等的正方形，答案如图 10-31 所示。

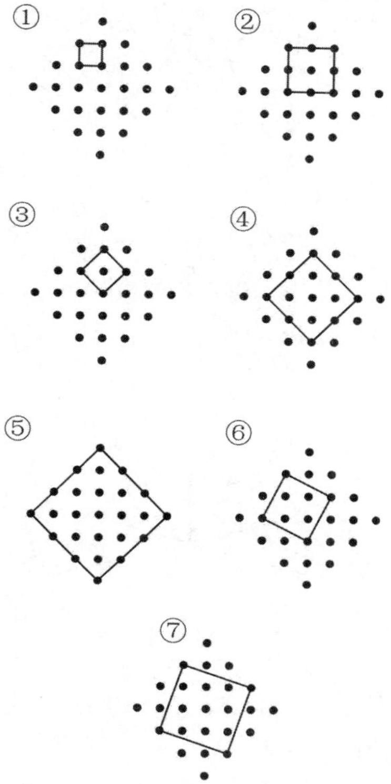


图 10-31　连点画方

## 287. 栽树(1)

答案如图 10-32 所示。

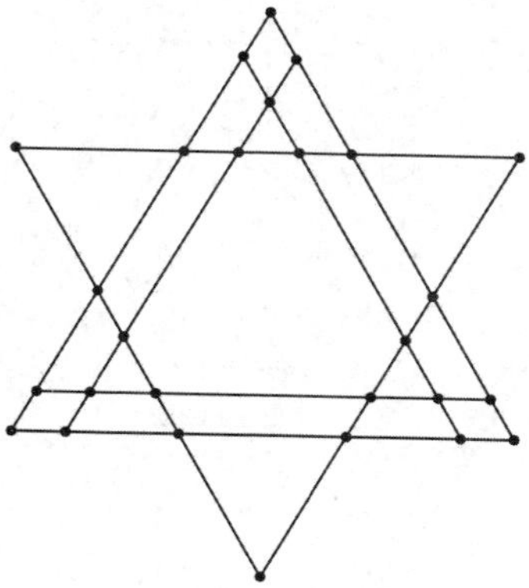

图 10-32　栽树(1)

## 288. 栽树(2)

答案如图 10-33 所示。

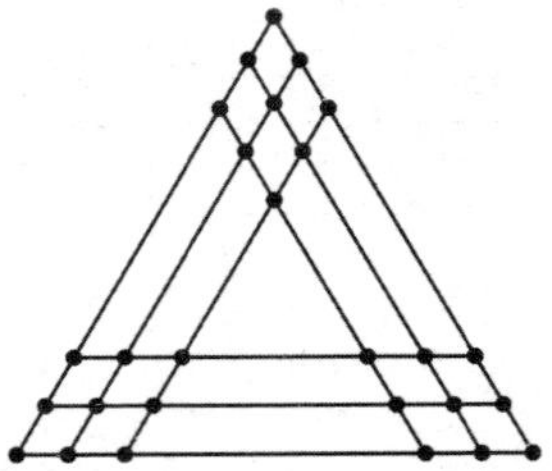

图 10-33　栽树(2)

## 289. 栽树(3)

答案如图 10-34 所示。

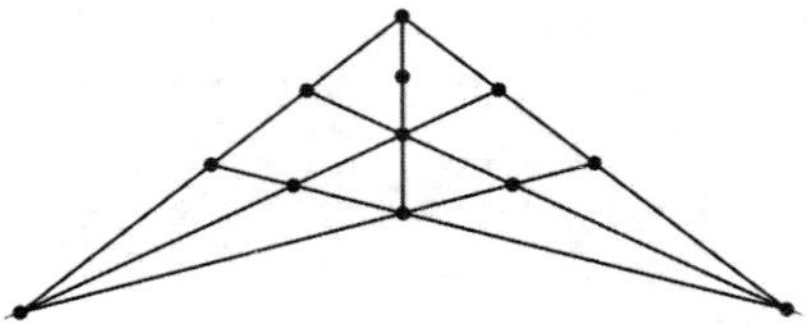

图 10-34　栽树(3)

## 290. 电路

1 与 C，2 与 A，3 与 B 是相通的。

## 291. 迷宫

答案如图 10-35 所示。

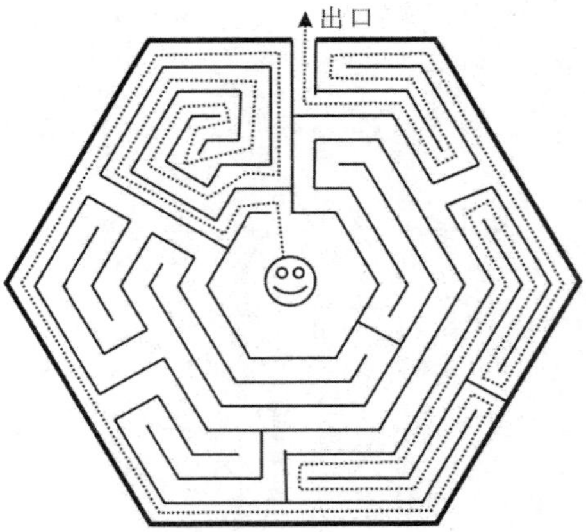


图 10-35　迷宫

## 292. 笔不离纸

先把白纸的一个角沿 45° 折起来，然后如图 10-36 中的 A 图所示，画出三条边，接着打开折叠的纸片，这样白纸上就只剩下两条平行的直线了。最后继续画剩下的线条，如图 10-36 中的 B 图所示，这样就可以笔不离纸地画出这个图形了。

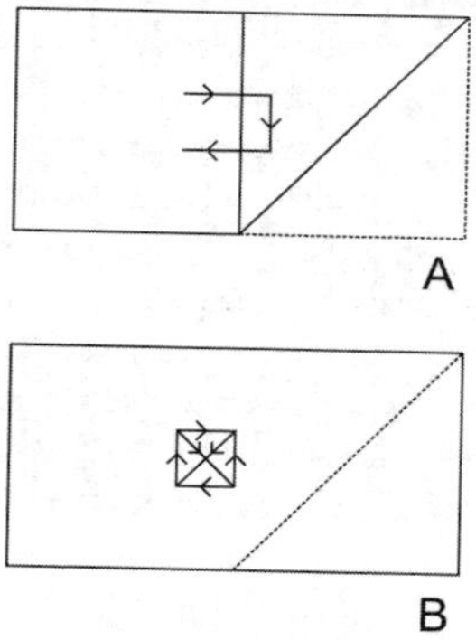


图 10-36　笔不离纸

## 293. 印刷电路(1)

答案如图 10-37 所示。

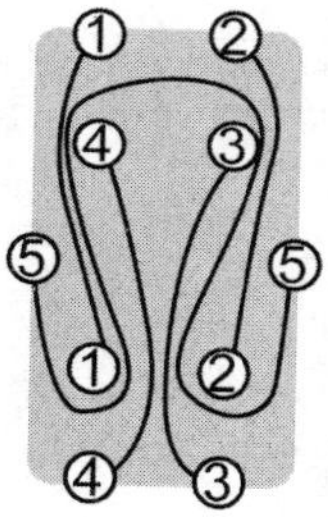


图 10-37　印刷电路(1)

## 294. 印刷电路(2)

答案如图 10-38 所示。

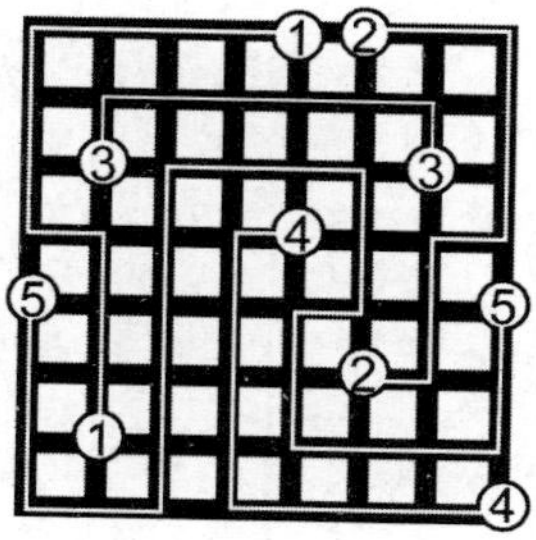


图 10-38　印刷电路(2)

## 295. 印刷电路(3)

答案如图 10-39 所示。

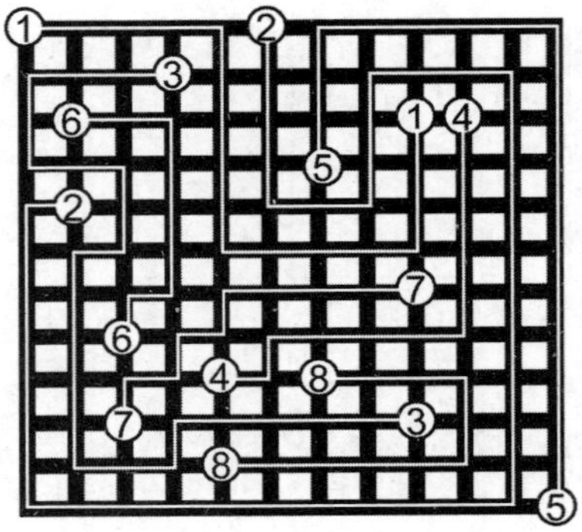


图 10-39　印刷电路(3)

## 296. 修路(1)

答案如图 10-40 所示。

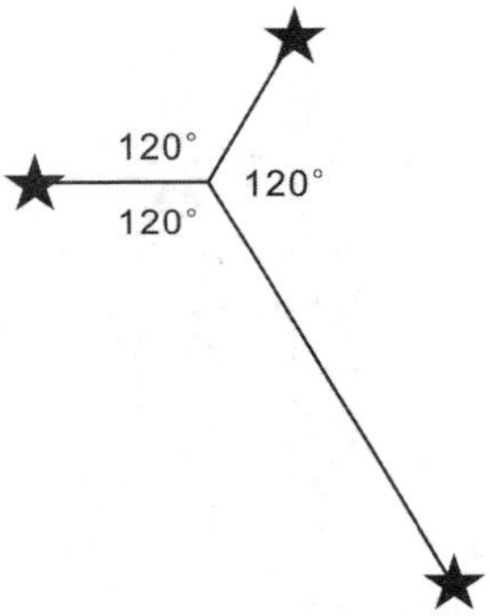


图 10-40　修路(1)

## 297. 修路(2)

答案如图 10-41 所示。

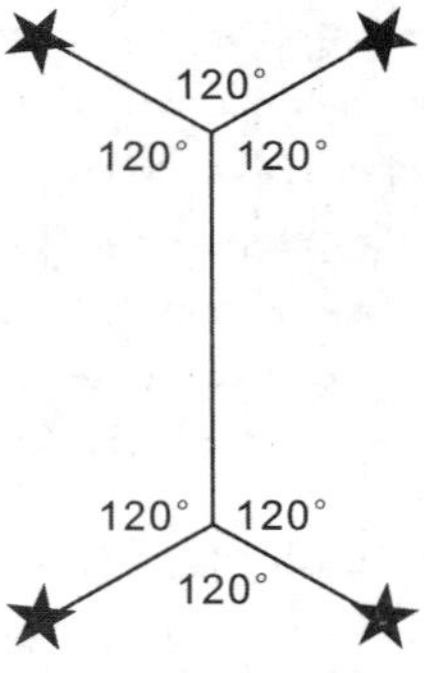


图 10-41　修路(2)

## 298. 修路(3)

答案如图 10-42 所示。

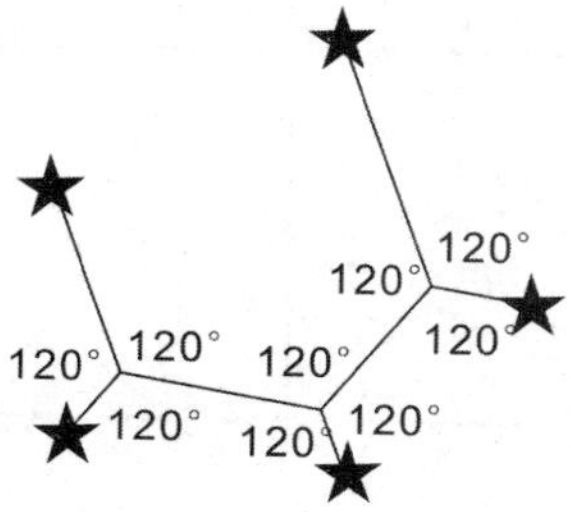


图 10-42　修路(3)

## 299. 连正方形

答案如图 10-43 所示。

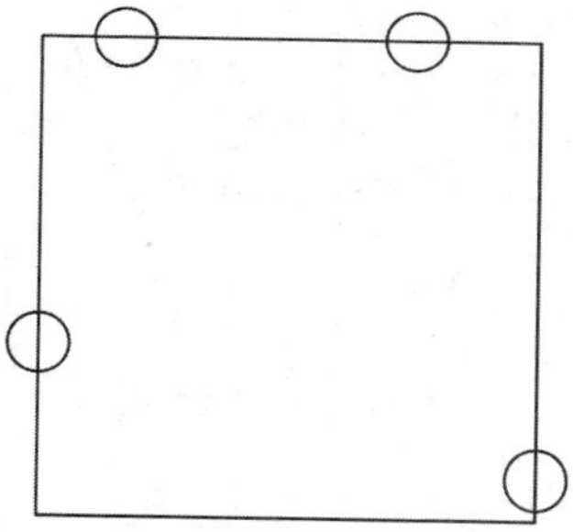

图 10-43　连正方形

## 300. 最短距离

不是。

答案如图 10-44 所示。把圆锥的侧面展开，这样 A 点到 $A_1$ 点的直线才是蚂蚁经过的最短距离。

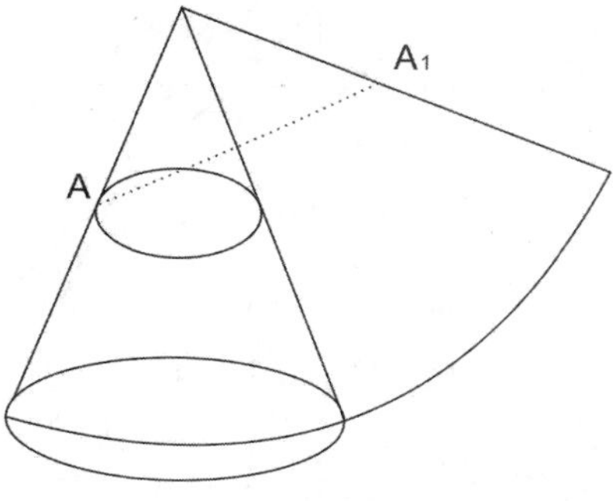


图 10-44　最短距离

## 301. 最短路线

将立方体两个相邻的侧面展开，如图 10-45 所示。A 和 B 的连线即是最短路线。

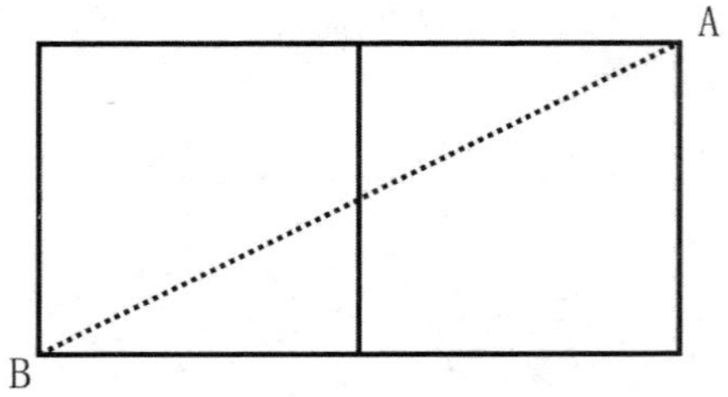


图 10-45　最短路线

## 302. 画三角

答案如图 10-46 所示。

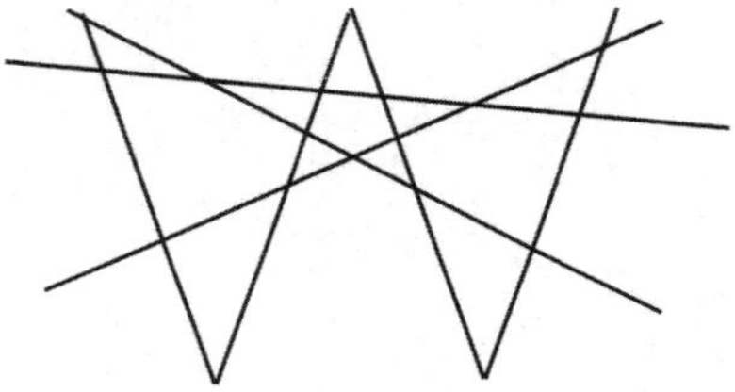

图 10-46　画三角

## 303. 五个三角形

答案如图 10-47 所示。

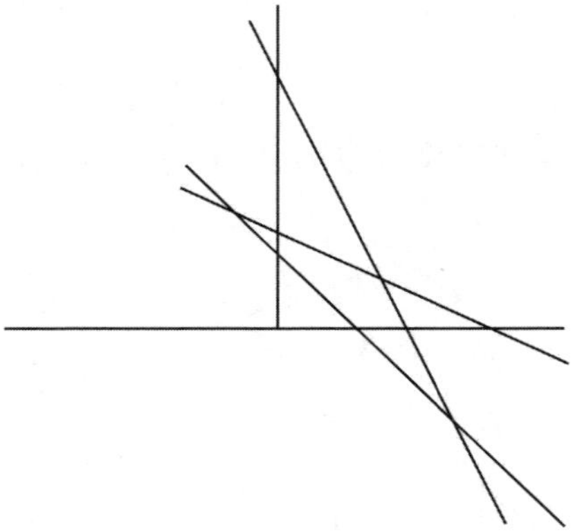

图 10-47　五个三角形

## 304. 5 个变 10 个

这题有点儿难，能找到答案就已经很不容易了。答案如图 10-48 所示。

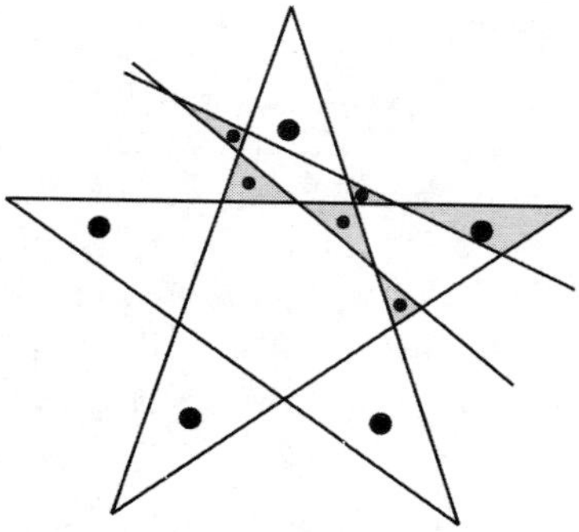

图 10-48　5 个变 10 个

## 305. 重叠的面积

如图 10-49 所示，不论三角形转到哪里，重叠的面积大小都不变。因为不论三角形转到什么角度，图中 A、B 两部分永远是全等的，所以重叠的面积永远是正方形的 1/4。

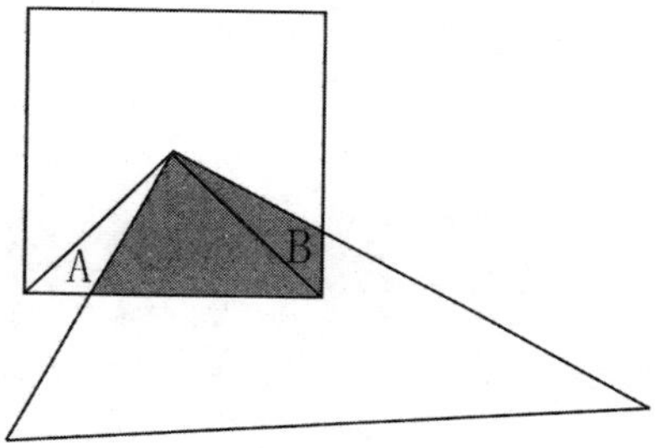


图 10-49　重叠的面积

## 306. 齿轮

因为它们的齿数相同，所以转速也相同，与中间连接的齿轮没有关系。

## 307. 传送带

左下角的齿轮逆时针旋转，其他的齿轮都顺时针旋转。

## 308. 运动轨迹

答案如图 10-50 所示。

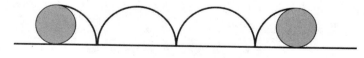

图 10-50　运动轨迹

# 第十一章

## 309. 七桥问题

七桥问题(seven bridges problem)是一个著名的古典数学问题。欧拉用点表示岛和陆地，两点之间的连线表示连接它们的桥，将河流、小岛和桥简化为一个网络(见图 11-37)，把七桥问题化成判断连通网络能否一笔画的问题。他不仅解决了七桥问题，而且给出了连通网络可一笔画的充要条件：它们是连通的，且奇顶点(通过此点弧的条数是奇数)的个数为 0 或 2。七桥形成的图形中，没有一点含有偶数条数，因此上述的任务无法完成。

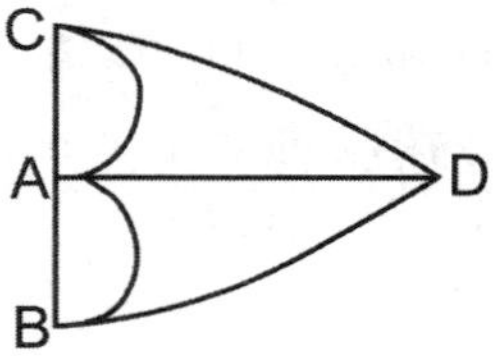


图 11-37

欧拉的这个考虑非常重要，也非常巧妙，它表明了数学家处理实际问题的独特之处——把一个实际问题抽象成合适的“数学模型”。这种研究方法就是“数学模型方法”。虽然这并不需要运用多么深奥的理论，但能想到这一点，却是解决难题的关键。

欧拉通过对七桥问题的研究，不仅圆满地回答了哥尼斯堡居民提出的问题，而且得到并证明了更为广泛的有关一笔画的三条结论，称为欧拉定理。对于一个连通图，通常把从某节点出发一笔画成所经过的路线叫作欧拉路。人们又通常把一笔画成回到出发点的欧拉路叫作欧拉回路。具有欧拉回路的图叫作欧拉图。

1736 年，欧拉在交给彼得堡科学院的《哥尼斯堡的 7 座桥》的论文报告中，阐述了他的解题方法。他的巧解，为后来的数学新分支——拓扑学的建立奠定了基础。

## 310. 欧拉的问题

在莱奥纳德·欧拉解决了哥尼斯堡七桥问题之后，他就发现了解决这类问题的普遍规则。规则就是计算到每个交点或节点的路径数目。如果超过两个节点有奇数条路径，那么该图形是无法一笔画出的。

因此，在这个例子中，第 2 幅图和第 4 幅图是无法画出的。

如果正好有两个节点有奇数条路径，那么问题就有可能得到解决，也就是要以这两个节点分别为起点和终点。路径 7 便是这样的图。为了一笔画出它，必须从一个有奇数条路径的节点出发，并回到另一个有奇数条路径的节点。

## 311. 一笔画正方形

答案如图 11-38 所示。

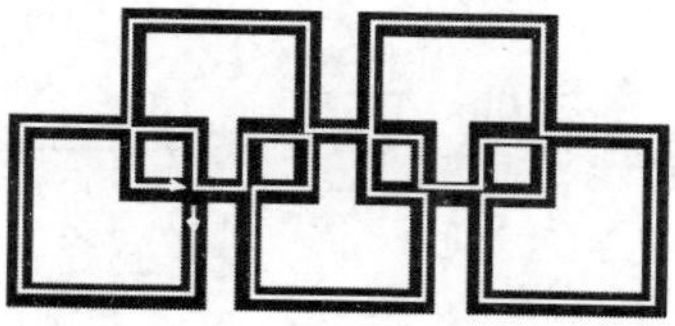

图 11-38　一笔画正方形

## 312. 一笔画(1)

答案如图 11-39 所示。

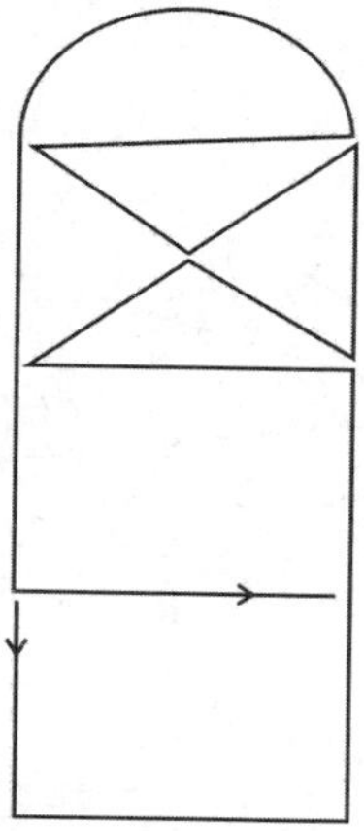

图 11-39　一笔画(1)

## 313. 一笔画(2)

答案如图 11-40 所示。

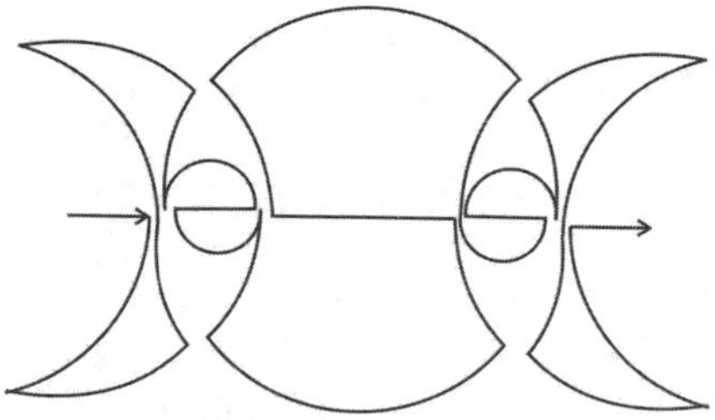

图 11-40　一笔画(2)

## 314. 一笔画(3)

答案如图 11-41 所示。

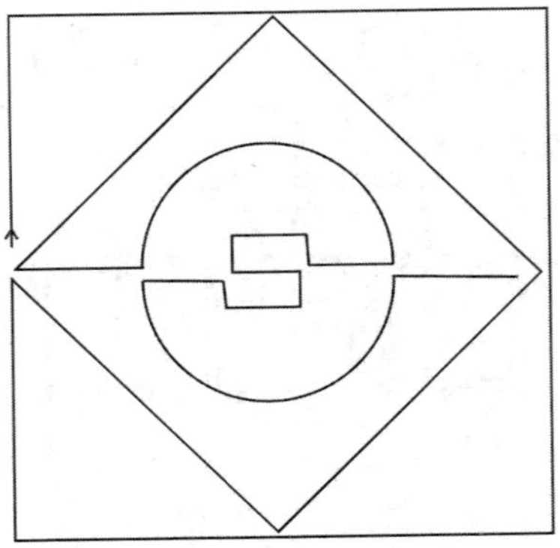

图 11-41　一笔画(3)

## 315. 一笔画(4)

方法有很多种，只要从奇数条直线的交点处出发即可。图 11-42 是其中一种画法。

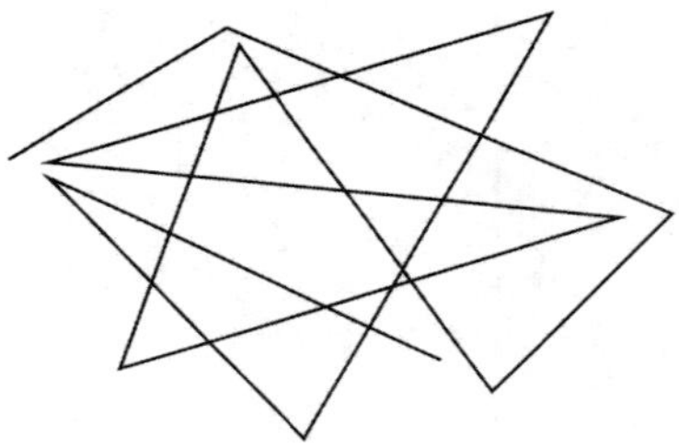

图 11-42　一笔画(4)

## 316. 一笔画(5)

选择 B。

方法如图 11-43 所示。

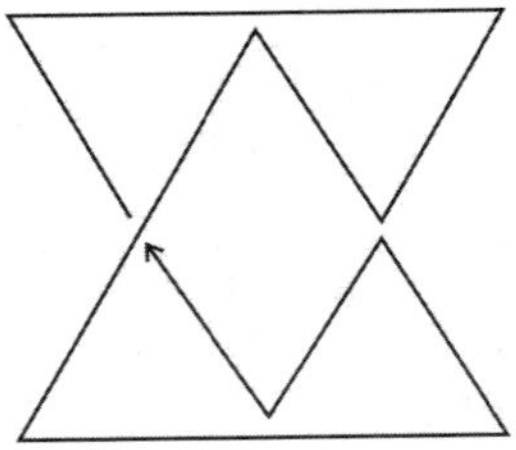

图 11-43　一笔画(5)

## 317. 一笔画(6)

答案如图 11-44 所示。

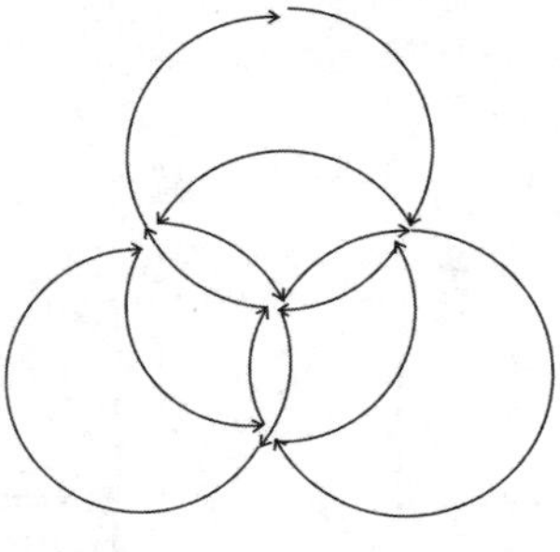

图 11-44 一笔画(6)

## 318. 一笔画(7)

答案如图 11-45 所示。

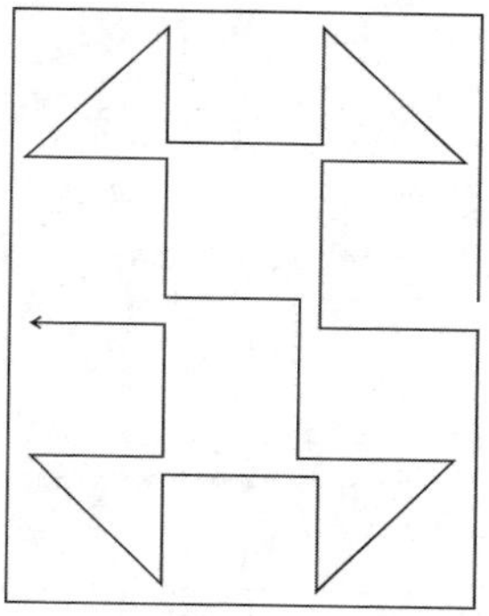

图 11-45 一笔画(7)

## 319. 送货员的路线

送货员的路线如图 11-46 所示。

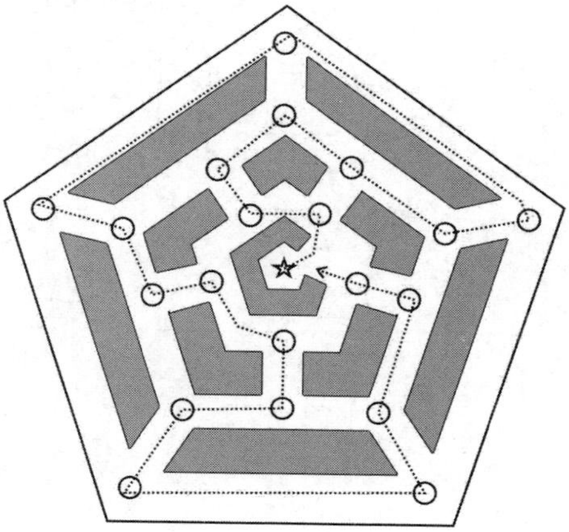

图 11-46 送货员的路线

## 320. 巡逻问题(1)

答案如图 11-47 所示。

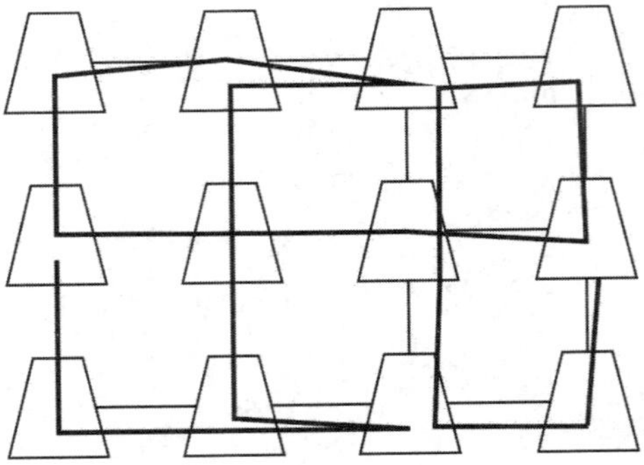

图 11-47 巡逻问题(1)

## 321. 巡逻问题(2)

遗憾的是，当 4 号骑士到达拐角处时，1 号骑士并不在那里。

## 322. 巡逻问题(3)

答案如图 11-48 所示。

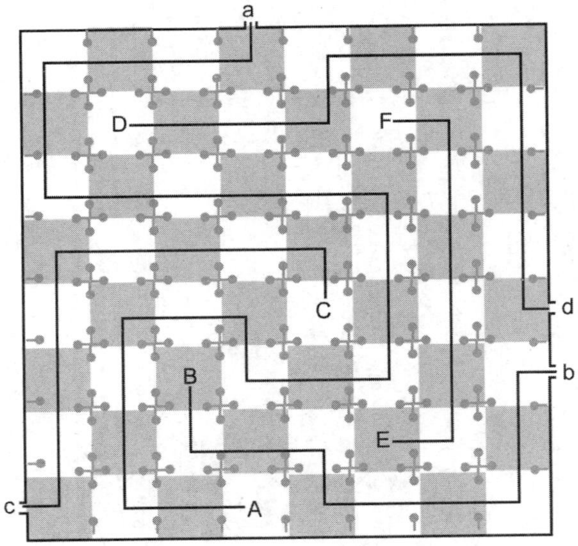


图 11-48 巡逻问题(3)

## 323. 巡视房间

如图 11-49 所示标记巡视房间即可。

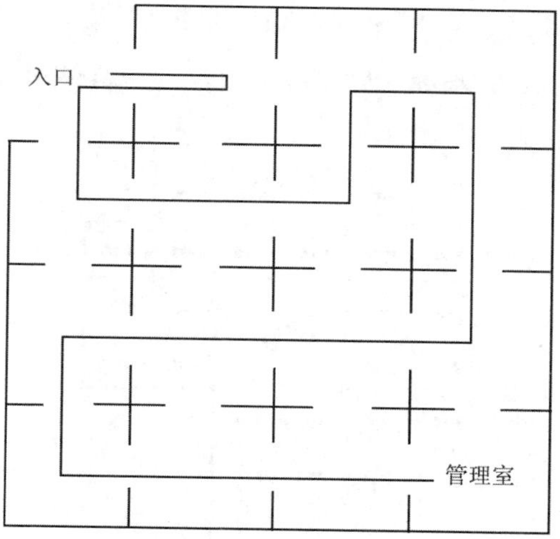


图 11-49　巡视房间

## 324. 如何通过

如图 11-50 所示，撞到墙后再转弯。

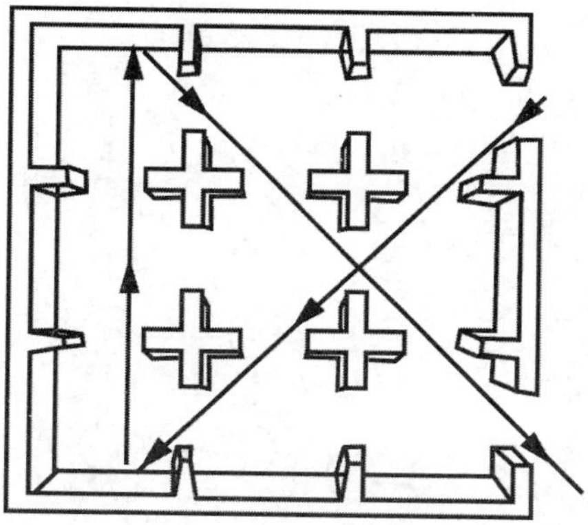

图 11-50　如何通过

## 325. 寻宝比赛

路线是：A—G—M—D—F—B—R—W—H—P—Z。只有按这条路线走，才能从 A 到 Z 每个城镇都走一次而不重复。

## 326. 消防设备

放在 1 号和 6 号仓库即可。

## 327. 猫捉鱼

猫的路线是：1、7、9、2、8、10、3、5、11、4、6、12。

## 328. 寻找骨头

答案如图 11-51 所示。小狗从第 8 扇门进去，这样能一次吃完所有的骨头且路线不重复。

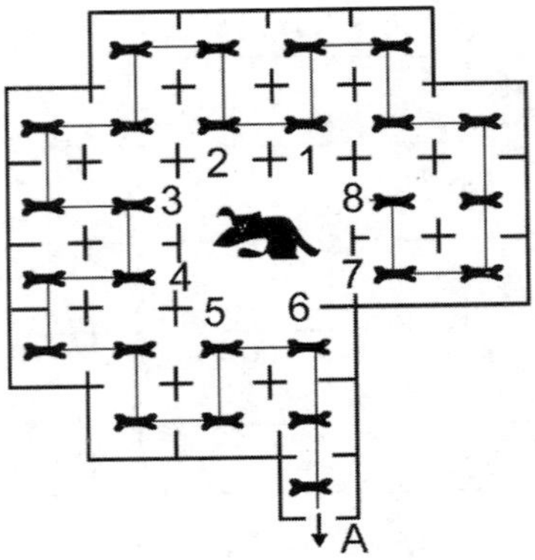


图 11-51　寻找骨头

## 329. 偶数路径

答案如图 11-52 所示。

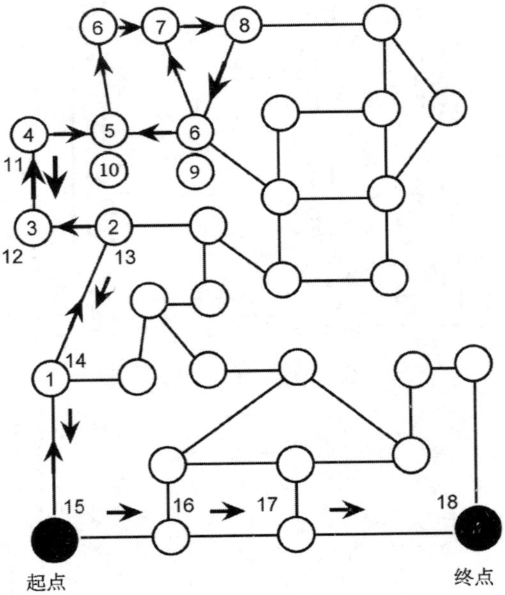


图 11-52　偶数路径

## 330. 寻宝

起点是左上角的格子 4↓，而那些没有停留的方格呈现的数字为 31。建议倒过来从终点找起。

## 331. 藏起来的宝石

答案如图 11-53 所示。

| | 1 | 1 | 1 | 3 | 1 | 2 | 1 | 3 |
|---|---|---|---|---|---|---|---|---|
| 1 | → | 0 | ↓ | 0 | 0 | 1 | 0 | 0 |
| 3 | 1 | → | 0 | 1 | 0 | 0 | 1 | 0 |
| 1 | 0 | 0 | 0 | → | 0 | 0 | 0 | 1 |
| 1 | ↑ | 0 | ↗ | → | 0 | 0 | 0 | 1 |
| 1 | ↗ | 1 | 0 | 0 | ↓ | 0 | 0 | 0 |
| 2 | 0 | 0 | ↖ | 1 | 1 | 0 | 0 | ← |
| 3 | → | 0 | 1 | 1 | ↗ | 1 | 0 | 0 |
| 1 | ↗ | 0 | 0 | → | ↗ | 0 | 0 | 1 |

图 11-53 藏起来的宝石

## 332. 胡萝卜在哪里

答案如图 11-54 所示。

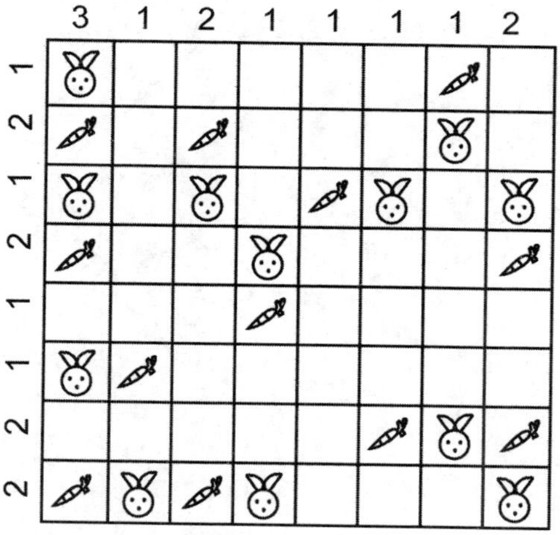


图 11-54 胡萝卜在哪里

## 333. 有向五边形

路径是：5，1，2，4，3。

## 334. 殊途

有 11 条可行的路径。

## 335. 路径谜题(1)

15 条。表 11-1 中这个 4×4 的矩形阵显示图中每一点各有几条路可到。

表 11-1　路径谜题(1)

| | | | |
|---|---|---|---|
| 1 | 1 | 1 | 1 |
| 3 | 2 | 1 | 2 |
| 3 | 8 | 10 | 2 |
| 3 | 3 | 13 | 15 |

## 336. 路径谜题(2)

从右下角出发，分别是 9+8+5+6+7，和最大。

## 337. 车费最低

最少要花 13 元车费。走法是 A 村、3 元、2 元、4 元、4 元、B 村。

## 338. 穿越迷宫

答案如图 11-55 所示。一共有 18 条不同的路线。每个节点都标出了到达这里不同的路线数。

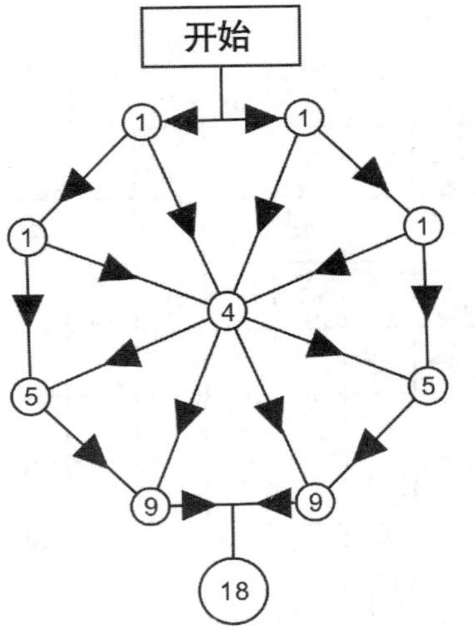


图 11-55　穿越迷宫

## 339. 几条路径

只有一条，是 0+2+2+6+3+5+3+6+3=30，其他的路径都不可以，那么你找出来了吗？

## 340. 数字路径

只有一条，是 5+2+6+2+9+2+7+2+5=40，其他的路径都不可以，那么你找出来了吗？

### 341. 路径(1)

一共有 9 条不同的路径，你可以自己数一下。

### 342. 路径(2)

答案如图 11-56 所示。

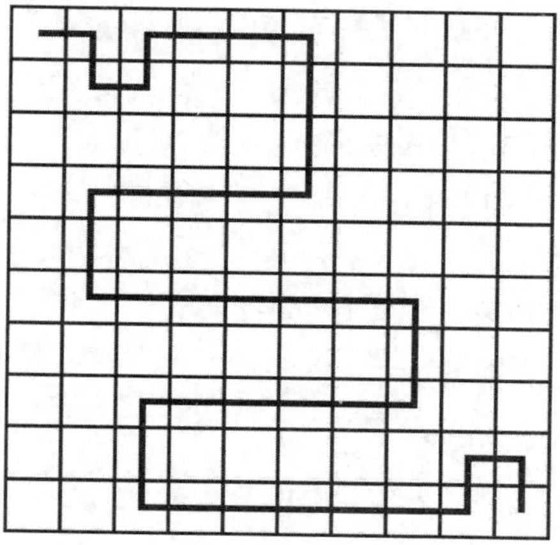

图 11-56　路径(2)

# 第十二章

### 343. 数三角形(1)

我们可以把图中最小的一个三角形看作基本图形，用分类的方法进行归类，数出三角形的个数。

由一个基本三角形构成的三角形有 9 个；由四个基本三角形构成的三角形有 3 个；由九个基本三角形构成的三角形有 1 个。所以图中一共有三角形 9+3+1=13(个)。

### 344. 数三角形(2)

一共有 20 个三角形。

### 345. 数三角形(3)

一共有 30 个三角形。

### 346. 数三角形(4)

一共有 16 个三角形，你数对了吗？

### 347. 数三角形(5)

一共有 35 个三角形，你数对了吗？

### 348. 数三角形(6)

一共有31个三角形，你数对了吗？

### 349. 数三角形(7)

一共有74个三角形，你数对了吗？

### 350. 数三角形(8)

一共有28个三角形，你数对了吗？

### 351. 数三角形(9)

A图形中共有三角形3个；B图形中共有三角形8个；C图形中共有三角形15个；D图形中共有三角形24个。

### 352. 数等边三角形

一共有35个等边三角形，你数对了吗？

### 353. 数正方形(1)

一共有17个正方形，你数对了吗？

### 354. 数正方形(2)

一共有15个正方形，你数对了吗？

### 355. 数正方形(3)

一共有28个正方形，你数对了吗？

### 356. 数正方形(4)

一共有16个正方形，你数对了吗？

### 357. 数正方形(5)

一共有11个正方形，你数对了吗？

### 358. 数正方形(6)

一共有27个正方形，你数对了吗？

### 359. 数正方形(7)

一共有15个正方形，你找出来了吗？

其中4×4的正方形有1个；3×3的正方形有2个；2×2的正方形有4个；1×1的正方形有8个。

### 360. 数正方形(8)

一共有27个正方形，你数对了吗？

### 361. 数正方形(9)

一共有29个正方形，你数对了吗？

## 362. 数正方形(10)

一共有 24 个正方形，你数对了吗？

## 363. 加三角形

答案如图 12-30 所示。

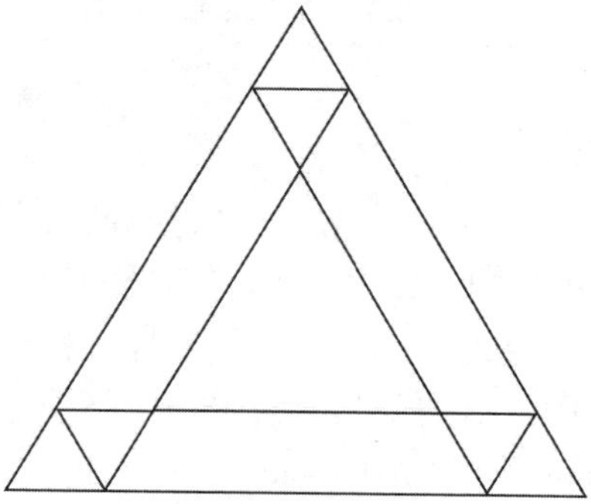

图 12-30　加三角形

## 364. 数六边形

一共有 28 个六边形。小六边形有 20 个，另外还有 8 个大六边形。

## 365. 数长方形(1)

数图中有多少个长方形和数三角形的方法一样。长方形由长和宽两对线段围成，线段 AB 边上有线段 3+2+1=6(条)，其中每一条与 AC 中的一条线段相对应，分别作为长方形的长和宽，这里共有长方形 6×1=6(个)；而大家都知道 AC 边上共有线段 2+1=3(条)，也就有长方形 6×3=18(个)。

综上所述，长方形的个数=长边线段的总数×宽边线段的总数。

## 366. 数长方形(2)

一共有 10×6=60 个长方形，你数对了吗？

## 367. 数长方形(3)

一共有 25 个长方形，你都找出来了吗？

## 368. 挖正方体(1)

每个被挖出小正方体的位置都增加了四个面，面积为 4 平方厘米，故六个小正方体一共增加了 4×6=24 平方厘米。

## 369. 挖正方体(2)

每个被挖出小正方体的体积都为 1 立方厘米，六个小正方体体积一共为 6 立方厘米。大正方体的体积为 3×3×3=27 立方厘米，所以挖完以后剩下部分的体积为 27−6=21 立方厘米。

### 370. 挖正方体(3)

相当于挖掉 7 个边长为 1 厘米的小正方体，体积为 7 立方厘米。而大正方体的体积为 3×3×3=27 立方厘米，所以挖完以后剩下部分的体积为 27−7=20 立方厘米。

## 第十三章

### 371. 运动员和乌龟赛跑

显而易见，运动员当然会超过乌龟，这是由我们的常识知道的。

但是从逻辑上讲，这个问题的错误是，人们把阿基里斯追赶乌龟的路程任意地分割成无穷多段，而且认为要走完这无穷多段路程，就非要无限长的时间不可。

其实并不是这样的，因为这被分割的无限多段路程，加起来还是那个常数。

要确定具体的超越点也是很容易的。

可以设乌龟跑了 s 千米后可以被追上，此时运动员跑了 s+12 千米。

则(s+12)/s=12/1

解得 s=12/11 千米。

这些哲学谜题在中国古代也有，如“一尺之棰，日取其半，万世不竭”。是讲一根棍棒，每天用掉一半，那么这根棍棒永远也用不完。但是我们要注意，物质和空间是不同的，空间的无限分割更复杂。根据当代物理学原理，物质的无限分割有两个方面，一方面是宏观物质不能无限分割，分割到分子或者原子的时候，物质就不能保持自身了。另一方面从物质起源看，目前仍然不了解物质无限分割的界限，这是物理学上有关物质结构的问题。

### 372. 苏格拉底悖论

这是一个悖论，我们无法从这句话中推论出苏格拉底是否对这件事本身也不知道。

古代中国也有一个类似的例子：“言尽悖。”

这是《庄子·齐物论》里庄子说的。后期墨家反驳道：如果“言尽悖”，庄子的这个言论难道就不悖吗？我们常说：“世界上没有绝对的真理。”我们不知道这句话本身算不算是“绝对的真理”。

### 373. 谷堆悖论

从真实的前提出发，用可以接受的推理，但结论则是明显错误的。它说明定义“堆”缺少明确的边界。它不同于三段论式的多前提推理，在一个前提的连续积累中形成悖论。从没有堆到有堆中间没有一个明确的界限，解决它的办法就是引进一个模糊的“类”。

最初它是一个游戏：你可以把 1 粒谷子说成是一堆吗？不能；你可以把 2 粒谷

子说成是一堆吗？不能；你可以把 3 粒谷子说成是一堆吗？不能。但是你迟早会承认一个谷堆的存在，那么，你从哪里区分它们呢？

它的逻辑结构：

1 粒谷子不是一堆，

如果 1 粒谷子不是一堆，那么，2 粒谷子也不是一堆；

如果 2 粒谷子不是一堆，那么，3 粒谷子也不是一堆；

……

如果 99999 粒谷子不是一堆，那么，100000 粒谷子也不是一堆；

因此，100000 粒谷子不是一堆。

按照这个结构，无堆与有堆、贫与富、小与大、少与多都曾是古希腊人争论的话题。

## 374. 全能者悖论

这是一个流传很广的悖论。如果说能，上帝遇到一块“他举不起来的大石头”，说明他不是万能的；如果说不能，同样说明他不是万能的。这是用结论来否定前提。

这个“全能者悖论”的另一种表达方法是：“全能的创造者可以创造出比他更了不起的事物吗？”

类似的表达方法如下。

永享幸福与有一块面包相比，哪个好？

你可能会选永享幸福，其实不然！毕竟，没有东西比永享幸福好吧，有一块面包总比没有东西好吧，所以说，有一块面包要比永享幸福好！

有两个钟，一个钟每天慢一分钟，另一个钟根本不走，哪个好？

可能你会选那个每天慢一分钟的钟，但它要两年才对一回，另外那个每天能对两回呢。这时你也许会问：“如果不知道什么时候是对的，每天对两回又有什么用呢？”这好办。假设那个钟指着 8 点，那么一到 8 点就对了。你接着问：“我怎么知道什么时候到了 8 点呢？”很简单！只要小心翼翼盯着钟看就行了：在钟对的那一瞬间就到 8 点了。

## 375. 罗素是教皇

他立即发明了下面这个证明。

(1) 假设 2+2=5。

(2) 由等式两侧减去 2，得出 2=3。

(3) 易位后得出 3=2。

(4) 由两侧减去 1，得出 2=1。

于是教皇与我是二人。既然 2 等于 1，教皇与我是一人，因此我是教皇。

## 376. 奇怪的悖论

这三句话本来都没什么问题，可是如果把它们组合起来，我们就得到一个很奇怪的结论——花朵是完美的，“我”比花朵更高级，可“我”又什么也不是！

我们的潜意识里应该都会存在类似这样一个奇怪的悖论。演绎推理的前提必须是在相同的背景下假设出来的，不同前提是不能放在一起的。

所以，演绎推理一定要弄清楚前提，否则就可能推理出错误的结论，甚至闹出笑话。

## 377. 飞矢不动

把芝诺的话精简一下就是：从弓射出去的箭在任何一个时刻里都有一个确定的位置，所以在这个位置上箭是静止的，而这支箭在所有的时刻里又都是静止的，所以箭是不动的。这个结论初看起来似乎很有道理，但显然严重违背了我们观察到的现实。那么，芝诺的这一逻辑究竟错在哪里了呢？

错就错在他错误地使用了排中律。他认为箭在每一个时刻都不是运动的，根据排中律，箭在每个时刻就都是静止的。但实际上，“运动”和“静止”本来就是和时间有关的概念，脱离了时间流动单看某个时刻，这两个概念就没有意义了，或者至少和原本的意义不一样了。因此，箭在任何时刻都“静止”并不妨碍它在一段连续的时间里是运动的。

排中律的运用非常广泛，比如我们在论证过程中经常用的“反证法”“枚举法”等。特别是那些“逻辑思维测验题”，或多或少地都运用到了排中律。

## 378. 白马非马

实际上问题出在对“是”这个概念的定义上。在生活中，“A 是 B”有两种解释：

(1) A 等同于 B；

(2) A 属于 B。

当我们说“白马是马”“橘子是水果”的时候，实际用的是第二种解释，即“白马属于马”“橘子属于水果”。而公孙龙则巧妙地把这里的“是”偷换成第一种解释，再论证“白马”和“马”并不等同。所以，这是利用日常语言的局限进行的诡辩。

## 379. 正直的强盗

推理一下：如果强盗把商人杀了，他的话无疑是对的，应该放人；如果放人，商人的话就是错的，应该杀掉，则又回到前面的推理，这是一个悖论。聪明的商人找到的答案使强盗的前提互不相容。

## 380. 机灵的小孩

小孩说：“你欠了我 10 个铜板。”如果无赖回答相信，他就要给小孩 10 个铜板，这样那还不如回答不相信赔 5 个来得划算。

### 381. 希腊老师的辩术

学生脱口而出："那不用说，当然是那个脏的。"

希腊老师摇摇头："不对，是干净的去洗。因为他养成了爱清洁的习惯，而脏的人却不当一回事，根本不想洗。你们再想想看，是谁洗澡了呢？"学生忙改口："爱干净的！"

"不对，是脏的人，因为他需要洗澡，"老师反驳后再次问学生，"这么看来，谁洗澡了呢？""脏的人！"学生只好又改回一开始的答案。

"又错了，当然是两个都洗了。"老师说，"爱干净的有洗澡的习惯，脏的人有洗澡的必要，怎么样，到底谁洗了呢？"学生眨巴着眼睛，犹豫不决地说："那看来就是两人都洗了。""又错了！"希腊老师笑道："两个都没有洗。因为脏的人不爱洗澡，而干净的人不需要洗澡。"

"那……老师你好像每次说得都有道理，可每次的答案都不一样，我们该怎样理解呢？""这很简单，你们看，这就是诡辩。"

### 382. 日近长安远

晋明帝答："为什么说太阳离我近呢？因为我抬头就能望见太阳，却望不见长安！"

群臣听了，都趋炎附势地夸晋明帝说得有道理。

### 383. 子非鱼，安知鱼之乐

庄子反问道："子非我，安知我不知鱼之乐？"

惠施和庄子关于是否知道游鱼快乐的问答都具有诡辩的性质。首先，作为正确的提问，惠施应对庄子说："你怎么知道鱼快乐呢？"而惠施却加上了一个前提："你不是鱼，怎么能知道鱼快乐呢？"这就构成了一个省略推理，省略的大前提是："凡鱼以外的事物，都不能知道鱼快乐。"

其次，作为正确的回答，庄子应当说明自己为什么知道鱼快乐的理由。庄子避开了正面回答，而是抓住了惠施的"子非鱼，安知鱼之乐"这句话反问道："你不是我，怎么知道我不知道鱼的快乐呢？"同样，这个反问也构成了一个省略推理，省略的大前提是："凡不是我的人，都不能知道我知道鱼的快乐。"

### 384. 学雷锋

小伙子说："我是学习雷锋的钉子精神，钉子精神就是要有挤劲和钻劲。"

### 385. 狡诈的县官

县官拍案大怒道："大胆刁民，本官要你两只金锭，你说只收半价，我已把一只还给了你，就是折合那一半的价钱，本官何曾亏了你？！"

## 386. 负债累累

他说："昨天劳你坐门槛，甚是不安，今天早来，可先占把椅子。"

这时，那讨债人才发现欠债人毫无还债之意，才意识到自己上了当。

"你明天早点来"这句话，其字面上的含意是清楚的。但是，欠债人故意制造了一个特殊的语言环境，即背着其他讨债人偷偷地对坐门槛者说这句话，这就使对方产生了误解：认为欠债人没有那么多的钱一下子还清所有的债，而是暗示要先还欠自己的债。果然，这个讨债者上当了。

## 387. 天机不可泄露

竖起一根手指头，可以作出多种解释：如果三人都考中，那就是"一律考中"；要是都没有考中，那就是"一律落榜"；要是考中一人，那就是"一个考中"；要是考中两人，那就是"一人落榜"。不管事实是哪种情况，都能证明他算的是对的。

## 388. 父在母先亡

这是因为"父在母先亡"这句话有歧义，人们对它可以有不同的理解，或者说它可以表达不同的意思：①父亲尚在，母亲已经去世；②父亲先于母亲而亡，即母亲尚在，父亲已经去世。这两种解释不仅适用于现在，也适用于过去和将来。如果求卜者的父母实际上都已去世，那么算命先生会说，我说的是过去的事；如果求卜者的父母都还健在，则算命先生会说，我说的是将来的事；如果求卜者当前父在母不在或者母在父不在，那么算命先生也会作出解释。所以，不管是什么情况，求卜者都会觉得算命先生的话是对的。实际上，是算命先生故意玩弄歧义句的诡辩借以骗人。

## 389. 禁止吸烟

小王漫不经心地回答道："是啊，可是我现在没有在工作啊。"

## 390. 辩解

县官辩解道："我没有违背誓言啊，因为我得到的不是一文钱，受贿徇情也不是一次啊！"

那副誓联的原意是：即使我贪污一文钱也要天诛地灭，即使我徇一次私情也是男盗女娼。这句话的意思是，如果贪污多于一文钱就更是天诛地灭，如果多次徇私情就更是男盗女娼。而这位县官却把誓联曲解为：只有贪污一文钱才天诛地灭，只有徇一次私情才是男盗女娼。这就故意地偷换了命题，以此为自己的贪污受贿辩护。

## 391. 立等可取

修表师傅不耐烦地说："你站着等到下午取，也是'立等可取'嘛！"

在日常用语中，"立等可取"表示时间快或时间短，它表达了这样一个不言自明的判断："你稍等一会儿即可取走。"而这位修表师傅却故意把它歪曲为："你只要一直站着等下去，就可以取走。"经过这样的歪曲，不仅等到下午，就是等到任何时间，只要能拿到手表，都是"立等可取"。

### 392. 迷信的人

他说："你看，砍了大树之后，'口'里就只剩下'人'了，那不成'囚'了吗！'囚'可比'困'要不吉利得多啊！"

### 393. 我被骗了吗?

如果我没有被骗，那么我一整天都因为哥哥早上的话在空等，也就是被哥哥骗了；如果我被骗了，那我明明就等到了我所等的事，又怎么能说我被骗了呢？这样，我那天到底是被骗了还是没有被骗呢？

你有更好的解释吗？我到底有没有被骗？

### 394. 被小孩子问住了

大约过了一个月，我又去拜访那位教授。大的那个孩子见到我就问："大哥哥，有件事我老想不通，想问问你。"

我说："什么事啊？"

他说："上次你说的那句咒语，当初你是怎么学会的啊？"

### 395. 酒瓶

小李说：不对。如果"半空的酒瓶等于半满的酒瓶"这个等式能够成立，那么我们把等式两边都乘以 2：半空的瓶乘以 2，等于两个半空的瓶，而两个半空的瓶就是一个空瓶；半满的瓶乘以 2，等于两个半满的瓶，而两个半满的瓶就是一个装满酒的瓶。这样，岂不是一个空酒瓶等于一个装满酒的酒瓶吗？

### 396. 自相矛盾

这时旁边有人问他："用你的矛刺你的盾，结果会怎样呢？"这个卖矛和盾的商人顿时就哑口无言了。

### 397. 打破预言

女儿只需在纸条上写："我爸爸会在卡片上写下'不会'两字。"这样就可获胜。

因为如果预言家在卡片上写的是"会"，他预言错了，在卡片上写"不会"两字这件事并没有发生。但如果他在卡片上写的是"不会"呢？也是预言错了！因为写"不会"就表示他预言卡片上的事不会发生，但它恰恰发生了。所以，他写的就是"不会"两字。

### 398. 聪明的禅师

佛印禅师就说："四大本空，五蕴非有，请问学士要坐哪里呢？"

禅者认为我们的色身是由地、水、火、风四大假合，没有一样实在，不能安坐，因此苏东坡的玉带输给了佛印禅师，至今仍留存于金山寺。

### 399. 小红帽脱险

小红帽说："我在说假话。"

这句话是个逻辑上的悖论，如果这句话是假的，小红帽说的就是真的；如果这句话是真的，小红帽说的就是假的。所以大灰狼没有办法，只好不再吃她了。

### 400. 借锄头

乙对甲说："你不想把锄头借给我，对不对？"

这样，要是甲说对，那么，就是乙猜中了甲在想什么，所以甲要把锄头借给乙；要是甲说乙说的不对，也就是说，甲想把锄头借给乙，那么乙自然就能借到这把锄头了。也就是说，无论甲怎么回答，都要借锄头给乙。

### 401. 锦囊妙计

第一个问题是：如果下一个问题是你愿意不愿意请我吃顿饭，你的答案是否和这个问题一样？第二个问题是：你是否愿意请我吃顿饭？

如果老板的第一个问题的答案是："是"，那第二个问题他必须要回答"是"，小刘就能免费吃到饭了。

如果老板的第一个问题答"不是"，那第二个问题他还是必须答"是"。所以，小刘总能免费吃一顿。

### 402. 吹牛

小孩说："那么，你用什么去装这种液体呢?"

### 403. 遗传性不孕症

不可能，因为不孕症是不可能遗传的，否则他又是哪里来的呢？

### 404. 修电灯

因为小王家的灯坏了，才叫朋友来修的。但是朋友不该看到屋子里黑咕隆咚的，没开灯就以为家中没人。是小王朋友的问题。

## 第十四章

### 405. 一头猪

答案如图 14-32 所示。

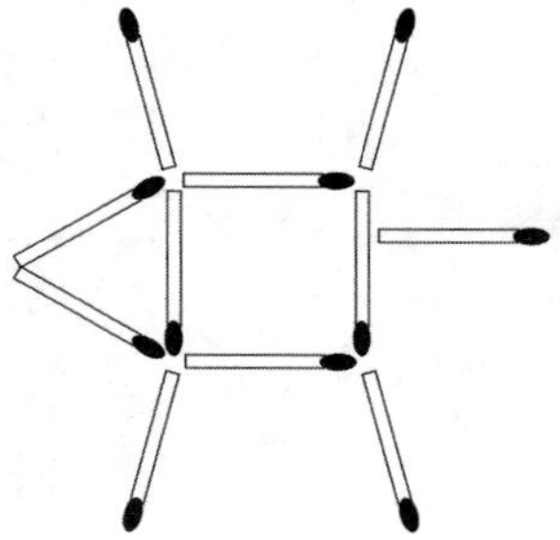

图 14-32　一头猪

## 406. 白塔倒影

答案如图 14-33 所示。

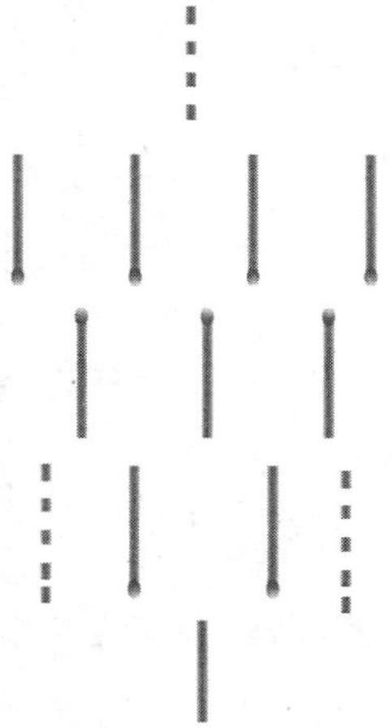

图 14-33　白塔倒影

## 407. 倒转酒杯

答案如图 14-34 所示。

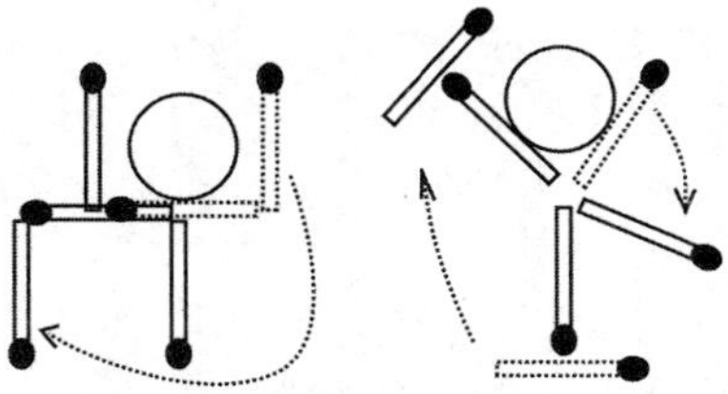

图 14-34　倒转酒杯

## 408. 蘑菇繁殖

答案如图 14-35 所示。

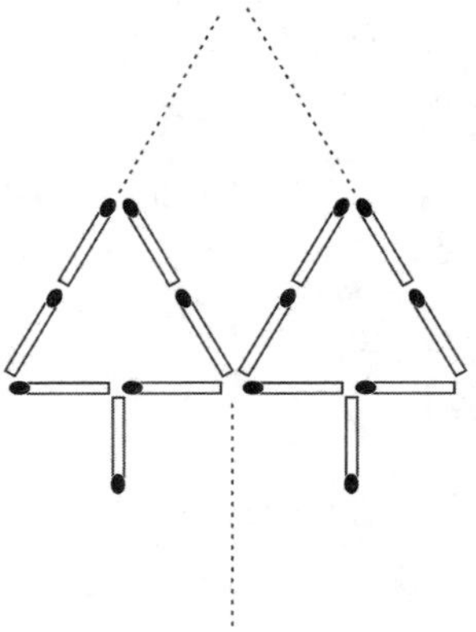

图 14-35　蘑菇繁殖

## 409. 太阳变风车

答案如图 14-36 所示。

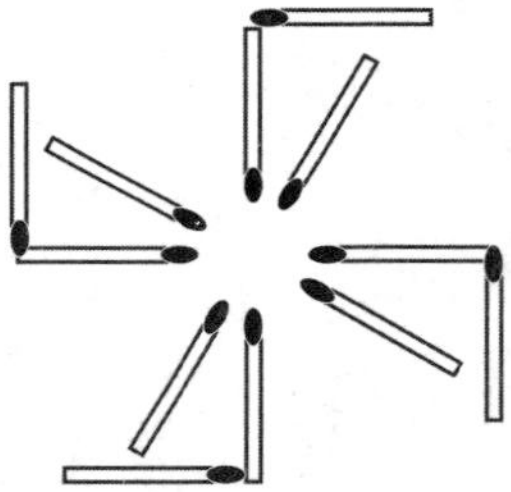

图 14-36　太阳变风车

## 410. 颠倒椅子

如图 14-37 所示方法移动即可。

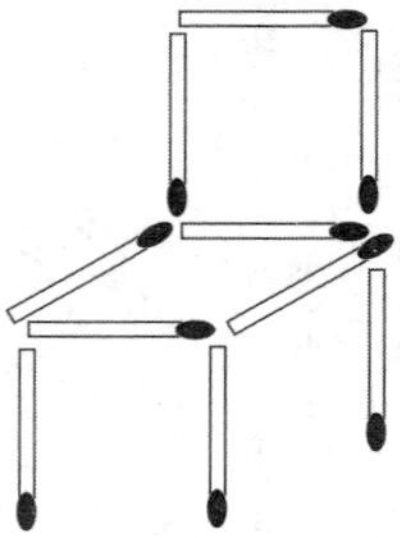

图 14-37　颠倒椅子

## 411. 火柴棒问题

也许你会认为是一根，变为Ⅰ＋Ⅸ＝Ⅹ(1＋9＝10)，但是还有更少的，就是一根也不用移，倒过来看看，即Ⅺ=Ⅹ+Ⅰ(11=10+1)。

## 412. 等式成立

如图 14-38 所示，把减号移动到最左边去，变成 1×11=11。

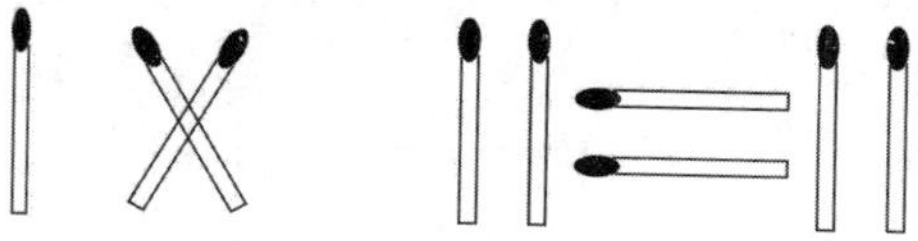

图 14-38　等式成立

## 413. 数字不等式

答案如图 14-39 所示。

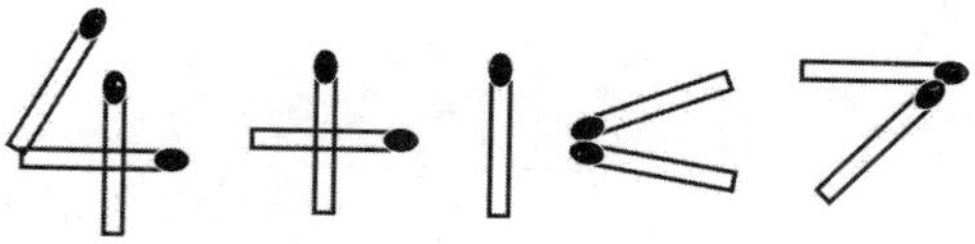

图 14-39　数字不等式

## 414. 等式成立

答案如图 14-40 所示。

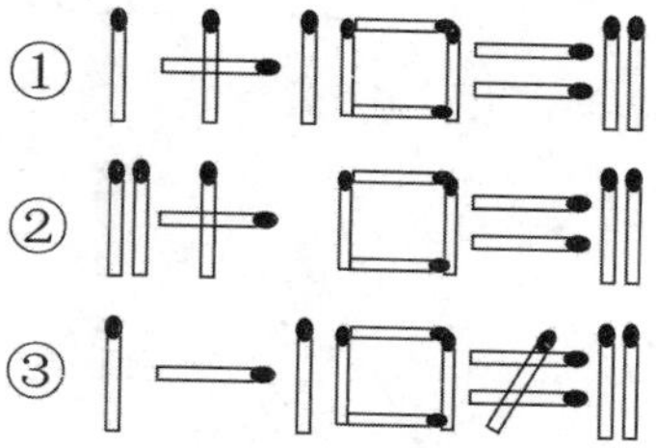

图 14-40　等式成立

## 415. 移动火柴

答案如图 14-41 所示。

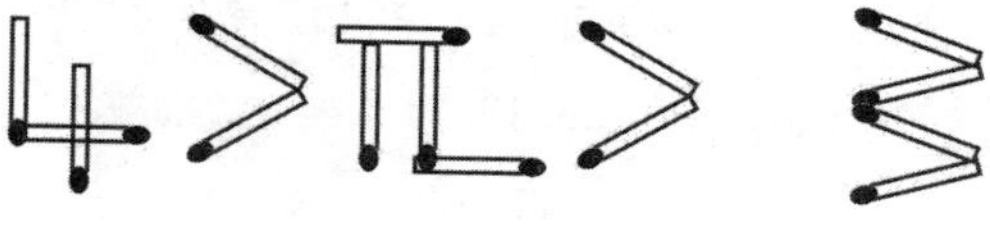

图 14-41　移动火柴

## 416. 巧分四块

答案如图 14-42 所示。

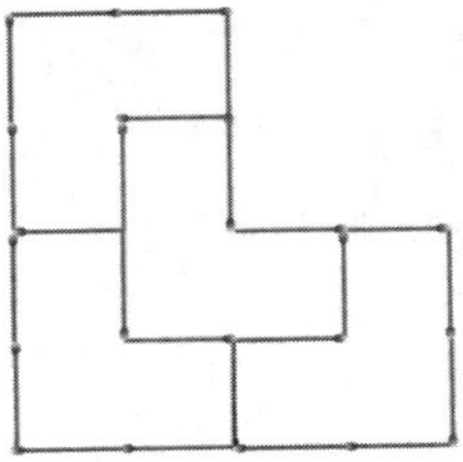

图 14-42　巧分四块

## 417. 变出三个正方形

答案如图 14-43 所示。

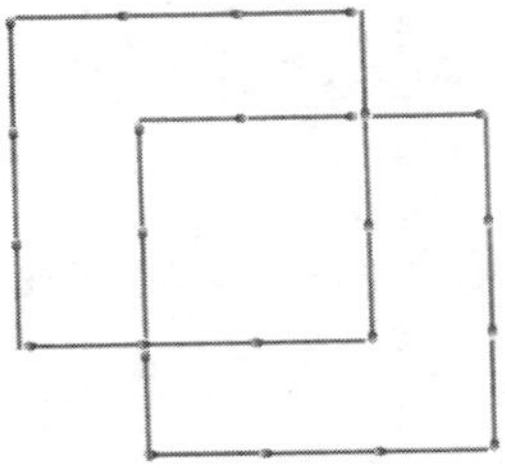

图 14-43　变出三个正方形

## 418. 变出四个等边三角形

答案如图 14-44 所示。

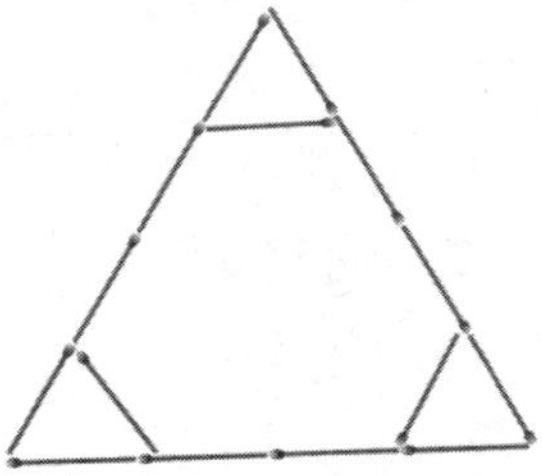

图 14-44　变出四个等边三角形

## 419. 八根火柴

答案如图 14-45 所示。

图 14-45　八根火柴

## 420. 二变三

答案如图 14-46 所示。

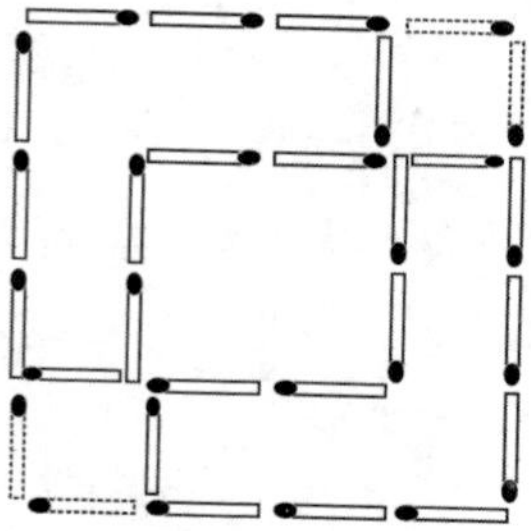

图 14-46　二变三

## 421. 九变五

答案如图 14-47 所示。

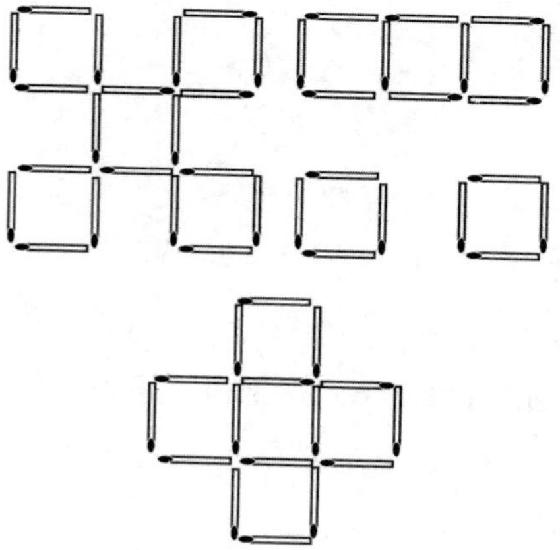

图 14-47　九变五

## 422. 五变六

移法如图 14-48 所示，别忘了左边还有一个大正方形。

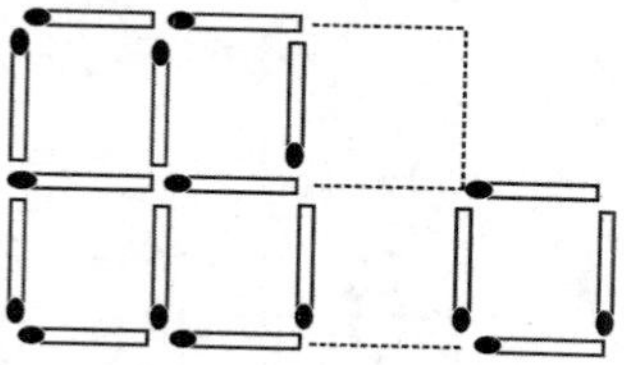

图 14-48　五变六

## 423. 形状相同

答案如图 14-49 所示。

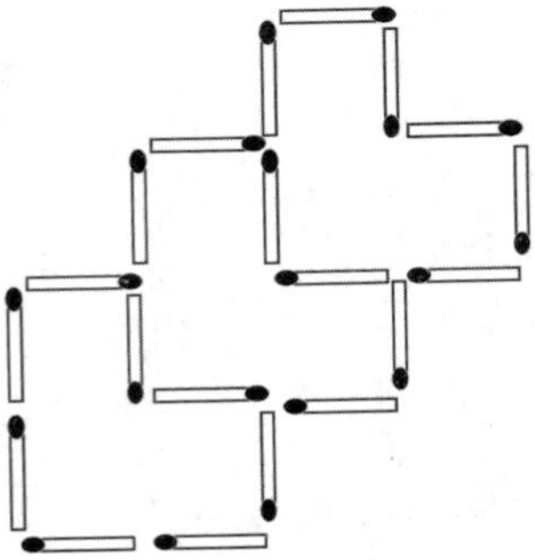

图 14-49　形状相同

## 424. 三角形变换

如图 14-50 所示方法移动即可。

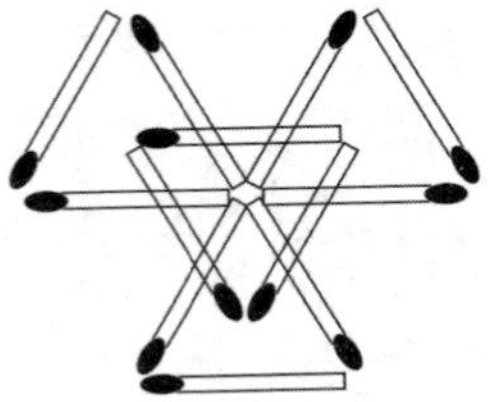

图 14-50　三角形变换

## 425. 摆正方形

只需要移动一根。如图 14-51 所示，把最下面的火柴向下移动一点就可以了。

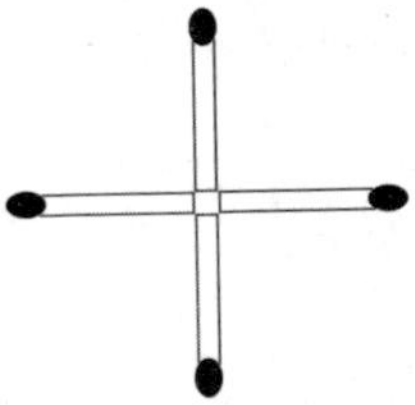

图 14-51　摆正方形

## 426. 六变九

如图 14-52 所示，即可变成 NINE(9)。

图 14-52　六变九

## 427. 翻身

选择 B。

根据各根火柴的前后位置判断。

## 428. 12 根火柴

答案如图 14-53 所示。

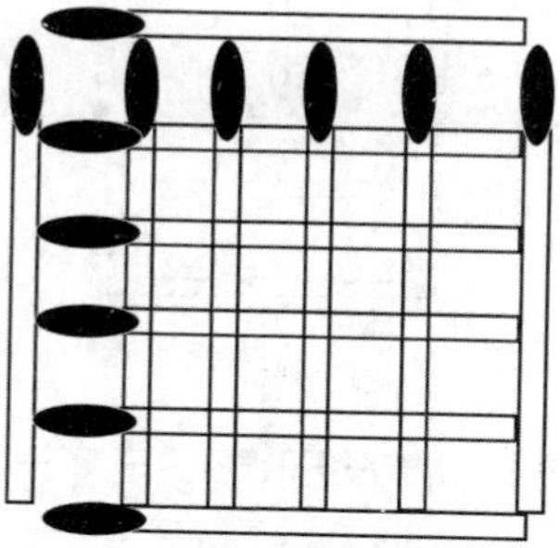

图 14-53　12 根火柴

## 429. 摆正方形

答案如图 14-54 所示。

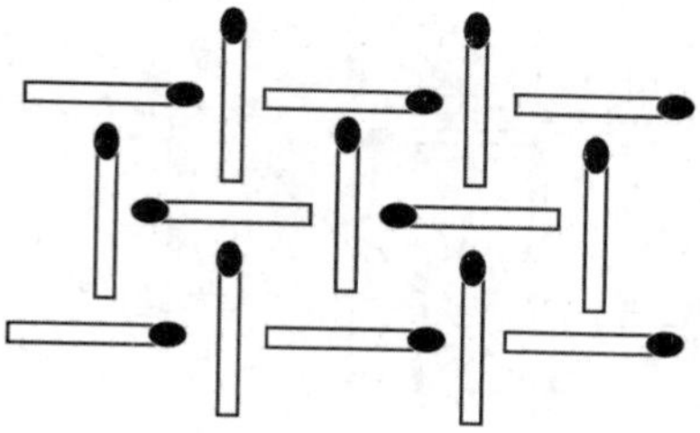

图 14-54　摆正方形

## 430. 三等分

答案如图 14-55 所示。

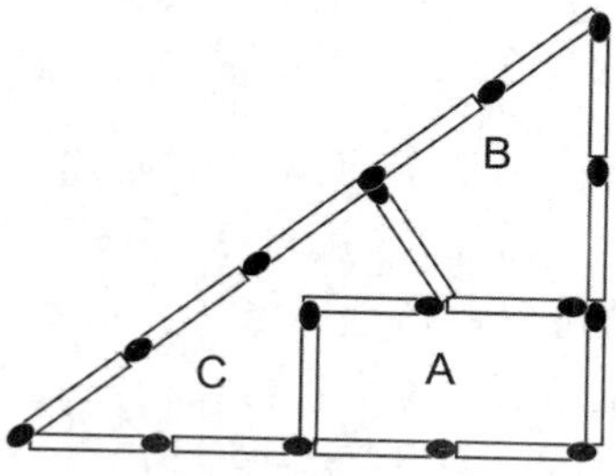


图 14-55　三等分

## 431. 分院子

答案如图 14-56 所示。

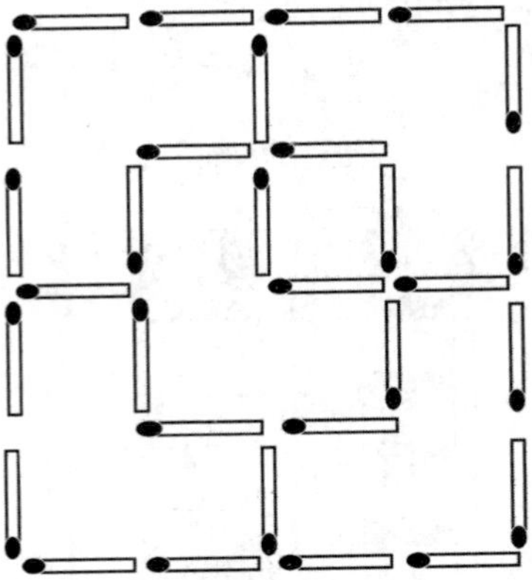

图 14-56　分院子

## 432. 减少一半

答案如图 14-57 所示。

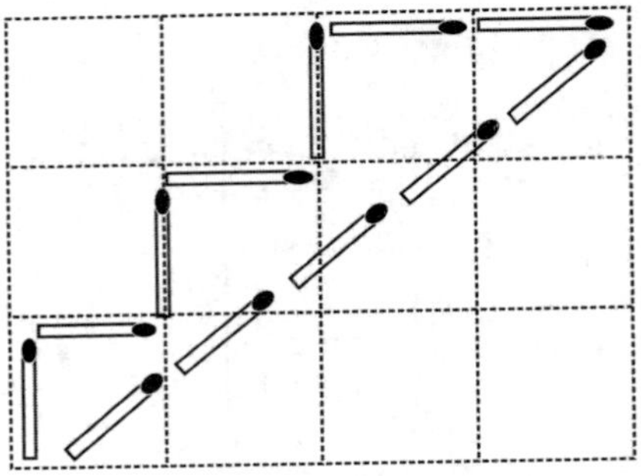

图 14-57　减少一半

## 433. 八个三角形

先将 2 根火柴底端的正方形对齐，然后将其中的一根转动 45° 即可。

## 434. 四个等边三角形

解这道题不能局限在一个平面上，而是要向立体方向发展。只需把 6 根火柴摆成一个正四面体，也就是一个棱锥体形状即可。另外还有一个小技巧可以使火柴不需要任何其他工具的帮助就可以保持这一形状。那就是把两根火柴的头部靠在一起，并呈 60°，第三根火柴斜着放上去，与其他两根都保持 60°，然后将三个火柴头点燃并马上吹灭。这时你就会发现三根火柴连在一起了。这样就可以把它立起来，并在底下放三根火柴组成正四面体了。

## 435. 消失的三角形

把原图变成如图 14-58 所示即可。

图 14-58　消失的三角形

## 436. 直角个数

最少需要 3 根。摆成如图 14-59 所示的立体图形即可。

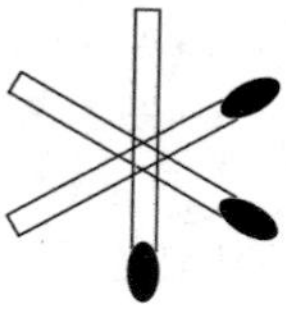

图 14-59　直角个数

## 437. 逻辑关系

按照字母表的顺序，火柴根部的字母向火柴头处前进，前进的位置有几个火柴头指着这个字母就前进几步。例如，从 M 到 O 的位置，因为 O 处有两个火柴头指着，所以字母 M 应该前进 2 步，变成 O。而 R 到问号处，需要前进 4 步，这样就变成了 V。

所以，问号处应该是字母 V。

# 第十五章

## 438. 残局

甲第一张出 8(6 或者 4 一样道理)，接下来如下所示。

(1) 乙明显不能拆 9，否则 A 以后，如果出 2，则王；如果不出 2，则打小对。

(2) 乙也不能拆 2，否则王以后，打小对，如果出 99，则出 JJ，后面很简单。

(3) 乙如果不要，继续出 8。乙继续不要的话就拆 6，然后是 4。

(4) 对方如果出 Q，那么 A 以后，如果出 2，则王，以后同上面出的 2 的推理一样。如果对方不要，继续出 8，对方只能出 Q，则 A。对方还是不能拆 2。继续出 6，然后 Q、A。2 还是不能拆，继续出 6，以后的出牌方法同上面一样推理。

## 439. 出牌顺序

四人出牌顺序如下所示。

甲：5、10、1、8、4、7、2、9、3、6

乙：10、9、8、7、6、5、4、3、2、1

丙：1、2、3、4、5、6、7、8、9、10

丁：9、2、8、1、3、4、7、5、6、10

## 440. 手里的剩牌

小王剩了 13 张，小李剩了 15 张，小张剩了 12 张。

## 441. 纸牌游戏

根据(2)可知，三人手中剩下的牌总共可以配成 4 对。再根据(3)可知，小李和小明手中的牌加在一起能配成 3 对，小李和小王手中的牌加在一起能配成一对，而小王和小明手中的牌加在一起一对也配不成。

根据以上的推理，各个对子的分布(A、B、C 和 D 各代表一个对子中的一张)如下所示。

小李手中的牌：A、B、C、D

小明手中的牌：A、B、C

小王手中的牌：D

根据(1)和总共有 35 张牌的事实可知，小李和小王各分到了 12 张牌，小明分到了 11 张牌。因此，在把成对的牌拿出之后，小明手中剩下的牌是奇数，而小李和小王手中剩下的牌是偶数。

所以，单张的牌一定在小王的手中。

## 442. 谁没有输过

根据(1)可知，当时(爸爸、妈妈、儿子)三人手中牌的分布是以下三种情况的其中一种(A 和 B 各代表一个对子中的一张牌，S 代表单张)：

A、AB、BS；A、BS、AB；S、AB、AB。

然后，根据条件(2)、(3)和(4)，这三种情况如表 15-1 所示过程进行抽牌。

表 15-1　抽牌

| | 开始 | 第一回 | 第二回 | 第三回 | 第四回 | 第五回 |
|---|---|---|---|---|---|---|
| 可能 1 | A、AB、BS | AB、A、BS | AB、AS、B | B、AS、AB | 无论怎么抽都和(4)矛盾 | |
| 可能 2 | A、BS、AB | AB、S、AB | AB、AS、B | 无论怎么抽都和(4)矛盾 | | |
| 可能 3 | | AS、B、AB | AS、AB、B | 无论怎么抽都和(4)矛盾 | | |
| 可能 4 | | | AS、~~BB~~、A | S、×、~~AA~~ | 爸爸输 | |
| 可能 5 | S、AB、AB | AS、B、AB | AS、~~BB~~、A | A、×、AS | ~~AA~~、×、S | 儿子输 |
| 可能 6 | | BS、A、AB | BS、~~AA~~、B | B、×、BS | ~~BB~~、×、S | 儿子输 |

由条件(5)可知，两盘游戏中有一次是“可能 4”，还有一次是“可能 5”或“可能 6”，而只有妈妈没有输过。

## 443. 巧胜扑克牌

甲无法胜出。

在乙出牌前，甲不能出对子，乙放过(pass)所有和 J、K 有关的牌，当甲第一次出小于 10 的单张时，乙出 10。然后乙继续 pass，甲依然不能出对子，直到甲出小于 10 的单张并且甲手里还有一张小于 10 的单张时，乙出 10。此时乙手里是对 A，甲手里至少还有三张小于 10 的牌，因此甲必输。

## 444. 没有出黑桃

总共玩了四圈牌，因此根据(3)和(4)可知，必定在某一圈先手出的牌是王牌而且这圈是先手胜。于是，根据(1)和(2)可知，先手和胜方的序列是以下二者之一。

I

X 先手，X 胜。

X 先手，Y 胜。

Y 先手，Y 胜。

Y 先手，X 胜。

II

X 先手，Y 胜。

Y 先手，Y 胜。

Y 先手，X 胜。

X 先手，X 胜。

不是先出牌而能取胜，说明打的是一张王牌。因此，无论是 I 还是 II，都要求一方有两张王牌，而另一方要有一张王牌。从而得出，黑桃是王牌。

假定 I 是符合实际情况的序列，则根据(4)以及第一圈时 Y 手中必定有一张黑桃的事实，X 在第一圈时不是先出王牌黑桃而取胜的；根据(4)以及 X 在第四圈时必定要出黑桃的事实，Y 在第三圈时也不是先出黑桃而取胜的。这同我们一开始分析所得的结论矛盾。

所以 II 是符合实际情况的序列。这样一来，根据(4)以及第二圈时 X 手中必定有一张黑桃的事实，Y 在第二圈时不是先出了黑桃而取胜的。因此，第四圈时 X 先出了黑桃并以之取胜。

根据上述推理，在第一圈、第三圈、第四圈都出了黑桃，只有在第二圈中没有出黑桃。

其他的情况是：X 在第一圈时先出的是 Y 手中没有的花色。既然 X 手中应该有两张黑桃，那么 X 是爸爸，他在第一圈先出的是梅花。接着在第二圈出了红心。因此，根据(4)可知，儿子在第二圈时先出了方块并以之取胜；根据(3)可知，他在第三圈时先出了红心，在第四圈时出的是方块。

## 445. 扑克数字游戏

由六个人说的话可以首先推出：

小李：4、8、8、8、8；

小王：有7(1、2、4张)，另外的只可能是3、9；

小刘：有3、4、5、6，另外1张是2或7；

小方：有9(1～3张)，有2；

小邓：可能是5、4、4、3、2，或5、5、4、3、2，或者5、5、4、4、4；

小周：有9。

由此继续推理可得六人的牌是：

小李：4、8、8、8、8；

小王：3、7、7、7、7；

小刘：2、3、4、5、6；

小方：9、9、6、2、2；

小邓：5、5、5、4、4；

小周：2、3、3、9、9。

因此，剩下的两张牌是两张6。

## 446. 什么花色最多

由(3)和(4)可知，黑桃比方块多一张。由(5)假设有下面几种情况。

假设红桃是2张，那么黑桃是4张，方片是3张，剩下的梅花是4张，不符合条件(2)。

假设方片是2张，那么红桃是3张，黑桃是3张，也不符合条件(2)。

假设梅花是2张，那么根据其他条件，得红桃是2张，方片是4张，黑桃是5张，共11张，这样不符合条件(3)和(4)。

假设黑桃为2张，那么红桃是4张，方片是1张，剩下的梅花是6张，这样满足所有条件。

因此，梅花最多，为6张。

## 447. 放错的扑克牌

是黑桃 7，这张牌上下颠倒了。 因为每一行三张牌的朝上黑桃数目减去朝下黑桃数目都是 3。

## 448. 四人取牌

甲拿的两张扑克牌为1、9；乙为4、5；丙为3、8；丁为6、2。所以，剩下的那张扑克牌是7。

## 449. 扑克逻辑

9应该是红桃。所有的红桃牌都是能一笔写完的，而黑桃的牌则不行。

## 450. 猜扑克牌

所有扑克牌的情况如图 15-9 所示。

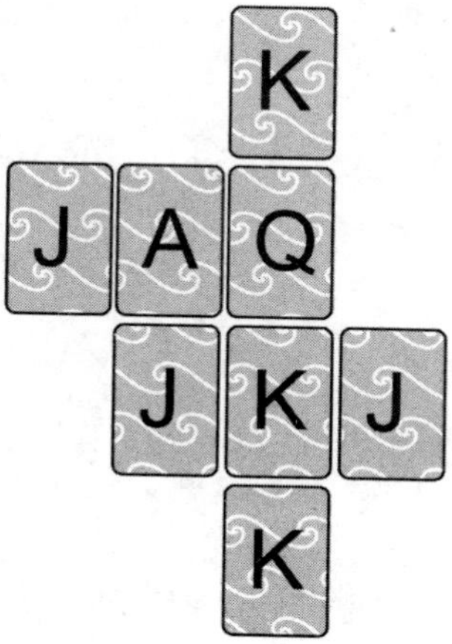

图 15-9 猜扑克牌

## 451. 九张扑克牌

答案如图 15-10 所示。

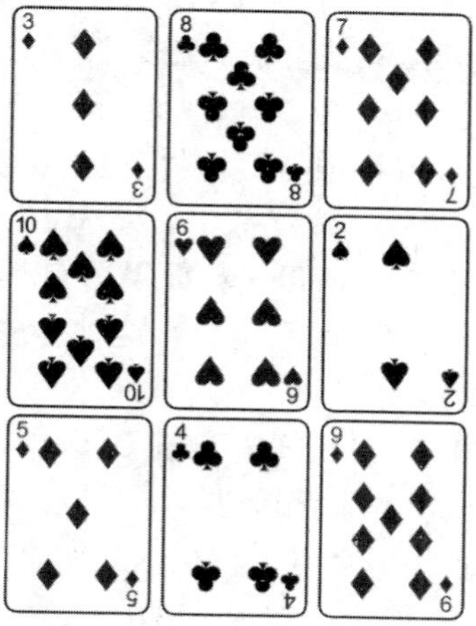

图 15-10 九张扑克牌

## 452. 菱形扑克阵

黑桃 5。每一竖排的牌加起来都等于 9，而花色的变化顺序是 D、B、A、C、E、G、I、H、F 的蛇形顺序。

## 453. 扑克牌难题

黑桃 10。

每列扑克牌的点数之和均为 20，每行的四张牌花色各异。

## 454. 扑克的分类

小陈的分类标准是：表面符号中心对称的放上边，不对称的放下边。因为梅花 5 是不对称的，所以放下边。

## 455. 猜牌游戏

答案如图 15-11 所示。这张牌是方块 8。

图 15-11　猜牌游戏

## 456. 三张扑克牌

黑桃 K、黑桃 Q、红桃 Q。

## 457. 十张扑克牌

答题 1：应选 D。A、B 和 E 明显不符合已知条件(1)和(3)。C 的排列也是错的。如果这样，根据已知条件(3)，K 只能全部放在第四排，这样就不符合已知条件(2)。只有 D 符合所有已知条件。

答题 2：应选 A。因为 A 不能放在第四排，且 A 数目又最多，共 4 张，因此这 4 张扑克牌必须放在前三排六个位置上。如果选 B、D、E，第三排就会出现 3 张 A，这样就不符合已知条件(2)，所以错；如果选 C，则明显不符合已知条件(3)，所以也错；只有 A 符合所有条件，而且也只有这种排法才能避免排其他扑克牌(K)时不符合已知条件，故选 A。

答题 3：应选 C。由前两题我们已知，四张 A 应排在第二排(两张)和第三排(两张)，三张 K，分别排在第一排(1 张)和第四排(两张)。因此，我们可以直截了当地选出 2 张 A 与一张 J 或一张 Q 那个组合就行了。如果你想进一步分析其他选择的错误，你会看出：选 A 明显不符合已知条件(3)；选 B、D、E 不符合已知条件(2)。

答题 4：应选 C。从前两题中我们已知：为了满足所有题设条件，四张 A 已经占去了第二排和第三排的四个位置，三张 K 占去了第一排和第四排的三个位置，余下可供 J 和 Q 放的位置只有第三排一个位置和第四排两个位置，本题要求两张 Q 放在一行，那么只有第四排的两个空位可满足这一要求，因此选 C。

答题 5：应选 B。为了满足已知条件(2)和(3)，3 张 K 必须分别放在第一排(一张)和第四排(两张)。其实，这一点我们在解答前几题时就已经讲得很清楚了，其他选项则不一定对。

答题 6：应选 C。如果第一排是一张 A，根据已知条件(3)可知，那么三张 K 就只好放在第四排，这样便不符合已知条件(2)，故一定错。其他选项中，A 和 D 肯定对，B 和 E 也有可能对，详细分析可参见前几题。

答题 7：应选 E。五个选择中，A 肯定错；B、C、D 陈述的情况不是每种排列都会出现的，只有 E 陈述的这种情况在每种符合条件的排列中一定出现，故选 E，详细分析见答题 5。

## 458. 扑克牌

选 C。首先看(3)，由于有三种牌共 20 张，如果其中有两种总数超过了 19，也就是达到了 20 张，那么另外一种牌就不存在了，这是与题干相矛盾的，反之可见，(3)的说法正确，这样可以排除选项 A；(1)的论述也不正确，可以举例来说明，假设三种牌的张数分别是：6、6、8，这就推翻了(1)的假设，所以(1)不正确，这样 B、D 都可以排除了。

## 459. 小魔术

首先可以肯定，5 张牌里至少有 2 张是相同的花色，而 3 张牌用不同的大小顺序能表示的有 6 个信息。比如，3 张牌可以用“大”“中”“小”表示，如果顺序是“小中大”表示 1，“小大中”表示 2，“中小大”表示 3……“大中小”表示 6。所以，根据以上的情况可以制定如下方案。

(1) 助手选择 2 张相同花色的牌。

(2) 这两张牌点数之差如果小于等于 6，则把较大的那张扣下；如果大于 6，则扣下较小的那张。余下的这张牌用来表示花色。

(3) 剩余的 3 张牌因为点数和花色大小不同，可以用“大”“中”“小”的不同顺序表示点数差(1～6)。如果扣下的那张是较小的牌，则将较小的牌点数+13 然后计算点数差。

(4) 将表示花色的牌放在事先商定好的位置(可以不是第一位或者最后一位，增加魔术的神秘感)。

(5) 至此，魔术师可以根据 4 张牌的顺序和点数大小，判断扣下的那张牌的点数和花色。

## 460. 跳跃魔术

你可能会想，最后一张牌停在哪个位置有很多种可能，最起码倒数的十张牌都有可能，估计不会这么巧(我的最后的一张牌正好和朋友的完全一样)，十有八九是我赢了。但实际情况是，你的朋友是聪明的，十有八九要输的不是他，而是你。

我们先来看一个例子，假设你选了从第一张牌开始，是梅花 Q，按照规则向前走一步。第二张是方片 5，你的朋友刚刚翻过的，到这里，你应该猜得到，游戏不需要再进行下去了，你已经输了。因为在这之后，你会完全重复你朋友翻牌的路径，最后也终止于红桃 5。你或许会说，我应该不会这么不幸吧，我翻开的第二张牌正好是我朋友翻过的。要是我不从第一张牌开始，而从第三张牌、第四张牌、第十张牌开始，情况还会这么糟吗？是的，你翻开的第二张牌不是你朋友翻过牌的可能性还是很大的，可是以后的翻牌过程中只要有任意一张是你朋友翻过的牌，你就输定了。尽管对于翻开的某一个单张牌“中招”的概率不是很大，可是连续翻很多张牌都不“中招”就并非易事了。

我们可以粗略估计一下你取胜的概率。首先，由于 J、Q、K 都按 1 算，52 张牌的数字平均大小小于 5，暂且按 5 计算，那么你从头走到尾，平均要翻 10 张牌。然后，对于这 10 张牌，每一张的数字可能为 1～10 十种可能性，如果这张牌的数字“大小合适”，翻开的下一张牌就会落入朋友的陷阱，按照这张牌前面十张牌中平均只有一张是你朋友翻过的算(实际因为有很多张“1”，十张牌中会出现多于一张的“危险牌”)，那么你一次生还的概率是 9/10，最后，你久经考验到了最后一张牌仍然和你朋友的红桃 5 不重合的可能性是 9/10 的 10 次方，只有 35%。而如果考虑了“1”牌的因素，用更精确的方法计算的结果为 15%左右，你朋友在这场赌局中有 85%的获胜概率。也就是说，你的最后一张牌和你朋友的最后一张牌大多数情况会是一样的。

## 461. 猜牌术

这是一个利用数学中的恒等变换原理设计的魔术。必须记住的是：一是每堆牌的开始的张数必须相等；二是第 3 次从第 1 堆牌中移去与现在第 2 堆相同数目的牌。本例中的数学式为 $4\times2+8+5=21$。

## 462. 神机妙算

设每堆有 X 张，最后中间剩 N 张，则有 $2(X-2)+N+(X-1)=3X$。可以解得：$N=5$。

## 463. 很古老的魔术

先说如何选择扣牌。以一定的规则将所有扑克牌编号：1、2、3、……54，并将这些号码逆时针依次均匀围成一个圈，使得相邻两张牌的距离是 1。

设抽出的五张牌按逆时针顺序依次为 A、B、C、D、E(不一定 E 最大，只需按逆时针排列)，由于 AB、BC、CD、DE、EA 之间的距离之和等于 54，因此其中最多有两个距离大于 24。

若有两个大于 24，那么扣下与左右相邻的牌距离就是都不超过 24 的随意一张牌。

若只有一个距离大于 24，比如 AB，则扣下按逆时针顺序靠前的那张，即扣 A。

若五个都不超过 24，则扣掉编号最大的。

再说如何猜牌。不妨设扣下的是牌 E。对于明的四张牌 A、B、C、D，按其大小共有 24 种排列。按逆时针，AB、BC、CD、DA 四个距离也最多有两个大于 24。

若有两个大于 24，将 D 置于四张牌最下面，表示从 D 开始逆时针数；将 A、B、C 按大小的六种排列分别对应 1～6 步，以标记从 D 逆时针走多少步到 E。

若有一个大于 24，由扣牌方法可知，一定是 DA>24，并且 DE 不超过 24。将 A、

B、C、D 按大小的 24 种排列分别对应 1～24 步，以标记从 D 逆时针走多少步到 E。

若四个都不超过 24，由扣牌方法可知，一定是第三种扣牌情形，且 $A<B<C<D<E$，DE 不超过 24。将 A、B、C、D 按大小的 24 种排列分别对应 1～24 步，以标记从 D 逆时针走多少步到 E。

这种策略在理论上最多可以对付 124 张不同的牌。

## 464. 第十一张牌

这个魔术的关键是表演者收牌的时候把观众记住牌所在的那行夹在中间，而摆牌的时候是按列排放的，这就导致观众记住的那张牌越来越靠近中间。

为了说明这个问题，我们来跟踪中间那行牌每一张在经过表演者的一次操作后的位置变化：

(2,1)→(2,3)、(2,2)→(3,3)、(2,3)→(1,4)、(2,4)→(2,4)、(2,5)→(3,4)、(2,6)→(1,5)、(2,7)→(2,5)。

可以看出，一行七张牌经过一次操作就集中在中间的三列里。而经过三次操作后，必然会移动到(2,4)这个位置，也就是正中间的第十一张牌。

## 465. 魔术

是真的。

用洗牌技巧重新洗完牌后，使原来每组牌的第一张按顺序成为第一组，原来每组牌的第二张按顺序成为第二组，以次类推。

这样，当观众点头的时候，这位观众刚才抽的第几组，现在这组牌里的第几张就是他刚才记下的牌。

## 466. 消失的扑克牌

原来，第二次出现的牌，虽然看上去和第一次的很相似——都是从 J 到 K，但花色都不一样。也就是说，第一次出现的六张牌，第二次都不会再出现。不论你选哪一张牌，结果都是一样的。

但是，我们为什么会上当呢？因为我们死死地注意其中的一张牌，你的注意力只集中在这一张上面，当然就只看到“它”“没有了”。什么“默想”，什么“看着我的眼睛”，都是迷惑人的。实质就是这么简单。

## 467. 轮流猜花色

不可能，最多到第五个人就能推测出主持人最近一次拿走的花色。要想让第一个人推测不出来，桌上至少要有 1 张黑桃、2 张红桃、3 张方块才行，不然如果桌上没有黑桃，就说明 2 张黑桃是一开始没被主持人放到桌上的，1 张黑桃是被主持人拿走的。满足“至少 1 张黑桃、2 张红桃、3 张方块”的情况有以下几种，主持人只要让桌上剩下的花色组合是下面其中的一种就可以了。主持人能让第一个人看到的花色组合：1 黑 3 红 5 方；1 黑 4 红 4 方；2 黑 2 红 5 方；2 黑 3 红 4 方；2 黑 4 红 3 方；3 黑 2 红 4 方；3 黑 3 红 3 方。第一个人推测不出来后，主持人继续拿走一张牌，并请第二个人转过身来。要知道，这些都是很聪明的人，所以当第一个人推测不出来的时候，第二个人就知道第一个人看到的花色组合肯定是上面的那几种可能之一。如果第二个人看到剩下的牌是3红5方，他就能推测出第一个人看到的是1黑3红5方，主持人上次拿走的是黑桃。所以主持人拿第二张牌的时候也要考虑这一点，比如他可以留下1黑2红5方，这样第二个人就只能推出是从1黑3红5方中拿走了一张红桃或者是从2黑2红5方中拿走了一张方块。通过组合，主持人的选择有以下几种。主持人能让第二个人看到的花色组合：1黑2红5方；1黑3红4方；1黑4红3方；2黑2红4方；2黑3红3方；3黑2红3方。同样的道理，主持人能让第三个人看到的花色组合：1黑2红4方；1黑3红3方；2黑2红3方。而主持人能让第四个人看到的花色组合就只有一种了：1黑2红3方。这样到第五个人的时候，无论上次主持人拿走了什么花色，他都能马上推测出来。

## 468. 换牌

答案如图15-12所示。

A、2和3、4互换：3、4、A、2、5

4、A和2、5互换：3、2、5、4、A

3、2和5、4互换：5、4、3、2、A

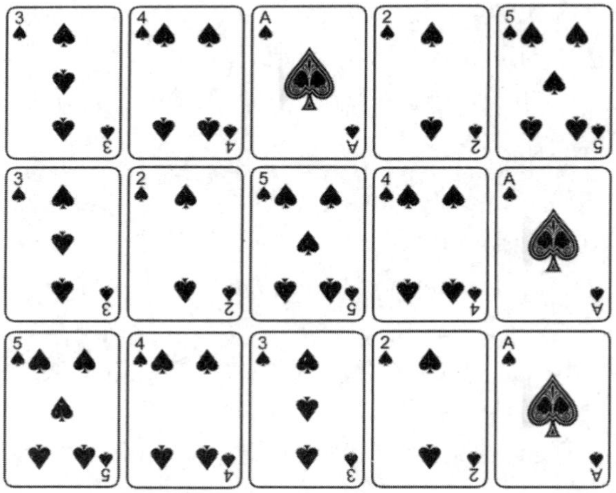

图15-12　换牌

# 第十六章

## 469. 八颗棋子

题目的答案只有一个，如图16-34所示。

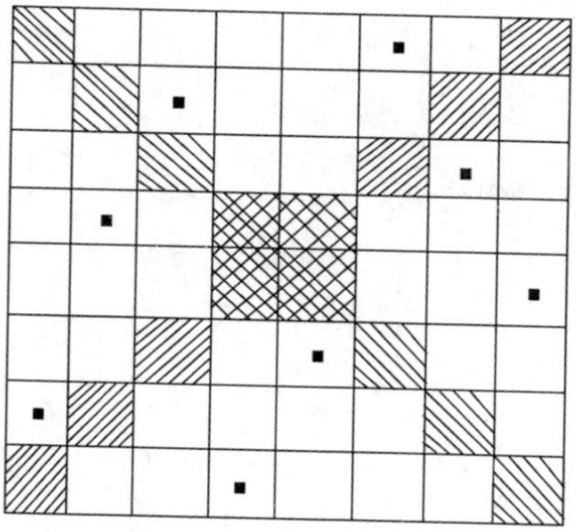

图 16-34　八颗棋子

为了避免试答案的时候毫无头绪，我们可以用排除法，先把确定的棋子的横排、竖排和对角线都画掉，这样思路就清晰很多了。然后再分别试验，直至全部放下或者没有地方放为止。

## 470. 有趣的棋盘

棋盘中最多可以放 12 枚棋子，方法如图 16-35 所示。

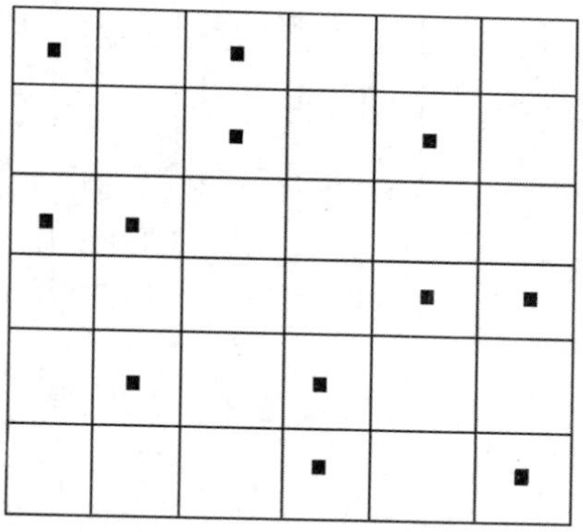

图 16-35　有趣的棋盘

## 471. 骑士巡游

答案如图 16-36 所示。

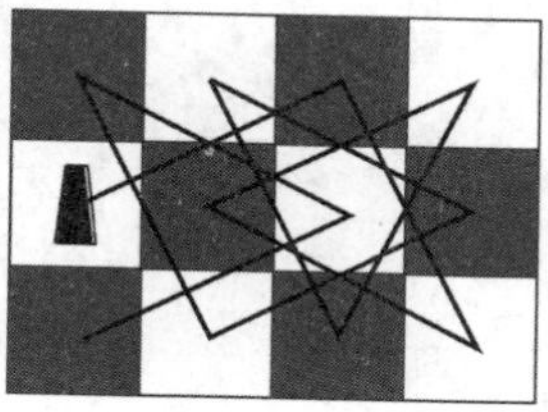

图 16-36　骑士巡游

## 472. 走遍全世界(1)

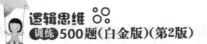

答案如图 16-37 所示。按照图中虚线的方向走即可。

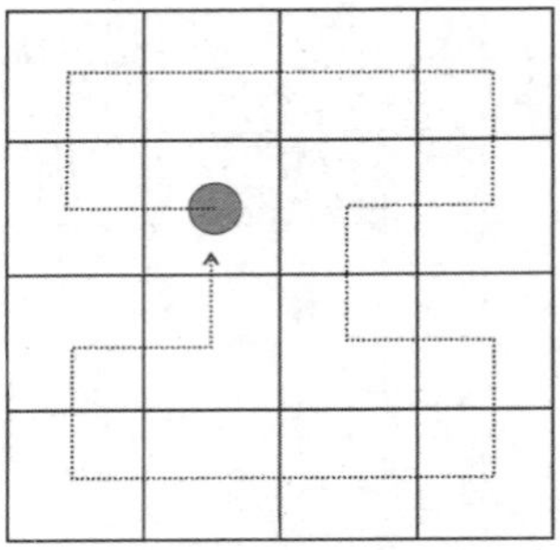

图 16-37　走遍全世界(1)

## 473. 走遍全世界(2)

答案如图 16-38 所示。按照图中虚线的方向走即可。

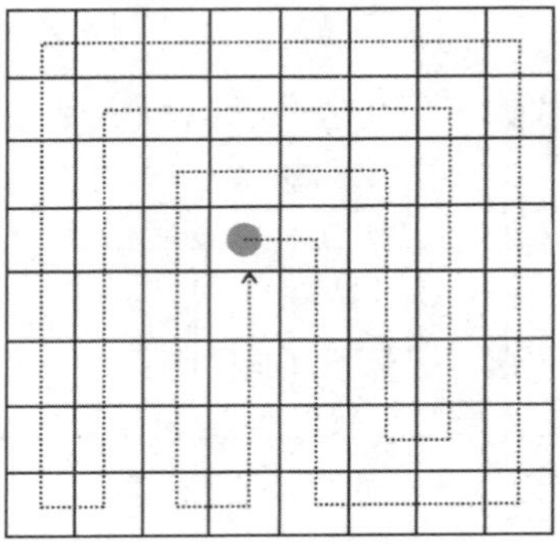

图 16-38　走遍全世界(2)

## 474. 走马观花

答案如图 16-39 所示。

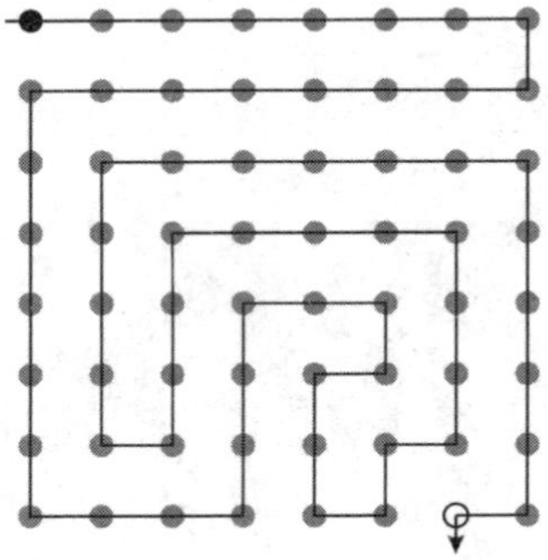

图 16-39　走马观花

## 475. 走遍天下

至少要走 15 步，方法如图 16-40 所示。

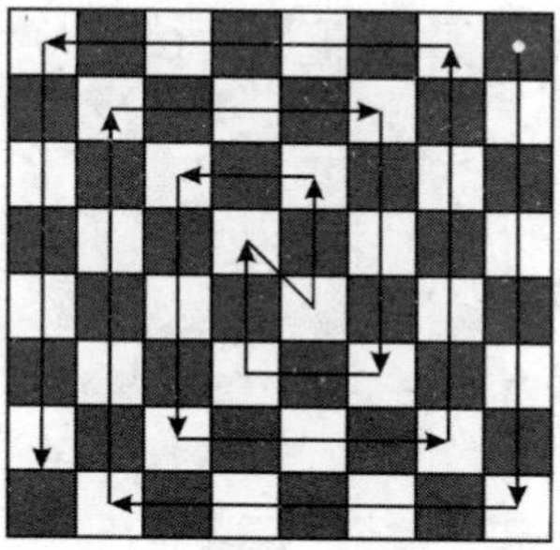

图 16-40　走遍天下

## 476. 皇后巡游(1)

至少需要 14 步，方法如图 16-41 所示。

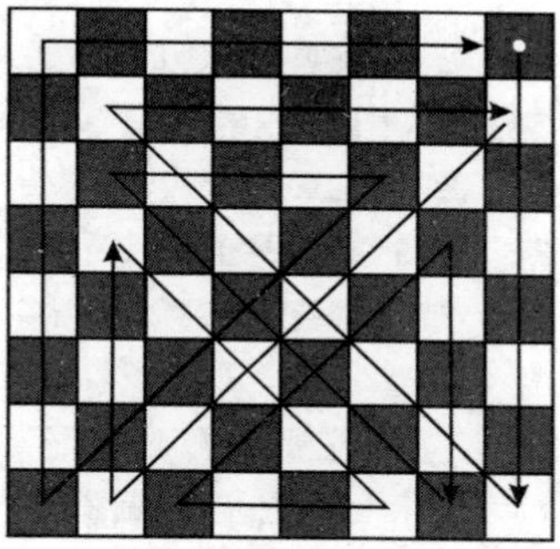

图 16-41　皇后巡游(1)

## 477. 皇后巡游(2)

方法如图 16-42 所示。

图 16-42　皇后巡游(2)

## 478. 象巡游(1)

如图 16-43 所示，它最多可以进入 29 个黑色格子。

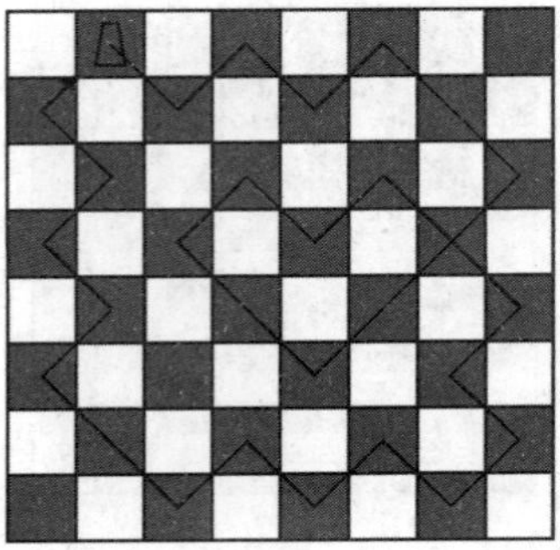

图 16-43　象巡游(1)

## 479. 象巡游(2)

最少需要 18 步，方法如图 16-44 所示。

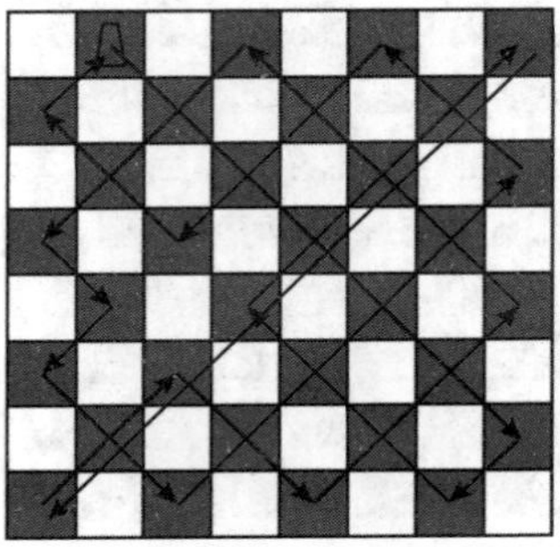

图 16-44　象巡游(2)

## 480. 车的巡游(1)

最少要走 16 步，方法如图 16-45 所示。

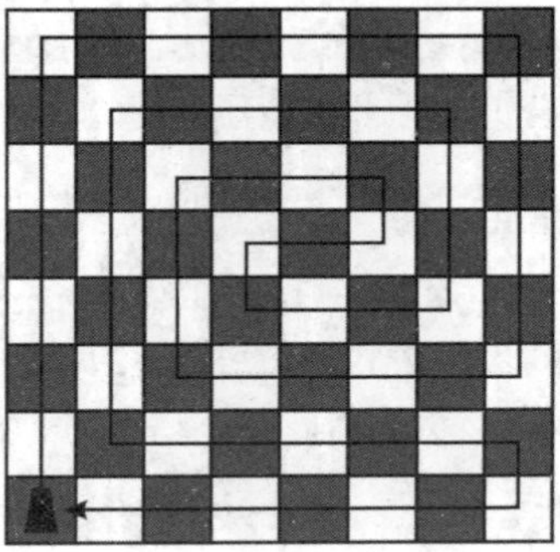

图 16-45　车的巡游(1)

## 481. 车的巡游(2)

最少要走 21 步，方法如图 16-46 所示。

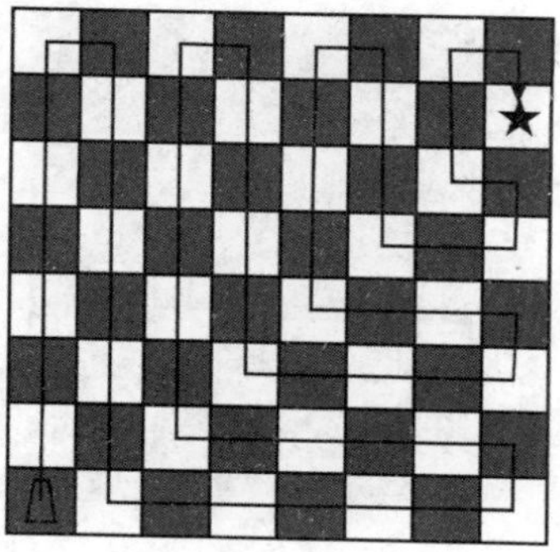

图 16-46　车的巡游(2)

## 482. 看不见

如图 16-47 所示，只需把人放在五角星的位置即可。

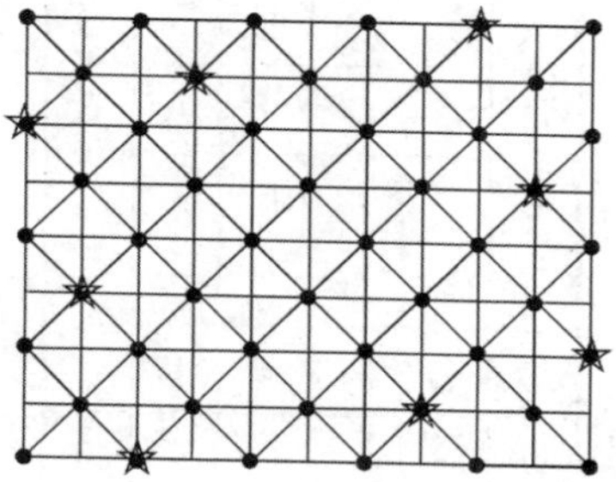

图 16-47　看不见

## 483. 谁的红旗

方法如图 16-48 所示。

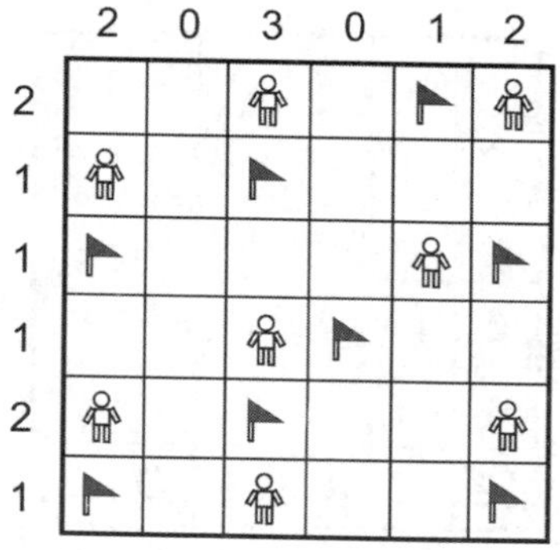


图 16-48　谁的红旗

## 484. 放五角星

方法如图 16-49 所示。

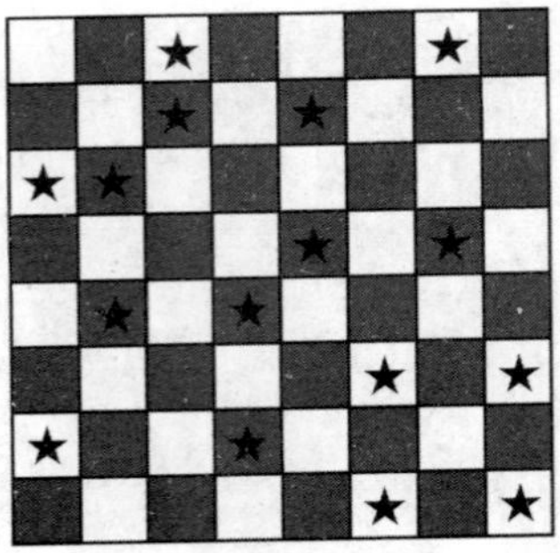

图 16-49　放五角星

## 485. 字母位置还原(1)

方法如图 16-50 所示。

| | | | | | |
|---|---|---|---|---|---|
| A | | C | B | | D |
| | C | D | | A | B |
| B | | A | D | | C |
| | A | B | C | D | |
| C | D | | A | B | |
| D | B | | | C | A |

图 16-50　字母位置还原(1)

## 486. 字母位置还原(2)

方法如图 16-51 所示。

| | | | | | |
|---|---|---|---|---|---|
| | C | D | A | B | |
| D | | B | C | | A |
| A | | | B | C | D |
| C | B | A | D | | |
| B | D | | | A | C |
| | A | C | | D | B |

图 16-51　字母位置还原(2)

## 487. 放皇后

方法如图 16-52 所示。

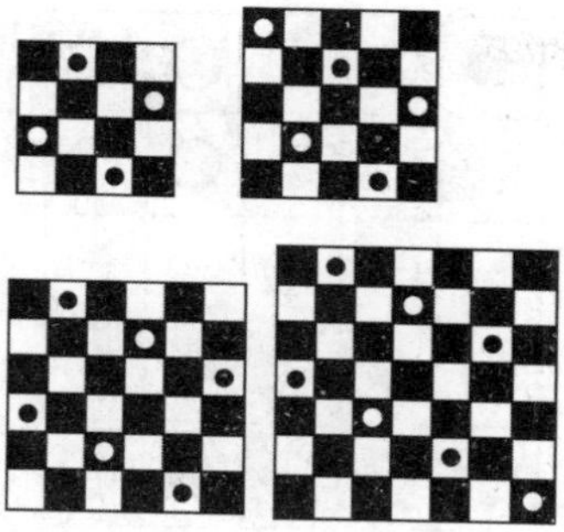

图 16-52 放皇后

## 488. 摆象

最多可以摆 14 个，如图 16-53 所示。

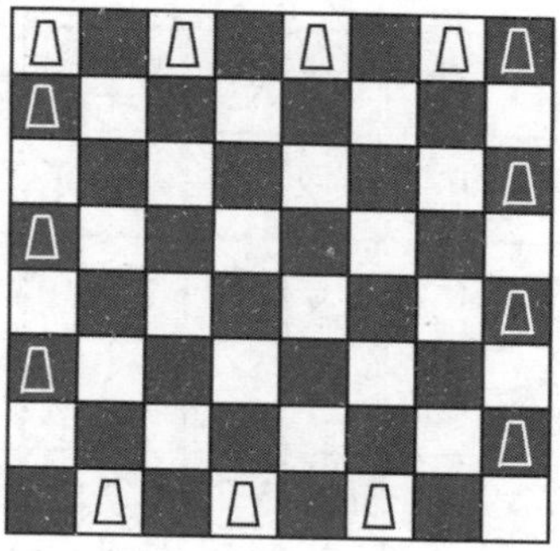

图 16-53 摆象

## 489. 国王

至少需要摆 12 个国王，如图 16-54 所示圆圈所在的位置。

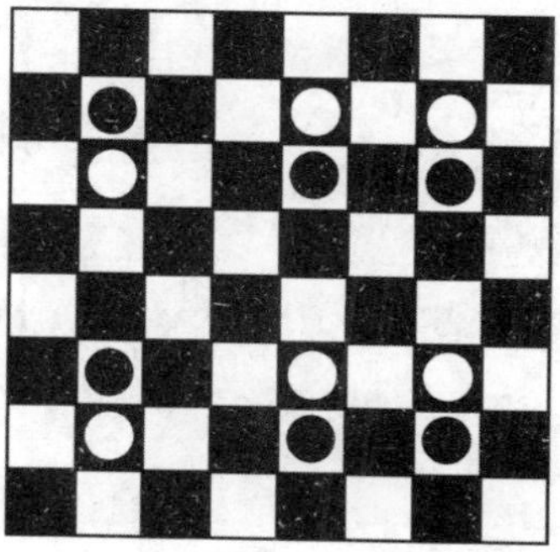

图 16-54 国王

## 490. 各不同行(1)

方法如图 16-55 所示。

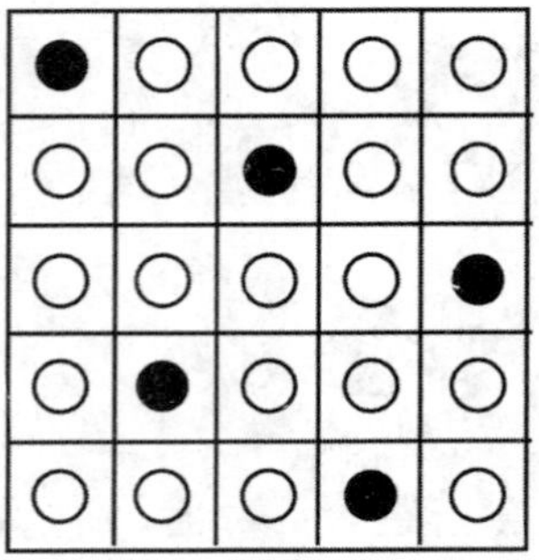

图 16-55　各不同行(1)

## 491. 各不同行(2)

方法如图 16-56 所示。

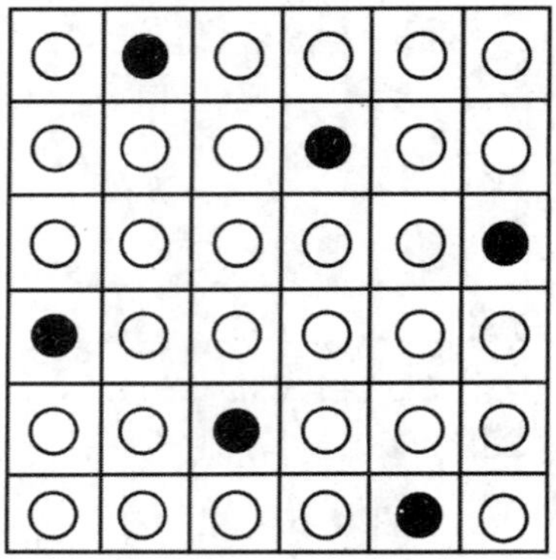

图 16-56　各不同行(2)

## 492. 围棋游戏(1)

方法如图 16-57 所示。

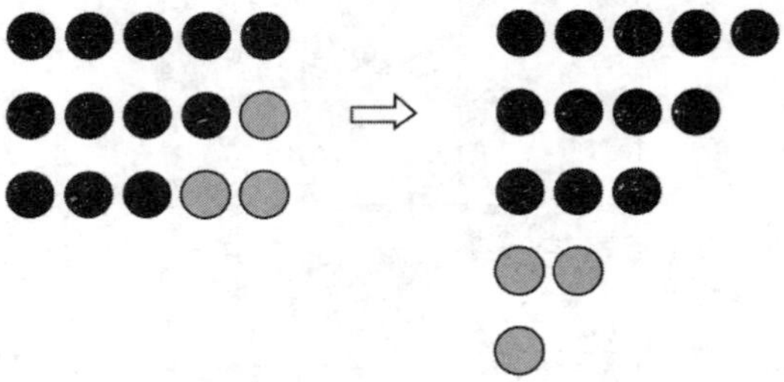

图 16-57　围棋游戏(1)

## 493. 围棋游戏(2)

方法如图 16-58 所示。

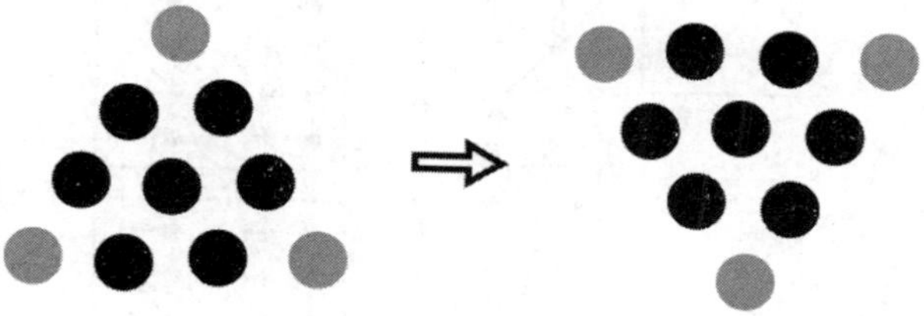

图 16-58　围棋游戏(2)

## 494. 围棋游戏(3)

方法如图 16-59 所示。

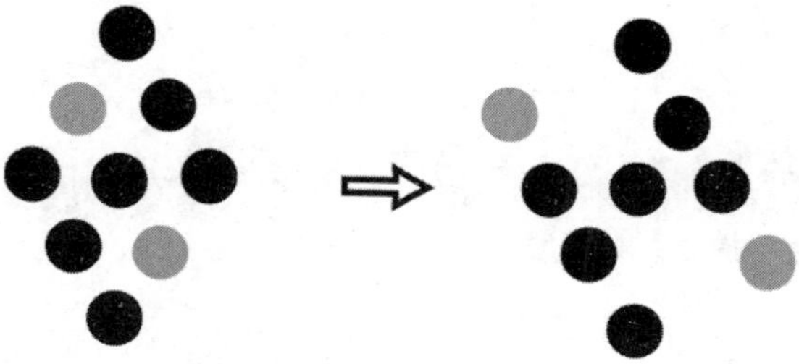

图 16-59　围棋游戏(3)

## 495. 正方形钉板(1)

方法如图 16-60 所示。

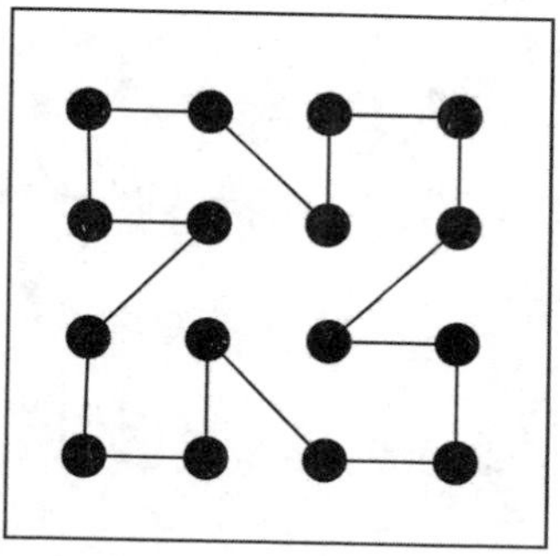

图 16-60　正方形钉板(1)

## 496. 正方形钉板(2)

方法如图 16-61 所示。

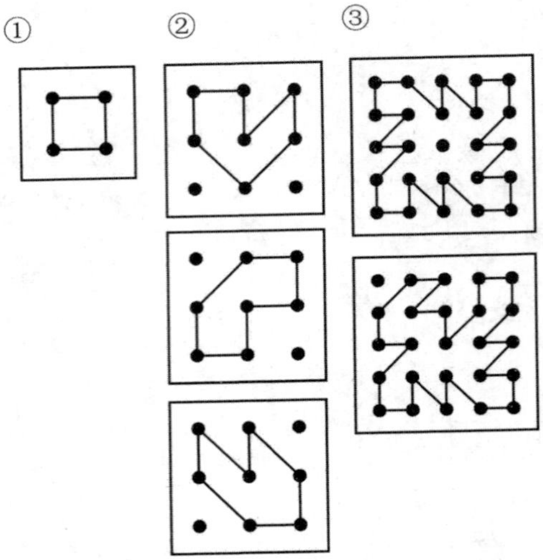

图 16-61　正方形钉板(2)

## 497. 三角形钉板

方法如图 16-62 所示。

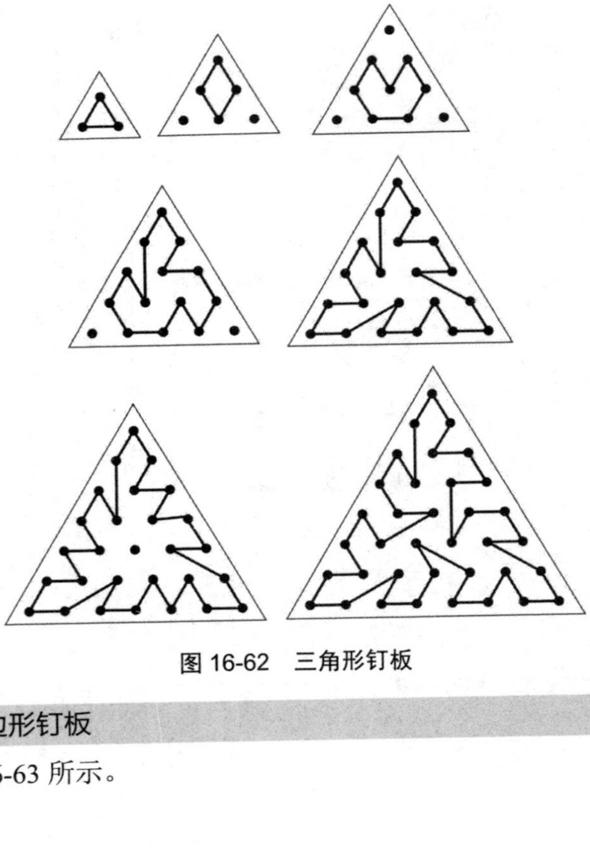

图 16-62　三角形钉板

## 498. 正六边形钉板

方法如图 16-63 所示。

图 16-63　正六边形钉板

## 499. 四边形钉板

方法如图 16-64 所示。

图 16-64　四边形钉板

## 500. 四等分钉板

方法如图 16-65 所示。

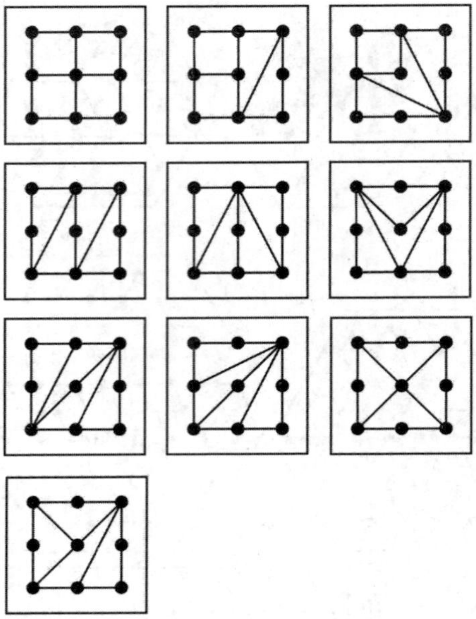

图 16-65　四等分钉板

# 参考文献


[1] 黎娜. 哈佛给学生做的 1500 个思维游戏[M]. 北京：华文出版社，2009.

[2] 黎娜，于海娣. 全世界优等生都在做的 2000 个思维游戏[M]. 北京：华文出版社，2010.

[3] 余式厚. 逻辑盛宴——名家名题[M]. 北京：北京大学出版社，2012.